高等院校经济与管理核心课经典系列教材

工商管理专业

U0459332

无形资产管理与评估

WUXINGZICHAN GUANLI YU PINGGU

（第三版）

主　编◎吴申元

编写者◎赵春晖　孙彬彬　冯小强

王晓召　吴　芹　马慧敏

李　琪　袁　涛

首都经济贸易大学出版社

Capital University of Economics and Business Press

·北京·

图书在版编目(CIP)数据

无形资产管理与评估/吴申元主编. —3 版. —北京:首都经济贸易大学出版社,2015.9

ISBN 978 - 7 - 5638 - 2413 - 7

Ⅰ.①无… Ⅱ.①吴… Ⅲ.①无形资产管理—研究 ②无形固定资产—资产评估—研究 Ⅳ.①F273.4

中国版本图书馆 CIP 数据核字(2015)第 205660 号

无形资产管理与评估(第三版)
吴申元 主编

出版发行	首都经济贸易大学出版社	
地　　址	北京市朝阳区红庙 (邮编 100026)	
电　　话	(010)65976483　65065761　65071505(传真)	
网　　址	http://www.sjmcb.com	
E - mail	publish @ cueb.edu.cn	
经　　销	全国新华书店	
照　　排	首都经济贸易大学出版社激光照排服务部	
印　　刷	北京地泰德印刷有限责任公司	
开　　本	710 毫米×1000 毫米　1/16	
字　　数	457 千字	
印　　张	25	
版　　次	2007 年 7 月第 1 版　2013 年 1 月第 2 版　**2015 年 9 月第 3 版** 2015 年 9 月总第 3 次印刷	
印　　数	7 001 ~ 10 000	
书　　号	ISBN 978 - 7 - 5638 - 2413 - 7/F · 1357	
定　　价	39.00 元	

第三版序

XU

　　时至 2015 年,与 2007 年《无形资产管理与评估》第一版出版时相比,无形资产对于中国大众来说,早已不是新鲜词汇了。那么,我们在本书第三版中又希望继续向读者传递何种信息呢?这种信息,又将以何种方式传递呢?

　　在经济学中,资产被定义为利润的源泉。我国的历史经验告诉我们,中国经济要实现持续增长,光靠有限的有形资产是不够的,而凝结着人类最高智慧的无形资产才应该是利润的主要来源和未来的发展方向。对此,我们必须予以充分重视。但是,这种重视如果仅仅停留在理论层面还不行,我们还应学会如何在实务层面对无形资产进行经营和管理,以开发、维护无形资产并增加无形资产的价值。至于无形资产的评估,则更是一个事关宏旨的严肃课题。2006 年,中华人民共和国国家发展与改革委员会、国家统计局联合发表了《中国绿色国民经济核算研究报告(2004)》,标志着我国绿色国民经济统计(绿色 GDP)工作迈出了第一步,而无形资产的统计与评估则是其中最为重要又最富争议的内容之一。这些正是本书试图重点阐述的内容，它们占本书近一半的篇幅，而常规内容如概念、分类和性质等则被进行了适当的精简和压缩。

因此，我们的目标仍不是编写一本内容详尽的文献汇编，而仍然是希望尽我们的绵薄之力，在大量的文献中去粗存精，并结合相当数量的案例，力求编写出一本兼具理论性和实用性且有一定新意的教材，并且条理务求清晰，以方便随时查阅；逻辑务求严谨，以经得起时间考验；内容务求简洁，以期避开繁琐的细枝末节，在不违反现行法律法规的前提下，给读者留以相当的自由度——这也是无形资产管理应有的题中之义。我们知道，我们的努力离目标尚有差距，但从本教材初版的使用情况看，本书作为高校经济管理类专业本科生和研究生的教材还是合适的，对于从事无形资产管理与评估工作的实际工作者和相关领域的研究者来说，也具有一定的参考价值。

当然，本书的初版和陆续再版并不仅仅是编写者们辛勤劳作的结果，在文字背后更是凝聚着无数专家学者以及多年来实际从事无形资产管理与评估工作的同志们的经验和智慧，在此，谨向书中所有参考文献的作者和从事无形资产管理、评估工作的同志致以崇高的敬意和衷心的感谢！

复旦大学经济学院　　吴申元

2015 年 8 月

目录

CONTENTS

综 述 篇

管　理　篇

评　估　篇

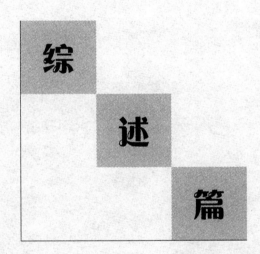

综 述 篇

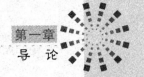

第一章
导 论

■━━━━━━━━━━━━━━━━━━━━━

● 掌握无形资产的概念、分类以及特征,了解各类无形资产思想的历史演变。

● 了解无形资产立法保护的基本趋势。

● 了解怎样改善无形资产的管理与评估。

● 了解企业价值网络及无形资产价值与企业价值的关系;了解在企业价值网络的基础上,怎样进行无形资产的管理与评估。

在知识经济时代,无形资产在经济生活中的重要性日益凸显,无论是国家、企业还是个人,都对无形资产研发、保值和增值予以极大的关注。那么,究竟什么是无形资产,无形资产是怎样产生的,无形资产具有什么样的特征,无形资产的主要类别有哪些,等等,这些我们开始了解无形资产时会产生的疑问,同样也是需要我们掌握的基本问题。本章首先介绍基本概念和基本理论,随之介绍近年来无形资产经营与管理的发展趋势,最后介绍企业价值整合中的无形资产管理与评估。

第一节　概　述

一、无形资产的概念

（一）无形资产概念的提出

到目前为止，究竟什么是无形资产，还没有形成一个统一的说法，这主要是因为，无形资产是一个动态的、不断变化发展的概念，随着科学技术发展和社会的进步，无形资产概念的内涵和外延也在不断改变。

美国经济学家托尔斯·本德最早提出无形资产的概念，他把那些不具有实物形态，但却能为企业提供某种权利或特权的资产定义为无形资产。特别值得一提的是，对无形资产会计的研究，最早的莫过于中国著名的会计学家杨汝梅先生，他于 1926 年 12 月在美国密歇根大学完成的博士论文《商誉及其他无形资产》(Goodwill and Other Intangibles)，对无形资产进行了详细的论述。虽然论文中未给出无形资产的确切定义，但是他对无形资产的几种性质分别作了分析，主要内容为：①以物质之存在与否为标准——物质之存在与否，为有形资产与无形资产间之一大区别，照此标准，可得无形资产之定义如下：无形资产者，乃财产之一部，其价值并不存在于可见可触可量可算之实物中，亦并无此种实物为其代表。②以价值实现之难易为标准——或谓应收账款及有价证券等所以列为有形资产者，非因其有实体之存在，盖因其所代表之权利价值。③以资产之能否分属为标准——物质存在说及价值实现说之二种标准，于是遂有"资产分属性"之学说应运而生，其所谓无形资产之界限，甚模糊，不能依一定之标准为范围，此种资产，在继续营业之情形下，虽有正当之价值，然其价值之存在，不能分属于特定之资产上。④各种定义之批判——综观上述各点，可知寻求有形资产与无形资产间之区别标准，以说明无形资产之性质，实为一种无谓之方法。资产能依某种程度上之差异或功用上之不同，分成若干类别，决不能依其概括的形式，而分之为有形与无形二类。⑤吾人得一原则，谓无形资产之价值乃属一特定企业所具额外收益能力之表示。①

杨汝梅先生这部于美国发表的著作在世界各国影响很大。

（二）各种无形资产概念及其比较

国际会计准则委员 1998 年 10 月 1 日发布的《国际会计准则 38 号——无

---

①杨汝梅.无形资产论［M］.北京:中国财政经济出版社,1992:2－5.

形资产》将无形资产定义为："为用于产品的生产和销售,为用于出租或为用于管理而持有的,没有实物形态的可辨认的非货币资产。"①按此定义,无形资产应满足可辨认性、对资源的控制性和未来的经济利益性等三个条件。其中,可辨认性是指无形资产的定义要求无形资产是可辨认的,以便区别于企业的商誉。

美国财政会计准则委员会认为:"无形资产指没有实物实体的经济资源,其价值是由其占有权及其他未来利益所决定的;但货币性资源(如现金、应收账款和投资等)不能认为是无形资产。"②

美国会计准则委员会将无形资产归类为一项特定资产,并将无形资产划分为可明确辨认的(Identifiable)无形资产和不可明确辨认的(Unidentifiable)无形资产两类。③

英国会计准则委员会在《商誉和无形资产(讨论稿)》中将无形资产定义为:"无形资产指无实物形态、性质上属于非货币性的固定资产。这里的固定资产是指符合下列条件的资产:①企业持有的,能用于生产、提供商品和劳务、租给他人,或用于管理目的;②已取得或开发成功,预期在将来持续使用;③不准备在正常经营过程中销售。"④

日本《新版会计学大辞典》认为:"无形固定资产是同有形固定资产相对立的概念,其定义不大明确。然而,作为一般会计惯例所承认的概念,无形固定资产可以说是具有下列三种属性的虚拟资产:①没有实体的资产;②有超过一般同行业企业收益能力的资产价值;③有偿取得。"⑤

韩国有学者认为,"无形资产就是虽不像土地、建筑物和机械等有形资产那样有具体的形象,但却对经营有用的资产。除了经营权、专利权等这些法律上的权利之外,还包括事实上具备金钱价值的权利。无形资产以同顾客、技术、合同和法规等的联系为基础进行详细划分。同顾客有关的资产为客户名单和客户地址等;同技术有关的资产为化学公式、设计和软件等;同合同有关的资产有专利转让合同、垄断加盟合同、供货合同和雇佣合同;同法规有关的资产为著作权、执照、商标权和合作事业等。"⑥

我国对无形资产的认识和理解起步较晚,同样也存在不同的看法和理解,

---

① 国际会计准则委员会.国际会计准则 2000[M].北京:中国财政经济出版社,2000:626-628.

② Discussion Memorandum. Accounting for Business Combination and Purchased Intangibles: Para. 17.

③ Accounting Principles Board. APB Opinions, NO. 17, Intangible Assets. 1970.

④ 中华人民共和国财政部会计司.具体会计准则(征求意见稿)第一辑[G].1995:29.

⑤ 本书编写组.新版会计学大辞典[M].北京:中国展望出版社,1986:416.

⑥ 李必宰.企业要提高对无形资产的认识[J].经纪人,1997(12).

比如：

"无形资产是无形固定资产的简称，是指不具有实物形态而以知识形态存在的重要经济资源，它是为企业的生产经营提供某种权利、特权或优势的固定资产，这种固定资产应用于企业，可以创造巨大的收益。"①

"无形资产，亦称无形固定资产，是有形固定资产的对称，指企业中不具备物质实体，而以某种特有权利和技术知识形态等经济资源存在并发挥作用的固定资产。尽管其价值形态缺乏横向比较的可能，但它的存在和应用，能使特定企业获取高于一般水平的赢利，在不确定的未来期间内为企业整体的生产经营服务。"②

"无形资产是指无实物形态的、独占的、可转让的非货币性长期资产。"③

"所谓无形资产，应是不具有实物形态、却能为企业长期带来收益的法律或契约所赋予的特殊权利、超收益能力的资本化价值以及有关特殊经济资源的集合。"④

《经济大词典》对无形资产的定义是："无形资产，亦称'无形固定资产'，指不具有实物形态而能为企业较长期地提供某种特殊权利或有助于企业取得较高收益的资产。在资本主义企业中，列为无形资产的有商标、商誉、版权、专利权、特许营业权等。"⑤

我国1993年颁布实施的《企业财务通则》对无形资产的定义是：无形资产是指企业长期使用而没有实物形态的资产，包括专利权、技术秘密、商标权、著作权、土地使用权、特许经营权、商誉等。⑥

2001年1月1日开始实施的《企业会计准则——无形资产》将无形资产定义为："企业为生产商品、提供劳务、出租给他人，或为管理目的而持有的、没有实物形态的非货币性长期资产。无形资产可分为可辨认无形资产和不可辨认无形资产。"⑦这一定义与国际会计准则中关于无形资产的定义不完全相同。两者的差异集中在商誉应否纳入无形资产上。国际会计准则第38号未将商誉纳入无形资产范围加以规范，而是在《国际会计准则第22号——企业合并》中加以规定，国际会计准则委员会认为，商誉是一类特殊的资产，应与一般意义上的无

---

① 蔡吉祥.神奇的财富：无形资产[M].深圳：海天出版社，1996：2.
② 于长春.无形资产会计管理[M].北京：中国对外经济贸易出版社，1990：29.
③ 苏万贵.无形资产理论研究[M].天津：天津科技出版社，1998：50.
④ 汤湘希.无形资产理论研究[M].天津：天津科技出版社，1998：54－55.
⑤ 本书编写组.经济大辞典[M].上海：上海辞书出版社，1992：179.
⑥ 中华人民共和国财政部.企业财务通则[G].1993.
⑦ 中华人民共和国财政部.企业会计准则——无形资产[G].2001.

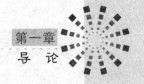

形资产区别开来。

此外,资产评估学中也对无形资产进行了定义。如中国资产评估协会2001年7月发布的《资产评估准则——无形资产》将无形资产定义为"特定主体控制的,不具实物形态,对生产经营长期发挥作用且能带来经济利益的资源"。无形资产分为可辨认无形资产和不可辨认无形资产。可辨认无形资产包括专利权、专有技术、商标权、著作权、土地使用权、特许权等;不可辨认无形资产是指商誉。① 对比之下,《国际评估准则》较全面地定义了无形资产,指出"无形资产是以其经济特性而显示其存在的一种资产;无形资产不具有实物形态,但为其拥有者获取了权益和特权,而且通常为其拥有者带来收益"。②

全国注册评估师考试辅导教材《资产评估学》对无形资产的表述为:"无形资产是指那些没有物质实体而以某种特殊权利和技术知识等经济资源存在并发挥作用的资产。"

上述这些定义对无形资产概念的认识既有相同点,也有差异。相同点是:①无形资产属于资产范畴,却有别于实物资产和货币性资产;②无形资产是一种有价值的经济资源;③无形资产可以长期经营,并能为企业等带来经济利益。不同点是:①国际会计准则把无形资产确定为可辨认非货币资产,而我国在定义无形资产时,不区分是否可辨认;②在无形资产是否包括商誉方面,不同的定义之间还存在一定的差异;③无形资产所包括的内容还不尽相同。这些差异的存在,恰恰说明了无形资产是一个发展中的概念,它在一定程度上反映了当时的社会发展水平,也反映了人们对无形资产认识的差异。

（三）对无形资产概念的概括

综上所述,要想全面区分有形和无形资产的概念,不能简单地从是否看得见、摸得着来分辨,而要从其存在的性质、作用和形态等这些实质内容来区分,从其内涵和外延两个方面来概括。

我们认为,无形资产是指由特定主体拥有或控制,能够用于商品或劳务的生产或供应,出租给其他单位,或用于管理目的,不具有实物形态,而且是非货币性的,在长期经营中能预期给特定主体带来经济收益的资产。对这个定义,可以从以下四个方面进一步理解:①这个特定主体既包括国家、企业和事业单位,也包括个人,是一个广义的概念;②无形是相对而言的,是相对于有形固定资产而言的;③它是有价值的,并且能为拥有者带来一定的经济利益;④它是资产,是构成企业主体的一种重要资产。

---

① 中华人民共和国财政部.企业评估准则——无形资产[G].2001.
② 国际评估准则委员会(ISVC).国际评估准则评估指南四——无形资产[G].2000.

二、无形资产的类型

无形资产的种类很多,按不同的标准,可以划分为若干不同类型,而这些不同标准、类型的无形资产又都具有一些共同的特征。具体来说,无形资产主要有以下几种划分方式。

(一)按企业取得无形资产的渠道划分

按照企业取得无形资产的渠道,无形资产可以分为自创(或自身拥有)无形资产、外购无形资产和股东投资入股无形资产。

1. 自创无形资产。自创无形资产是指企业本身研制、创造、开发、设计、发明或由于某种客观原因而形成的无形资产,如专利权、商标权、商誉、著作权和技术秘密等。企业自创无形资产的权益归该企业所有,该企业应维护其自身的利益,同时要履行自身相应的义务。

2. 外购无形资产。外购无形资产是企业以一定的代价从其他单位购入的无形资产,如外购专利权、商标权等。外购无形资产分为两类:一类是购入所有权,另一类是只购入使用权,两者所付出的代价不一样,一般来说,前者要高于后者。另外,购入价格的确定,还要考虑是独家许可或普通许可,并要考虑有效期限。

3. 股东投资入股无形资产。股东投资入股无形资产是指企业股东以专利权、商标权等作为投资,投入企业的无形资产。股东投入的无形资产的数额和占全部股东出资额的比例,应尽量由专业资产评估机构进行评估后再确定。

(二)按无形资产的性质划分

按照无形资产的性质,无形资产可分为知识产权型无形资产、权利型无形资产、关系型无形资产和资源型无形资产。

1. 知识产权型无形资产。知识产权型无形资产主要是依靠知识、智力和技术等形成的,包括专利权(含发明专利、实用新型专利和外观设计专利)、集成电路权、植物新品种权、专有技术、版权、软件、商标权和厂商名称权等。知识产权型无形资产的主要作用是,它能够在一定时期内为所有者带来垄断性利润。

2. 权利型无形资产。权利型无形资产是依靠特许权形成的,特许权又可分为行为权利和对物产权两种。行为权利是国家或政府等权力机关特许的或与特定主体约定的可作为某种经营行为以获取利益的权利,主要包括专营权、进出口许可证、生产许可证、优惠的购销合同等;对物产权是指权利人设立在他人(包括国家)拥有所有权的资产上的权利,如土地使用权、矿业权、租赁权及优惠的融资条件等。

3. 关系型无形资产。关系型无形资产是在企业长期的生产经营、销售活动

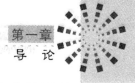

中所形成的无形资产,包括有组织的职工队伍、稳定的客户关系、销售网络和原材料、零部件供应关系等。关系型无形资产能为企业赢利创造条件。

4.资源型无形资产。资源型无形资产是依靠一定的资源而形成的,如人力资源等。

此外,还有一种类型的无形资产,即综合型无形资产,它主要是指商誉。

(三)按无形资产的期限划分

按照无形资产是否有期限,无形资产可分为有期限无形资产和无期限无形资产。

1.有期限无形资产。有期限无形资产是有明确时限的无形资产,这种期限或是由法律、契约、合同所规定,或是由无形资产本身的性质所决定的。如发明专利权的期限为20年,实用新型专利权和外观设计专利权的期限为10年,著作权的期限为作者死后50年。

2.无期限无形资产。无期限无形资产是指没有法律明确规定的期限,或虽然有法律规定的期限,却可以无限续展的无形资产。比如,技术秘密就无具体的保护期限,只要其所有者不泄露秘密,便可永远受到保护,当然,如果泄密即失去保护;再如,商标权虽然规定的有效期限为10年,但只要企业不放弃其权益,就可以多次续展,成为企业永久的无形资产。

(四)按无形资产的可辨认性划分

按照无形资产的可辨认性划分,无形资产可分为可辨认无形资产和不可辨认无形资产。

1.可辨认无形资产。可辨认无形资产指那些具有自己专门名称,可以个别地取得,或作为资产的一部分取得,或作为整个企业的一部分从国内外市场购进,并可以脱离企业个体而单独存在的无形资产,如专利权、商标权、专有技术、土地使用权和特许经营权等。

2.不可辨认无形资产。不可辨认无形资产指与整个企业不可分,不能具体辨认,也不能单独取得的无形资产。不可辨认无形资产是在企业收购与兼并过程中形成的,并且受历史背景、管理水平和市场变化等多种因素影响。商誉就是典型的不可辨认无形资产。

(五)按无形资产的功能划分

按照无形资产的功能划分,无形资产可分为自用型无形资产、转让投资型无形资产和自用与转让结合型无形资产。

1.自用型无形资产。企业自用型无形资产是指企业主要以自身使用为主,并且不向外转让的各种无形资产,这种无形资产能使企业获得一定的垄断地位,使企业在技术、市场竞争等各方面获得较强的竞争能力。企业的厂商名称、商标

握和了解无形资产所具有的依附性的特征,对于财产权人充分利用无形资产、提高生产效率非常重要。像商标这类无形资产,虽然受技术进步的影响较小,但却容易受到激烈的市场竞争尤其是同类企业竞争的影响。

（三）无形资产的排他性

无形资产的排他性,亦称独占性或垄断性,是指特定主体为了维护自身经济利益或者获得更多的经济收益的机会,独享无形资产的所有权,并且不容他人侵犯。当然,有形资产也具有排他性,但是,无形资产不同于一般的物权。比如,有形资产可以普遍存在、多方占有,世界上可以存在许多型号、内容、功能、名称都一样的有形资产,它们可以被不同的主体所拥有,但不可能存在许多型号、内容、功能、名称都一样的无形资产,无形资产只能是"单独存在,一方占有",即无形资产的所有权只能授予一方一次,而不能授予多方多次。这就是说,对于重复开发的无形资产,法律不但不会授予所有权,而且还会予以禁止。德国的奔驰汽车,既可以在德国许多企业或个人手中存在,也可以在世界上许多国家的企业和消费者中存在,所有人不计其数;而其制造技术和"奔驰"商标权的所有者只有一个,即奔驰汽车公司,不能由其他公司或个人所拥有。这就说明了:无形资产不同于有形资产,每一个无形资产的存在具有"排他性",而不具有"普遍性"。

需要进一步说明的是,无形资产的排他性是相对的,有地域限制,这是根据其申请人申请注册并获得权益的国家或地区来决定的。如果只在一个国家取得了无形资产权益,则该无形资产只在这个国家具有垄断性;在其他没有申请注册的国家,不受法律的保护,不具有垄断性,有时甚至会失去对该项无形资产的占有权。无形资产的排他性与其申请注册、取得权益密不可分,其排他性的程度是由申请注册取得的权益所覆盖的国家和地区来决定的。

（四）无形资产的自身增值性

一般来说,企业的有形资产,无论是固定资产还是流动资产,如原材料、机器设备等,在生产中都或被使用,或被消耗,但按照马克思主义经济学原理,这些有形资产在整个生产过程中,仅仅发生了价值的转移,而不产生增值。在发生价值转移时,有形资产中的流动资产和固定资产是不同的,流动资产往往是一次性地把价值全部转移到新的产品中去,固定资产的价值则是分次逐渐转移到新产品中去,但价值不会增加;而无形资产在使用过程中,不但可以一次次转移,而且其价值还会不断增加。一方面,企业因经营条件、技术等方面的优势以及不同类型的专有权等无形资产的使用,会促使企业的单位产品成本低于社会平均水平,从而获得更多高于同行业水平的经济收入。另一方面,企业有较高的信誉度、商标的驰名度以及客户的认可度,会使消费者对本企业的产品有较强的偏好,从而使

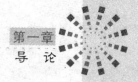

企业产品获得更多的市场份额,使企业得到更大的市场空间,获得更多的利润,而这就使企业无形资产尤其是商誉、商标专用权、特许经营权等与企业整体素质相关度较高的无形资产在经营过程中常常与企业其他资产相得益彰,其使用不但会使其价值发生转移,而且还可能出现使用得越多,转移得越多;价值越膨胀,就越能增值的情况。

（五）无形资产的收益不确定性

就无形资产的财产性质而言,无形资产必须是一种能持续使用且能持续获得经济收益的经济资源,如果无形资产不能在持续使用中带来经济收益,或者只是在某一个特定的时间,偶尔或一次性地为企业带来一时的经济收益,那就不能算是无形资产。但在现代科学技术和市场经济条件下,无形资产的价值存在着较大的不确定性。例如,有些无形资产有法律规定的寿命期限,还有些无形资产的有效期限难以准确确定;无形资产形成的取得成本可以计量,但不易全面、正确地确定;无形资产转移和出让时的价值不易确定;无形资产投资的回收与预计的未来收益不易确定;等等。由于无形资产的收益往往要依赖一定的物质与社会条件,其价值具有一定的相对性。与无形资产价值有着诸多关联的因素往往都处于不断变化的过程中,使得企业各种知识型、权利型等无形资产的价值具有相对的不稳定性。无形资产存在价值的相对不稳定性,必然又会导致其资产收益具有一定的不确定性。

四、无形资产的作用

一个企业拥有的无形资产,是企业一笔巨大的财富,是企业综合实力的重要标志;一个国家拥有的无形资产,是国家财富的象征,是国家综合实力的重要表现。

从表 1 - 1 所提供的资料中,我们可以明显地体会到无形资产的潜在价值。这些品牌的价值反映了这些公司的实力。通过前 10 名企业所在的国家的这一列,我们还可以直观地感受到美国在世界经济中的地位和作用。

然而,在历史上,无形资产从未作为国民财富的组成部分,也从未被广泛地当作公司的一项资产。1911 年欧文·费雪尔(Irving Fisher)将经济学定义为"财富的科学",而财富又被定义为"人类拥有的物质实体"。这些定义奠定了国民账户传统计量的基础,同时,企业会计也发展成为公司资产增加或减少的交易记录。这样,便形成了一种传统观念:只有有形资产或买卖交易中的无形资产(如专利)方可作为公司的资产项目,除此之外的其他投入均作为短期的服务支出。

但我们不可否认,无论是在商品生产、市场营销、产品分配还是在劳务提供方面,无形资产都起着非常重要的作用。

表 1-1 2005 年世界十大品牌

排名	公司	品牌价值(百万美元)	涨跌幅(与 2004 年相比)	国家
1	可口可乐	67 525	0%	美国
2	微软	59 941	-2%	美国
3	IBM	53 376	-1%	美国
4	GE	49 996	7%	美国
5	英特尔	35 588	6%	美国
6	诺基亚	26 452	10%	芬兰
7	迪士尼	26 441	-2%	美国
8	麦当劳	26 014	4%	美国
9	丰田	24 837	10%	日本
10	万宝路	21 189	-4%	美国

资料来源:摘自《商业周刊》网站公布的 2005 年度全球品牌 100 强名单。

在现代社会,服务业在国民经济中所占的比重呈稳定增长的趋势,以美国为例:1950 年服务业占 GDP 的 22%,1999 年已经上升到 39%。无形资产并不等同于服务,但两者密切相关。高技术含量服务和复杂性职业服务都包含着大量的无形资产的投入,诸如技术、专业知识、组织能力、名誉资本、顾客关系及相关数据收集之类的无形资产,都是服务提供中的重要组成部分。

在过去的 20 年,有形资产增长缓慢,但是金融索取权和公司发行的证券价值总额迅速增长,而且有形资产在这种增长中发挥的作用微乎其微,即使有,也可能是实物资本受通货膨胀的影响所致。经济学家罗伯特·霍尔(Robert Hall)分析了 10 年来公司市场价值与其账面价值的巨大差异,他认为,如果"公司拥有大量的无形资产,而对这些资产的价值并未计入公司账内或政府的统计数据中",那么,这种实际的差异只能用金融市场的股票价值决定理论来解释。后来,他将这种未入账的无形资产称为"e 资本"。① 因为外部投资者承认这类无形资产价值的存在,并且认为无形资产的价值越高,企业的价值也越高。例如,2000 年 8 月初,沃特·迪士尼公司(Walt Disney)的股票市值高达 830 亿美元,负债 340 亿美元,资本化市场总值 1 170 亿美元。但沃特·迪士尼公司的账面资产仅有 437 亿美元,其中包括 113 亿美元已经确认的无形资产价值。很显然,金

---

① Robert E. Hall. E-Capital:The Link between the Stock Market and the Labor Market in the 1990s, Brookings Papers on Economic Activity, 2000, 2: 77 - 118.

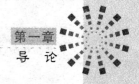

融市场对沃特·迪士尼公司确认了价值近 850 亿美元(近 8 倍于账面无形资产的价值)的无形资产。①

公司间的横向比较也表明,市场价值与账面价值的差异在很大程度上归因于无形资产的投资,对无形资产投入最多的电脑公司,其市场价值往往与账面价值的差异最大。埃里克·布赖乔弗森(Erik Brynjolfsson)和欣克尤·杨(Shinkyu Yang)发现,一家公司电脑设备的总价值与股票市场对这些无形资产确认的价值之间存在着密切的关系。罗伯特·霍尔观察到了这一现象,他指出:"股价 10 美元并不是说市场认为每 1 美元的电脑值 10 美元,而是包括 1 美元的电脑和另外 9 美元的无形资产价值。"②蒂莫西·布雷斯纳汉(Timothy Bresnahan)、布赖乔弗森及洛林·希特(Lorin Hitt)还发现,在对电脑技术大力投资的同时,如果也加大对人力资本(以提高员工的专业技能)、组织资本的投资,尤其是进行组织调整,将决策权下放给各级员工,公司的生产能力还会有更大的提高。

其他研究也发现,在经济增长的支柱行业,如高科技行业、生命科学和商业服务部门,其研发占销售收入的比重很高,而研发占销售收入的比重很高的部门,其市场价值与账面价值的差异也很大。研究还表明,对员工教育和培训投入较多的公司,其生产能力和财务业绩要明显高于同行业的平均水平。总之,所有调查结果都表明,股票的价格虽然是一个嘈杂的信号,但若用来反映无形资产在经济中发挥的作用,仍不失为一个比较有效的指标。

无形资产已经成为公司最重要的投资之一,公司自身的一系列行为也说明了这一点。近些年来,人力资本投资已经被许多高级管理人员认为是公司竞争优势的重要源泉。过去十多年的研究表明:对工作实践创新(也可以称为高性能工作系统)的投资给公司的经营业绩带来了积极的影响,该项投资涉及的领域有培训、工种设计、选拔、人员安排、职工参与、劳资关系及激励补偿机制。研究还表明,公司首席执行官的声望对公司的成功有着举足轻重的作用。

以上这些直接或间接的证据足以使我们相信,无形资产对国家、企业和社会经济的重要性与日俱增。

那么,对我国来说,无形资产又有什么重要意义呢?

中华人民共和国成立后,我国长期实行的是计划经济,用计划和行政手段来

---

① 计算依据于 1999 年的数据,来源于 Walt Disney 公司网站(http://disney. go. com/investors/annual99/dis99ar55. html)2001 年 1 月公布的年报,股价数据引自 2000 年 8 月 3 日"Wall Street Journal"。

② Erik Brynjolfsson, Shinkyu Yang. The Intangible Costs and Benefits of Computer Investments: Evidence from Financial Markets, The Stock Market and Capital Accumulation: 28.

控制经济的运行。在对待无形资产等不具有实物形态的财产上，认识也存在着缺陷，这些都阻碍了我国经济的发展。

改革开放以后，我国逐渐摆脱了以往一些传统错误认识的束缚，但由于市场经济起步较晚，目前还处在转型期，计划经济的弊端并未得到根本消除。我们必须正视现实，尊重经济发展和科学技术进步的客观规律，尽快使我国经济界和企业界认识并解决有关无形资产的理论和现实问题，尤其要认识到：无形资产无论对国家、企业还是个人，都有着十分重要的作用。

（一）重视无形资产，有利于保护我国财产的安全和完整

当今世界贸易市场已经不再是原来单纯的货物贸易市场，无形资产已经广泛渗透到世界贸易市场之中。无形资产无论是直接转让和买卖，还是以股权形式进入到合资企业当中，都在经济中占有举足轻重的地位。

世界各个国家都非常重视对专利技术等无形资产的保护，并投入大量的资金进行研发。在知识经济时代，各国对无形资产的开发都不遗余力，都想成为某个领域的"领头羊"，从而获得垄断地位，为国家创造巨额财富。对于高新技术尤其是关系到国家安全的军事等技术，每个国家都制定了许多相关的法律和法规，实行严格的管理和控制，以防止泄密。美国等西方国家严格限制向我国出口高新技术，就是一个典型的例子。

我国也要对无形资产等知识形态的财产有足够的重视，要充分认识无形资产的价值，加强研究、管理和保护，通过创造、开发更多的无形资产来增强国家的综合实力。如果忽视了无形资产，就会给国家经济、技术和安全等方面造成严重损失。

（二）重视无形资产，有利于增强我国企业的竞争力

当前，在我国的企业改革过程中，由于对无形资产的作用和价值认识不足，管理混乱，加上各类无形资产基本不计入资产账目，无形资产在所有者权益和经营者业绩中根本无法体现，尤其是那些经济效益好，拥有良好声誉、驰名商标或先进专利的企业，对其无形资产不评估、不作价，致使计算出来的企业产权价值与实际不符，使企业特别是国有企业在股份制改造、公司上市、产权交易、技术转让、技术入股等经济活动中遭受了巨大损失，造成了国有资产的大量流失。

企业无形资产虽不作为实体存在，但却能为企业创造效益。有些无形资产如专有技术、商标、客户名单等，作用巨大，是有形资产不能代替的，是企业在国内外进行市场竞争的法宝。美国的可口可乐进军世界各地，靠的就是品牌战略。加强无形资产的经营管理，可以大大提高企业的市场竞争力。

首先，无形资产可以提高我国企业的知名度。在市场经济条件下，如果企业

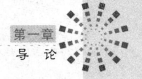

有较高的知名度,就表明该企业有较高的科技水平和管理水平,就可以提高企业在消费者心目中的认可度和"忠诚度",为企业带来良好的经济效益,促进企业发展。企业拥有并经营无形资产,是提高企业知名度的一个重要手段。企业在占有无形资产方面,不仅要有数量上的增加,还要有质量上的不断提高,通过经营无形资产,更大程度上发挥无形资产的作用,有助于在各个方面提高企业的知名度,让更多人知道企业和企业所生产的商品,为企业创造更多的财富。信誉和品牌是企业科技水平、生产水平、管理水平、营销水平和素质水平的综合体现。企业有了品牌影响力,其商品在国内外市场就有了竞争力,就可以最大限度地占有市场,为企业带来更多的经济效益。在这方面,海尔和联想已为我们树立了良好的榜样。

其次,无形资产可以增强企业的经济实力。企业如果拥有某种或多种无形资产,就表明企业有良好的经营管理水平和发展战略,有优秀的高素质员工和良好的企业文化,这些都是企业发展的坚实基础。通过促进无形资产向有形资产转化,通过进一步发挥无形资产的作用来盘活有形资产,不断发挥企业的技术优势和资金优势,创造名牌,发展名牌,有助于企业掌握市场竞争的主动权。企业一方面可以通过出售或转让某些无形资产(如专利权、技术秘密、商标权等),以获得更多资本;另一方面也可以以无形资产作为资本和纽带,进行投资,实行企业兼并或联合,从而进一步扩张。这样,通过资本积累和扩张,企业就能够形成足够的经济实力,不仅可以在国内市场同国外企业竞争,而且还可以走出国门,进行跨国经营。

总之,以知识和智力为主导的 21 世纪已经不再是一个用"物"的时代,而是一个用"脑"的时代——更进一步说,是将"脑"融于"物"的时代,或者说是用"无形资产"去推动"有形资产",使之更加有效地满足人类生活需要的时代。

第二节 无形资产思想的历史沿革

一、专利权思想的演变

专利(Patent)一词,源自英国中世纪国王经常使用的词语——"Letters Patent",即可以打开的文件。该文件加盖国王印玺,实际上是某种特权的象征,也就是由君主赐给工商业者对某些商品进行垄断经营的特权。汉语"专利"一词在我国最早见于《国语》。据记载,西周大夫芮良夫提出:"匹夫专利,犹谓之盗,王而行之,其归鲜矣。"显然,这里所说的"专利",指的是通过垄断牟取暴利

的一种行为。①

从某种意义上说,专利制度的历史其实就是一部垄断与反垄断斗争的历史。一般认为,最早的专利制度于公元 1474 年在威尼斯建立②,但若深究专利制度的渊源,我们必须溯源到欧洲封建社会的更早些时候。中世纪的欧洲,很早就存在由君主赐给工商业者对某些商品进行垄断经营的特权。1236 年,英王亨利三世授予波尔市一位公民制作色布技术 15 年的垄断权;③1331 年,英王爱德华三世授予约翰·卡姆比染布技术的垄断权④;1421 年,意大利佛罗伦萨建筑师布鲁内来西为运输大理石而发明的"带吊机的驳船"获得了类似的垄断权,期限为 3 年。不过,当时所谓的"专利",其实只是封建王室控制经济利益或从事垄断经营的一种形式。

此后的几个世纪里,虽然中间受到了最接近于现代专利制度的威尼斯《专利法》的影响⑤,但以英国为首的欧洲各国王室一直把持着这种特权。到了伊丽莎白一世(公元 1558 ~ 1603 年在位)时期,王室为了增加收入,滥用特权,产生了不公平的垄断。迫于议会的压力,伊丽莎白一世不得不在 1601 年发表"黄金演说",宣布自己不再签署任何授予王朝垄断权的专利书。经过以爱德华·柯克⑥为首的商人集团的不懈斗争,世界第一部现代意义的专利法——《垄断法》(The Statute of Monopolies)终于在 1624 年得以实施。这部专利法诞生的过程,同时就是一段反垄断的历史,这说明,专利法与反垄断法之间存在着先天的"亲缘"关系。正如考尼什所指出的那样,《垄断法》的制定意味着以垄断为代价促进竞争这一长期政治斗争的开端⑦。

继英国的《垄断法》之后,现代意义上的专利法在各国相继颁布。1790 年美国颁布《专利法》,法国于次年也颁布了《专利法》,俄罗斯是在 1812 年颁布了《专利法》,印度颁布《专利法》的时间是 1859 年,10 年之后加拿大也颁布了《专利法》,德国和日本颁布《专利法》的时间分别是 1877 年和 1885 年。

专利权是一种禁止他人进行相同活动的权利,用合法垄断所带来的高额利润回报来刺激技术创新,使得新发明的大量引进和出现成为可能,再加上欧

---

① 刘春田.知识产权法教程[M].北京:中国人民大学出版社,1995:139.

② 1474 年 3 月 19 日,威尼斯制定了世界上第一部《专利法》。

③ 郭庆存.知识产权法[M].上海:上海人民出版社,2002:263.

④ 郑成思.知识产权法[M].北京:法律出版社,1997:228.

⑤ 郑成思.知识产权论[M].2 版.北京:法律出版社,2001:7.

⑥ 爱德华·柯克(E-Coke)被称为"普通法的化身",主张以普通法打破王室的特别垄断权,他与英王詹姆斯一世的斗争堪称西方法制史上的一段佳话。

⑦ W. R. Cornish. Intellectual Property:Patent, Copyright, Trade Marks and Allied Rights. 3th edition. Sweet & Maxwell. 1996:93.

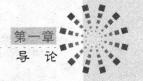

洲的市场体制,也使得产业革命和大规模生产成为可能。但专利权毕竟是对自由贸易的一种限制。"当专利权的性质从当初的征收特权变为垄断支配权,并产生了事实上的经济垄断以后,随之就产生了反对垄断、反对专利制度的议论。"①

最先反对专利制度的是自由贸易论者。英国产业革命时期的制造业经营者基本上都反对阻碍商品交易的专利制度。亚当·斯密就认为,垄断是非效率的,易于导致腐败。在差不多同一时期的德国,官方学者认为,与其实行专利制度,不如实行奖励制度。在法国,更有一种观点,认为优秀发明应该允许被模仿,提倡"专利制度反对论"②。此后,世界经历了掠夺殖民地时期和第一次世界大战。在前一个时期,为了保护在海外殖民地市场的利益,各国都主张保护专利和垄断。1883 年缔结的《保护工业产权巴黎公约》规定了专利保护的最低限度,使得专利技术在国际上的转让得到了保障。但第一次世界大战爆发后,基于各国国家利益的需要,专利权的保护遭受了重大创伤。

第一次世界大战期间开发的战争技术,战后成为尖端技术,在经济领域得以应用。在这种背景下,技术垄断重新抬头,欧美国家之间建立了许多国际卡特尔。国际上一旦结成卡特尔网络,技术转移就会以另外一种不同的形态进行,对竞争的影响不可小觑。即使存在控制竞争的途径,但无论如何,卡特尔本身只会加剧而不会消弭对消费者的盘剥,企业所获得的垄断利益最终会强加在消费者身上。在国际卡特尔时代,与国际卡特尔相关的主要有无线电技术、电灯泡技术、交通工具的燃料和材料技术。然而,从第二次世界大战结束到美国里根政府上台之前这段时期,各国的反垄断力度都有所加强,对专利而言,这是一个严峻的时代。由于技术与垄断资本结合,技术垄断成为阻碍技术自由交流和市场进入的巨大障碍。所以,各国在努力增强自身经济活力的大背景下,反过来运用反垄断法与专利权相对抗,这也是势所必然。

美国在吸取第二次世界大战期间的教训后,强化了反垄断法,最显著的表现是对战前卡特尔行为的制裁。例如,美国司法部在 1941 年 1 月 27 日以违背反垄断法名义起诉加盟电灯泡卡特尔"菲巴斯"的公司;通用电气公司(GE)认为,其他企业生产电灯泡侵害了其专利权,但司法部的调查结果是,GE 所拥有的 527 件专利中,能够阻止其他企业生产的专利权一个也没有③,最后法院命令"将有关灯泡及灯泡部件的全部现存专利贡献于公众"④。当然,反对联邦最高法院

① 富田彻男.市场竞争中的知识产权[M].北京:商务印书馆,2000:64.
② 富田彻男.市场竞争中的知识产权[M].北京:商务印书馆,2000:85.
③ 富田彻男.市场竞争中的知识产权[M].北京:商务印书馆,2000:137.
④ 参见联邦判例补编(http://www.lexis.com)第 115 卷,第 835 页。

反专利方针观点的人也不是没有,比如,专利绝对论者巴尼特(Barnett)就是其中之一。除美国之外,战后整个世界的专利制度也都发生了变化。如欧洲对统一专利法进行了尝试,主要成果是1953年的《关于专利申请方式要件的欧洲条约》和1954年的《关于国际分类的欧洲条约》。欧洲经济共同体对专利法的协调开始于20世纪60年代,当时设想建立一个在欧洲经济共同体内适用的专利体系,由此导致了1973年10月5日《欧洲专利条约》(又称《慕尼黑条约》)的签订。关于国际专利申请的《专利合作条约》也是在这个时期缔结的①。

20世纪80年代以来,西方国家可以说进入了专利权时代。70年代末以后,资本主义经济从"黄金时期"(20世纪50～70年代)进入了令人苦恼的"滞胀期",以英国撒切尔夫人政府和美国里根政府为代表的西方国家都采纳了芝加哥学派的观点②,强化专利权,忽视反垄断法。重视知识产权是这一阶段各国普遍的政策。到了20世纪90年代,知识经济的到来使得整个世界发生了翻天覆地的变化,专利制度在技术垄断方面也出现了全新的动向。微软垄断案这个跨世纪大案就是最好的例证,资金雄厚的微软公司利用其经济实力,影响了这一垄断案最后的结局。

纵观整个专利权时代,一方面,由于技术的迅猛发展和企业规模滚雪球式的扩大,技术的垄断已经达到了令人瞠目结舌的地步;而从另一方面看,对这种技术垄断的反垄断法调控却总是不尽如人意。即使技术创新的绝对增加值和速度还是令人满意的,但在人类理性可以预见的未来的发展趋势呢?这不能不使我们重新考虑:在进入21世纪后的今天,人类是否应该反思专利垄断究竟还在不在恰当的位置上?

二、商标权思想的演变

商标权的演变和发展,就是对商标法律地位的认可和保护的过程。商标,属于标志的一种。在很早以前,就已经有了商标的雏形。例如,在出土的公元前3500年的埃及古墓中,所有的陶器上都刻着陶工的姓名;我国公元前57～前53

---

① 1970年5月,在华盛顿召开的《巴黎公约》成员国外交会议上,35个国家签订了《专利合作条约》。

② 芝加哥学派的代表人物包括斯蒂格勒、德姆塞兹、波斯纳等人,芝加哥学派对美国反托拉斯活动和政府管制政策产生了深远的影响。与哈佛学派强烈支持反垄断政策的观点相反,芝加哥学派认为政府介入是市场自由进入的唯一障碍,应该刺激的不是需求而是供应,大规模生产的出现或者说产业结构的变化表明了所在产业的有效规模,产业集中并不会阻碍市场进入,是绩效影响(或者说决定)结构。在对反垄断法的态度上,芝加哥学派认为,在执行反垄断政策时,必须以不伤害大而有效率的厂商的竞争力为原则,企业合并能产生规模经济的好处。

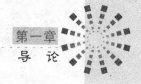

年(西汉宣帝五凤年间)留下的瓷器上,刻有年号"五凤"这一标志。

在 13 ~ 14 世纪的英国,面包房和银匠需在自己的制品上标出记号,这是一种强制性规定,但这还称不上是商标。在德国,第一次与商标有关的是古登堡采用活字印刷术之后的印刷品,这里已经显示出了商标的功能。1618 年,英国出现了世界上第一个经法院判决的有关商品提供者专用标志的案例①。依判例法对商标实施保护,最早出现在工业革命的起源地英国,这不足为怪。但英国停留在依判例保护商标的时间过长,没有在商标保护上推陈出新,使作为后起之秀的法国占据了商标权保护的创始国地位。

1804 年,法国颁布了《拿破仑民法典》,第一次肯定了商标权应与其他财产权同样受到保护。在这前后的 1803 年与 1809 年,法国先后颁布了两个《备案商标保护法令》②。1857 年,法国又颁布了一部更系统的商标保护法《商标权法》,首次确定了全面注册的商标保护制度。继法国之后,英国于 1862 年颁布了成文商标法(但仍不是注册商标法,英国的第一部注册商标法颁布于 1875 年),此后,美国于 1870 年、德国于 1874 年先后颁布了注册商标法。

随着经济的发展,国际贸易往来日渐增多,商标国际保护制度也得到了发展。1883 年 3 月 2 日由法国、比利时、荷兰等国签订的《保护工业产权巴黎公约》(以下简称为《巴黎公约》,该公约如今已有 100 多个国家参加,并已历经多次修订,形成了不同的文本,最后一次在斯德哥尔摩修订而成的 1967 年文本,已被绝大多数成员国批准采用,我国于 1985 年 3 月 15 日正式加入该公约。)首开商标国际保护先河,并为商标国际保护构建了基本框架。根据《巴黎公约》规定的权利独立原则和国民待遇原则,申请人可以依据各国商标法在各国申请注册商标并在各国获得与其本国国民同等的注册商标保护待遇。《巴黎公约》还确定了优先权原则、临时性保护、宽限期、不因商品的性质影响商标的注册以及对驰名商标给予特殊保护等商标国际保护的内容。可以说,《巴黎公约》为商标的国际保护确立了基本的标准,为以后商标国际保护制度的进一步完善奠定了良好的基础。

1891 年 4 月 14 日由法国、比利时、西班牙、瑞士等国发起签订的《商标国际注册马德里协定》(以下简称《马德里协定》,我国于 1989 年 10 月 4 日正式加入该协定),使商标同时在不同国家获得权利成为可能。《巴黎公约》虽然较好地协调了商标在不同国家的保护问题,但并不能解决所有的商标国际冲突,尤其是商标在不同国家注册时的程序和管理上的冲突。世界 200 多个国家和地区各自

---

① Ricketson. The Law of Intellectual Property. 1984:532.

② Deposit(备案)这一法语名词,在知识产权领域与英文中的"Register"(注册)的含义是相同的。

实行自己的商标注册和管理方法,各国商标法的差异给商标在不同国家注册带来了巨大的困难,而且浪费了时间和财力。《马德里协定》的签订,为商标同时在不同国家注册提供了一个统一的程序和管理标准,极大地推进了商标国际保护制度的发展。然而,并不是所有国家都愿意加入《马德里协定》,英国、美国、瑞典、德国、意大利以及苏联等国于 1973 年 6 月 12 日签订了《商标注册条约》,另行组成了独立于马德里联盟的新的国际商标注册联盟。《马德里协定》签订约 100 年后,《商标国际注册马德里协定有关协议书》于 1989 年 6 月 27 日签订,它对《马德里协定》中不受欢迎的限制性规定进行了修改。《商标国际注册马德里协定有关协议书》不仅受到原加盟国的欢迎,而且吸引了更多的国家加入马德里联盟,包括英国、瑞典等《商标注册条约》联盟的成员。《马德里协定》及其有关协议书共同构成的"马德里体系"是目前世界上最大的商标国际注册组织。

1957 年 6 月 15 日由许多国家倡议的《商标注册用商品和服务分类尼斯协定》(以下简称《尼斯协定》)签订,为商标国际注册提供了统一的商品和服务分类标准。1957 年以前,商标注册没有统一的商品分类标准,各国实行自己规定的商品分类。这种状况造成商标国际注册管理混乱、申请进度慢等问题。《尼斯协定》的签订解决了这些问题。由于非尼斯协定缔约国也可以使用其国际分类,因此,该协定为商标的国际注册、国家注册提供了统一的分类工具,方便了商标注册申请的检索工作,对各个国家乃至世界的商标权保护有重大意义。至今,世界上两个商标国际注册联盟和上百个国家都使用尼斯分类。我国于 1987 年开始使用尼斯分类,1994 年 8 月 9 日正式加入尼斯联盟。

1994 年 10 月 27 日由世界知识产权组织倡导的《商标法条约》在日内瓦签订(当时有 68 个国家在条约上签字),该条约使商标国际注册制度的发展出现了新的特点。该条约旨在尽可能为申请人提供方便,简化商标注册程序,提高商标注册工作效率。我国虽然也是签约国之一,但该条约至今未经我国法律批准。

除全球性国际组织有关商标保护的条约、协议以外,一些地区性国际组织也积极探索商标国际保护的方法,并为商标国际保护水平的提高做出了贡献。

比利时、荷兰、卢森堡于 1971 年签订《比荷卢统一商标法》,这为以后欧共体统一商标制度的设立提供了经验。而比《比荷卢统一商标法》更早,非洲《利伯维尔协定》(后来修改为《班吉协定》)的成员国于 1963 年通过并实行了《统一商标条例》。依照该条例获得的注册商标不仅在 13 个成员国有效,而且靠同一部跨国法维护有关权利,这是世界最早的跨国商标法[①],是人类对真正统一商标法进行的第一次探索。但由于该条例存在于发展中国家,不那么引人注目,影响

---

① 郑成思. 知识产权论[M]. 北京:法律出版社,1998:667.

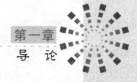

也不是很大。《比荷卢统一商标法》于 1992 年 12 月 2 日修改(1996 年 1 月 1 日生效),明确将"联想的可能"作为划定商标专用权范围或商标侵权认定的标准,按此标准,只要使用的商标能让人"联想"起受保护的商标,即可认定侵权成立。这一理论成为 20 世纪最新而又最富有争议的商标理论动向之一。

1992 年 8 月美国、加拿大、墨西哥达成《北美自由贸易协定》,其中有关商标保护的部分规定:商标的实际使用可以作为获得商标注册的依据,但成员国不应把注册前的实际使用作为申请注册的前提条件(这一规定促使加拿大和墨西哥修改各自的商标法,前者承认"使用"是获得商标权的依据,后者则放弃以"使用或意图使用"为申请注册的条件)。该协定允许对带有"说明性词语"的商标进行"合理使用",这是多数国家的商标法尚未做出的而又是合理的规定,被以后的《与贸易有关的知识产权协议》(TRIPs)吸纳为对商标权进行限制的典型内容,并被其成员国普遍接受。欧洲经济共同体是较早为统一其成员国的商标法律而努力的地区,其统一商标法对商标的保护水平也处于世界领先地位。1988 年 12 月 21 日,欧共体理事会通过了《协调成员国商标法理事会一号指令》(以下简称《一号指令》),迈出了统一成员国商标法的第一步。1993 年 12 月,欧共体委员会正式通过《共同体商标条例》,该条例于 1995 年 3 月 15 日生效,1996 年 4 月 1 日正式开始运行。《共同体商标条例》允许所有"可用书面形式"表示的标记构成商标,只要该商标能起到识别作用(据此,成员国可用乐谱记载的"音乐商标"有了法律依据);欧共体可用做商标的标记包括"商品及其包装的外形",即认可立体商标的注册,同时承认商标显著性可通过使用而获得(当然也承认商标的显著性有可能退化)。这些规定大大削减了对商标注册条件的限制,扩大了商标保护的范围。另外,《共同体商标条例》对商标权限制的规定也较全面。条例规定,共同体商标专用权只能由注册获得,但恶意抢先注册他人在先使用并建立了市场声誉商标的商标可被撤销。对非恶意的使用人,商标所有人容忍其使用达 5 年即不能再禁止其继续使用。欧共体商标法对不能注册的标记、商标注册不能冲撞的"在先权"以及商标权的例外范围都做出了明确的规定。

从商标权的发展历程可以看出,加强商标注册与保护的国际合作,实现商标保护标准的全球一体化;不断消除商标的注册障碍,扩大商标的保护范围,提高商标的保护力度,是国际商标保护法律制度发展的两大趋势。

三、著作权思想的演变

作为一种特殊的民事权利,著作权(Copyright)是一个历史的范畴,东、西方

学者大抵认为,著作权是随着印刷术的采用而出现的①。

著作权制度的出现源于权利观念的进化。智力作品的所有权这一概念在印刷术发明以前几百年就得到了不同方式的承认,在早期,已在一定程度上存在着某种"文学产权"的思想②。相传,在古希腊和罗马时期,智力劳动已经有某种经济诉求了,毕达哥拉斯、西塞罗等人都曾从自己的演讲或写作中获得报酬③,而剽窃虽无法律予以制裁,但已被视为一种可耻的行为而受到指责。根据加拿大学者的考证,在北美大陆的土著居民中,很早就存在保护创作者权利的习俗和制度。按照印第安人的内部规定,每个人都有自己专有的歌,他人必须接受歌曲所有者击一石斧,方可使用其拥有的歌曲。这说明,北美大陆已经承认智力成果的权利④。

15世纪中叶,活字印刷术在欧洲得到广泛的传播,这对近代欧洲著作权保护的启蒙产生了革命性的作用。在文艺复兴时代,欧洲出版业以古代典籍的出版为重点,几乎没有当代作者的原作印刷出版。这是因为,对古典的发现和原本的整理通常要付出大量的劳动和费用,为了收回这些投资,确保自身的利益,就不能允许擅自复制作品。对此,最初只是出版商之间相互研究对策并采取措施,由于难以达到预期效果,不久便产生了在整个欧洲存在长达300年的出版社制度⑤。这一保护制度始见于15世纪的威尼斯和16世纪的英国。据说,威尼斯的印刷商人吉奥范尼·戴·施德拉于1469年得到了为期5年的出版社许可证,是西方国家第一个有关出版社的独占许可证。在英国,女王玛丽一世把皇家颁发印刷许可证的办法纳入了法律程序,于1662年颁布了第一个许可证法。在法国,出版社得到专制王权的强有力庇护,将作者排斥在外的巴黎书商行会成员,实际上是出版特权垄断者。在德国,出版者一方面以支付作者报酬的方法享有与所有者原始取得相类似的复制权与发表权,另一方面通过政府审查程序,将上述的出版许可证演化为实际上的出版特权。但这些都是封建特许权,而不是法律意义上的财产权。出版特许权存在的意义,在于它同近代著作权制度的产生具有某种历史连接作用。

经历了文艺复兴(Renaissance)、宗教改革(Religion Reform)、罗马法复兴(Recovery of Roman Law)"三R"运动的洗礼,西方国家于18~19世纪在资本主义的自由土壤上相继构造了自己保护精神产权的法律殿堂。其中起主导作用

---

① 郑成思.版权法[M].北京:中国人民大学出版社,1990:2.
② 联合国教科文组织.版权基本知识[M].北京:中国对外翻译出版公司,1984:2.
③ Stephen M. Stewart. International Copyright And Neighboring Rights. 1983:13.
④ A. A. Keyes. Copyright And Fair Dealing. Fair Use And Free Inquiry. 1980:212.
⑤ 阿部浩二.各国著作权法的异同及其原因[J].法学译丛.1992(1).

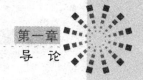

的,当推以英美为代表的普通法系和以法德为代表的大陆法系。

普通法系国家的著作权法构筑在"财产价值观"的基础之上,奉行"商业著作权"学说,认为著作权的实质乃是为商业目的而复制作品的权利,创作者的权利在这里被表述为 Copyright(版权),隐含有"复制权"原意①。在英国,宗教领域里的清教改革、政治上的开明专制主义、经济中的重商主义等各种变革及思潮相继兴起,为18世纪初《安娜法令》的诞生提供了必要的社会条件。《安娜法令》是世界上第一部著作权法,是一部旨在"授予作者、出版商专有复制权利,以鼓励创作"的法案。1790年,美国制定了著作权法,这个著作权法继承了《安娜法令》的法律传统,体现了"财产价值说"的基本概念。到了19世纪,美国的 Warren 和 Brandeis 鉴于普通法系国家版权法仅仅保护财产权之不足,提出了"隐私权论",主张将首次发表权等划归一般人身权保护。这无疑仍未脱离"财产价值观"这一思想基础②。

大陆法系国家则将"人格价值观"作为其著作权全部哲学的基础。他们将天赋人权的思想引入著作权理论范畴,确立了以保护作者精神权利为中心的著作权观念。1789年法国《人权宣言》宣称:"自由交流思想和意见是最珍贵的人权之一,因此,所有公民除在法律规定的情况下对滥用自由应负责外,都可以自由地发表言论、写作和出版",这无疑将著作权提高到基本"人权"的崇高位置。康德认为,每个人都是独立的,是他自己的主人,应尊重人格的内在尊严,任何人都没有权利利用他人作为实现自己主观意图的工具③。作品不是随便一种商品,从某种程度上讲,是一个人即作者的延伸,作品是人格的反映④。正是在这种思想的指导下,立法者刻意对个人的自然权利特别是人格权益给予了无微不至的关怀和保护。他们从作者本位的立场出发,将立法的重心置于个人精神保护的支点之上,强调对作者个人权利的保护,而不是对出版者权利的保护;强调法律不仅应保护作者的财产权利,而且更应保护作者的人身权利。

自1709年英国《安娜法令》开创世界著作权立法的先河以来,美国(1790年)、法国(1793年)、德国(1837年)、意大利(1865年)、加拿大(1875年)和日本(1899年)等西方国家相继建立起自己的著作权保护制度。进入20世纪以来,世界政治、经济形势出现了新的局面,特别是20世纪50年代以来,随着国际科

---

① Copyright 从 Copy Right 演变而来,原意为版权,但现代法律称之为著作权。根据《大英百科全书》的解释,Copyright 有双重含义,一方面它表示复制权,另一方面它表示对原作的拥有和控制,即现代意义上的"版权"。

② Paul Eduard Geller. International Copyright: An Introduction. 1990: 22 – 23.

③ 陈云生. 权利相对论[M]. 北京:人民出版社. 1991:115.

④ 刘春田,刘波林. 著作权的若干理论问题[J]. 法律学习与研究. 1987(2).

学文化交流的扩大和现代传播技术的进步,著作权法有了很大的发展和变化。

首先,最明显的特征是国际著作保护体系的逐渐形成,并使著作权保护打破了地域限制。现行的国际著作权制度,就是建立在近100年来所签订的一系列国际公约基础上的,这些国际公约主要有:1886年的《保护文学艺术作品伯尔尼公约》(以下简称《伯尔尼公约》),1952年的《世界版权公约》,1961年的《保护表演者、唱片录制者和广播组织公约》(以下简称《罗马公约》),1971年的《保护唱片录制者防止其唱片被擅自复制的公约》(以下简称《日内瓦公约》)以及1974年的《人造卫星播送载有节目信号公约》(以下简称《卫星公约》)等。就《伯尔尼公约》与《世界版权公约》而言,各主要西方国家目前都是其成员国。上述公约的缔结与施行,表现了国际著作权保护体系不断走向完善。其中,《伯尔尼公约》是保护水平最高的著作权国际公约。

其次,新的著作权项和与著作权相关的权利制度陆续出现。在19世纪末,著作权项主要是"印刷版权",正是在这个意义上,有人把著作权称为"印刷出版社之子"①。随着传播技术的革命性发展,著作权的内容得到了丰富和发展,相继出现了"播放权"、"机械复制权"、"制片权"等。现代著作权已不再是一个单一、整块的现象概念,而是一系列独立权利和特殊利益的组合。随着文化交流与作品的商品化,著作权法所涉及的复制权、演绎权、传播权三类权利现在也有了更加具体、细致的内容。

最后,著作权保护的范围和内容也随着时代的发展而不断更新和扩大。早期著作权法的保护领域拘泥于书籍、地图等狭小的客体范围。随着时代的进步,雕刻版权、雕塑版权、戏曲版权、摄影作品以及作者都受到了法律的保护。自20世纪以来,著作权进入了它的成熟期,其保护对象除了传统的印刷作品外,还涵盖了各种电子作品,如视听作品、广播电视节目、电缆电视节目和计算机软件等。

著作权法未来发展的一个显著特点将是使著作权进入国际统一标准的新阶段。在西方,著作权法经过近300年的长足发展,早已从印刷版权的初创阶段步入"电子版权"的崭新时代,在当今国际经济关系发展的过程中,科学技术、国际贸易与著作权保护三者之间产生了前所未有的紧密联系,这种变化将制约和影响西方国家乃至世界各国著作权法变革的进程。

四、土地使用权思想的演变

土地使用权是土地所有权派生出来的一项财产权利,是在他人土地上设定的一种物权,属于他物权。土地使用权在土地制度中有着非常重要的位置,并对

---

① 段瑞林.知识产权法概论[M].北京:光明日报出版社.1988:28.

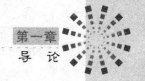

生产和生活发生最直接的作用和影响。我国由于宪法和法律严禁土地所有权交易，所谓的土地市场，实际上是指土地使用权市场。我国属于大陆法系国家，继承了大量大陆法系的传统和制度。大陆法系国家土地使用制度的起源最早可追溯到 2 000 多年前的罗马法。因此，我们有必要首先从罗马法土地使用权制度的产生和发展入手。

罗马法泛指罗马国家的法律，它是罗马社会在 1 300 多年的历史过程中逐步发展完备的奴隶制社会法律。罗马法是简单商品生产即资本主义前的商品生产的完善的法律，但是它也包含着资本主义时期的大多数法权关系[①]，对后世产生了深远的影响。罗马法由三部分组成，即人法、物法、诉讼法，其中，物法是罗马法的核心。在物法中，土地使用权制度分为地役权、永佃权、地上权。

古代的罗马是一个干旱的国家，地役权（特别是引水权）尤为重要，这使之超越了普通的债权关系而成为物权的一种。有学者认为，罗马法中的地役权之所以最早出现在乡村，其中最重要的原因与罗马对水的利用息息相关[②]。罗马法关于地役权的表述为：地役权是为一块被称作需役地的土地而设立的，它几乎被视为该需役地的附属品和它的一种品格。这种权利当然归需役地的所有主所有，权利人随役地所有主的更迭而更换[③]。

永佃权是按年向土地所有人交付租金而长期或永久地使用其不动产并获取收益的权利。永佃权并不是始于罗马，它最早出现在古希腊，是指永借地上种植的草木[④]。公元 2 世纪，为了规范和调整市民租种罗马国家"公地"的社会关系，强化对市民利益的保护，永佃权制度正式在罗马法中确立。罗马法永佃权的权利范围或效力最大，除最终处分权外，永佃权人几乎享有所有人的一切权利。

罗马法学家盖尤斯在《论行省告示》第 25 卷中论述道："我们将在租借地上建造的房屋称为'在他人土地上建造的房屋'，根据市民法和自然法，其所有权属于土地所有人。"[⑤]换句话说，罗马法中的地上权是支付租金，利用他人的土地建筑房屋而使用的权利。罗马法地上权制度始于共和国时期，其目的在于弥补罗马法所有权概念违反经济原则的后果[⑥]。

罗马法中的土地使用权制度可以说是古代社会最完善的有关土地利用方面的法律规定，这些规定不仅将所有权权能分离，从而使土地所有人之外的其他主

① 马克思,恩格斯. 马克思恩格斯全集:36 卷[M].北京:人民出版社,1972:169.
② 尹田.法国物权法[M].北京:法律出版社.1992:399.
③ 彭梵得.罗马法教科书[M].北京:中国政法大学出版社.1992:263.
④ 江平,米键.罗马法基础[M].北京:中国政法大学出版社.1987:171.
⑤ 斯契巴尼.物与物权[M].北京:中国政法大学出版社,1992:163.
⑥ 彭梵得.罗马法教科书[M].北京:中国政法大学出版社,1992:266.

体能够使用土地获取收益,进而促进了罗马社会的安定和经济的发展,最重要的是,其地役权、永佃权、地上权的设立,开创了土地使用权制度体系之先河,对后世,尤其是大陆法系国家民法中的土地使用权制度产生了深远的影响。

随着资本主义社会的建立与发展,近代大陆法系国家中最有影响的两部民法典,即1804年的《拿破仑民法典》和1896年的《德国民法典》先后诞生。《拿破仑民法典》和《德国民法典》在体系、基本原则、基本制度、具体内容等方面无不显示出受罗马法影响的痕迹。当然,它们也并不是一成不变地继受罗马法,而是在吸收罗马法精神和经验的基础上,结合时代特征和本国实际情况进行了发展和创新,从而形成了各自的体系和特色。这在土地使用权制度方面表现尤为突出。

1804年的《拿破仑民法典》在借鉴罗马法学家盖尤斯《法学阶梯》中的"人法"、"物法"、"诉讼法"三编的基础上,形成了自己独特的编纂体系,即"人法,财产及其对所有权的各种限制,取得财产的各种方法"。有关土地使用权制度的规定在"财产及其对所有权的各种限制"一编中,包括用益权、地役权、地上权。

《德国民法典》制定于1896年,1900年生效。整个法典分为总则、物权、债权、家庭和继承五编。土地使用权制度主要规定在物权中。德国民法中的土地使用权可以概括为地上权、地役权和实物负担三种类型。

在现代社会中,物权法呈现出了从以"所有"为中心向以"利用"为中心转变的趋势,用益物权成为现代物权法的核心。作为物权法中重要内容的土地使用权制度也必然受到物权法变化的影响。

第一,各国尤其是大陆法系国家中有关土地使用权的立法显现出趋同的态势。表现在:①各国土地使用权中一般都规定了地上权、地役权,而且规定的地上权、地役权的具体内容并无实质差别。②各国对土地使用权的设立与变更都规定了明确的登记程序。③现代各国法律为加强土地资源利用,发挥土地的经济价值,无不将土地使用权作为物权法中的重点内容加以规定。

第二,随着社会经济的发展,土地使用权中的各项具体权利的发展趋势各异。一方面,随着现代化城市的发展,道路交通日益发达,汲水、排水日益便利,在城市居民日常生活中,地役权的适用范围已较以往大大缩小,多以"相邻关系"制度调整相邻不动产之间的关系;另一方面,由于土地资源的稀缺性以及地役权的设立基于当事人同意及登记即可确立的法律适用之灵活性,地役制度也在不断扩展其适用的空间。

第三,世界各国农用土地使用制度呈现出以农地租赁使用为主的利用趋势。世界上绝大多数国家实行的都是农地私有制,其农地使用除了所有者自营之外,

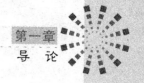

就是租赁经营。

五、商誉思想的演变

19世纪初,随着企业兼并和收购的出现,人们逐渐认识到,企业的整体价值可以高于全部有形资产的市场价值。究其原因,是由于企业在长期的经营过程中逐渐积累了一种无形的、不易识别的资产,这一无形的资产也能为企业创造未来的经济收益。由于认识的局限性,人们认为这一无形的资产主要是由于企业良好的信誉而建立的较稳定的客户联系,因而商誉一开始就被当成这一无形资产的名称,而当时并没有"无形资产"一词("无形资产"一词最早出现于20世纪50年代)。由于争夺财产权及其依附的无形财产而引发的法律纠纷更为突出,使得商誉最早出现在法律文书上。

国际上普遍认为,最早对商誉的定义,可以追溯到1810年英国法官Eldon审判Crutwell V. Lye一案[①],因涉及相应的客户关系,Eldon把商誉定义为"能使顾客常去光顾的能力",将商誉与顾客的经常惠顾联系在一起。他的定义对后世认识商誉的本质产生了深刻的影响。

1882年,另一个法官Bithell把这个定义深化,认为商誉是"与企业良好声誉相联系的优势,并能带来预期收益,任何想获得这个企业的人都要为之付出相应的价格"。这个定义提出了商誉的两大要素:企业的声誉和预期收益。在随后的历史进程中,涉及商誉的案例由客户关系扩展至企业的声誉、企业的名称等,这些都集中在导致商誉产生的特殊的企业环境中。再往后,法律更注重商誉的内在因素,并依此将商誉加以分类,如澳大利亚联邦税务委员会按照商誉的不同内涵将商誉分为四种:位置商誉、个人商誉、名称商誉和垄断商誉。不管法律的定义如何,都肯定了商誉能带来预期收益,也使得商誉真正成为法定财产。

伴随着商誉在法律上的发展,商誉在财务会计上也在不断地发展,出现了两种定义:一种认为商誉是一种无形资产,能带来超额收益;另一种认为商誉仅仅是平衡表中的一个数据,起到平衡企业账面价值与市场价值的作用,并不是一个明确的资产。这两种定义也带来了商誉评估中的两种主要方法:超额收益法和差值法。随着会计学方面的发展,很多学者又把商誉分为自创商誉和外购商誉(兼并型和非兼并型)以及正商誉和负商誉等。

然而,到目前为止,企业商誉的内涵仍不确定,这主要是因为企业商誉的内在因素还不清楚,作用还不明确。简单来说,企业商誉是还没有入账的企业经济资源或优势的体现。但我们不得不说,越来越多的企业开始重视商誉这个无形

---

① Courtis J. K Business Goodwill. The Accounting Historians Journal. 1983, 10.

资产。

六、特许经营权思想的演变

特许经营的英文是 Franchise,其词源为法文,本意是指"特别的权利",原意为"免于奴隶、苦役的身份"。随着经济生活的变迁,Franchise 一词演变至今,已经引申成为特许人的一种特权,它为一般人提供一个拥有自己事业的机会,即使他缺少必要的经营经验和足够的资本①。早期普通法的著述大多将 Franchise 理解为行政特许,并且不区分特许权和特许经营权。

据史学界考证,现代意义上的特许经营脱胎于欧洲。Franchise 在中世纪的欧洲被用来专指因获得封建国王或君侯的特许状而取得某些特权的意思。在这个时期的英国,约翰国王曾授权一些贵族收税,后来贵族们凭借这一授权反抗约翰国王的统治,这是第一个有关特许经营权的诉讼,最后双方依据大宪章的有关规定达成了和解条件。同时,英国早期存在的行会制度也被认为是特许经营的一种早期形式,其典型的例子是伦敦城的同业公会,该公会的成员享有同业公会授予的在伦敦城内营业的特权②。此外,比较有影响的还有英国的印刷商和出版商于公元 1557 年组成的出版商公司。在《安娜法令》诞生之前,该公司被英国王室授予图书审查的封建特权,它一次性地从作者那里买断了手稿的所有权及印刷和发行的权利,从而垄断了作品印刷和传播的商业机会。《安娜法令》在为作者提供形式上的权利的同时,还对出版商来自英国王室的特许出版权进行了确认。作为近代意义上的第一部著作权法,《安娜法令》同时还确立了知识产权领域里的第一份特许经营权。

19 世纪 40 年代,英国的一些啤酒酿造商将专卖权授予一些经营啤酒的小店铺。1851 年,胜家(Singer)缝纫机公司开始以特许经营的方式出售其缝纫机分销特许经营权,双方以特许经营协议书的方式构成双方的特许加盟关系。通过这种方式,胜家缝纫机公司很快建立了特许经营网络,占有了美国缝纫机市场绝大部分份额。胜家公司被认为是特许经营的鼻祖。19 世纪末至 20 世纪初,石油提炼公司和汽车制造商开始授权一些人和企业销售它们的产品,如福特公司要求其特许经销商必须按总部规定的销售方式和服务标准销售福特汽车。自此,特许经营便有了"授权分销制造商产品"的商业含义。这一时期的特许经营被称为"第一代特许经营",又称为"产品/品牌特许经营"。直到今天,仍有许多制造商运用这一方式。

---

① 向欣,孟扬.特许经营:商业发展的国际化潮流[M].北京:中国商业出版社.1997:1.
② 方新军.特许专营合同研究[M].北京:中国法制出版社,2000:249.

以麦当劳、肯德基为代表的第二代特许经营商比胜家、福特汽车等第一代特许经营商更强调"商标、经营技术和店铺设计"等以知识产权为核心的特许。由于受许人在商标商号等方面依靠了特许权人多年来积累的商誉，使得他们可以比竞争对手更加容易进入市场，而且有利于推动商品和服务在市场上的扩张，拓展这种商誉和竞争优势。欧洲法院有这样的评价：特许经营"不仅是一种营销手段，更是在许可方无须进行资金投入的情况下开发利用其知识资源的一种方式"，而且"与独占销售、选择经销相比，它更接近于知识产权许可"。①

在经济全球化的今天，特许经营权日益表现出旺盛的生命力和强大的影响力。

七、我国无形资产思想的演变

作为四大文明古国之一，我国在经济、文化等领域有着悠久灿烂的历史。有关无形资产的内容在中国古代就能找到记载，主要表现在盐铁专卖等领域。盐铁专卖始于周代，但比较完备的专卖制度始于汉代。公元前206年，刘邦在建汉之初，采取了"勿扰关市"的不干涉工商业的政策，大力倡导发展民间盐铁业，使盐铁生产与流通迅速发展。"文景之治"时期，政府明确认可了民间盐铁业，"纵民得铸钱、冶铁、煮盐"②，将冶铸、煮盐权租给百姓，国家收取租税，其结果是"文帝之时，无盐铁之利而民富"③。但从事盐铁生产必须具备相当的财力和经营规模，不少农民受盐铁业的利益驱动，放弃土地，改投富商大贾门下为佣，造成部分地区土地荒废，农业生产停滞不前；同时以煮盐、冶铸为基础的富商大贾与中央政府的矛盾日益突出，动摇了中央集权的统治基础。因此，汉武帝最后采纳了东郭咸阳、孔仅和桑弘羊的建议，从公元前119年（元狩四年）开始实行盐铁专卖，通过有效地控制盐铁资源，迅速积累了大量财富，并在控制盐铁流通的过程中平抑了物价。

除了盐铁专营之外，我国还有过实行烟草专卖制度的历史。袁世凯窃取民国大总统以后，挥霍无度，后来又图谋称帝。为弥补财政亏空，财政总长周学熙及其幕僚倡议国家管理烟酒公卖，经袁世凯同意，于1915年5月公布了《全国烟酒公卖暂行简章》，设全国烟酒公卖局，这是中国第一次烟草专卖。抗日战争爆发以后，国民党第五届中央全会第八次会议决定，对盐、糖、酒、火柴、茶叶等商品实行专卖，令财政部筹办。1942年5月13日国民政府颁布《战时烟类专卖暂行

---

① 阮方民.欧盟竞争法[M].北京：中国政法大学出版社，1998：319－320.
② 参见《盐铁论·错币》。
③ 参见《盐铁论·非鞅》。

条例》，专卖体制在后方各地推行，这可称作是中国历史上第二次烟草专卖。

中国是最早发明印刷术的国家。公元 105 年（东汉永元十七年）蔡伦发明了造纸术，魏晋时期（公元 220～420 年）发明了制墨技术。大约在隋朝时期（公元589～618 年）又发明了刻板（雕版）印刷术。在唐朝时期（公元 618～907 年），刻板印刷术开始兴盛并传入朝鲜、日本、越南、菲律宾、伊朗等国，然后传入欧洲和非洲。北宋庆历年间（公元 1041～1048 年），毕昇发明了活字印刷术。这些都为版权制度的出现和发展奠定了基础。

1881 年（清光绪七年），我国出现了近代史上的第一项专利。当时，上海实业家郑观应就其在上海机械织布局采用的纺纱织布新技术向李鸿章提出申请，要求授予专利权并给予保护。1882 年 8 月，光绪皇帝批准了李鸿章的奏折，赐予郑观应的纺纱织布新技术"十年专利权"。而中国第一个有关专利的法规，是1898 年清朝光绪皇帝在"百日维新"中颁布的《振兴工艺给奖章程》。

我国对无形资产的理论早有研究。1926 年，杨汝梅先生完成他的博士论文《无形资产论》，并在美国以"Goodwill and Other Intangibles"（商誉与无形资产）这一书名出版（1933 年），但真正推动现代无形资产理论形成和发展的，主要是一些西方发达资本主义国家。这是因为，旧中国连年战乱，根本无暇顾及对无形资产的研究，杨汝梅先生的研究成果也无法在国内得到广泛应用。一直到新中国成立特别是十一届三中全会以后，无形资产才得到全面的重视和发展。

在专利权方面，1950 年，中央人民政府政务院公布了《保障发明权与专利权暂行条例》，采用苏联的双轨制方式，对发明创造实行发明权和专利权两种保护形式，由申请人自愿选择是申请发明权还是申请专利权。对发明权人发给奖金和发明证书，发明则由国家采用和处理；对专利权人，则由其本人对发明创造享有完全的处分权。该条例于 1963 年被废止，取而代之的是同年颁布的《发明奖励条例》。《发明奖励条例》规定，发明人申报发明，须按发明人所属单位的隶属关系逐级上报，逐级推荐，最后由国家科学技术主管部门组织专家审查、评定等级，发给发明证书、奖金和奖章，以资鼓励。获奖的发明属于国家所有，任何个人或单位都不得垄断，全国各单位（包括集体所有制单位）需要时都可以利用。《发明奖励条例》对发明人只进行物质和精神奖励，从根本上否定了对发明创造成果的专利保护。在"文化大革命"期间，发明奖励制度也基本上被全面停止使用。

在商标权方面，1950 年 7 月，政务院颁布了《商标注册暂行条例》，随后又颁布了该条例的实施细则。该条例规定：实行全国统一的商标注册制度，实行"注册与否，听其自便"方针，明确"保障一般工商业专用商标的专用权"，规定注册商标专用期限为 20 年，期满可以续展；与我国建立外交关系或订立商约的国家

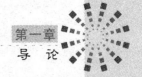

的商民,也可在条约范围内,依条例申请商标注册。《商标注册暂行条例》是新中国成立后颁布的第一部商标法律,该条例规定了我国商标法律保护的最基本的内容,扶持了我国民族工商业的发展,并从根本上否定了外国资本主义企业在我国的商标特权,清除了商标领域的混乱现象,在我国商标法律保护的历史上具有重要的意义。1954年中央工商行政管理局颁布《未注册商标暂行管理办法》,并要求凡是未注册的商标,都应在当地登记备案,但核准登记备案后,不享有专有权。这实际上是向商标全面注册制或强制注册制过渡的规定。1963年国务院颁布《商标管理条例》及其细则以及《商品分类表》(沿用至1989年)。该条例规定,商标必须注册才能合法使用,对注册的有效期、续展期却未作规定,也没有规定商标注册以后享有专用权;商标是代表商品一定质量的标志,使用注册商标粗制滥造、降低产品质量的将被撤销商标注册。该管理条例规定的商标全面注册制或强制注册制在1982年被废除,而其所确立的"为了加强商标管理"或国家通过商标管理产品质量的立法取向一直保留至今。1963年商标条例的最大缺点,是仅仅规定了使用商标的企业的种种义务,而不赋予注册及使用人的任何权利。这样的商标管理很难说是全面、有效的,但即使这样的管理也只实施了三年。1966年,该条例基本停止实施。1973年11月,中国政府第一次派代表团作为观察员去日内瓦参加国际政府间的世界知识产权组织(WIPO)召开的全体会议第二次会议。①

十一届三中全会以来,随着改革开放的深入,无形资产的应用和法律保护在我国获得了全新的发展。

1979年《中华人民共和国刑法》第127条规定:违反商标管理法规,假冒其他企业已经注册的商标的,对直接责任人处三年以下有期徒刑、拘役或者罚金。这一规定反映了党的十一届三中全会以后社会经济生活对商标保护的需要,同时这也是1963年以来,有关商标的法规中第一次对维护注册商标所有人的利益作出规定。按照这个规定,商标所有人至少已享有某种依据刑法而产生的权利。1982年8月23日,《中华人民共和国商标法》颁布,该法于1983年3月1日起实施,同年3月10日,国家工商行政管理局发布了《中华人民共和国商标法实施细则》。《商标法》及其实施细则规定了商标注册制度并实行自愿注册原则,国家在通过商标管理商品质量的同时,积极保护注册人的商标专用权。1986年4月12日,《民法通则》通过,并于1987年1月1日生效。《民法通则》正式承认包括商标权在内的知识产权是一种民事权利,这对进一步明确商标权的性质和鼓励商标权人积极行使或保护其权利有重要意义,对商标立法的进一步完善也产生

---

① 孟祥娟.版权侵权认定[M].北京:法律出版社,2001:3-4.

了积极影响。为了与不断发展的社会经济生活相适应,我国商标法于1993年2月、2001年10月和2013年8月三次修订,每次修订都使对商标的管理进一步完善,而对商标权的保护则进一步提高。我国商标法实施细则于1983年首次发布以来,分别于1988年、1993年、1995年、1999年、2006年多次进行了修订。2014年,又修订公布了新的《中华人民共和国商标法实施条例》。

为了适应改革开放和经济建设的需要,国家又恢复了专利法律制度的筹建工作,于1979年3月着手起草专利法。1980年初,国务院批准成立专利局,同年我国正式加入世界知识产权组织。1984年,中华人民共和国第六届全国人民代表大会常务委员会第四次会议通过了《中华人民共和国专利法》(以下简称《专利法》),并于1985年4月1日起正式实施。后来《专利法》经过了四次修订,第一次是在1992年,主要受到《中美谅解备忘录》的影响①,同时颁布了《专利法实施细则》;第二次修订是在2000年,主要是为了满足加入世贸组织的需要,根据TRIPs协议作了相应的调整,后来出台了新的《专利法实施细则》,以兑现我国在入世议定书中的承诺。第三次修订是在2008年,主要是提高授予专利权的条件及标准、向外国申请专利的规定及加大对专利侵权行为的处罚力度。第四次修订是在2015年,主要是加强专利保护力度,维护权利人合法权益;促进专利的实施和运用,实现专利价值;完善专利审查制度,提升专利质量;完善专利代理法律制度,促进知识产权服务业健康发展;等等。随着专利法的修订,强制许可制度也在不断改进,2003年7月,《专利实施强制许可办法》通过,我国最终从程序上完善了专利强制许可,有了一个和国际接轨的比较系统的专利强制许可制度。

1985年国务院成立了国家版权局。1990年9月7日,第七届全国人民代表大会常务委员会第十五次会议通过了《中华人民共和国著作权法》;1991年5月3日,国家版权局公布了《中华人民共和国著作权法实施条例》;1991年6月4日,国务院批准了《计算机软件保护条例》,上述三部法律、法规的颁布与实施,在中国确立了版权制度,揭开了历史性的新篇章。我国于1992年10月先后参加了两大国际性的著作权公约,即《伯尔尼公约》和《世界著作权公约》。为适应加入世界贸易组织(WTO)的要求,我国于2001年10月和2012年7月对《中华人民共和国著作权法》进行了修订,目前正在进行第三次修订。国务院相应于2002年8月2日和2013年1月公布了新的《中华人民共和国著作权法实施条例》。从此,我国的著作权法已经基本上与国际著作权法接轨,与世界各主要国家的著作权法大体一致。

---

① 参见1992年1月17日签署的《中国政府和美国政府关于保护知识产权的谅解备忘录》。

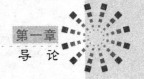

我国在特许经营权方面的法制建设虽然起步较晚,但也不是一片空白。到目前为止,我国直接涉及调整特许经营的法律规范有(按颁布的时间先后排序):原国内贸易部、国家技术监督局《关于加强连锁店登记管理有关问题的通知》(1996 年 3 月 4 日),原国内贸易部《连锁店经营管理规范意见》(1997 年 3 月 27 日),国家工商行政管理局《关于连锁店登记管理有关问题的通知》(1997 年 5 月 30 日),原国家经贸委、文化部、邮电部、国家新闻出版署、国家工商行政管理局、国家烟草专卖局《关于连锁店经营专营商品有关问题的通知》(1997 年 8 月 25 日),财政部《企业连锁店经营有关财务管理问题的暂行规定》(1997 年 9 月 29 日),财政部、国家税务总局《关于连锁经营企业增值税纳税地点问题的通知》(1997 年 11 月 11 日),原国内贸易部《商业特许经营管理办法(试行)》(1997 年 11 月 14 日);商务部《商业特许经营管理办法》(2004 年 12 月 30 日)。上述规范性文件是我国开展特许经营业务的重要法律依据和标准。其中,原国内贸易部制定的《连锁店经营管理规范意见》是第一个直接涉及特许经营的法律规范,我国的特许经营自此走上了有法可依的道路。令人遗憾的是,此《意见》中并没有"特许经营"的概念,特许经营是以"特许连锁"的名义出现的。第一个专门调整特许经营的法规是 1997 年 11 月原国内贸易部发布的《商业特许经营管理办法(试行)》。此《办法》比较系统地规定了特许经营的定义、基本形式、特许者和受许者的条件、基本权利和义务、特许经营合同、费用等内容,是我国调整特许经营较为规范的法律文件,在规范特许经营活动方面发挥了重要作用。此后,商务部于 2005 年初颁布施行经修改的《商业特许经营管理办法》;2013 年 5 月,顺应特许经营发展需要,又再度修订发布。但由于特许经营在中国毕竟是一个陌生事物,对其认识和理解需要有一个渐进的过程,作为国家的宏观立法,不可能从一开始就向着有成熟立法经验的欧、美、日等国家和地区的既定标准看齐,应该根据中国自己的发展阶段和发展水平,走阶段化完善的道路。

第三节　无形资产管理与评估的发展趋势

无形资产能够为企业带来超额利润,往往决定着企业在市场竞争中的胜负,甚至决定着企业的命运。因此,随着改革开放的深化,国家、企业和个人都应充分认识无形资产的重要性,加强对无形资产的管理和保护,严防无形资产的流失,并充分利用自己占有的无形资产,使之发挥最大的效益。

一、无形资产的立法保护

（一）无形资产立法保护的经济思考

无形资产主要是由智力、智慧创造出来的成果，它能够为企业或个人带来经济利益，尤其是知识产权，作为一种无形财产权，它指的是通过智力性的创造性劳动所获得的成果，并且由其创造者依法对其成果享有权利。根据这个原则，谁拥有该种无形资产，谁就应当具有这种无形资产的获益权。基于这一思想，各个国家都出台了相关法律，如商标法、专利法、版权法等，对各种无形资产进行保护。不少法律都对无形资产的保护期限作了规定，如专利法对发明专利的保护期限是 20 年，实用新型和外观设计专利的保护期限是 10 年。从法律保护的角度来说，这是对所有者的一种奖励，也是一种激励措施。

然而，法律对无形资产的保护主要是从公平角度考虑的。对无形资产进行保护，无可厚非，但从经济学角度考虑，我们不禁要问：为什么对发明专利的保护期限是 20 年，对实用新型专利的保护期限却是 10 年，这样的保护期限是怎么来的，有没有更合理的保护期限呢？

经济学不仅仅注重公平，而且要考虑效率。从经济特征上看，法律保护的无形资产的权利是垄断权。这里似乎存在一个悖论，因为一般来说，垄断性产业比竞争性产业更缺乏效率。但是，无形资产尤其是专利和著作是一种非同寻常的商品，它的发明者和拥有者在一个不受管制的市场中很难收回它的成本。通过给予无形资产的拥有者以垄断权，拥有者就会受到一种强有力的刺激去创造新的专利，同时也刺激其他人参与到创造发明之中。然而，垄断者对产品索取高价，将妨碍该产品的广泛使用。简而言之，这个问题的困惑在于：没有合法的垄断，就不会有足够的专利等无形资产生产出来；但是，有了合法的垄断，又不会有太多的专利等无形资产被广泛使用。所以，从效率的角度出发，我们需要考虑是否存在一个最佳的专利有效期。因为如果授予专利发明者垄断权的期限过长，垄断带来的损害可能超过授予发明者发明专有权所实现的社会收益。在这种情况下，专利所引起的社会成本很可能大于社会收益。那么，专利的社会成本都来自哪里呢？一是这种垄断的产品因为得不到充分利用而给消费者带来的成本，即社会福利损失；二是发明者所发明物品的潜在用户或发明者的竞争对手在试图"围绕"专利产品进行"发明"时可能承担的额外成本。我们设想一下，如果发明专利的垄断时限被调整到社会成本超过社会收益之前，这时社会成本就会相对较小并与社会收益相平衡。

在现实生活中，有时我们会发现，一个在原有生产过程中的小小改进，竟然和一项重大发明具有同样长时间的垄断权。如果我们了解到这一点，我们就能理解现行法律存在的问题。为了让发明者能够有充足的时间去收回其投资的利润，并鼓励其他发明者专注于他们自己的发明项目，对重大发明给予较长时间的垄断权无可非议；但对于一般的改进，我们应该考虑到，专利权获得者在资源、时间和技巧等方面的投入可能要少很多，所以，其保护期限也应该要短很多。我们还必须意识到，事先确定任何一个特定发明的最佳专利有效期也是需要成本的，有时简直是不可能的，但对现行制度的效率做一些改进还是可行的，例如，德国就建立了双重专利制度，重要发明可获得足期专利权，而次要发明和改进仅获得为期3年的"低级专利权"。

这样说来，政府或有关部门在立法保护无形资产时，要使法律既体现公平又体现效率，就需要多作一些经济分析，或者让经济学家参与到法律的制定当中。从一定的意义上说，无形资产立法保护本身涉及的是经济问题。

（二）无形资产立法保护的趋势

从世界范围看，无形资产的立法保护出现了以下明显的趋势。

1. 无形资产越来越受到重视，立法保护的步伐不断加快，保护的范围不断扩大，保护的权利内容不断深化。无形资产越来越受重视，是一个必然的趋势。随着全球对知识产权问题的日益关注，不仅企业越来越认识到无形资产的价值，大多数国家也认识到了无形资产特别是知识产权保护对于国家发展的战略意义。在企业的价值中，无形资产所占的分量也越来越大。以 IBM 公司为例，它不需要生产任何一件产品，就可以每年从公司所拥有的无形资产中获益15亿美元。美国许多处于领先地位的公司都加大了对无形资产的研发，以获取更大的利益，保持自己的领先地位。

在经济全球化的浪潮下，跨国的经济活动不断增加，无形资产的国际流动日益频繁，这就要求想在经济全球化浪潮中有所作为的国家必须通过创造良好的法律环境吸引国外的企业，同时更有力地保护国内的企业。

科学的不断发展和技术的更新换代，对无形资产保护的立法工作提出了许多新的要求。仅以知识产权为例，随着新技术和新知识的涌现，知识产权法的保护范围已经由传统的商标、专利和著作权扩展到了计算机软件、网络域名和商业秘密等一些客体，虽然各个国家的具体立法不尽相同，但这一趋势已经非常明显。

2. 无形资产国际保护的立法工作进一步拓展，跨国保护已成为重要课题。随着经济的全球化，与无形资产保护相关的国际组织发挥着越来越重要的作用。这些组织如世界知识产权组织，WTO 等通过签署条约、制定规则等，对无形资产的国际保护起到了重要的作用。与此同时，还有一些国家或地区通过形成区域联盟并制定统一的对外政策，保护其无形资产的权益。

但是,今天的世界发展并不平衡,世界也是多样化的。不同的国家有不同的国情和制度,发展水平不一样,法制建设也不一样,所以,在有关无形资产的国际保护方面,各个国家的立场还存在很大的差异。当然,西方国家有时也会利用知识产权对不发达国家进行经济上的剥削。所以,无形资产法律的实施是一个至关重要的问题,尤其是在发达国家和发展中国家之间,有关无形资产的纠纷更容易发生。许多工业化国家都一直非常关注知识产权的保护,但是,随着科学技术的发展,工业化的国家也成为自己的科学技术的牺牲者。这是因为,技术的进步也同时使得复制和抄袭变得更加容易和方便。所以,技术领先的国家会比其他国家更加重视无形资产的保护,使得无形资产在跨国保护方面存在着很多的不统一。

要解决这些问题,需要不同的国家相互理解,共同努力:

首先,应该重视国家的差异化。我们生活的世界是一个多样化的世界,不同的国家所走过的道路不一样,形成了不同的文化观和价值观,同时,发展的水平也有很大的差别。目前,发达国家主要集中在北美和欧洲,还有亚洲的日本,这几个国家的经济总量占据了世界经济总量的90%以上。它们都是资本主义国家,经过了几百年的发展,科学技术都走在世界的前面,每年也都会产生大量的专利和发明。为了维护自己的利益,他们限制专利的出口,或者征收大量的专利费,或者以知识产权的名义制裁其他国家。对于这些问题,在解决无形资产的国际纠纷时,应当更多地考虑不同国家的国情。

其次,有必要建立不同国家的分类标准,衡量无形资产保护的力度。这不仅要看有关无形资产法律法规制定的情况,更重要的是要看其执行的情况。

二、无形资产的评估

(一)无形资产确认方面的问题与不足

会计学上所说的确认,是指把一个项目载入企业报告的程序,确认无形资产较为复杂而且困难。

从实际操作上看,无形资产远不像有形资产那样易于判断并受到明确关注,这是因为:①不少无形资产都是追加识别的;②无形资产的未来效益及其资本化价值具有高度的不确定性;③多数无形资产只具有专有的能力或利益,而不像有形资产那样具有多种用途;④大多数无形资产不能与企业或企业的有形资产分离;⑤即使有法律保护,某些无形资产实际的经济寿命也没有法律保护期那么长;⑥人们很难确定企业的收入哪些来自无形资产,哪些来自其他资产。

从理论上看,创建无形资产是有风险的,研发活动如果失败,这些开支当然

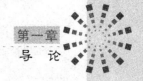

应在其发生年度的收益中冲销；如果成功，应当导致一项无形资产的建立，但是谁也不能在事前、事中准确地判断出研发项目的成败，从而也不能使会计处理在一开始就确认它是费用还是资产。无形资产的收益具有极大的不确定性，如果从谨慎原则出发，在无足够的理由确立一项无形资产的费用与未来收入的相关性时，则应将该费用在发生期内冲销；而权责发生制原则则要求将费用资本化。从社会现实来看，很多无形资产是没有什么收益的，爱迪生一生的发明有2 000多种，申请了专利权的发明达1 093种，而真正有价值的发明只有白炽灯、留声机、电影放映机、炭粒话筒等几十种，很多拥有专利的单位和个人，90%的专利没有派上用场。技术秘密更难确定。至于著作权，绝大部分也是无实质意义的，80%以上的图书没有再印和再版过。

现在国际上通行的做法都不确认自创无形资产，只确认外购无形资产。

在无形资产的确认中，自创无形资产的确认是一个难点，尤其是在企业发生兼并、合并、出售等产权变更事项时，这一问题就显得更加突出。以自创商誉为例，会计实务界认为，其成本不能可靠地计量，所以长期以来一直对其不作任何处理。同样，在会计理论界当中，许多有关商誉的文献资料，也都将外购商誉与自创商誉的界线划得泾渭分明，往往只从两者的形式区别出发，对自创商誉的可计量属性进行否定。反对确认自创无形资产的人们认为，企业自创的商誉等不能确认为无形资产，这种观点符合会计界对商誉问题的传统看法，主要是基于自创商誉不具备可计量性，对其加以确认，与稳健原则、历史成本的会计基础以及会计目标相悖。但是，随着知识经济时代的到来，企业中自创商誉的比例与重要性日益提高。在日益增多的企业兼并活动中，不少企业往往不惜重金收购其他企业，所付的买价中，有80%甚至90%是用于购买商誉的。在企业合并中出现的如此巨大的商誉价值，显然并不是产生于企业被收购、改组或合并之时，而只能说是企业自创商誉的价值在收购、改组或合并时才实现而已。自创无形资产进入会计体系进行确认，不仅有理论上的必要性，而且还有现实上的可能性。自创无形资产确认的最大阻力来自于可靠性、稳定性及计量方面的要求，这几种阻力都是源于传统的会计思维。随着社会经济环境的变化，会计确认标准、会计计量手段、会计记录方法和会计报告方式都会有所创新，自创无形资产应该也完全可能在其为企业带来超额利润时加以确认并记录为企业的资产。

在现代社会中，企业越来越重视发生在企业内部的费用，即内生交易费用。因为内生费用不像外生费用那样，可以通过合约的形式进行度量和控制。企业内部的不和谐、相互推诿、偷懒等都会影响企业的效率和效益，而这种不和谐又具有无形性，很难管理或者管理费用非常昂贵，故企业需要通过特定的元素来协调企业内部，使企业能够有序地发展，就像一部机器，只有内部非常润滑，各个零

件都很正常,机器才能高效运转。因此,对企业来说,员工技能、企业文化、与顾客及供应商的关系、市场份额等都起着核心作用,对企业的发展影响重大。然而,现行无形资产的定义表明,某一项目是否应确认为无形资产,"可控性"是首要考虑因素,而正是这一因素,大大限制了无形资产的确认范围。企业可能有一组熟练员工,并且员工可能持续地将其技术贡献于企业。但是,企业通常无法对因拥有一组熟练员工所引起的预期未来经济利益实施足够的控制,因而不能认为员工技能等项目满足无形资产的定义。企业可能拥有客户组合或市场份额,但是,因为缺乏法定权利或缺乏其他方式来控制与客户的关系,从而不能认为市场份额、客户关系等项目满足无形资产的定义。以上这些项目对企业具有举足轻重的作用,但却被排斥在现行会计体系之外,这样的规定显然在很大程度上违反了客观性原则。

(二)无形资产评估的方法及其不足

无形资产评估涉及对所有者权益以及企业自身所拥有的资产价值的正确认识。对无形资产的评估,不同类型的无形资产不尽相同,比较常用的方法主要是重置成本法、收益现值法、现行市价法和清算价格法。各种方法都有自己的适用范围和优缺点。

重置成本法主要适用于可复制、可再生、可重新建造和购买,具有有形损耗和无形损耗特性的单项资产以及可重建、可购置的整体资产。重置成本法虽然简单,易于掌握和运用,但该法需要逐项确定重置成本、实体性陈旧贬值等,在评估资产时费工费时,有时还会发生重复和遗漏。

收益现值法在发达的市场环境下,应用范围比较广泛,但在使用收益现值法的过程中,被评估的对象要具备独立计算预期收益能力、未来收益能够以货币计量和未来收益应考虑风险收益这三个条件。同时,在进行评估时,资产的价值还要取决于预期收益、折现率和剩余经济寿命等参数,对这些参数的确定也是收益现值法的难点。

现行市价法的使用需要有一个活跃、公平交易的市场和可比参照物。该方法虽然具有简单、易于掌握、适用范围广、最能体现资产的现行价值和参照物已经包含了经济性贬值等优点,但也存在着明显的缺点:一是受资产交易市场发展状况的限制;二是资料收集工作量大,参照物选择的主观性较大,容易受到评估人员的主观影响。

清算价格法是指企业因破产或其他原因进行清算时,需要在一定期限内通过资产出售或拍卖变现所采用的一种评估方法。由于清算价格法是以短期内的变现价值评估资产,通常只适用于企业破产、抵押、停业清理等目的的资产评估。清算价格法通常采用类比法、市场折扣法、成本折旧法和模拟拍卖法,但这些方

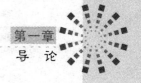

法都容易受到市场价格、流动性、清算形式、清理费用和拍卖时限等多种因素的影响,不十分科学。

（三）无形资产评估中存在的难点

资产评估标准和方法的选择,需要依赖特定的条件。在一般情况下,在资产补偿业务中,宜采用重置成本标准,运用相应的重置成本法;在资产纳税业务中,宜采用现行市价标准,运用相应的现行市价法;在所有权或使用权转让时,宜采用收益现值标准,运用相应的收益现值法;在资产抵押和破产清算业务中,宜采用清算价格标准,运用相应的清算价格法。但总体来说,无形资产评估中还存在许多难点:

1. 如何得出公允的预期收益、折现率、收益期限,是收益现值法评估无形资产的难点;而对于现行市价法,如何找到与被评估无形资产类似的参照物,如何调整被评估无形资产,是现行市价法的难点。

2. 对于关系型无形资产,由于其具有其他无形资产所不具有的流动性,即关系型无形资产本身发生着质、量两方面的变动,其评估方法与知识产权型、权利型无形资产评估方法存在着差别。例如,人力资源这种无形资产就存在旧有员工离开、升职的问题,这是其他无形资产所不具有的特性。如何评估关系型无形资产,也是一个需要解决的问题。

3. 对于商誉,由于它属于不可确指无形资产,不适用现行市价法、重置成本法,其评估方法具有其他三类无形资产不具有的特性。例如,一般的无形资产可以使用经验分成率,通过调整,进行超额收益的计算;而商誉作为给企业带来超额收益的资产,由于不能与企业整体相分清,不存在经验分成率。如何评估商誉,是无形资产评估中的又一个难点。

综合来看,无形资产的评估虽然有很多方法可以使用,但这些方法都有自己的前提条件和适用范围,都存在自身的缺点和不足。并且,随着社会经济的发展,无形资产的组成要素会不断扩展,这也向无形资产评估提出了新的挑战。所以,无形资产的评估要随着社会和科技的进步而逐步发展、完善。

三、我国无形资产的流失及其原因

（一）无形资产的流失问题

现代企业竞争,已从价格战转移到形象的角力之中,无形资产已成为企业生存发展的重要影响因素之一。近些年来,合资、外资、股份制、私营经济成分的企业越来越多,企业不断发生租赁、转让、兼并等经济行为,使得无形资产的运用和交易格外活跃。经过几十年的发展,我国无形资产的开发和管理取得了一定的进展,但和西方发达国家相比,我们还有很大的差距,究其原因,主要是我们对无

形资产的重视还不够,没有形成完善的市场经济体制,法律法规还不健全,无形资产保护的力度也不够。在我国企业改制的过程中,出现了较为严重的无形资产流失问题,造成国家和人民利益的重大损失,这是当前我国无形资产管理存在的主要问题。

无形资产是企业的一项重要的资源,在知识经济时代的今天,谁拥有无形资产,谁就掌握了获取超额收益的能力,无形资产已成为 21 世纪企业核心竞争力的主要动力源泉。然而,目前国内一些企业漠视无形资产导致的无形资产流失已达到令人触目惊心的地步,伴随着日趋活跃的产权交易活动的开展,以各种形式流失的无形资产难以计数。

(二)无形资产流失的原因

无形资产自身的无形性、不稳定性等特性是无形资产容易流失的客观原因,这是问题的一个方面。另一方面,我们也要看到,无形资产的大量流失,也有其主观原因,这可以归纳为以下三个方面:

1. 历史原因。这集中表现在企业缺乏无形资产管理意识和市场经营观念。在计划经济条件下,企业隶属于行政管理部门,没有以独立法人的资格参与市场竞争和经营活动,企业资产是国家的,企业只有使用权,没有所有权和处置权。这使得单位负责人对企业资产的增值和流失不承担任何责任,只注重抓生产、完成生产任务,而不问资产管理。因而,这些负责人根本就没有无形资产的概念,也不会有无形资产管理的意识,更谈不上对无形资产的维护。这些年来,在改革开放的大潮中,部分企业忽视知名厂商名称这一无形资产的作用,盲目追求新、特、奇的名称字号,把原有老名称束之高阁,使企业多年来在流通领域树立的良好形象遭受损失。同时,由于单位负责人缺乏现代市场营销观念,更缺乏企业资产增值、维护、管理的技能和手段,在企业改造、改革过程中,根本不把无形资产当作资产。最为典型的是,部分企业的招股说明书中,"无形资产"一栏甚至是空白;一些企业在合资、合作过程中,对企业无形资产不评估、不计价、不入账,更不会利用自身无形资产的优势树立企业形象,促进企业发展。

2. 个体原因。这集中表现在企业负责人缺乏无形资产管理的理论知识和经验。一些企业负责人没有系统的管理企业的经济理论知识和法律知识。他们缺乏资产管理经验,不了解无形资产的内容和价值,没有无形资产应用和保护的经验,对品牌、商标、服务等都是企业资产的重要组成部分,商业信用、企业文化等无形资产是企业市场竞争或反竞争的法宝等问题缺乏深刻的认识;他们缺乏国际贸易知识,特别是缺乏对专利、专利技术、商标等无形资产国际贸易的特殊性和惯例的了解,容易上当受骗;他们还缺乏有关法律知识,不能积极主动地应用法律手段保护企业无形资产,当企业蒙受损失时,也不能据理力争。

　　3.环境原因。我国还缺乏完善的法律、法规来规范和监督企业无形资产的使用、保护和交易行为。法规的不完善,给别有用心者以可乘之机;地方保护主义的猖獗,弱化了国家无形资产管理的力度,也加大了无形资产保护的难度。例如,按照国际公约,对驰名商标的保护要比一般商标的保护更加严格,但各国对驰名商标的认定有不同规定,我国直到1999年才制定出《全国重点商标保护名录》,在此之前,全国有一大批企业的名称、商标被他人抢注。同时,我国对打击假冒他人商标、盗窃技术秘密、出卖或带走企业无形资产的犯罪行为进行惩处的法规不完善,打击力度不够,致使专利侵权案、商标侵权案等猖獗。例如,仅1999年,全国就查处涉外商标侵权案1 810件。一些政府和部门奉行地方保护主义,对违法行为或产品睁一只眼,闭一只眼,甚至帮助企业将其劣质产品打入市场,甚至挤进市优、省优、部优、国优产品行列。由于法规的不完善,对无形资产认定的范围过于狭窄,对一些侵犯企业无形资产的行为,一时还无法从法律上加以认定和处罚。

四、进一步加强无形资产的管理与评估

　　采取有力措施,加强无形资产的管理和评估,应该是我们今后努力的方向。

(一)增强企业的无形资产意识

　　当前,虽然有些企业已开始重视无形资产的作用,并加大其投入,但相当多的企业无形资产意识还很淡薄。国内企业大量的技术革新不去申请专利,与国外企业形成了鲜明的对比。不仅如此,违法侵犯他人专利和他人注册商标的行为屡禁不止。针对这些情况,当务之急是要增强企业的无形资产意识。有了商标和技术,要及时办理有关登记申请手续。企业不仅要在国内产地登记、申请,而且要按照国际惯例在国外销售地登记、申请;既要维护本企业的商标权、专利权,防止专利、商标被人侵犯、假冒,也要尊重其他企业的专利权、商标权。另外,当前应重视宣传无形资产评估的必要性和重要意义,改变人们头脑中"有形资产有价值,无形资产无价值"的错误观念,要使企业认识到,在激烈的市场竞争中,谁重视无形资产的开发和保护,谁就能在竞争中占据优势,使企业经营者重视无形资产,把无形资产放到企业经营战略的高度来考虑。

(二)建立和完善无形资产的管理保障体系

　　1.立法机关要抓紧制定和完善有关无形资产管理的法规,做到有法可依,有章可循。近年来,由于法律法规不健全,在无形资产的管理上出现了漏洞。例如,一些企业涉及科技秘密的人员纷纷跳槽,私自将原单位的技术秘密、商业秘密出卖给他人,企业因技术失密而发生的纠纷案件逐渐增多。对此,要分门别类地制定相应的法规条例,在现有的《专利法》、《商标法》等法律的基础上,尽快制

定《企业保密法》、《无形资产管理法》等法律法规,形成完整的法制体系。在企业无形资产评估方面,当前应从基本的管理制度和法律建设入手,对评估的前提、范围、评估方法、评估程序以及资产评估机构的资格审查、资产评估人员的素质要求等以法律形式予以明确规定。

2. 要切实抓好现有法规的落实,做到有法必依,违法必究,加强企业无形资产的管理,维护企业无形资产的合法权益,确保无形资产不受侵犯。

3. 政府有关部门应加强协调,密切配合,加强宏观调控,落实无形资产管理与评估机构的责任,确定各方的权益,以促进无形资产监督管理和评估业务健康发展。

(三)加强无形资产评估

为了防止无形资产流失,还必须在无形资产评估方面采取有力措施,主要是:

1. 制订可操作的方法。多年来,企业在资产评估时,因缺乏可行的评估方法和标准,往往忽略和轻视对无形资产价值的评估。为了使企业的无形资产有一个合理的估价,可以制定一些可操作的评估方法。

例如,对于专利技术的评估,可以这样考虑:由于专利不是普通的生产要素,它具有专有性,并能带来超额利润,因而,其价值不能根据其成本来估价,而应根据其带来的超额收益来估价,采用收益现值法。运用这种方法,实际上是将专利权在其有效期限内每年给企业带来的收益折现,转化为现值,再将各年的收益现值求和,以此作为专利权的评估价值。

再如,对于技术秘密的评估可作如下考虑:由于技术秘密是保密的,没有市价类比资料,不易参照同类技术秘密来作价,因而,技术秘密往往是通过其产生的收益来进行估价。关于技术秘密的评估,其关键是要掌握以下两个环节:

第一,准确估计技术秘密产生的收益。对技术秘密产生的收益,一是按产品产生的超额利润来确定,它主要是通过相对较高的产品成本利润率而体现出来,如秘密配方提高了产品的竞争力和价格,优良的工艺降低了成本、提高了质量等,这些都综合反映为成本利润率的提高,扣除社会同行业平均利润以后的超额利润,反映了技术秘密的贡献值。二是按企业资产的超额利润来估价。扣除与企业其他资产相对应的利润(按社会平均水平,并考虑行业风险)之后,超额利润就是各种技术秘密的联合贡献。

第二,依据保密状况,确定其有效期。技术秘密有效期的确定,主要取决于两个因素:一是技术秘密的保密状况,一般来说,技术秘密的保密状况越好,其有效期就越长;二是企业产品的生命周期和技术周期,一般来说,产品的生命周期和技术周期越长,技术秘密的有效期就越长,反之,就越短。

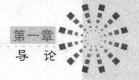

2.减少行政干预,使资产评估真正成为独立的行业。资产评估机构是社会中介机构,是同会计、律师、审计事务所一样独立于行政机关以外的社会服务性法人组织。从长远来看,要使之真正成为独立的行业,应成立各级资产评估协会,将评估机构管理纳入协会管理,加强评估工作的行业督促指导,以避免和减少行政干预、行业垄断等弊端;同时,要以法律形式规定评估机构的责任和权利,以保证资产评估机构公正、客观、独立执业。

3.加强对无形资产评估理论的研究。目前,我国无形资产评估的理论体系还很不完善,与无形资产评估密切相关的无形资产会计记账方法也存在着很多缺陷。这就要求广大理论工作者从我国实际出发,借鉴、利用国外无形资产管理的先进方法和经验,结合我国企业的具体情况,建立一套适合我国企业无形资产评估的理论体系。

虽然国务院在《国有资产评估管理办法》中对无形资产评估也做出了一些原则的规定,但由于我国企业无形资产价值的评估近些年来才刚刚起步,真正有权威性的评估标准和方法还没有确立。这就需要我们在今后的实践中,进一步探索并确立无形资产评估的方法,力求对无形资产的价值给出一个更为合理的估价,从而更好地发挥其在企业经营过程中的作用。

第四节 企业价值整合中的无形资产管理与评估

无形资产作为由企业创新活动、组织发展和人力资源投入所形成的非物质形态的价值创造,具体表现在企业的创新能力、关系资产和人力资本等方面。在知识经济时代,由于经济的全球化和技术的发展导致的市场竞争的加剧,企业开始发生重大的变化,有形资产和其他资产正在迅速商品化。企业面临更多的是多种价值的整合,无形资产则日益成为企业价值整合和创造的主要驱动因素。要使企业的价值更好地整合,一个突出的问题就是做好无形资产的管理与评估工作。

一、企业价值网络与无形资产

(一)企业价值网络

在传统的资产管理与评估中,无形资产仅仅是作为企业资产的一个部分或者是一种单纯的社会要素。无论是价值确认还是具体的评估,都是单纯的个体行为。而在当前,无形资产的管理与评估要服务于企业发展的大局,因此,首先需要认识企业的价值网络及其构成。

随着对企业本质的认识进一步深入,我们可以把企业看成是一个开放的价值网络。在产品服务开发、生产运营以及之后的产品提供和销售的全过程中,企业将自身的要素集合在一起,通过系统的构建与整合,实现价值网络的开放式运营。在这一过程中,无形资产同有形资产一道,作为企业价值的整体投入,服务于企业价值网络的交换和整合。同时,企业价值网络的构建,并不仅仅是要素的整合,同时还是企业内部技术、产品、知识、服务同外部市场间互动交换的产物。

企业与外部市场以及相关各方的互动,形成各种有形和无形的交换,这些交换的内容涉及货币、产品、服务、知识以及客户的信息和建议等。这些价值交换关系,可能是有形资产和无形资产之间的交换与整合,也可能是对应要素之间或者多种要素之间的交换和结合。而处于这一价值网络核心的是企业内部信息与知识的集聚。对于处于知识经济背景下的企业而言,知识和信息是企业存在的重要前提,企业组织也相应地在企业的价值网络中进行分工与重组。企业的价值整合与创造,归根结底是知识的生产和创新。有形资产的无形化,以及资产的知识化和信息化,都促使企业成为一个个体和组织之间基于共同目标而相互作用的价值网络。当然,这样的一个价值构成不会是一个简单的关联,它必然是包含多个层次的复杂构成。由于涉及的要素和关联为数众多,我们只能进行抽象的模拟。具体来看,企业的价值网络可以简化表示为图 1 - 1。

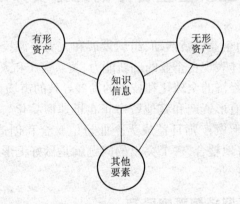

图 1 - 1　企业价值网络

（二）企业价值网络中的无形资产

依据无形资产自身的属性关系,可以将其划分为知识产权型无形资产、权利型无形资产、综合型无形资产以及关系型无形资产四个大类。在对无形资产进行管理和评估时,也需要依据各自的特性进行独立的确认和评估。然而,随着企

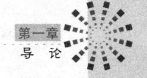

业理论的发展,尤其是在当今企业价值网络作用日益明显的情况下,一个必然的趋势是要整体地、相互联系地展开无形资产的管理和评估工作。换句话说,我们需要对无形资产进行再认识,当然这种认识是基于企业价值网络之上。

由于企业价值网络是一个复杂的多层次的交叉体系,在这个环境中的无形资产,就不能再孤立地加以确认和评估。企业资产或者要素之间是相互作用、相互影响的,各项无形资产也需要统一起来一同考量。在企业价值网络的基础上,知识产权型无形资产、权利型无形资产、综合型无形资产和关系型无形资产是相互渗透和相互影响的。尤其值得注意的是,企业商誉、人力资本和企业关系资产等是近年来日益受到重视的企业无形资产,这些无形资产的出现,使得原有的分类界限日益模糊,不同的无形资产相互渗透的趋势也进一步增强。

从价值网络的角度看,无形资产已经不再局限于企业组织的内部,整个无形资产的体系开始向个体和社会两个方向扩展。从个体方向的扩展,我们可以看到知识产权型无形资产的发展和成熟,看到各项权利型无形资产同知识产权以及企业商誉的紧密结合,看到企业人力资本、组织资本的扩展;从社会方向的扩展,我们可以发现企业商誉的不断成熟和完善,看到企业关系资产的出现和壮大。在企业价值网络向社会网络延伸的过程中,个体与社会相互嵌入,企业在价值网络的基础上,开始出现价值的整合。

(三)无形资产价值与企业价值间的关系

在了解企业价值整合之前,我们还需要理清无形资产价值与企业价值间的关系。

1. 无形资产价值是企业价值的重要组成部分。前面已经阐明,企业价值是由诸多要素和资产相互作用构成的。企业价值网络就是一个能够提供持续经营能力的有形资产、无形资产和其他要素资产的混合体。企业价值中,一项重要的构成就是无形资产。随着科学技术的发展,无形资产价值占企业价值的比重会越来越大。例如,美国非金融公司研发投资占国内生产总值的比重,已从1980 ~ 1989 年的平均2.2%上升到1990 ~ 1997 年的平均2.9%,有形资产投资的比重则从 14.1% 下降到 12.6%[①]。如果考虑到企业人力资本以及组织重组等无形资产方面的投入,那么对于企业价值而言,促使其增长的主导因素将是无形资产的投入。而且,这种数据的变化仅仅是从一个侧面反映了无形资产价值对企业价值的贡献。

2. 企业价值是无形资产价值实现的基础。建构于企业价值网络之上的无形

---

① 茅宁,王晨. 软财务:基于价值创造的无形资产投资决策与管理方法研究[M]. 北京:中国经济出版社,2005.

资产,其价值的实现有赖于企业价值的确认和体现。我们知道,无形资产的价值在很大程度上都对应的是其对企业收益的贡献(这一点在后面的相关章节中将做进一步说明)。离开了企业价值网络这一母体,无形资产就失去了存在的意义。

3.无形资产是企业价值网络的重要一环,是企业创造超额收益必备的要素。无形资产不同于有形资产,其价值无法简单地通过成本收益进行估算。很多无形资产,其本身的成本就无法准确地进行估量。而且,更为重要的是,企业的无形资产自身无法独立地发挥效用,它只有同其他要素和资产一道,借助企业价值网络,才能实现相应的价值。此外,企业开发无形资产的目的就是在于维持和扩大企业的超额收益,也就是说,只有企业有能力获取超额收益,无形资产的价值才有可能实现。而企业价值本身同企业收益是正相关关系,即企业超额收益越高,企业价值越大;相应的,企业无形资产的贡献越多,企业无形资产的价值也就更多地得以显现。

二、企业价值整合与无形资产发展

在了解了企业的价值网络和基于企业价值网络的无形资产后,我们现在开始探讨企业价值整合中无形资产的整合与发展的趋势。

(一)企业价值整合

在知识经济时代,企业已经成为知识和信息的存储器。每个企业都是各种资产(包括人力资本、组织资本和客户关系等资源)的有机结合。对于企业而言,提升竞争力的途径在于如何高效率地将企业的资源价值化,进而将这些资源有效地融合,形成企业独特的能力。伴随着这种能力的形成,企业价值的整合得以实现。

企业价值整合的前提是其所拥有的各类资产(包括有形资产和无形资产)。当企业价值网络向社会网络延伸时,构成企业价值的各个要素也开始融合。这种趋势在今天显得尤为明显。举例来说,当企业的知识与信息在各要素间开始流动时,企业人力资本、关系资本等无形资产就开始与原有的其他要素和资产相结合。这种结合再加上企业信息技术的发展,使得企业组织结构和行为发生显著的变化,这就是当前企业组织越来越倾向于扁平化和多元化的原因。企业的这种变化,导致了新的商业过程和市场策略的重大调整,从而进一步刺激了企业价值网络的共享与整合。众所周知,沃尔玛的成功,并不在于其有效的全球采购和物流系统,而是在于围绕着全球信息系统所形成的快速的商业流程;同样地,阿里巴巴网站运营的效率,也不是基于其强大的软件开发能力,而是基于一定技术之上的高效率的商业运营模式。

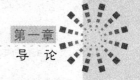

随着这种价值网络化趋势的发展,企业价值的整合与创造活动必然会涉及更加广泛的社会网络,相应的,价值的整合也会日益深入。当企业涉及的各种资产与要素不断融入企业自身价值整合的进程时,资产和要素本身就会出现各自的整合。企业的知识产权、特许经营权以及客户、战略伙伴等都开始融合,开始相互协同,开始不断地完成自身价值的集聚和整合。于是,在价值整合的进程中,企业会发生两个方面的变革:首先是企业知识层面的变革,在这一过程中,企业内部创新的趋势会日益凸显,新的技术与信息条件将不断涌现;其次是组织层面的变革,企业会越来越多地依赖于组织的重构和创新,将价值网络的社会延伸融入企业内部。当然,这两个方面的变革对企业的各项资产和要素会提出进一步发展的要求。尤其是无形资产,在企业价值日益兼容和整合的进程中,企业无形资产也需要进一步整合。新的知识信息、新的技术专利、新的商业模式和组织网络,都需要在企业价值网络的基础上进行创新和整合。

(二)无形资产的整合与发展

在经济全球化和知识信息化的背景下,市场竞争日趋激烈。如何在整合原有资源的基础上,进一步提高资源的利用效率,是摆在所有企业面前的一道难题。市场信息瞬息万变,机遇与挑战交相更替。不同行业、企业在市场这个无形之手的操纵下,日益紧密联系,企业价值链不断延伸。在企业价值网络日益成型的今天,企业要将无形资产与其他资产要素放在一起,进行系统的整合和管理。这是外部市场对企业发展的需求。

企业进行无形资产整合的另一个原因是,面临市场激烈冲击下的企业,需要进行组织的重构与价值的整合。20 世纪 80 年代中期以后,随着商业竞争的加剧和信息技术的发展,企业的组织架构发生了重大变化。在经济全球化的大背景下,传统的资本密集型和以纵向一体化为特征的规模经济开始面临企业发展的瓶颈。规模扩张的负面效应日益加剧,组织臃肿、分工过细等不经济的情况不断出现。资源的分割与孤立,造成价值资源的严重浪费。与此相对应的是,生产制造过程正迅速商品化,这使得有形资产的投资回报率趋同于社会平均利润率,企业的持续竞争优势不断丧失。

在这样的发展趋势下,企业不得不进行转型和变革,企业价值的整合与创造也就应运而生。无形资产的整合是企业价值整合的必然要求,特别是当企业内部各项资源日益形成一个统一的系统时。无形资产作为一个整体,需要融入企业的价值网络。此外,随着知识经济时代的到来,经济发展的动力和企业价值创造的驱动因素发生了根本性的变化,无形资产逐渐成为企业价值创造的一个重要驱动因素。作为企业价值网络的重要一环,无形资产本身也面临着价值整合的任务。也就是说,无形资产的整合包含两个方面的内容:一是无形资产内部的

整合,二是无形资产同其他要素资产的整合。

无形资产内部的整合以前就已出现,特许权和商誉就是无形资产整合的产物。当然,这些整合还仅仅是局部的。随着时代的发展,知识产权、人力资本、客户关系以及权利型无形资产、综合型无形资产等都将进一步整合。

我们知道,知识产权的节点是人力资本,人力资本体现了企业的知识内涵。人力资本同时又是企业组织构架的核心,是联结企业其他资产要素的纽带。从人力资本向外延伸,是企业日常营运中包括客户、供应商、合作伙伴等相关各方的连接以及对企业价值网络的社会支持。当企业通过价值网络嵌入到社会网络中时,企业自身不仅赢得了所需要的市场,同时构建了企业的关系型无形资产和商誉。商誉是指企业组织通过承担相应的社会责任和义务获得的社会对企业价值的认可,这种认可可以转化为企业所需的投资机会和相关资源。于是,企业在无形资产内部整合的同时,其他资产和要素也在进行整合。

企业无形资产伴随着企业价值网络的扩展和连接,在价值交换和整合中沟通不同的无形资产;同时,通过价值的延伸,加强与其他要素资产之间的联系。无形资产和各要素之间价值的流动和转化,使得各类无形资产之间相互融合,从而形成日益紧密的价值共同体。

三、基于企业价值网络的无形资产的管理与评估

在企业价值网络的构架下,面对无形资产日益整合的需求,需要加强相应的管理和评估工作。

(一)无形资产的管理

首先要做的是转变管理思维。企业是创造价值的经济实体,企业管理的核心是管理决策,而进行有效管理的基础,则是对企业价值创造活动所依赖的资产尤其是核心资源的性质和作用机理的深入了解。虽然我们可能会对有形资产的会计处理方法、财务报表等驾轻就熟,但是对无形资产的了解却甚少。当我们沿用有形资产的管理思维对待无形资产时,往往会遇到这样或那样的问题。这样当然无法开展任何无形资产管理工作,更不用说无形资产的价值整合。在这种情况下,企业很难在激烈的竞争中建立和维持持久的竞争优势。对于一般的有形资产而言,投资管理的基本任务是对资产进行合理的配置和有效的利用,以实现资产收益的最大化。但是,对无形资产而言,这种思路往往难以奏效。很多知识产权,其成本首先就是难以衡量的,至于收益,更是无从计量。面对更为复杂的无形资产,我们要做的,首先是将管理思维转移到无形资产本身,从无形资产本身的属性出发,去分析价值的形成与技术的特点。只有通过这样的转变,才能结合企业价值网络的实际,进行有效的管理。

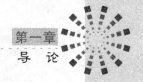

其次是要进一步扩大对无形资产的投资。我们可以通过对无形资产的相关价值驱动要素的投入,增加企业价值网络中无形资产的积累,增强无形资产之间的关联性。这种投资是企业价值网络中无形资产形成和维持的重要影响因素,它可以促使我们对无形资产进行更为有效的管理。企业内部价值网络是企业对关键资产和要素进行相应投资的结果。企业只有通过对互补性的无形资产进行投资,才可以为不同无形资产之间的整合创造前提。无形资产的积累更多的是企业不同价值层次的要素资产的沉淀。例如,知识产权型无形资产,其基本特性是技术周期的变化。为了有效地维持这类无形资产的影响力,我们必须通过持续的投资来维持其价值。此外,随着外部市场环境的变化和竞争的加剧,企业价值网络会遭到蚕食,企业的组织结构和流程会落后于市场的需求。如果不进行相应的补救,其后果就是客户资产流失和企业商誉受损。因此,需要进行持续的改进,消除外部环境变化带来的冲击。当然,还要有企业自身的变革。当企业面临战略性的变革时,就需要对其核心资源和资产进行战略性投资,从而实现企业价值网络的战略性重构。

（二）无形资产的评估

由于企业价值网络综合了有形资产和无形资产的价值,所以在无形资产评估中,往往将被评估企业的价值作为中间环节和检测依据。关于企业价值评估的具体细节处理和相关问题,本书不展开叙述,但是,在目前的无形资产评估中,无法避免对企业价值的估算。可以明确的一点是,无论理论上还是实践中,企业价值评估必然是无形资产评估工作进一步完善的重要前提,而且,将企业价值评估与无形资产评估结合的趋势今后也将日趋明显。

至于企业价值网络中无形资产的评估,就目前而言,最重要的无非是两个方面的问题:

第一,会计核算问题。当前的企业会计报表并不能反映无形资产的真实价值。因为根据会计准则,资产是任何能够在将来产生收益的资源。但该项资源要被确认为资产,企业必须首先能够合理地量化其在未来所产生的收益。事实上,无形资产难以具备上述要求。因此,无形资产无法体现在会计报表上,这就造成其价值难以准确计量的问题。

第二,价值范围确认问题。对于无形资产尤其是在企业价值网络中的无形资产而言,其价值范围的认定是评估工作展开的重要前提。在企业价值整合尤其是无形资产价值整合的背景下,很多无形资产都有相互影响的情况。比如,特许经营权中会包含商标权,也有可能会含有企业商誉的影响;客户关系资产与商誉可能会有价值的交叉;等等。面对不断整合的无形资产,要准确评估其价值,有赖于方法的选择和相关参数的计量。如果评估参数出现了问题,就会影响到

无形资产价值的评估。此外,还要尽量合理地剥离无形资产价值的贡献,区别待评估的无形资产和其他资产要素对企业整体效益的贡献。

复习思考题

1. 无形资产的定义是什么?
2. 简述无形资产的五大特征。
3. 当今世界,无形资产立法保护呈现出哪些趋势?
4. 无形资产的会计确认主要面临哪些障碍?
5. 简述无形资产价值与企业价值之间的关系。

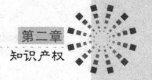

第二章
知识产权

- 掌握知识产权的概念、特征及其分类。
- 了解按照三种不同的标准对商标的分类,了解商标的申请步骤。
- 了解专利保护制度的发展,区别三种不同类型的专利及其取得专利权的条件,了解专利权的法律保护。
- 掌握著作权的主体、客体及内容,了解著作权的产生、归属、期限及使用限制,了解著作权邻接权的概念及基本内容。

本章主要介绍无形资产的重中之重——知识产权。知识产权是无形资产的重要组成部分,包括的种类很多,主要有商标权、专利权和著作权等。本章首先对知识产权作一个整体性的介绍,包括知识产权的基本概念、分类及特点,以及加入 WTO 后我国的知识产权保护。然后将分节讨论三种最主要的知识产权,即商标权、专利权和著作权,对它们的基本概念、使用、管理、保护以及转让等分别作一基本介绍。

第一节　概　述

一、知识经济与知识产权

　　21 世纪是知识经济迅猛发展并对经济起主导作用的时代。什么是知识经济？简单地说，就是以知识作为基础的经济。知识经济是以现代科学技术为核心，建立在知识和信息的生产、存储、使用和消费之上的经济。不同于以往的农业经济和工业经济，在知识经济时代，经济的增长将主要依赖于知识和信息的创造、传播和利用。知识经济时代的经济发展呈现出了与以往经济形态不同的新的特点。

　　首先，知识经济主要依赖于人类的智力资源，知识成为最主要的生产要素，智力成果作为无形资产，成为个人或企业财产的一部分。不同于有形资产的是，无形资产更加容易被窃取，因而更加需要相应的法律法规来保护。

　　其次，在知识经济时代，随着国际贸易的发展和跨国合作的增多，各种生产要素的流动性得到加强，而无形资产作为一种生产要素，更是有着很强的流动性。一个国家的高新技术可以很快地被其他国家所采用，这种技术的复制和模仿，则会经常引起国家之间因为侵权而发生的争端。所以，在知识经济时代，知识产权方面的争端将是国际经济发展中面临的一个主要问题。

　　最后，知识经济是一个结构非常复杂的经济形态，需要各种各样的法律法规来对市场进行有效的规范，保证市场能够稳定有序地发展，这是摆在各国政府面前的一个很重要的课题。

　　知识这一生产要素在知识经济时代有着基础性的作用，而知识产权作为一种重要的无形资产，已经成为世界经济发展的一种重要力量，在各国的经济发展中发挥着举足轻重的作用。知识产权制度的完善与一个国家或地区的经济发展水平有着非常密切的关系。一般来说，经济越发达的国家和地区，知识产权制度也越完善。

　　我国知识产权制度起步比较晚，真正从法律层面对知识产权进行保护，始于改革开放以后。随着国际贸易的发展和世界经济的一体化，国家、地区之间的经济交流不断加强，对专利、商标等无形资产的保护就显得更加紧迫。从 20 世纪80 年代起，我国相继制定了《中华人民共和国商标法》《中华人民共和国专利法》《中华人民共和国著作权法》《计算机软件保护条例》等重要的法律法规，进一步完善了我国的知识产权制度。

二、知识产权的基本概念和特征

(一)知识产权的概念

知识产权(Intellectual Asset)一词最早在 17 世纪中叶由法国学者卡普佐夫在他的著作中所用,此后,经比利时法学家皮卡第进一步发展。我国 1986 年颁布的《民法通则》开始使用"知识产权"这一术语。在知识产权这一术语出现之前,一些国家曾经使用"无形财产权"一词。1967 年颁布的《建立世界知识产权组织公约》开始使用"Intellectual Asset"一词。如今,知识产权已经作为通用的术语在国际上使用。在我国台湾和香港地区,也有人将"Intellectual Asset"一词译为"智慧财产权"。

关于知识产权的定义,理论界一直存在着争议,统一的知识产权概念一直没有形成。每一位研究知识产权的学者都会得出自己关于知识产权的概念。我国也不例外,很多研究知识产权的学者都给出了含义不尽相同的定义。

总的来说,国内外各种关于知识产权的定义可以概括为以下三种:

1. 范围式定义。这种定义主要通过列举知识产权所包含的种类或类别来对知识产权进行定义。这是一些国际公约经常采用的定义方法。例如:

(1)1967 年颁布、1970 年开始实施的《建立世界知识产权组织公约》第 2 条第 8 款对知识产权作了如下概括:

"知识产权"包括:①关于文学、艺术和科学作品的权利;②关于表演艺术家的演出、录音和广播的权利;③关于人类在一切领域的发明的权利;④关于科学发现的权利;⑤关于工业品式样的权利;⑥关于商标、服务商标、厂商名称和标记的权利;⑦关于制止不正当竞争的权利;⑧在工业、科学、文学或艺术领域一切其他来自知识活动的权利。

(2)1994 年缔结的《与贸易有关的知识产权协议》(TRIPs)第 1 条第 2 款规定:"对于本协议,'知识产权'术语,系指第二部分第一至第七节中所包括的所有类别的知识产权。"这些知识产权包括:①版权与邻接权,②商标权,③地理标志权,④工业品外观设计权,⑤专利权,⑥集成电路布图设计权,⑦未披露过的信息专有权。

这种概括式的定义比较明确地规定了知识产权所包括的范围和种类,结构比较清晰易懂,但是,这种方法仅仅是对知识产权作了一个外延式的介绍,并没有深刻地解释它的内涵,因而理论界并不经常采用。

2. 概念式定义。大多数知识产权学者都试图通过这种方式给出一个能够比较深刻地揭示知识产权内涵的定义。我国理论界给出的定义也存在着分歧,这些分歧主要存在于对知识产权客体的认识上。这些定义总的来说

可以归为两类:

第一类观点认为,"知识产权指的是人们可以就其智力创造的成果依法享有的专有权利","知识产权是指在智力创造活动中,智力劳动者及智力成果所有人依法享有的权利"。这种观点把包括商业标志在内的知识产权客体都归为智力成果。其中,把商业标志归为智力成果这一点,受到了其他一些学者的质疑。

第二类观点认为,商业标记不是智力创造的结果,不应该归入智力成果,认为,"知识产权是基于创造性智力成果和商业标记依法产生的权利的统称","知识产权是人们对于自己的智力劳动创造的成果和经营管理活动中的标记、信誉依法享有的权利"。

这种方法能够对知识产权的本质特征做出概括,便于揭示知识产权的内涵,所以被广大的理论研究者所采用。

3.综合式定义。综合式定义吸收了以上两种定义方法的优点,对知识产权的外延做出了界定,同时也概括了知识产权的内涵。例如,"知识产权是对包括著作权、专利权、商标权、发明权、发现权、商业秘密、厂商名称、地理标记等智力成果权的总称。换句话说,是人们基于智力活动所创造的成果和经营管理活动中的经验、知识的结晶而依法享有的民事权利。"

(二)知识产权的特征

知识产权作为一种无形资产,具有无形资产的特征,同时也具有其自身的固有属性。关于知识产权的特点,虽然理论界历来就有不尽相同的说法,但大多数都是围绕着"无形性、专有性、地域性、时间性"而展开的,综合各家的观点,我们认为,知识产权主要有以下特征:

1.无形性。知识产权作为无形资产,首先表现为它的无形性。无形性是知识产权最重要、最根本的特征。知识产权是人类智慧的结晶,是智力成果,是宝贵的精神财富。一般的有形资产如机器、厂房等都有它们的实物存在,而相对于有形资产的既有实物特征而言,知识产权本身没有物质形态,看不见摸不着。虽然如此,知识产权却是客观存在的,而且可以通过有物质形态的"载体"表现出来,使发明创造者、作者的思想体现在一定的产品、作品上,也只有这样,知识产权才能够得到有效的保护。专利法所保护的并不是想法或者创意,它只保护依照某种想法或者创意开发出来的实用技术或产品,同样,著作权法也不保护诸如思想或理论本身,保护的只是思想或理论的表现形式。不通过一定的"载体"表现出来,知识产权的保护也就无从谈起,因为知识产权是无形的,权利人不能实际占有它,只能通过法律等手段,控制他人对它的使用。

2.专有性。专有性又称排他性、独占性,指的是知识产权归权利人所专有。和其他的财产权利一样,权利人享有对知识产权客体的占有、使用、收益和处分

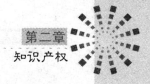

的权利。知识产权从一开始就表现为合法的垄断权,是一种受法律保护的一种独占权。权利人可以垄断这种权利,不允许他人所用,也可以授权他人使用这种权利。未经权利人允许,擅自使用只有权利人才能使用的权利,则构成了对知识产权的侵权。例如,未经允许,使用他人的商标、专利等智力成果,都构成了对他人的侵权,需要承担相应的法律责任。

3. 地域性。地域性也可以称为空间性。知识产权的地域性,是对权利的一种空间限制。权利人在一个国家或地区获得的专利权、商标权等知识产权,只在这一个国家或地区内受到保护,不受其他国家或地区法律法规的保护。当然,这种情况也不是绝对的,在本国或地区已经加入了相关的国际条约或签署了双边协定的情况下,知识产权的权利人的权利在相应的国家和地区内也受到保护。一般来说,如果权利人希望在其他国家或地区也受到保护,可以依照其他国家的法律提出申请。在经济全球化的浪潮下,一些跨国企业非常注重自己的商标和专利等知识产权在全球各地的保护,它们同样需要按照各个国家和地区的法律法规办理相关手续,取得知识产权。近些年来,随着一些地区性或全球性保护知识产权的国际组织的建立以及国家、地区之间保护知识产权国际条约的签订,知识产权的国际保护得到了进一步加强,可以预见,知识产权及其保护的国际化是一个必然的趋势。

4. 时间性。知识产权的时间性是指对知识产权的保护不是无限期的,这种权利有其法定的保护期限。知识产权的这一特点与有形财产相比有很大的不同。有形财产所有权一般没有时间限制,权利人享有永久的权利,而且还可以继承。知识产权则不然,它在法律规定的保护期内受到保护,一旦保护期满而且没有延续,知识产权将不再受到法律的保护,不再受法律保护的知识产权将自动进入公用领域,任何人都有权使用该知识产权,不再存在对该知识产权的侵权行为。举例来说,一项专利技术如果超过了法定的保护年限,该专利技术将可以为任何人使用。关于知识产权的保护年限,不同的国家和地区有不同的规定。在我国,对发明专利的保护年限为 20 年,实用新型和外观设计的保护年限为 10 年,著作权的保护期为作者终生及其死亡后 50 年。知识产权的权利人也可以根据需要,申请延长知识产权的保护期限,在我国商标的保护年限为 10 年,而大多数企业都要在商标权到期时依法申请延期。

5. 法定性。一般的有形财产所有权是基于一定的法律事实取得,不再需要国家机关的批准和认可。比如,通过交易、继承或者诚实劳动获得的财产所有权从获得之时起便拥有,不再需要国家机关的认证或者批准。而任何一项知识产权的获得都有着严格的法律程序,没有经过法定程序申请并被批准的知识产权是不受法律保护的。公司要依照法律法规的规定,通过申请专利和注册商标等

方式获得相应的认可,来实现这些权利的排他性;同样,著作权及其他权利,也需要经过相应的法律认可。

6. 可重复使用性。知识产权的另外一个不同于有形资产的特点就是,它能够被重复使用。有形资产的使用不具有重复性,一台机器、一座厂房只能被一个企业所用,一台电脑也不能同时被两个人使用,而知识产权则不一样,同样一项技术,可以同时被两家企业使用;一个作曲家的作品,可以同时由两个歌星来演唱。

三、知识产权的分类

对于知识产权的划分,不同的国际公约也存在着一些差异。一般来说,知识产权分为工业产权和版权(或著作权),其中,工业产权包括专利权和商标权。《保护工业产权巴黎公约》、《保护文学艺术作品伯尔尼公约》和《世界版权公约》等国际公约均作如此划分。

前面已经提到的《建立世界知识产权组织公约》对知识产权所做的划分如下:①关于文学、艺术和科学作品的权利,②关于表演艺术家的演出、录音和广播的权利,③关于人类在一切领域的发明的权利,④关于科学发现的权利,⑤关于工业品式样的权利,⑥关于商标、服务商标、厂商名称和标记的权利,⑦关于制止不正当竞争的权利,⑧在工业、科学、文学或艺术领域里一切其他来自知识活动的权利。

《保护知识产权巴黎公约》明确规定,工业产权的内容应包括发明专利、实用新型、工业品外观设计、商标、服务标记、厂商名称、货源标记、原产地名称,制止不正当竞争的权利等。由此可以判断,上述③⑤⑥⑦项属于工业产权;①②项属于版权以及版权邻接权。

根据我国《民法通则》对知识产权的界定,知识产权包括著作权(或版权)、专利权、商标专用权、发现权、发明权和其他科技成果权。

而关于上面第4项——"科学发现"是否应为专利权或著作权的保护对象,这一问题已经争论了很久。一般认为,发现权不属于知识产权的范围,科学发现不同于发明。1978年的《科学发现国际登记日内瓦公约》对科学发现所下的定义是:"对物质宇宙中迄今尚未认识的现象、性质或规律的能够证明的认识"。由于发现本身不能在工农业生产中直接应用,即不具有财产性质,许多国家不把它作为知识产权予以保护。

通常我们称国际上的划分为广义的划分,国内的划分为狭义的划分。需要指出的是,随着知识产权范围的不断扩大,工业产权已经超出了"工业"的范畴,广义的工业产权不仅仅包括工业和商业,还包括农业、采掘业以及其他产业。

根据以上论述,我们可以简单地把知识产权的结构用图2-1来表示。

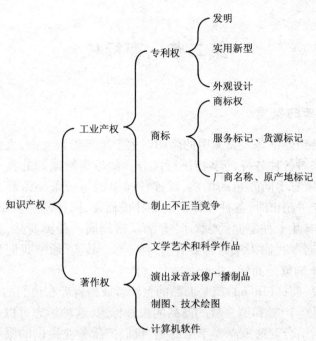

图 2－1　知识产权结构示意图（Ⅰ）

国际保护工业产权协会（AIPPI）1992 年在东京大会上对知识产权作了另外
一种划分，即将知识产权分为"创造性成果权利"和"识别性标记权利"两个大
类，前者包括发明专利权、集成电路权、植物新品种权、非专利技术（又称技术秘
密或 Know-how）、工业品外观设计权、版权、软件权等，后者包括商标权、商号权、
其他与制止不正当竞争有关的识别性标志权，见图 2－2。

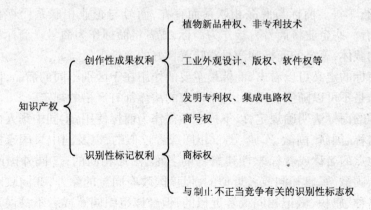

图 2－2　知识产权结构示意图（Ⅱ）

第二节 商标权

一、商标的概念

现代社会到处都是人类文明的烙印。大千世界纷繁复杂,人们需要用各种各样的标记来对各种各样的事物进行区分。父母会给他们的孩子取不同的名字,不同的国家有不同颜色的国旗,就连校园里的每一条小路都会有自己的名称。当我们走进超市时,各种各样的商品扑面而来,同样是一块肥皂,同样是一瓶饮料,都会有几十种不同的"牌子"。为了辨别同一种类商品,挑选我们比较喜欢的商品,通常我们买东西都要看看"牌子"。其实,通常我们日常生活中所说的"牌子"指的就是商标。

简单来说,商标(Brand)就是商品的生产者或销售者在他们的商品上使用的用于区别其他生产者和销售者的商品的一种标志,这种标志可以是文字、图案、符号或它们的结合。这里需要指出的是,我们把服务业提供的服务也看作是商品,所以,这里的商品是广义的商品。从商标的定义可以看出,首先,商标从本质上来讲是一种标志,其次,并不是所有的标志都是商标。

这里我们需要区分一对概念,即商标与商号,它们之间有区别也存在着联系。商号(Trade Names)又称企业名称、厂商名称、厂商标志、企业的特定标志和名称,是从事生产或经营活动的经营者在进行登记注册时用以表示自己营业名称的一部分,用于和其他的商品生产者和经营者进行区分。商号代表的是企业,如"海尔""长虹""同仁堂""宝钢"等;商标代表的是商品,如"英雄"牌墨水,"永久"牌自行车等。商标与商品相联系而存在,商号与企业相联系而存在。在现实中,也有一些企业将商号直接作为商标,或者将商标作为商号。商标和商号都是商誉的载体,著名的商标和商号意味着良好的商誉。

从商标的定义可以看出,商标最主要的作用在于区别不同的商品,但区别商品的标志是不可以随便使用的,每个国家的法律都有严格的规定。

我国的商标法明确规定,以下标志不得作为商标使用:①同中华人民共和国的国家名称、国旗、国徽、军旗、勋章相同或者近似的,以及同中央国家机关所在地特定地点的名称或者标志性建筑物的名称、图形相同的;②同外国的国家名称、国旗、国徽、军旗相同或者近似的,但该国政府同意的除外;③同政府间国际组织的名称、旗帜、徽记相同或者近似的,但经该组织同意或者不易误导公众的除外;④与表明实施控制、予以保证的官方标志、检验印记相同或者近似的,但经

授权的除外；⑤同"红十字"、"红新月"的名称、标志相同或者近似的；⑥带有民族歧视性的；⑦夸大宣传并带有欺骗性的；⑧有害于社会主义道德风尚或者有其他不良影响的。

县级以上行政区划的地名或者公众知晓的外国地名，不得作为商标。但是，地名具有其他含义或者作为集体商标、证明商标组成部分的除外；已经注册的使用地名的商标继续有效。

二、商标的特点

商标作为一种不同于一般标志的标志，有其自身的特点：

第一，商标是商品的标志，又是商品的象征。没有商品，商标也就不复存在。社会上也有很多其他的标记，比如说，道路两旁的路牌和指示标志，不同的学校、公司、社会团体和组织的标志、徽章等，这些都不能成为商标。只有用于商品上的特定标志才是商标。商标需要和商品联系在一起。商标的作用在于使人们看到商标时能够联想到商品。然而，并不是所有的商品都需要有商标，比如，为一些商品提供的服务，我们一般不会说某某牌的服务；一些无形资产，在作为商品交易时也没有商标；在房地产市场上，商品房也是没有商标的。所以说，任何一个商标都代表着一种商品，但不是所有的商品都会有商标。

第二，商标是有显著性的。商标是用于和其他商品进行区别的标记，因此应当具有显著性的标志。我国《商标法》明确规定，缺乏显著性的标志，不能作为商标使用。关于显著性的判断标准，我国的《商标法》并没有明确的规定。一般来说，除了《商标法》中禁止作为商标的文字、图案外，在日常生活中非常大众化的、不便于消费者进行辨认的标志都不具有显著性，不能作为商标注册。显著性是商标的基本属性，是商标得以注册的前提条件之一。

第三，商标是有价值的。一般来说，商标的知名度越高，商标的价值就越大。据调查显示，2000 年，"Coca-Cola"商标的价值达到 725 亿美元，居世界第一位；著名的微软公司的商标价值紧随其后，也达到了 700 多亿美元。其实，很多著名的商标的价值已经超过了公司有形资产的价值。特别是近年来，随着一些网络公司的快速发展，一些著名的网络公司诸如 Yahoo，Google 等的商标价值也都以惊人的速度增长。商标的价值，不仅体现在商标转让时购买方向出让方支付的货币的多少，还在于它能够影响商品的价格。一双普通的运动鞋如果打上"耐克"的商标，或许价格会翻好几倍；一个收音机贴上"索尼"的商标，相信价格也会大幅上升。当然，著名的商标代表的是高水平的质量和服务，失去了该质量和优质服务的保证，不仅会给企业的商誉带来负面影响，而且会造成商标价值的下降。

第四,商标具有竞争性。在市场经济中,企业的竞争非常激烈,商标作为商品的标志,从某种程度上说,是质量和服务的象征。商标是企业参与市场竞争的工具之一,商标的知名度高,能够增加企业的竞争力,保证企业在竞争中立于不败之地。

三、商标的分类

现实经济中存在着各种各样、各行各业的商品,所以也存在着种类繁多的商标。而且,伴随着经济的快速发展,商品的种类还在不断增加,商标的类型也在不断增加。按照不同的标准,可以将商标进行不同的划分。一般来说,有以下几种划分方法。

(一)按商标的构成要素划分

1. 文字商标。文字商标指的是由文字组成的商标。我们这里所说的文字包括了字母和数字。文字商标是最常见、最普通的商标。在我国,商标一般由汉字或者汉语拼音组成,也可以使用少数民族的文字或者外文字母。一般来说,用汉字表示的商标都有一定的意义,表达了一种想法或期望以及产品良好的特质,如"永久""舒肤佳""泻立停""飘柔"等。国外的商标中,最常见的也是用文字来表示的,如"Coca-Cola""SONY""NEC"等。

数字也可以作为商标,如"999""555""853"等。我国《商标法》第 8 条明确规定,"任何能够将自然人、法人或者其他组织的商品与他人的商品区别开的可视性标志,包括文字、图形、字母、数字、三维标志和颜色组合,以及上述要素的组合,均可以作为商标申请注册"。然而,由于数字缺乏显著性,数字作为商标并不是在任何国家都会被承认的。

2. 图形商标。图形商标是指用平面图形构成的商标。图形商标可以是人物造型、山川河流、亭台楼阁、花鸟鱼虫、飞禽走兽等,是一种出现较早的商标。相对于文字商标来说,图形商标具有形象生动、不受语言限制、便于理解的优点,但由于图形商标不便于称呼,使用上受到了约束,没有文字商标使用得那样广泛。

3. 记号商标。记号商标是指由某种符号或者记号构成的商标,这些符号可以是正方形、三角形、菱形、矩形等,也可以是由这些符号组合构成的记号。严格来说,记号也属于图形类,只是记号商标较其他商标更为简洁。我国商标法虽未对记号商标做出明确的规定,但现实中却经常使用。在申请这类商标时,应避免使用过于简单的符号,仅仅一个圆或者一条直线等不具备显著性的记号不能作为商标注册。

4. 组合商标。组合商标指的是由文字、图形和记号组合而成的商标,这种商标具备了文字和图形特征的优点,形象生动、便于理解、易于表达。这里需要注

意的是,文字和字母、图形与记号的组合不属于组合商标。组合商标在现实中是最常用的商标类型之一。

5. 立体商标。立体商标是指随着科技的发展而形成的一种以三维形状为标志的商标,在现实中并不经常使用。有些企业经常将产品的包装如饮料瓶、酒瓶、香水瓶或者香烟盒等作为立体商标。立体商标一般是形状独特、外观新颖的包装,如美国的"可口可乐",其饮料瓶的形状即是一种立体商标。在世界范围内,越来越多的国家开始承认立体商标。1985年美国"可口可乐"公司关于"可口可乐"特有瓶装造型的商标注册申请曾被我国商标局驳回。2001年我国修订了《商标法》,开始受理立体商标的申请工作。较前面几种商标而言,立体商标具有更强烈的视觉冲击效果,更容易给人留下深刻的印象。现在立体商标正在越来越多地被使用。

6. 非形象商标。非形象商标是指那些不能通过视觉直接感受的商标,如"音响商标"、"气味商标"、"电子数据传输标记"等。虽然商标不能通过视觉直接感受,但能通过嗅觉或者听觉等其他感官来辨别。非形象商标通常是一些非常独特的商标,例如,一些香水可以采用独特的气味来作为商标,一些音像制品可以采用声音或者旋律作为商标。由于非形象商标操作起来比较困难,在现实中采用的并不是很多,只有少数几个国家有这一类商标的注册,我国现在还没有开始对这一类商标开展注册工作。

(二)按商标的使用者划分

1. 制造商标。制造商标又称生产商标,指的是商品的生产、制造或者加工者在自己生产的商品上使用的商标。如"长虹"牌彩电、"青岛"牌啤酒等都属于制造商标。制造商标是表明商品制造者身份的一种商标,它不仅可以区别其他生产商,而且也可以使销售商之间互相区分,使商品的销售者进行利益的分享。如果商品上仅有销售者的标记,没有制造商标,不利于扩大商品制造者的影响,而且会使消费者混淆销售商和制造商,不利于制造商拓展市场。

2. 销售商标。销售商标指的是商品的销售者在自己经销的产品上使用的商标。销售商标不仅仅是为了和其他销售商进行区分,而且也是为了和制造商相区别。在现实中,我们经常会发现商品上同时具有制造商标和销售商标,这是该产品的销售商和制造商既进行合作又进行利益博弈的结果。销售商是随着社会分工的不断细化而独立出来的专门进行商品销售的经济单位,它直接主导着商品价值的实现,在产品的价值链上起着至关重要的作用。随着市场经济的发展,为争夺经济利益的竞争日益激烈,销售商作为利益主体,自然不会放过商标这一非常有用的竞争工具。销售商标有利于扩大产品销售商的影响,为拓宽销售渠道提供了有利的工具。在现实中,这类商标经常被外贸企业所使用,用以增加它

们的国际影响,树立良好的信誉。当然,销售商通过销售商标来扩大自己的影响,建立良好的市场形象,必须要有商品质量的保证,失去了产品质量的保证,销售商的市场地位永远得不到保证。

3. 服务商标。服务商标指的是从事服务性行业的经济单位使用的对彼此之间的服务互相区分的标志,保险公司、航空公司以及金融、运输、电视广播、娱乐等行业所采用的商标都属于服务商标。经济越发达的地区,服务业对经济发展的推动作用越大。欧美绝大多数国家都已经有了服务商标的注册,中国在1993年《商标法》第一次修订后也开始受理服务商标的注册,这是改革开放以后服务业发展所带来的客观要求。

4. 集体商标。集体商标是指以团体、协会或者其他组织名义注册,供该组织成员在商事活动中使用,用以表明使用者在该组织中的成员资格的标志。集体商标代表的是整个集体,凡属于这个集体的成员,在遵守该集体商标使用规则的前提下均可使用该集体商标,而集体以外的成员则不能使用。我国正式将集体商标写入《商标法》是在《商标法》第二次修订后。现行《商标法》第 3 条规定,"经商标局核准注册的商标为注册商标,包括商品商标、服务商标和集体商标、证明商标;商标注册人享有商标专用权,受法律保护。"集体商标一般是由经营领域相近的经济单位组成的,通过组成一个集体,使用集体商标,可以增加集体成员的市场影响,产生规模效应,保护所有成员的合法利益不受侵犯。不同于其他类型商标的是,集体商标不能转让。

（三）按商标的用途划分

1. 证明商标。证明商标是指由对某种商品或者服务具有监督能力的组织所控制,由该组织以外的单位或者个人使用于其商品或者服务,用以证明该商品或者服务的原产地、原料、制造方法、质量或者其他特定品质的标志。从定义可以看出,证明商标不是用来证明拥有商标的主体的身份,而是用来证明商品或者服务本身的原产地、原料、制造方法、质量或者其他特定品质。如我们日常生活中经常使用的"绿色食品"标志,还有在购买衣物时见到的"纯羊毛"和"真皮"等标志,都属于证明标志。证明商标与其他商标最大的不同之处在于,证明商标的注册人和使用人不是同一个主体,注册人一般是该商品或服务特定品质的监督和检测机构,注册人按照规定将证明商标提供给商标使用人使用。证明商标是对产品或服务的一种肯定,有利于商标使用人市场竞争力的增强,有利于商品或服务质量的提高,这对消费者也是非常有利的。需要注意的是,证明商标的使用有严格的限制,必须符合特定的要求。如果商标注册人随意赋予一些商品或服务的提供者使用证明商标的权利,而其中一些商品或者服务可能达不到要求,从而导致消费者利益的损失,是要追究法律责任的。

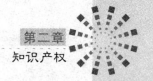

2. 等级商标。等级商标是指生产者或经营者在自己生产或经营的不同等级的同类商品上使用的系列商标。通过使用等级商标，区分同一生产者或经营者不同规格、不同品质的商品，不仅会使商品更加多样化，而且扩大了消费者的选择权。这也是现实中经常被采用的一种经营策略。

3. 联合商标。联合商标是指商标所有人在相同或者类似商品或服务上注册两个或者两个以上的商标，从而形成多个或者系列商标的联合。第一个注册的称为正商标，其他若干个商标称为联合商标。联合商标对主商标起保护作用。如娃哈哈集团注册了"娃娃哈"、"哈娃娃"、"娃哈娃"、"娃娃乐"等十多个联合商标，金利来（中国）有限公司针对自己的驰名商标"金利来"注册了"银利来"、"铜利来"等联合商标。注册联合商标并不是为了使用所注册的每一个商标，而是为了在主商标周围建起一道保护网，利用联合商标积极主动地进行防卫，不给那些动机不纯者以可乘之机。联合商标是一些驰名商标拥有者经常采用的办法，通过积极注册和自己的主商标相近似的商标，防止他人通过注册和使用相似商标对主商标带来不利影响，以保证商标的显著性，避免不必要的混淆。我国现行的《商标法》还没有关于联合商标的规定，但联合商标在现实中确实已经存在，并且逐渐受到人们的关注，特别是拥有驰名商标的企业，需要利用联合商标来对驰名商标进行保护。

4. 防御商标。防御商标是指同一商标拥有人在本商标所使用的商品或服务以外的其他商品或服务上注册的同一商标，这也是驰名商标经常采用的自我保护策略。最先注册的为正商标，在类似或者其他商品或服务上注册的为防御商标，防御商标对正商标起保护作用。由于商标专用权仅限于核准注册的商标所针对的商品和服务的范围，对于其他类别的商标不具有约束力，所以，为了防止他人将自己的商标注册在别的商品或者服务上，采取防御商标这一策略是一种较为明智的做法。防御商标的例子也有很多，如众所周知的可口可乐公司，就将"可口可乐"商标在其他几十种商品上进行了注册。防御商标有助于防止他人通过"搭便车"带来淡化正牌商标的影响，避免了消费者对商标的混淆，保证了商标的显著性。防御商标和联合商标其实都起到了规范市场、防止不正当竞争的作用。

四、商标权的获得

（一）商标权的概念

商标权指的是商标所有人依法享有的对其经国家主管机关核准注册的商标享有的各种专有权利，商标权包括专用权、许可使用权、转让权和延续权。商标权人指的是商标的主体，即商标的所有人。我国《商标法》第 4 条规定，"自然

人、法人或者其他组织对其生产、制造、加工、拣选或者经销的商品,需要取得商标专用权的,应当向商标局申请商品商标注册。"由此可以确定,商标权人包括自然人、法人和其他组织。商标的客体即注册商标,商标的客体必须满足一定的条件才能进行注册,这些条件包括:①法定的构成要素;②具有显著性的特征;③不含有《商标法》禁止使用的标志。

商标专用权指的是商标权人对其注册商标享有的排他使用的权利。专有权是商标权的核心内容,是商标其他权利得以实现的前提。商标权人的专用权受法律保护,非经商标权人同意,任何人都不得在同一种类型或相似类型商品上使用其注册商标,否则,商标权人有权追究其法律责任。

商标许可使用权,即商标权人根据自己的意愿,依法许可他人有偿或者无偿使用其注册商标的权利。典型的例子是证明商标。证明商标的注册人和使用人是分离的,在这种情况下,注册人依法行使自己的许可使用权。

商标转让权,即商标权人享有的依法转让自己所拥有的商标的权利。

商标延续权,即商标权人在商标期满时对商标的期限进行延续的权利。商标的时间性特点决定了商标会在一段时间后到期,如果商标权人想继续使用商标,则需依法对商标进行延续。

（二）商标的取得方式

1.原始取得。原始取得是指商标所有人对其商标所享有的专属权利的取得是最初的,而不是基于已经存在的另外的商标权人的意志,这样的方式称之为原始取得。商标的原始取得是商标取得的最普遍的方式。商标的原始取得在不同的国家有不同的制度安排,一般来说有三种不同的原则,即使用原则、注册原则、混合原则。

（1）使用原则。使用原则是指按使用商标的客观事实来确定商标权的归属问题,并不要求法律意义上的注册。最先使用某一商标的主体取得该商标的所有权,即谁首先使用该商标,商标权就属于谁。当商标权的归属发生争议时,优先使用的商标主体受到法律的保护,商标注册的先后并不是决定因素。在这种原则下,商标的注册只起到简单的提示作用,商标的优先使用主体如果发现自己的商标被申请注册,有权以优先使用为由,要求撤销其他主体对该商标的注册。历史上曾有一些国家采用了这种制度。随着经济的发展,商标的数量和种类不断增加,这种原则的弊端逐渐显露。当遇到关于商标归属的争端时,会难以确定使用时间的先后,从而难以断定谁是最早的使用人,这给商标归属问题的解决带来了很大的困难。除了不利于争议问题的处理,使用原则还不利于商标的管理。随着经济的发展和一些新的产业的出现,商标的种类和数量不断增多,一个主体要注册一个商标,首先要花大量的精力,弄清楚该商标是否已经有人使用,这极

大地增加了商标注册和使用的成本,不利于经济的正常有序发展和对各商标主体利益的法律保护。在商标史上,只有欧美普通法系的国家如美国、英国等采用过这种原则,我国没有采用过这种原则。

(2)注册原则。在注册原则下,商标权人只有通过注册,才能使自己的商标权利得到法律的保护,没有注册的商标得不到法律保护。也就是说,如果发生了商标归属权的争议,则以商标注册的先后来确定商标的归属,注册在先的主体享有商标的所有权。在这种原则下,商标的归属是由法律事实来确定,使用时间的先后并不具有决定性的意义,当然也不是完全不考虑使用时间的先后。以我国为例,我国的商标法采取的是注册原则。注册原则又分为自愿注册和强制性注册,总的来说,我国采取的是自愿注册为主、个别强制注册为辅的注册原则,而且,我国的商标法也有条件地保护优先使用人的合法权益,如《商标法》第 25 条就规定:"商标在中国政府主办的或者承认的国际展览会展出的商品上首次使用的,自该商品展出之日起六个月内,该商标的注册申请人可以享有优先权。"

在现实中,我们还会碰到同时有两个主体申请注册同一个商标的情况,我国《商标法》规定,两个或两个以上的申请人就同一种商品或者类似商品所使用的相同或者近似商标先后提出注册申请的,商标专用权授予最先申请的人,这体现了一种优先申请的原则。如果连两个主体申请的时间也一样,则需要按照规定进行抽签。所以说,对于一些想注册某一商标的主体来说,应该在第一时间提出申请。

现在,注册原则被世界上绝大多数国家所采用,与使用原则相比,注册原则的商标权比较明确,降低了因商标权归属不清晰所带来的成本。而且,在注册原则下,商标便于管理,商标权人的合法权益得到了较好的保护。

(3)混合原则。混合原则是介于使用原则和注册原则之间的一种原则,使用和注册都可以决定商标权的归属。一般来说,原则上商标属于注册人,但并不排除商标使用人获得该商标的可能。简单地说,在商标注册被某一注册人注册后的一段时间内,如果存在其他的在先使用人,法律允许其他的在先使用人以优先使用为由,要求撤销该商标的注册。只有在商标被注册后一段时间内没有其他的主体提出异议,商标才确定为注册人所有。混合原则实际上是在注册原则的基础上,保护了在先使用人的利益。混合原则兼有注册原则和使用原则的优点,综合考虑了使用现实和法律事实。世界上有一些国家采取这种原则,如英国、西班牙、美国等,而且,不同的国家对在先使用人行使权力的期限有不同的规定,如英国为 7 年,西班牙为 3 年,美国规定为 5 年。

2.继受取得。我们把原始取得以外的方式称为继受取得。在这种情况下,商标所有人商标权的取得不是最初产生的,而是通过购买、受赠或者继承等方式

获得。可见,继受取得可以是有偿的,也可以是无偿的。通过这种方式获得的商标使用权,必须严格遵守《商标法》等有关法律法规的规定。

五、商标的注册申请及期限

(一)商标的注册申请

对商标的注册申请程序,不同的国家有不同的规定,申请注册的手续也有所不同。这里主要介绍我国《商标法》所规定的有关程序。简单地说,注册商标的程序包括申请的递交和申请的审查和公告两个方面。

1. 申请的递交。申请的递交是注册商标的第一个步骤,申请商标注册时,申请人必须注明申请注册的商标所使用的商品类别和商品名称,并在《商标注册申请书》上附上商标的图样。需要注意的是,一份申请中只能申请在一类商品上注册使用一件商标,不能在一份申请上申请在两个类别的商品上使用同一商标,或在一类商品上使用两个商标名称,这些都是不允许的。申请人填写《商标注册申请书》中的使用商标的商品类别和名称时,如果申报的商品名称未被列入商品分类表,申请人应当附送其申报商品的说明。获准注册的商标,商标主体的权利仅限在原来申请书指定的、并经商标局核准注册的商标和核定使用的商品范围内,如果注册商标需要在同一类的其他商品上使用,需要改变其标志的,应当重新提出注册申请。另外,在商标注册之前,还需要确认该商标没有被注册,以免浪费不必要的时间,根据我国《商标法》第 28 条的规定:"申请注册的商标,凡不符合本法有关规定或者同他人在同一种商品或者类似商品上已经注册的或者初步审定的商标相同或者近似的,由商标局驳回申请,不予公告。"

2. 申请的审查和公告。商标注册申请的审查,就是根据《商标法》等法律法规的规定,对注册申请进行的一系列审查。审查一般包括形式审查和实质审查。目前,世界各国对申请注册的商标是否都要进行审查以及如何审查,存在着不同的做法。大部分国家采用的是审查制度,少数国家只进行形式审查,不进行实质审查。我国同时采用形式审查和实质审查。

(1)形式审查。形式审查主要是对申请人是否具备申请资格、申请手续是否齐备、填写是否符合规定等问题进行审查,确定申请是否受理。手续不齐备或者未按规定填写申请文件的,不予受理。这一步骤,其实是对一些基本形式的规范,符合形式审查要求是注册申请应当具备的最起码的要素。

(2)实质审查。在通过了形式审查阶段之后,就进入了实质审查阶段。在此阶段主要审查:商标是否具有显著性的特征,是否含有《商标法》禁止使用的标志,是否已经在同类商品或者类似商品上注册。实质审查阶段是注册申请过程中最重要的阶段,只有申请注册的商标在满足了实质审查的几项要求的情况

下,才能通过实质审查阶段,从而进行初步审定。否则,商标注册机构将驳回申请,不予公告。

(3)公告核准。申请注册的商标,凡符合《商标法》规定的,由商标局初步审定,予以公告。对于两个或者两个以上的商标注册申请人,在同一种商品或者类似商品上,以相同或者近似的商标申请注册的,初步审定并公告申请在先的商标;同一天申请的,初步审定并公告使用在先的商标,驳回其他人的申请,不予公告。申请注册的商标,凡不符合《商标法》规定的,由商标局驳回申请,不予公告。对初步审定的商标,自公告之日起3个月内,任何人均可以提出异议。公告期满无异议的,予以核准注册,发给商标注册证,并予以公告。此外,商标局认为商标注册申请内容可以修正的,发给审查意见书,限其在收到通知之日起15日内予以修正;未作修正的,超过期限修正或者修正后仍不符合商标法规定的,驳回申请,发给申请人驳回通知书。

(4)复审或者裁定。对驳回申请、不予公告的商标,商标局应当书面通知商标注册申请人。商标注册申请人不服的,可以自收到通知之日起15日内向商标评审委员会申请复审,由商标评审委员会做出决定,并书面通知申请人。当事人对商标评审委员会的决定不服的,可以自收到通知之日起30日内向人民法院起诉。

对初步审定、予以公告的商标提出异议的,商标局应当听取异议人和被异议人陈述事实和理由,经调查核实后,做出裁定;当事人不服的,可以自收到通知之日起15日内向商标评审委员会申请复审,由商标评审委员会做出裁定,并书面通知异议人和被异议人。当事人对商标评审委员会的裁定不服的,可以自收到通知之日起30日内向人民法院起诉。人民法院应当通知商标复审程序的对方当事人作为第三人参加诉讼。当事人在法定期限内对商标局做出的裁定不申请复审或者对商标评审委员会做出的裁定不向人民法院起诉的,裁定生效。经裁定异议不能成立的,予以核准注册,发给商标注册证,并予以公告;经裁定异议成立的,不予核准注册。经裁定异议不能成立而核准注册的,商标注册申请人取得商标专用权的时间自初审公告3个月期满之日起计算。

(二)商标的期限

商标的期限即商标的有效期,指的是商标受法律保护的时间。不同的国家对商标保护的期限有不同的规定,具体期限长短不一。我国的《商标法》第37条明确规定:"注册商标的有效期为十年,自核准注册之日起计算。"历史上,我国还采用过20年以及无限期的期限。商标权人如果想在商标到期以后继续使用商标,则需要对商标的期限进行延续。在我国,商标每次延续的时间为10年,如果没有在规定的时间内进行商标的延续,商标将被注销。我国《商标法》第38

条明确规定:"注册商标有效期满,需要继续使用的,应当在期满前六个月内申请续展注册;在此期间未能提出申请的,可以给予六个月的宽展期。宽展期满仍未提出申请的,注销其注册商标。"

六、商标使用的管理及商标权的保护

(一)商标使用的管理

商标使用的管理是指商标局对注册商标、未注册商标的使用进行监督管理,并对违反商标法规定的侵权行为予以制裁的活动。

1. 对注册商标使用的管理。经商标局核准注册的商标为注册商标,商标注册人依法享有商标专用权,受法律保护。根据《商标法》的规定,商标行政管理部门对注册商标的使用依法实行管理。具体管理工作包括以下内容:

(1)对使用注册商标的管理。使用注册商标,有下列行为之一的,由商标局责令限期改正或者撤销其注册商标:①自行改变注册商标的;②自行改变注册商标的注册人名义、地址或者其他注册事项的;③自行转让注册商标的;④连续3年停止使用的。

对商标局撤销注册商标的决定,当事人不服的,可以自收到通知之日起15日内向商标评审委员会申请复审,由商标评审委员会做出决定,并书面通知申请人。当事人对商标评审委员会的决定不服的,可以自收到通知之日起30日内向人民法院起诉。

(2)监督使用注册商标的商品质量。使用注册商标,其商品粗制滥造、以次充好、欺骗消费者的,由各级工商行政管理部门分别视不同情况,责令限期改正,并可以予以通报或者处以罚款,或者由商标局撤销其注册商标。

(3)对被撤销或者注销的商标的管理。注册商标被撤销的或者期满不再续展的,自撤销或者注销之日起1年内,商标局对与该商标相同或者近似的商标注册申请,不予核准。

(4)对必须使用注册商标的商品的管理。对按照国家规定必须使用注册商标的商品,未申请注册而在市场销售的,由地方工商行政管理部门责令限期申请注册,可以并处罚款。

2. 对未注册商标使用的管理。未注册的商标不享有商标专用权,但由于我国对商标注册采取自愿原则,除国家规定必须使用注册商标的商品外,允许商品生产者、经营者或者服务提供者合法使用未注册商标。未注册商标的使用同样涉及商标专用权的保护、商品或者服务质量的保证和消费者利益的保障,因而商标管理工作也包括对未注册商标使用的管理。

根据《商标法》的规定,使用未注册商标,有下列行为之一的,由地方工商行

政管理部门予以制止,限期改正,并可以予以通报或者处以罚款:①冒充注册商标的;②违反《商标法》中不得作为商标使用的标志的规定的;③粗制滥造,以次充好,欺骗消费者的。

（二）注册商标专用权的保护

1. 注册商标专用权的保护范围。根据《商标法》的规定,注册商标的专用权以核准注册的商标和核定使用的商品为限。根据这一规定,注册商标专用权的保护范围主要限定在三个方面:

（1）核准注册的商标。商标因注册而取得专用权,从而得到法律保护,未注册的商标一般情况下不受法律保护。虽然《商标法》也规定,申请商标注册不得损害他人现有的在先权利,也不得以不正当手段抢先注册他人已经使用并有一定影响的商标。但这一规定并不意味着注册商标与未注册商标在法律地位上的一致。因为未注册商标的使用人不享有该商标的专用权,无权依照《商标法》的规定禁止他人使用,而只有有限的不受他人不正当干扰的使用权。

（2）核定使用的商品或者服务。在核定使用的商品或者服务上使用注册商标是法律保护的基本条件,他人未经许可不得在相同或类似商品或服务上使用相同或近似的商标。

（3）注册商标在有效期限内。注册商标的有效期限为10年,可无限续展。注册商标超过有效期限没有续展的,即不再受到法律的保护。

2. 侵犯注册商标专用权的行为及其法律责任:

（1）侵犯注册商标专用权的行为。根据《商标法》的规定,有下列行为之一的,均属侵犯注册商标专用权:①未经商标注册人的许可,在同一种商品或者类似商品上使用与其注册商标相同或者近似的商标的;②销售侵犯注册商标专用权的商品的;③伪造、擅自制造他人注册商标标志或者销售伪造、擅自制造的注册商标标志的;④未经商标注册人同意,更换其注册商标并将该更换商标的商品又投入市场的;⑤给他人的注册商标专用权造成其他损害的。

（2）侵犯注册商标专用权的法律责任。侵犯注册商标专用权的法律责任包括民事责任、行政责任和刑事责任。

民事责任主要包括:①停止侵犯;②消除影响;③赔偿损失;等等。其中,根据《商标法》的规定,侵犯商标专用权的赔偿数额,为侵权人在侵权期间因侵权所获得的利益,或者被侵权人在被侵权期间因被侵权所受到的损失,包括被侵权人为制止侵权行为所支付的合理的开支。上述所称侵权人因侵权所得利益,或者被侵权人因被侵权所受损失难以确定的,由人民法院根据侵权行为的情节判决给予50万元以下的赔偿。销售不知道是侵犯注册商标专用权的商品,能证明该商品是自己合法取得并说明提供者的,不承担赔偿责任。

　　行政责任主要包括：①责令立即停止侵权行为；②没收、销毁侵权商品和专门用于制造侵权商品、伪造注册商标标志的工具；③罚款。根据规定，工商行政管理部门可以根据情节处以非法经营额 20% 以下或者非法获利 2 倍以下的罚款；对侵犯注册商标专用权的单位的直接责任人员，可根据情节处以 1 万元以下的罚款。

　　刑事责任主要包括：

　　第一，《刑法》第 213 条规定，未经注册商标所有人许可，在同一种商品上使用与其注册商标相同的商标，情节严重的，处 3 年以下有期徒刑或者拘役，并处或者单处罚金；情节特别严重的，处 3 年以上 7 年以下有期徒刑，并处罚金。根据 2004 年 11 月 2 日最高人民法院审判委员会第 1331 次会议、2004 年 11 月 11 日最高人民检察院第 10 届检察委员会第 28 次会议通过的《关于办理侵犯知识产权刑事案件具体应用法律若干问题的解释》的规定，未经注册商标所有人许可，在同一种商品上使用与其注册商标相同的商标，具有下列情形之一的，属于《刑法》第 213 条规定的"情节严重"，应当以假冒注册商标罪判处 3 年以下有期徒刑或者拘役，并处或者单处罚金：①非法经营数额在 5 万元以上或者违法所得数额在 3 万元以上的；②假冒两种以上注册商标，非法经营数额在 3 万元以上或者违法所得数额在 2 万元以上的；③其他情节严重的情形。具有下列情形之一的，属于《刑法》第 213 条规定的"情节特别严重"，应当以假冒注册商标罪判处 3 年以上 7 年以下有期徒刑，并处罚金：①非法经营数额在 25 万元以上或者违法所得数额在 15 万元以上的；②假冒两种以上注册商标，非法经营数额在 15 万元以上或者违法所得数额在 10 万元以上的；③其他情节特别严重的情形。此外，《刑法》第 213 条规定的"相同的商标"，是指与被假冒的注册商标完全相同，或者与被假冒的注册商标在视觉上基本无差别、足以对公众产生误导的商标；《刑法》第 213 条规定的"使用"，是指将注册商标或者假冒的注册商标用于商品、商品包装或者容器以及产品说明书、商品交易文书，或者将注册商标或者假冒的注册商标用于广告宣传、展览以及其他商业活动等行为。

　　第二，《刑法》第 214 条规定，销售明知是假冒注册商标的商品，销售金额数额较大的，处 3 年以下有期徒刑或者拘役，并处或者单处罚金；销售金额数额巨大的，处 3 年以上 7 年以下有期徒刑，并处罚金。根据《关于办理侵犯知识产权刑事案件具体应用法律若干问题的解释》的规定，销售明知是假冒注册商标的商品，销售金额在 5 万元以上的，属于《刑法》第 214 条规定的"数额较大"，应当以销售假冒注册商标的商品罪判处 3 年以下有期徒刑或者拘役，并处或者单处罚金。销售金额在 25 万元以上的，属于《刑法》第 214 条规定的"数额巨大"，应当以销售假冒注册商标的商品罪判处 3 年以上 7 年以下有期徒刑，并处罚金。

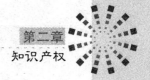

此外,《刑法》第214条规定的"销售金额",是指销售假冒注册商标的商品后所得和应得的全部违法收入。具有下列情形之一的,应当认定为属于《刑法》第214条规定的"明知":①知道自己销售的商品上的注册商标被涂改、调换或者覆盖的;②因销售假冒注册商标的商品受到过行政处罚或者承担过民事责任、又销售同一种假冒注册商标的商品的;③伪造、涂改商标注册人授权文件或者知道该文件被伪造、涂改的;④其他知道或者应当知道是假冒注册商标的商品的情形。

第三,《刑法》第215条规定,伪造、擅自制造他人注册商标标志或者销售伪造、擅自制造的注册商标标志,情节严重的,处3年以下有期徒刑、拘役或者管制,并处或者单处罚金;情节特别严重的,处3年以上7年以下有期徒刑,并处罚金。根据《关于办理侵犯知识产权刑事案件具体应用法律若干问题的解释》的规定,伪造、擅自制造他人注册商标标志或者销售伪造、擅自制造的注册商标标志,具有下列情形之一的,属于《刑法》第215条规定的"情节严重",应当以非法制造、销售非法制造的注册商标标志罪判处3年以下有期徒刑、拘役或者管制,并处或者单处罚金:①伪造、擅自制造或者销售伪造、擅自制造的注册商标标志数量在2万件以上,或者非法经营数额在5万元以上,或者违法所得数额在3万元以上的;②伪造、擅自制造或者销售伪造、擅自制造两种以上注册商标标志数量在1万件以上,或者非法经营数额在3万元以上,或者违法所得数额在2万元以上的;③其他情节严重的情形。具有下列情形之一的,属于《刑法》第215条规定的"情节特别严重",应当以非法制造、销售非法制造的注册商标标志罪判处3年以上7年以下有期徒刑,并处罚金:①伪造、擅自制造或者销售伪造、擅自制造的注册商标标志数量在10万件以上,或者非法经营数额在25万元以上,或者违法所得数额在15万元以上的;②伪造、擅自制造或者销售伪造、擅自制造两种以上注册商标标志数量在5万件以上,或者非法经营数额在15万元以上,或者违法所得数额在10万元以上的;③其他情节特别严重的情形。

3. 侵犯注册商标专用权案件的处理。根据《商标法》的规定,对侵犯注册商标专用权的案件,首先由当事人协商解决;当事人不愿协商或者协商不成的,可以有两种处理方式:一是由商标注册人或者利害关系人请求工商行政管理部门处理,二是由商标注册人或者利害关系人向人民法院起诉。

(1)工商行政管理部门对侵犯注册商标专用权案件的处理。根据《商标法》的规定,商标注册人或者利害关系人对有侵犯注册商标专用权的行为,可以请求工商行政管理部门进行处理。

县级以上工商行政管理部门对涉嫌侵犯他人注册商标专用权的行为进行查处时,可以行使下列职权:①询问有关当事人,调查与侵犯他人注册商标专用权有关的情况;②查阅、复制当事人与侵权活动有关的合同、发票、账簿以及其他有关资料;③对当事人涉嫌从事侵犯他人注册商标专用权活动的场所实施现场检查;④检查与侵权活动有关的物品;对有证据证明是侵犯他人注册商标专用权的物品,可以查封或者扣押。

工商行政管理部门在处理侵犯注册商标专用权案件时,认定侵权行为成立的,责令立即停止侵权行为,没收、销毁侵权商品和专门用于制造侵权商品、伪造注册商标标志的工具,并可以处以罚款。当事人对处理决定不服的,可以自收到处理通知之日起 15 日内向人民法院起诉。侵权人期满不起诉又不履行的,工商行政管理部门可以向人民法院申请强制执行。

(2)人民法院对侵犯注册商标专用权案件的处理。根据《商标法》的规定,商标注册人或者利害关系人对有侵犯注册商标专用权的行为,可以向人民法院起诉。

商标注册人或者利害关系人有证据证明他人正在实施或者即将实施侵犯其注册商标专用权的行为,如不及时制止,将会使其合法权益受到难以弥补的损害的,可以在起诉前向人民法院申请采取责令停止有关行为和财产保全的措施。

为制止侵权行为,在证据可能灭失或者以后难以取得的情况下,商标注册人或者利害关系人可以在起诉前向人民法院申请证据保全。人民法院接受申请后,必须在 48 小时内做出裁定;裁定采取保全措施的,应当立即开始执行。人民法院可以责令申请人提供担保,申请人不提供担保的,驳回申请。申请人在人民法院采取保全措施后 15 日内不起诉的,人民法院应当解除保全措施。

4.驰名商标的法律保护。驰名商标是指由商标局认定的在市场上享有较高声誉并为相关公众所熟知的注册商标。驰名商标能给国家和企业带来巨大的经济效益,驰名商标的多少,在一定程度上体现了一个国家的经济实力和水平。保护驰名商标有利于维护社会经济秩序,保护商标权人的合法权益,保护消费者的利益。

驰名商标由国家工商行政管理总局商标局认定,任何组织和个人不得认定或者采取其他变相方式认定驰名商标。认定驰名商标,应当考虑下列因素:①相关公众对该商标的知晓程度;②该商标使用的持续时间;③该商标的任何宣传工作的持续时间、程度和地理范围;④该商标作为驰名商标受保护的记录;⑤该商标驰名的其他因素。国家工商行政管理总局商标局认定驰名商标后,应当将认定结果通知有关部门及申请人,并予以公告。

为了保护驰名商标所有人的合法权益,我国对驰名商标制定了有别于一般商标的特殊保护规定,具体表现在:

(1)将与他人驰名商标相同或者近似的商标在非类似商品上申请注册,且可能损害驰名商标注册人的权益的,由国家工商行政管理总局商标局驳回其注册申请;申请人不服的,可以向国家工商行政管理总局商标评审委员会申请复

审;已经注册的,自注册之日起 5 年内,驰名商标注册人可以请求国家工商行政管理总局商标评审委员会予以撤销,但恶意注册的不受时间限制。

(2)将与他人驰名商标相同或者近似的商标使用在非类似的商品上,且会暗示该商品与驰名商标注册人存在某种联系,从而可能使驰名商标注册人的权益受到损害的,驰名商标注册人可以自知道或者应当知道之日起 2 年内,请求工商行政管理机关予以制止。

(3)自驰名商标认定之日起,他人将与该驰名商标相同或者近似的文字作为企业名称的一部分使用,且可能引起公众误认的,工商行政管理机关不予核准登记;已经登记的,驰名商标注册人可以自知道或者应当知道之日起 2 年内,请求工商行政管理机关予以撤销。

(4)未经国家工商行政管理总局商标局认定,伪称商标为驰名商标,欺骗公众的,由行为地工商行政管理机关视其情节予以警告,处以违法所得额 3 倍以下的罚款,但最高不超过 3 万元,没有违法所得的,处以 1 万元以下的罚款。

第三节　专利权

一、专利权的主体和客体

(一)专利权的主体

1.专利权主体的权利和义务。专利权的主体又称专利权人,指的是有权通过申请获得专利权,享有权利并承担义务的单位或个人。专利权人既享有权利,又必须承担相应的义务。

(1)专利权人的权利。专利权人的权利主要包括:①专利权人享有自己实施其专利技术的权利。这是专利权人享有的一项基本权利,专利一般都能通过实施带来一定的经济利益,专利权人有权实施自己的专利并获得经济利益。②专利权人有禁止他人实施其专利的权利。专利权从一开始就表现为一种排他性的经营垄断权,而且这种权利是受法律保护的。任何个人或单位,如果没有经过专利权人的允许,擅自实施了他人的专利,则构成了侵权,专利权人有权追究其法律责任。③专利权人有处分其专利的权利。专利权的处分包括专利权人可以许可他人实施其专利,将其专利权转让给他人,或者放弃其专利权等。④标记权。标记权指的是在专利产品或包装上注明专利标记或专利号的权利。注明专利标记,提示公众该产品中使用的专利技术,起到了提示的作用。同时,在专利产品或者产品的包装上标明专利标记和专利号,有利于提高产品的信誉,扩大销售,并防止他人仿冒。

(2)专利权人的义务。专利权人的义务包括:①缴纳专利年费。专利年费是为维持专利权的有效性而缴纳的费用。缴纳专利年费是专利权人的一项基本义务。专利年费应从被授予专利权的当年开始逐年缴纳,如果逾期不缴,则专利权终止。②正确行使专利权。专利权人应在专利法规定的范围内行使自己的权利,不能损害他人的知识产权和其他合法权益。例如,行使标记权时在专利种类和期限上弄虚作假、欺骗消费者的行为,就属于不正确地使用专利权。

2.专利权的主体分类。专利权人可以是自然人或者法人。每个国家的专利法对能够申请专利权的人都有明确的规定。我国的《专利法》规定,专利权的主体可以是非职务发明创造的发明人或设计人,职务发明创造人所在的单位,外国人或外国组织,以及发明人、设计人的权利继受人。

(1)非职务发明的发明人、设计人。关于发明人和设计人的定义,至今并没有形成统一的看法,但可以明确的是,发明人或设计人是一个有严格定义的科学概念,并非所有与发明创造有关的人都是发明人、设计人。专利法上的发明人或设计人是指对发明创造的实质性特征做出了创造性贡献的人。在完成发明创造的过程中只负责组织工作,为物质条件的利用提供方便的人,或者从事其他辅助工作的人,如组织管理者、情报提供者、后勤保证者、实验操作者等均不能被视为发明人或设计人。

所谓非职务发明,指的是发明人或设计人在本职工作以外的时间,不是为了执行本单位的任务,不是主要利用本单位的物质条件所完成的与本职工作无关的发明创造。非职务发明的专利权归发明人或设计人所有,这在我国《专利法》中有明确的规定。我国《专利法》第6条指出"非职务发明创造,申请专利的权利属于发明人或者设计人"。同时,专利法也保证了非职务发明创造的专利人享有专利权的自由,《专利法》第7条规定:"对发明人或者设计人的非职务发明创造专利申请,任何单位或者个人不得压制"。这体现了《专利法》充分保障发明人和设计者权利不受侵犯的精神,它鼓励各行各业的工作人员在业余时间进行发明创造。

(2)职务发明人所在的单位。所谓职务发明,指的是发明人或设计人在执行本单位任务的过程中,或主要是利用本单位的物质条件所完成的发明创造。完成职务发明创造的发明人和设计者称为职务发明人。这里的职务发明主要指以下几种情况:①发明人或者设计人在本职工作中完成的发明创造。②发明人或者设计人在执行本单位交付的本职工作之外的任务时所完成的发明创造。③发明人或者设计人主要是利用本单位的物质条件所完成的发明创造。这里所

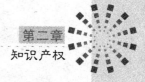

称的本单位的物质技术条件,是指本单位的资金、设备、零部件、原材料或者不对外公开的技术资料等。需要指出的是,单位的物质条件必须起到了决定性的作用,否则将不属于职务发明。④退职、退休或者调动工作后1年内做出的,与其在原单位承担的本职工作或者原单位分配的任务有关的发明创造。

职务发明的专利权属于发明人或设计人所在的单位。《专利法》第6条规定,"执行本单位的任务或者主要是利用本单位的物质技术条件所完成的发明创造为职务发明创造。职务发明创造申请专利的权利属于该单位;申请被批准后,该单位为专利权人。"

(3)共同发明人。两个或两个以上的人对同一项发明共同构思,并都做出了创造性贡献的人为共同发明人或共同设计人。这样的发明称为共同发明。是否属于共同发明人,有一个最基本的标准,就是必须对发明创造做出了创造性的贡献。只负责组织工作的人、为物质技术条件的利用提供方便的人或者从事其他辅助工作的人,不是共同发明人或者共同设计人。

(4)合法继受人。专利的发明人或设计人依法享有对专利的所有权,同时享有将专利权转让的权利。这种转让可以是有偿的,也可以是无偿的。专利转让的方式主要有购买、赠予、继承三种方式。在购买的情况下,买卖双方按照合同并遵守有关规定,进行有偿交换。在赠予的情况下,专利所有人按照赠予合同,将自己的专利权无偿地赠予他人。如果专利所有人因故死亡,则他所持的专利权将按照法定的继承程序转移给合法的继承人。

(5)外国人。这里所称的外国人,指的是具有外国国籍的自然人和依法登记的外国法人。外国法人可以是外国的企业或者其他组织。我国的《专利法》规定,外国人可以在我国申请并获得专利权。"在中国没有经常居所或者营业场所的外国人、外国企业或者外国其他组织在中国申请专利和办理其他专利事务的,应当委托国务院专利行政部门指定的专利代理机构办理。"关于外国人申请专利采取的原则,主要有无条件的国民待遇原则、有条件的国民待遇原则和有限制的国民待遇原则。

外国人在我国申请专利有以下几种情况:①该外国人的所属国同我国签订有相互允许对方国家的人到本国申请并取得专利的双边协议,则按照协议采取国民待遇原则。②该外国人所属国虽没同我国签订双边协议,但其所属国和我国共同参加了共同的国际条约,则按照国际条约的规定,实施彼此之间的跨国申请。③该外国人所属国虽然既没有和我国签订协议,也没有共同参加某一国际条约,但依照互惠原则,其所在国允许我国人在该国申请并获得专利权。

(二)专利权的客体

专利权的客体,指的是专利法保护的对象,是专利权人的专有权利所指向的对象。一般来说,专利法保护的对象为发明创造,而不同国家的专利法对发明创造所包括的内容有不同的规定,授予专利的发明创造的范围差异也很大。有的国家只对发明授予专利,有的国家则对发明、实用新型、外观设计等都授予专利。我国《专利法》第 2 条明确规定:"本法所称的发明创造是指发明、实用新型和外观设计",这就确定了发明创造的范围,我们自然就可以确定专利权的客体。我们这里所介绍的专利权的客体就是发明、实用新型和外观设计。

1. 发明。广义地讲,发明就是人们通过创造性劳动所制造或设计出来的某种前所未有的东西。例如,我国古代的四大发明,爱迪生对白炽灯的发明,贝尔发明电话,以及火车、汽车、飞机、计算机的诞生等,都属于发明。对于发明的定义有很多种。1979 年世界知识产权组织为发展中国家起草的发明示范法给发明下过这样一个定义,"发明是发明人的一种思想,这种思想可以在实践中解决技术领域中所特有的问题。"这一定义比较概括,它准确地描述了发明的含义,具有较好的借鉴作用。我国现行《专利法》没有规定发明的概念,但根据前面的这些定义,我们可以简单地概括出,发明应具备以下两个特征:

第一,发明是一种技术方案,要能够解决技术领域中所特有的问题。不能在工农业生产中被有效利用,以解决一定的技术问题,就不能获得专利权。同时,发明是利用自然规律,在技术应用方面的创造和革新,而不能仅仅是理论方面的创新。

第二,发明是针对产品、方法或其改进所创造的前所未有的东西。对已经存在的东西的重复不能看作创新,发明体现了对过去的一种超越,是人类认识世界、改造世界能力增强的结果。

根据《专利法实施细则》第 2 条第 1 款的规定:"专利法所称发明,是指对产品、方法或者其改进所提出的新的技术方案",我们可以将发明分为产品发明、方法发明和改进发明。

(1)产品发明。产品发明是指发明人制成各种前所未有的新产品。产品发明是数量最多的一种发明。这里所指的产品,指的是有一定特性的气体、固体和液体物质。我国古代指南针、火药的发明,近代白炽灯、电话的发明,都属于产品发明。一般可以将产品发明进一步划分为制造品(如机器、设备等)、材料物品(如化学药品等)以及有特定用途物品的发明。

(2)方法发明。方法发明是指利用人的创造性劳动在已有的物品上应用新的实用性方法,这种方法可以是机械方法、化学方法和生物方法等。方法发明的例子也很普遍,比如,侯氏制碱法、杂交水稻栽培方法、新的化学物品合成方法以及新的通信和测量方法等。这里所强调的是,方法发明必须是为解决技术问题所采用的应用性方法,抽象的思维方法如游戏规则、数学方法不属于我们这里所

指的方法发明。

（3）改进发明。改进发明是指人们对已有的产品发明、方法发明提出实质性革新的技术方案。改进发明并不是从根本上突破原有的产品和方法，而是对已有的产品和方法的重大改进，这是它和产品发明、方法发明的根本区别。比如，从一般的合成某种化学物质的方法到一种新的合成这种化学物质的方法属于方法发明，而对这种新的方法进行的实质性的革新则属于改进发明。

2. 实用新型。实用新型是我国《专利法》所保护的又一种发明创造。与发明专利制度相比，实用新型制度的普及范围尚不够广泛，而且不同的国家对实用新型所建立的立法保护体系也不尽一致。一些国家将它纳入专利法的保护对象，这些国家除我国外，还有法国、澳大利亚、菲律宾、秘鲁、巴西等；一些国家是采用专门立法的方式进行保护的，如德国、日本、韩国；也有一些国家则将实用新型保护制度与外观设计保护制度合并，如意大利、乌拉圭等；还有一些国家则将它纳入笼统的发明范围进行保护，如美国、英国等。我国《专利法实施细则》中给出的实用新型的定义为："专利法所称实用新型，是指对产品的形状、构造或者其结合所提出的适于实用的新的技术方案。"根据这一实用新型的定义，可知实用新型应当具备以下特征：

第一，实用新型必须是一种产品。这种产品可以是机器、设备、用具、日用品等，也可以是这些物品的构成部分。这里需要强调的是，实用新型是一种适于使用的产品，而制造这种产品的工艺方法以及原理并不属于实用新型专利的保护范围。

第二，实用新型应当具备一定的形状和结构。这里的形状指的是具体的空间形状，不具有具体的空间形状的气体、液体以及呈粉末状的砂糖、面粉、淀粉等，都不属于实用新型专利的保护范围。

第三，实用新型必须是"适于实用"的。被保护的实用新型必须能在现实中使用并产生积极效果，这也是实用新型称之为实用新型的前提。

从本质上讲，实用新型和发明都是发明创造，实用新型和发明同时作为专利法保护的对象，又存在着重要的差异：

（1）两者所包含的范围不同。实用新型仅仅指的是某种产品，并不包括方法原理等；而发明则不局限于产品，发明专利包括产品发明、方法发明、改进发明，一些方法和改进同样可以申请发明专利。实用新型保护的主要是产品的形状构造，而一些没有固定空间形状的气体、液体等是不可能申请实用新型的，发明则不受这些限制。总之，发明的范围要大于实用新型的范围。

（2）实用新型的创造性低于发明。实用新型是对产品的形状构造提出的适于实用的技术方案，而发明则经常是前所未有的创造或显著的实质性改进，所以

说实用新型的创造性要低于发明。而由于创造性低于发明，实用新型有时候也被称为"小发明"，实用新型制度客观上保护了一些创造性达不到发明的一些"小发明"。

（3）两者的保护期不一样。实用新型的保护期明显低于发明。我国《专利法》明确规定，实用新型的专利保护期为10年，而发明的专利保护期为20年，这是由实用新型的创造性低，发挥作用的时间没有发明长所决定的。

（4）两者的审查程序不同。与发明专利的审查程序相比，实用新型专利的审查程序相对简单。实用新型一般经过初步审查，符合《专利法》要求的便可直接进入授权程序，做出授权决定、发给权利证书，予以登记和公告；而发明专利则要经过初步形式审查、技术公开、实质审查后才能进入授权程序。

3.外观设计。外观设计也被称作工业品外观设计，或者简称为工业设计。它是指关于产品的形状、图案或者其结合以及色彩与形状、图案的结合所作出的富有美感并适于工业应用的新设计。

外观设计具有如下特征：

第一，外观设计必须与产品相结合。外观设计是产品的外观设计，外观设计必须以产品的外表为依托，构成产品与设计的组合。

第二，外观设计必须能在产业上应用。外观设计必须能够用于生产经营目的的制造或生产。如果设计不能用工业的方法复制出来，或者达不到批量生产的要求，就不是专利法意义上的外观设计。

第三，外观设计富有美感。外观设计包含的是美术思想，即解决产品的视觉效果问题，而不是技术思想。这一点与实用新型相区别。

二、授予专利的条件以及不能授予专利的项目

（一）授予专利的条件

我们知道，申请专利的发明创造必须具备一定的条件，这就是我们经常所说的"三性"，即"新颖性、创造性、实用性"，也有人把不授予专利的情况称为授予专利的消极条件，把"三性"称为授予专利的积极条件。其实，并不是所有的发明创造都要满足"三性"条件才能获得专利权，我国《专利法》第22条规定"授予专利权的发明和实用新型，应当具备新颖性、创造性和实用性。"而外观设计只要具备新颖性就可以授予专利权。鉴于此点，我们先讨论发明和实用新型取得专利权的条件，再讨论外观设计取得专利权的条件。

1.发明与实用新型取得专利权的条件如下：

（1）新颖性。新颖性是发明和实用新型取得专利的一个基本条件，关于新颖性的判断依据，大多数国家采用的是现有技术排除法，也就是说，一项技术如

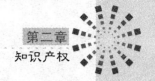

果不是现有技术,那么它就具有新颖性。我国《专利法》第 22 条规定"新颖性,是指在申请日以前没有同样的发明或者实用新型在国内外出版物上公开发表过、在国内公开使用过或者以其他方式为公众所知,也没有同样的发明或者实用新型由他人向国务院专利行政部门提出过申请并且记载在申请日以后公布的专利申请文件中。"这显然属于现有技术排除法。

关于现有技术的判断,主要有以下三个标准。

第一,公开标准。所谓公开指的是技术是否已经处于公开状态,并不在于有多少人知道。关于公开标准需要区别非特定的人和特定的人。所谓非特定的人就是指对发明创造不负有保密义务的人,比如说,在公共场合进行技术宣讲,在场的人并没有对所讲内容保密的义务,这些公众就属于非特定的人。特定的人指的是对发明创造负有保密义务的人,如公司内部举行会议,要求参加会议的人对会议所涉及的技术保密,这些人就属于特定的人。区分特定的人和非特定的人对发明创造的新颖性有至关重要的影响。发明创造一旦为非特定的人知道,即使只有一个人,也会因其公开而丧失了新颖性;而为特定的人知道,不管人数多少,发明创造并不丧失其新颖性。发明创造公开的方式很多,根据我国《专利法》,一般有出版物公开、使用公开和其他公开方式。

第二,时间标准。即以某一时间点为准,在此时间点之前公开的技术为现有技术,如果此后又有同样的发明创造就此技术申请专利权,则可以判断其不具有新颖性,不授予专利权。确定该时间点的方式一般有三种,即发明完成时间,申请日时间和申请时刻时间。与申请日不同,申请时刻更加严密,但是操作起来相对较困难,因为确定现有技术的公开时间并不是一件容易的事。不同的国家采取的方式不尽相同,我国采取的是以申请日时间为标准。

第三,地域标准。现有技术的公开总有一定的空间范围,有可能是某个国家范围,也有可能是在全世界公开,究竟在什么范围内公开才算是现有技术,这也是一个问题。一般来说,地域标准有三个,即世界新颖性标准、国家新颖性标准和混合新颖性标准。所谓世界新颖性标准,是指一项技术必须没有在全世界的任何地方公开过才具有新颖性,国家新颖性标准是指一项技术只要没有在本国范围内公开便具有新颖性,混合新颖性介于世界新颖性标准和国家新颖性标准之间,是指对以出版物方式公开的现有技术采用世界新颖性标准,对使用其他方式公开的现有技术采用国家新颖性标准。目前,美国、日本和我国等都采用混合新颖性标准。

另外,我国《专利法》还规定了几种特殊的公开但不丧失新颖性的情况。我国《专利法》第 24 条规定,申请专利的发明创造在申请日以前 6 个月内,有下列情形之一的,不丧失新颖性:①在中国政府主办或者承认的国际展览会上首次展

出的;②在规定的学术会议或者技术会议上首次发表的;③他人未经申请人同意而泄露其内容的。

（2）创造性。创造性是公认的授予专利权的必备条件之一，只是各国对于创造性的具体要求不同而已。我国的《专利法》对创造性的定义是，创造性"是指同申请日以前已有的技术相比，该发明有突出的实质性特点和显著的进步，该实用新型有实质性特点和进步。"相比较而言，发明的创造性要求更高一些，即要求"有突出的实质性特点和显著的进步"，而实用新型的创造性要求相对较低，即要求"有实质性特点和进步"。关于创造性的判断，一般有以下标准:①同申请日以前已有的技术进行对比;②根据发明创造所属专业的普通技术人员的一般知识和能力做出创造性判断的主体标准;③开拓性创造，因与已有技术有实质性差别而具有创造性;④解决了人们一直渴望却没有解决的技术难题而具有创造性;⑤因取得意外效果而具有创造性。

（3）实用性。实用性，是指该发明或者实用新型能够制造或者使用，并且能够产生积极效果。发明或实用新型作为技术方案，必须能够在一定的领域使用并产生积极效果，才能体现它们的价值。根据实用性的定义，我们可以得出，判断实用性的标准有可实施性、再现性和有益性。这里所谓的再现性，指发明或者实用新型能够在工业上进行重复实施、重复使用。只能实施一次或使用一次的发明或实用新型不具有实用性，不能授予专利权。

2.授予专利权的外观设计应该具备的条件。外观设计与发明和实用新型都属于发明创造，却存在着很大的不同，外观设计授予专利权的条件更多地体现在其是否具有新颖性。根据我国《专利法》及其《实施细则》，授予专利权的外观设计以当具备以下条件:

（1）新颖性。这是申请外观设计应当具备的基本条件之一。在新颖性这一点上，外观设计与发明和实用新型并没有什么实质性的区别，只是外观设计的新颖性要求更高一些。这一点从对新颖性的判断标准上就可以看出。我国《专利法》第23条规定:"授予专利权的外观设计，应当同申请日以前在国内外出版物上公开发表过或者国内公开使用过的外观设计不相同和不相近似，并不得与他人在先取得的合法权利相冲突。"这就是说，授予专利权的外观设计，不仅要求同申请日以前在国内外出版物上公开发表过或者国内公开使用过的外观设计不相同，而且也不能相似，这要比发明和实用新型的新颖性标准更加严格。

（2）富有美感并适于工业应用。我国《专利法实施细则》第2条第3款指出:"专利法所称外观设计，是指对产品的形状、图案或者其结合以及色彩与形状、图案的结合所作出的富有美感并适于工业应用的新设计。"可见，"富于美感并适于工业应用"也是外观设计取得专利权应当具备的条件之一。适于工业应

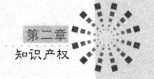

用是对外观设计的实用性要求,说明外观设计仅仅富于美感是不够的,必须能够在工业上应用,对经济的发展起到推动作用。

（二）不能授予专利的情况

1. 不能授予专利的原则性规定。作为专利法所保护的客体,发明创造本身必须具有合法性,并不是所有的发明创造都受专利法保护。每个国家确立专利法保护的发明创造时,必然要考虑本国长期以来形成的风俗习惯、社会公德、公共秩序等外部环境。一些带着危险动机的发明或者发明创造本身就是有危害的,都应该被排除在专利法的保护范围之外。关于不能授予专利的原则和具体项目,我国《专利法》有明确的规定。

我国《专利法》第5条明确规定,"对违反国家法律、社会公德或者妨害公共利益的发明创造,不授予专利权。"这是关于不授予专利的原则性规定。

（1）违反国家法律的发明创造。如果发明创造本身直接违反了国家法律,则因其违法性而不属于专利权的保护对象,不得被授予专利权。例如,制造提炼毒品的设备等,是直接违反国家法律的,不能授予专利。

（2）违反社会公德的发明创造。所谓社会公德,就是普遍认同的伦理观念和行为准则。发明的动机、目的违反了社会公德,也不能授予专利权。例如,吸毒工具、赌博工具等都属于违反社会公德的发明,不能授予专利权。

（3）违反公共利益的发明创造。如果发明创造的实施或使用给公共秩序和人民的生命财产带来了重大威胁,则不能授予专利。一些发明创造虽然并不违反国家的法律,也没有违反社会公德,却会因其使用或实施,给人民的生命财产带来不可避免的威胁,例如,一些农药将不可避免地造成环境污染和生态平衡的破坏,这类情况也是不能授予专利权的。

2. 不能授予专利的具体项目。主要是:

（1）科学发现。科学发现是指揭示自然界已经存在的但尚未被认识的物质、物质的特性或物质运动的规律或现象的行为。科学发现并没有创造出什么前所未有的东西,只是一种正确的认识,不属于改造客观世界的技术方案,因而不能受到专利法的保护。但在科学发现的基础上进行的发明创造,则可以申请专利。

（2）智力活动的规则和方法。智力活动的规则和方法是指导人们思维、推理、分析和判断等活动的规则和方法。例如,体育比赛规则、计算方法、学习语言的方法、生产经营管理方法、信息检索方法、教学方法等。这些规则和方法并没有利用自然规律,不是技术解决方案,没有涉及或制造出什么产品,因而不能受专利法的保护。

（3）疾病的诊断和治疗方法。疾病的诊断和治疗方法的作用对象是人或动

物,并不能在工业上应用,因此,不属于专利法保护的对象。但是用来诊断和治疗疾病的医疗仪器、设备、用具等,如手术器械、工具等医疗设备,则可以在工业上生产应用,所以可获得专利保护。

(4)动物和植物品种。动植物是有生命的物体,是自然生长和存在的,不是完全可以通过人工创造产生的,虽然有时采用了一些人工的移植、嫁接等技术,但主要还是要靠自然的作用,完全人工条件对动植物的再现非常困难,所以,我国暂不对这类发明创造授予专利,但是,动植物的生产培育方法则可以按照《专利法》的规定申请专利。

(5)用原子核变换的方法获得的物质。用原子核变换的方法获得的物质,是指以核裂变或核聚变的方法获得的元素或化合物。目前,除美国和日本外,尚没有其他国家对这类发明授予专利。一般来说,这些物质可以用于军事用途,关系到国家的安全。从这个角度出发,授予专利应持谨慎态度。因此,我国同世界上大多数国家一样,对于用原子核变换方法获得的物质,不授予专利权。

三、专利的申请和审批以及法律保护

(一)专利申请的原则

1. 书面原则。书面原则指申请人提出专利申请所需履行的各种手续,应当依法以书面的形式办理。专利申请的书面原则主要体现在申请人提交的专利申请文件上。申请人在申请过程中,必须按法律规定向专利审查机关提交各种文件,最主要的就是专利申请文件,包括专利请求书、说明书及其摘要、权利要求书、附图等。这些专利申请文件必须严格按照规定的语种、格式和内容填写。专利申请人不得以口头、电话、电报、电传或者提交实物等形式代替书面形式的文件。书面原则一方面体现了专利申请的严肃性和权威性,另外也便于专利申请的受理和审查,而且可以作为日后产生纠纷的证据。

随着电子商务技术的迅速发展,专利的申请已经出现了向电子形式过渡的趋势,我国《专利法实施细则》规定:"专利法和本细则规定的各种手续,应当以书面形式或者国务院专利行政部门规定的其他形式办理。"其实,一些网络和电子技术比较发达的国家已经采用了电子形式的专利申请。近年来,计算机网络的发展非常迅速,相信电子书面形式代替以纸张为媒介的书面形式的趋势会越来越明显。

2. 单一申请原则。单一申请原则指一项专利申请只能限于一项发明创造,这就是我们经常所说的"一发明一申请"。单一申请原则避免了不同领域的两项或多项发明只提出一项申请带来的管理的不便。世界上每天都有成千上万的专利申请,已经申请专利的发明创造至少也有几百万件,所以专利的管理是一项

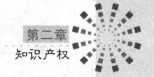

巨大的工程。绝大多数专利申请都符合单一性原则,但并不是所有的申请都要求符合单一性原则,关于这一点,我国的《专利法》及其《实施细则》有相关的规定。《专利法》第31条规定,"一件发明或者实用新型专利申请应当限于一项发明或者实用新型。属于一个总的发明构思的两项以上的发明或者实用新型,可以作为一件申请提出。"同时,《专利法实施细则》第35条规定:"可以作为一件专利申请提出的属于一个总的发明构思的两项以上的发明或者实用新型,应当在技术上相互关联,包含一个或者多个相同或者相应的特定技术特征,其中,特定技术特征是指每一项发明或者实用新型作为整体,对现有技术做出贡献的技术特征。"《专利法》第35条第2款规定:"一件外观设计专利申请应当限于一种产品所使用的一项外观设计。用于同一类别并且成套出售或者使用的产品的两项以上的外观设计,可以作为一件申请提出。"关于这里的同一类别,《专利法实施细则》第36条规定:"同一类别,是指产品属于分类表中同一小类;成套出售或者使用,是指各产品的设计构思相同,并且习惯上是同时出售、同时使用。"

3. 先申请原则。根据"一发明一专利",一项发明创造只能授予一项专利。两个主体就同一项发明创造申请专利权的,只能授予其中一个。这样,就存在一个把专利权授予谁的问题,先申请原则正是为了解决这一问题而确立的。根据先申请原则,两个主体就同一项发明创造申请专利权,应当将专利权授予最先提出专利申请的主体。

关于确定专利申请的时间,各国的做法不尽相同,主要有两种做法。一种是以申请时刻为标准,精确到分秒,这种方法操作起来比较精确却很烦琐,只有德国、日本等少数国家采用。另外一种方法是以申请日为标准,时间只精确到日不精确到分秒,这种方法操作相对简单,是目前大多数国家采用的方法,我国采用的也是这种方法。以申请时刻为标准,很少会出现不同主体同时申请的情况,而以申请日为标准,则经常会出现不同主体在同一日内就同一项发明创造申请专利权的情况。根据我国《专利法实施细则》,如果出现两个或两个以上申请人就同一项发明创造申请专利,则由申请人自行协商解决,专利最终只能授予申请人中的一个,如果各方协商不成,则任何一方都不能取得专利权。

4. 优先权原则。优先权原则指的是将第一次提出专利申请的日期视为后来一定期限内就相同主题在他国或本国提出专利申请的日期的原则。根据该原则,申请人在任何一个成员国首次提出正式专利申请后的一定期限内,又在其他成员国就同一内容的发明创造提出专利申请的,可将其首次申请日作为其后续申请的申请日。根据这一原则,优先权的效力主要有两个:一是在优先权期内,发明创造不因任何将该发明创造公之于世的行为而丧失新颖性;二是可以排除他人在优先权日后就同样的发明创造提出专利申请的可能。发明人在

第一次正式申请的申请日（优先权日）后再向他国提出后续申请时，如果恰好第三方也在该国就同样的发明创造提出了专利申请，这时，如果第三人的申请日晚于优先权日，则申请人有权以优先申请为由，要求驳回第三方的专利申请。这里需要注意的是，优先权请求必须在优先权期内提出，过了优先权期，优先权自动失效。

我国作为世界知识产权组织的成员，加入了《保护工业产权巴黎公约》，在《专利法》中也确立了优先权原则。我国《专利法》第29条规定："申请人自发明或者实用新型在外国第一次提出专利申请之日起十二个月内，或者自外观设计在外国第一次提出专利申请之日起六个月内，又在中国就相同主题提出专利申请的，依照该外国同中国签订的协议或者共同参加的国际条约，或者依照相互承认优先权的原则，可以享有优先权。"

申请人自发明或者实用新型在中国第一次提出专利申请之日起12个月内，又向国务院专利行政部门就相同主题提出专利申请的，可以享有优先权。

（二）专利的审批

一般来说，发明和实用新型专利申请需要提交的申请文件包括专利请求书、说明书及摘要、权利要求书、其他材料和文件。外观设计应提交的申请文件包括专利请求书、产品的图片或照片、简要说明。根据我国《专利法》，专利申请文件必须按照规定的格式进行填写，不符合要求的申请文件，专利申请受理机构有权要求其修改，申请人也可根据需要随时撤回专利申请。

1. 发明专利的审查。专利的审查制度各个国家不尽相同，这里只介绍我国所采用的审查制度。我国采取的是"早日公开，延迟审查"的请求审查制度。在这种制度下，专利申请受理机构在对受理的申请进行初步的形式审查后，将专利的内容根据规定的方式公开，然后根据申请人的申请进行实质审查，如果专利人不申请，则不进行实质审查。这种方式给了专利申请人一定的申请自由，如果经过了形式审查，申请人认为该专利不具有申请价值，则可以通过不申请实质审查来取消专利申请，节约专利申请的成本。

（1）初步审查。初步审查主要是基本形式方面的审查，主要包括专利申请人的申请资格以及明显的实质性缺陷审查。这里，明显的实质性缺陷主要是指：①申请文件是否符合要求；②专利申请人是否符合申请人主体资格；③发明专利申请是否明显属于不授予专利权的项目；④专利申请是否明显不符合申请主题单一性原则；⑤修改后的专利申请是否符合要求；⑥专利申请文件尤其是说明书和权利要求书的撰写是否符合规定。

（2）申请公开。专利申请审查机构对专利申请经过初步审查，认为不符合要求的予以驳回，专利申请经过初步审查，确定符合专利法要求的，申请人应尽

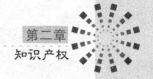

快请求公开其申请。

（3）实质审查。在申请公开之后，专利人应根据需要尽快申请实质审查。如果超过规定期限不申请实质审查又无正当理由，则将被视为撤回申请。发明专利申请的实质审查主要包括：①专利申请是否符合发明的要求；②申请是否属于专利法规定的不授予专利权的项目；③申请专利的发明是否具备授予专利权的新颖性、创造性和实用性；④专利申请是否符合先申请原则；⑤专利申请的说明书和权利要求书是否符合规定的要求，是否符合单一申请原则；⑥专利申请的修改是否超出规定的范围，以及其申请是否符合规定。

发明专利申请经上述实质审查，如果有不符合规定情形的，应当予以驳回；如经实质审查没有发现驳回理由的，专利审批部门则可以做出授予发明专利权的决定。

2. 实用新型和外观设计专利申请的审批程序。相对于发明专利的审批程序，实用新型和外观设计的审批程序要简单得多。我国对实用新型和外观设计专利申请只采取初步审查制，不采用实质审查制。在初步审查过程中，审查该实用新型专利申请或外观设计专利申请是否符合专利法及其实施细则规定的条件和要求。实用新型和外观设计专利申请经初步审查没有发现驳回理由的，由国家专利审批部门做出授予实用新型专利权或者外观设计专利权的决定，发给相应的专利证书，同时予以登记和公告。实用新型专利权和外观设计专利权自公告之日起生效。

（三）专利权的法律保护

根据我国《专利法》的规定，发明或者实用新型专利权的保护范围以其权利要求的内容为准，说明书及附图可以用于解释权利要求；外观设计专利权的保护范围以表示在图片或者照片中的该外观设计专利产品为准。

最高人民法院《关于审理专利纠纷案件适用法律问题的若干规定》规定，专利权的保护范围应当以权利要求书中明确记载的必要技术特征所确定的范围为准，也包括与该必要技术特征等同的特征所确定的范围。等同特征是指与所记载的技术特征以基本相同的手段，实现基本相同的功能，达到基本相同的效果，并且本领域的普通技术人员无须经过创造性劳动就能够联想到的特征。

1. 侵害专利权的行为。根据《专利法》的规定，侵害专利权的行为主要包括以下几种：

（1）未经专利权人许可，实施其专利的行为。包括：①未经专利权人许可，为生产经营目的制造、使用、许诺销售、销售、进口其专利产品，或者使用其专利方法以及使用、许诺销售、销售、进口依照该专利方法直接获得的产品；②未经专

利权人许可,为生产经营目的制造、销售、进口其外观设计专利产品,等等。

(2)假冒他人专利的行为。包括:①未经许可,在其制造或者销售的产品、产品的包装上标注他人的专利号;②未经许可,在广告或者其他宣传材料中使用他人的专利号,使人将所涉及的技术误认为是他人的专利技术;③未经许可,在合同中使用他人的专利号,使人将合同涉及的技术误认为是他人的专利技术;④伪造或者变造他人的专利证书、专利文件或者专利申请文件,等等。

(3)以非专利产品冒充专利产品、以非专利方法冒充专利方法的行为。包括:①制造或者销售标有专利标志的非专利产品;②专利权被宣告无效后,继续在制造或者销售的产品上标注专利标记;③在广告或者其他宣传材料中将非专利技术称为专利技术;④在合同中将非专利技术称为专利技术;⑤伪造或者变造专利证书、专利文件或者专利申请文件,等等。

(4)侵犯发明人或者设计人的非职务发明创造专利申请权以及其他权益的行为。

根据《专利法》的规定,有下列情形之一的,不视为侵犯专利权:①专利权人制造、进口或者经专利权人许可而制造、进口的专利产品或者依照专利方法直接获得的产品售出后,使用、许诺销售或者销售该产品的;②在专利申请日前已经制造相同产品、使用相同方法或者已经做好制造、使用的必要准备,并且仅在原有范围内继续制造、使用的;③临时通过中国领陆、领水、领空的外国运输工具,依照其所属国同中国签订的协议或者共同参加的国际条约,或者依照互惠原则,为运输工具自身需要而在其装置和设备中使用有关专利的;④专为科学研究和实验而使用有关专利的。

2.侵害专利权行为的法律责任。侵害专利权行为的法律责任包括:民事责任、行政责任和刑事责任。

(1)民事责任。民事责任主要包括停止侵害,赔偿损失,消除影响,恢复名誉等。其中,根据《专利法》的规定,侵犯专利权的赔偿数额,按照权利人因被侵权所受到的损失或者侵权人因侵权所获得的利益确定;被侵权人的损失或者侵权人获得的利益难以确定的,参照该专利许可使用费的倍数合理确定。

(2)行政责任。行政责任主要包括:①对未经专利权人许可实施其专利的行为,管理专利工作的部门认定侵权行为成立的,可以责令侵权人立即停止侵权行为。②对假冒他人专利的行为,除依法承担民事责任外,由管理专利工作的部门责令改正并予以公告,没收违法所得,可以并处违法所得3倍以下的罚款,没有违法所得的,可以处5万元以下的罚款。③对以非专利产品冒充专利产品、以非专利方法冒充专利方法的行为,由管理专利工作的部门责令改正并予以公告,可以处5万元以下的罚款。④对侵犯发明人或者设计人的非职务发明创造专利

申请权以及其他权益的行为,由所在单位或者上级主管机关给予行政处分,等等。

(3)刑事责任。刑事责任只限于假冒他人专利且情节严重的情形。《刑法》第216条规定,假冒他人专利情节严重的,处3年以下有期徒刑或者拘役,并处或者单处罚金。根据2004年11月2日最高人民法院审判委员会第1331次会议、2004年11月11日最高人民检察院第10届检察委员会第28次会议通过的《关于办理侵犯知识产权刑事案件具体应用法律若干问题的解释》的规定,假冒他人专利,具有下列情形之一的,属于《刑法》第216条规定的"情节严重",应当以假冒专利罪判处3年以下有期徒刑或者拘役,并处或者单处罚金:①非法经营数额在20万元以上或者违法所得数额在10万元以上的;②给专利权人造成直接经济损失50万元以上的;③假冒两项以上他人专利,非法经营数额在10万元以上或者违法所得数额在5万元以上的;④其他情节严重的情形。此外,实施下列行为之一的,属于《刑法》第216条规定的"假冒他人专利"的行为:①未经许可,在其制造或者销售的产品、产品的包装上标注他人专利号的;②未经许可,在广告或者其他宣传材料中使用他人的专利号,使人将所涉及的技术误认为是他人专利技术的;③未经许可,在合同中使用他人的专利号,使人将合同涉及的技术误认为是他人专利技术的;④伪造或者变造他人的专利证书、专利文件或者专利申请文件的。

3.诉前救济措施及诉讼时效。

(1)诉前救济措施。根据《专利法》的规定,专利权人或者利害关系人有证据证明他人正在实施或者即将实施侵犯其专利权的行为,如不及时制止将会使其合法权益受到难以弥补的损害的,可以在起诉前向人民法院申请采取责令停止有关行为和财产保全的措施。

(2)专利侵权诉讼时效。根据《专利法》的规定,侵犯专利权的诉讼时效为2年,自专利权人或者利害关系人得知或者应当得知侵权行为之日起计算。发明专利申请公布后至专利权授予前使用该发明未支付适当使用费的,专利权人要求支付使用费的诉讼时效为2年,自专利权人得知或者应当得知他人使用其发明之日起计算。但是,专利权人于专利权授予之日前即已得知或者应当得知的,自专利权授予之日起计算。

四、专利的期限、终止和无效

(一)专利的期限

专利的期限是指专利权受法律保护的期限。在专利权的期限内,专利人依法对其发明创造享有独占权,他人未经允许不得擅自使用,在专利权期限届满之

后,发明创造成为公有技术,他人可以自由使用。专利权的期限反映了专利权作为一种知识产权的时间性。

关于专利权的期限,不同的国家有不同的规定,在确定专利权的期限时,需要考虑很多因素。比如,发明专利一般保护的时间比实用新型和外观设计长,这是因为发明创造更富有创造性。专利的期限太短,会影响专利权主体的积极性,太短的专利保护期限甚至会导致专利权人无法收回投资;而太长的专利期限会影响技术的推广,不利于整个社会经济的发展。每个国家对专利的期限有不同的规定,如德国、日本以及我国发明专利的保护期限为 20 年,美国、加拿大为 17 年,非洲和南美一些发展中国家发明专利的保护期限更短。

我国专利的保护期经过了一个由短到长的过程。最初,我国发明专利的保护期限为 15 年,实用新型和外观设计的保护期限为 5 年,1992 年《专利法》第一次修改时,将发明专利的保护期限改为 20 年,实用新型和外观设计的保护期限延长至 10 年。关于专利权的保护期限,有的国家自申请之日算起,有的国家自专利授权之日算起,我国现行《专利法》第 42 条明确规定:"发明专利权的期限为 20 年,实用新型专利权和外观设计专利权的期限为 10 年,均自申请日起计算。"

（二）专利权的终止

专利权的终止指的是专利权不再受到法律的保护,失去其法律效力。专利权终止后,专利权人不再享有对专利的专有权利,任何人都有自由使用该专利的权利。

专利权的终止有两种情况,一种是因为专利的期限届满而终止,这属于正常的终止。还有一种是专利权在期限届满之前终止。关于专利权在期限届满之前终止,我国《专利法》第 45 条明确规定:"有下列情形之一的,专利权在期限届满前终止:①没有按照规定缴纳年费的;②专利权人以书面声明放弃其专利权的。专利权在期限届满前终止的,由国务院专利行政部门登记和公告。"

（三）专利权的无效

专利权的无效指的是专利权违反了《专利法》的有关规定,被专利复查委员会宣布自始不具有法律效力。不同于专利权的终止,专利权的无效强调专利自始不具有法律效力。关于专利权的无效,我国《专利法》第 47 条规定:"宣告无效的专利权视为自始即不存在。"

根据我国的《专利法》,专利无效的法律后果主要有:

1.宣告无效的专利权视为自始即不存在。

2.宣告专利权无效的决定,对在宣告专利权无效前人民法院做出并已执行的专利侵权的判决、裁定,已经履行或者强制执行的专利侵权纠纷处理决定,以

及已经履行的专利实施许可合同和专利权转让合同,不具有追溯力。但是,因专利权人的恶意给他人造成的损失,应当给予赔偿。

3. 如果专利权依照前款规定宣告无效,专利权人或者专利权转让人不向被许可实施专利人或者专利权受让人返还专利使用费或者专利权转让费,明显违反公平原则,专利权人或者专利权转让人应当向被许可实施专利人或者专利权受让人返还全部或者部分专利使用费或者专利权转让费。

第四节　著作权

一、著作权及著作权制度

（一）著作权

著作权,又称版权,指公民、法人或非法人单位对其在文学、艺术和科学领域内的智力创作成果依法享有的人身权利和财产权利。我国最早出现的是"版权"一词,之后从日文汉字引入了"著作权利"一词。其实英美法系和大陆法系对著作权有不同的诠释,在英美法系中,著作权多用"版权"一词,即 Copyright,强调的是印刷商、出版商享有的复制权、抄录权,比较注重财产权利;而在大陆法系中,则多用"作者权"一词,即 Author's Right,不仅强调财产权利,更加注重对作者的人格权利的保护,即对人身权利的保护,体现了人权保护和人文关怀的理念。

（二）著作权制度的沿革

1. 世界著作权制度的沿革。一般认为,著作权是伴随着私有制的产生而产生的,因为伴随着私有制的产生,人们会有意识地去保护自己的财产,同样,作者也会有意识地去保护自己的作品。随着生产力的发展,特别是活字印刷术的发明和传播,使得对著作权的保护显得更加紧迫。人类社会第一次通过立法的形式来保护文学、艺术和科学作品作者的权利始于近 300 年前的英国,公元 1709 年,英国国会通过了《安娜法令》,这部法律以当时在位的英国女王安娜的名字命名,规定了印刷出版者和作者各自的权利,这是公认的世界上第一部现代意义上的版权法。《安娜法令》的进步之处在于,它首次规定了作品的作者所享有的各项权利,而在此之前,受保护的主要是出版商的出版权,而作者的权利并未受到重视。此后,其他国家相继颁布了版权法,特别是 18 世纪法国颁布的各项版权法,将作者的精神权利纳入版权保护的范围,打破了之前版权仅指"印刷"和"出版"专有权的局限,这对以后大陆法系国家的版权立法产生了很大的影响。然而,由于一个国家所颁布的版权法,其保护的范围仅

限于国内,不利于文学、艺术和科学作品在全世界的传播,而且也有可能造成本国作者的权利在其他国家得不到保护的问题,于是,版权国际保护的呼声日益高涨。19 世纪,英国、法国、奥地利、意大利等一些国家通过签订双边或多边协定,扩大了版权保护的范围。1850 年,由法国发起,在巴黎成立了《国际文学艺术联合会》。1886 年,由英、法、德、意等 10 国发起,在瑞士首都伯尔尼召开了第一次版权国际会议,并签订了《保护文学艺术作品伯尔尼公约》,这是第一个世界性版权公约。1952 年,《世界版权公约》在日内瓦缔结。《保护文学艺术作品伯尔尼公约》和《世界版权公约》是最重要的两个关于版权保护的国际公约。此外,还有很多其他的关于版权保护的国际公约,这使得版权的国际保护制度不断得到完善。

2. 我国的著作权制度的沿革。我国对著作权的保护大概要追溯到宋代。宋代的印刷技术已经有了长足的进步,具备了大量印刷出版的条件。在公元 932 年(五代后唐时期),朝廷命田敏在国子监主持校正《九经》,并"刻板印卖",显然这是一次以出售为目的的大规模印刷。为保护《九经》蓝本,朝廷下令未得到国子监准许,禁止他人刻印该书。这与欧洲版权保护的早期阶段相似,保护的是出版者的权利。关于版权保护的史实,南宋时期的《东都事略》一书中有这样一句标记:"眉山程舍人宅刊行,已申上司,不许覆板",这与我们现在所讲的"版权所有,侵权必究"比较相似。在我国历史上,历代都有与此相似的例子。而我国历史上第一部版权保护的法规却是清王朝走到尽头时出现的。鸦片战争以后,蔡元培、严复等一些进步人士受到西方著作权观念的影响,积极要求著作权的相关立法,1910 年,清政府颁布了《大清著作权律》,这部法规,基本是参照日本的著作权法起草的。1925 年,北洋政府也颁布了《著作权法》(基本是参照《大清著作权律》)。国民党统治时期的 1928 年,政府也颁布了《著作权法》及其实施细则,内容与北洋政府颁布的《著作权法》相仿,之后又作了一些修改。

新中国成立后,我国著作权法的发展经历了一个比较曲折的发展过程。直至"文化大革命"结束之前,我国的著作权保护没有正式的专门法律规定,只有一些关于出版方面的条例。1978 年后,随着我国各项法律制度相继恢复和建立,著作权法也被提上议事日程。相比《商标法》和《专利法》,《著作权法》的颁布过程更加曲折,到 1989 年提交全国人大常委会讨论之前,著作权法先后起草了 20 多稿。1990 年 9 月 7 日,第七届全国人民代表大会常务委员会第十五次会议正式通过了《中华人民共相国著作权法》(以下简称《著作权法》),1991 年 5 月 24 日,经国务院批准,国家版权局于 1991 年 5 月 30 日发布了《中华人民共和国著作权法实施条例》。2001 年,第九届全国人民代表大会常务委员会第二十四次会议对《著作权法》进行了修正。之后,2012 年和 2014 年,我国又相继对

《著作权法》进行了修改和修订。随着改革开放的深入,我国不仅加快了关于著作权保护的国内立法的进程,同时也在版权的国际保护方面做出了积极努力。为了使我国的著作权制度与国际接轨,从而进一步使我国的著作权制度走向成熟和完善,我国在 1992 年申请并加入了《保护文学艺术作品伯尔尼公约》和《世界版权公约》。

二、著作权的主体与客体

(一)著作权的主体

著作权的主体即著作权人,指依照法律规定对文学、艺术和科学作品享有著作权的人。我国《著作权法》第 9 条规定,著作权的主体包括"作者和其他依法享有著作权的公民、法人或者非法人单位"。著作权人和作者是两个不同的概念,著作权人不仅包括作者,而且还包括一些非作者,这些非作者可以是依法享有著作权的公民、法人或者非法人单位。

著作权的主体分为原始主体和继受主体。原始主体可以分为两类:一类是创作作品的作者本人,作品直接属于作者的智力成果,主体享有完整的著作权,包括人身权和财产权;另外一类是法人和其他组织。当法人或其他组织的成员在本单位主持下,依照本单位的意志创作出作品,并由本单位承担责任时,法人和其他组织可以视为作者,也可称为"准作者"。

这里我们需要对作者的概念作进一步解释。作者是著作权的原始主体,是文学、艺术和科学作品的创作人。创作是一种智力活动,是作者通过独立构思,运用自己掌握的知识和技巧表达思想或情感,从而产生文学、艺术和科学作品的智力活动。我国《著作权法》所指的作者包括公民、法人或其他组织。一般认为,作者只能是自然人,因为只有自然人才能进行我们所讲的创作活动,而法人和其他组织本身并不具备情感或思想,严格地讲,法人和其他组织并不能成为作者。然而,法人或其他组织毕竟是由本单位的自然人组成,作为一个整体,其成员在本单位主持下,按照本单位的整体意志进行创作,由法人或其他组织承担责任,其作品已不仅仅是某个人的思想和情感的反映,而是整体意志的一种体现,所以,从这个角度讲,法人和其他组织也可以成为作者。

继受主体是指基于一定的法律事实取得著作权的主体。公民、法人或非法人单位可以在一定条件下,如接受馈赠、继承、购买、转让等而取得著作权,这样的主体称为继受主体,继受主体的著作权是不完整的。

(二)著作权的客体

著作权的客体指的是著作权法保护的对象,具体是指文学、艺术和科学领域的作品。著作权的客体是创作人思想和情感的载体,是一种作品形式和内容相

结合的产物。这里需要指出的是,并不是所有的作品都受著作权法保护,受著作权法保护的,首先必须是文学、艺术和科学领域的作品,不属于这些领域的作品不受著作权法保护,另外,作品还必须有独创性、可感知性和可复制性。关于著作权法保护的作品的具体范围,我国《著作权法》有明确的规定和解释。根据《著作权法》及其实施细则,这些作品包括:

1. 文字作品,指小说、诗词、散文、论文等以文字形式表现的作品。

2. 口述作品,是指即兴的演说、授课、法庭辩论等以口头语言形式表现的作品。

3. 音乐作品,是指歌曲、交响乐等能够演唱或者演奏的带词或者不带词的作品。

4. 戏剧作品,是指话剧、歌剧、地方戏等供舞台演出的作品。

5. 曲艺作品,是指相声、快书、大鼓、评书等以说唱为主要形式表演的作品。

6. 舞蹈作品,是指通过连续的动作、姿势、表情等表现思想情感的作品。

7. 杂技艺术作品,是指杂技、魔术、马戏等通过形体动作和技巧表现的作品。

8. 美术作品,是指绘画、书法、雕塑等以线条、色彩或者其他方式构成的有审美意义的平面或者立体造型的艺术作品。

9. 建筑作品,是指以建筑物或者构筑物形式表现的有审美意义的作品。

10. 摄影作品,是指借助器械在感光材料或者其他介质上记录客观物体形象的艺术作品。

11. 电影作品和以类似摄制电影的方法创作的作品,是指摄制在一定介质上,由一系列有伴音或者无伴音的画面组成,并且借助适当装置放映或者以其他方式传播的作品。

12. 图形作品,是指为施工、生产绘制的工程设计图、产品设计图,以及反映地理现象、说明事物原理或者结构的地图、示意图等作品。

13. 模型作品,是指为展示、试验或者观测等用途,根据物体的形状和结构,按照一定比例制成的立体作品。

除了上述作品以外,我国《著作权法》还保护民间文学艺术作品。民间文学艺术作品是指在民间流传较广、世代相传、非个别人所创作的文学、艺术等领域内的作品。民间文学艺术包括的范围很广,可以是山歌、民谣、民间书法、雕刻、民间故事、神话传说、民族舞蹈、民族服饰,等等。关于民间文学艺术,我国的《著作权法》第六条规定:"民间文学艺术作品的著作权保护办法由国务院另行规定"。虽然具体保护内容和方式尚未明确,但是民间文学艺术作为珍贵的有价值的作品,受著作权法的保护却是肯定的。

著作权法保护著作权人的权利,但并不是所有的作品都受法律保护。我国

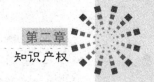

《著作权法》第四条规定"依法禁止出版、传播的作品,不受本法保护"。这里禁止出版、传播的作品主要指一些有反科学、反人类、迷信、危害公共安全、破坏社会善良风俗、有伤风化内容的作品。根据我国的《著作权法》,作品一旦创作完毕,即可享有著作权,这一原则对包括禁止出版、传播的作品在内的任何作品均是适用的,但是,这些禁止出版、传播的作品的著作权不受法律保护,作品的作者从而并不实际享有著作权。另外,《著作权法》还规定了不适于著作权法保护的作品,主要有:

第一,法律、法规,国家机关的决议、决定、命令和其他具有立法、行政、司法性质的文件及其官方正式译文。这些决定、命令等都是需要贯彻实施,需要人们了解并遵守的,任何个人或单位都不能据为己有或限制其传播。

第二,时事新闻。这些多是一些对客观事实的报道,使人们了解一些比较新的信息。时事新闻重在其及时性,需要迅速地传播和扩散,因此也不属于著作权法保护的范围。

第三,历法、通用数表、通用表格和公式。

三、著作权的内容

著作权的内容是著作权法的核心,著作权的内容完善与否,是衡量一个国家对著作权保护程度的重要标准之一。著作权包括基于文学、艺术和科学作品的人身权利和财产权利,有时我们也称人身权利为精神权利,称财产权利为经济权利。人身权利和财产权利的区别在于,人身权利只能为作者本人所享有,财产权利则可以通过许可或转让给他人使用;人身权利不受财产权利转移的影响,即使在财产权利转移后,作者仍保留有其人身权利。

(一)人身权利

人身权利的思想多被大陆法系的国家所接受,它的产生受到了"天赋人权"思想的影响。德国哲学家康德等人指出,作品是作者人格权的一种延伸。从这种意义上讲,对著作权的保护应当包括对作者人格的保护,人身权利是与作者密不可分的一种权利,不能随意地许可他人使用或转让。我国的《著作权法》将人身权利作为著作权的主要组成部分进行保护,根据《著作权法》,人身权利包括发表权、署名权、修改权和保护作品完整权。

1. 发表权,即决定作品是否公之于众的权利。发表权是作品的作者享有的最基本的权利,体现了我国宪法关于言论自由、出版自由的精神。作者有权决定作品发表还是不发表,以及有在什么时间、什么地点、以什么样的方式发表。与其他人身权利不同的是,发表权有时间限制,最晚截至作者死亡之后第 50 年的12 月 31 日,而其他人身权利则是永久性的。

2. 署名权，即表明作者身份，在作品上署名的权利。署名是对作品的作者身份的一种标示，用于和其他的作者进行区分。署名权赋予作者禁止未参与创作的人在自己的作品上署名的权利，同时，作者还有要求对其作品进行改编、注释和翻译等的演绎作者在使用其作品时注明原作者的权利。作者可以在其作品上署真名、笔名或假名，也可以不署名。

3. 修改权，即修改或者授权他人修改作品的权利。作品特别是一些文学艺术作品，经常需要进行一些修改，这反映了作者思想和情感的变化，修改也是作品进一步完善所必须经历的过程。修改权赋予了作者在作品完成后对其进行修改的权利，同时，修改权也意味着没有经过作者的同意，不能随意修改其作品，否则将构成侵权行为。

4. 保护作品完整权，即保护作品不受歪曲、篡改的权利。保护作品完整权可以看成是修改权的延伸。作品反映了作者的思想、情感，作者有权保护其思想和内容的完整性。这项权利可以防止他人对作者的作品进行恶意的删除、增加、篡改和曲解等破坏作者真实思想和情感的活动。

（二）财产权利

财产权利，又称经济权利，指著作权人依法享有的利用作品获取经济利益的权利。作品本身并不能给著作权人带来经济利益，著作权人必须用一定的方式利用其作品，才能获取经济利益。根据我国的《著作权法》，著作权人可以自己行使财产权利，也可以许可他人行使财产权利，还可以全部或部分转让其财产权利，并依照约定或《著作权法》的规定获取相应的报酬。根据我国《著作权法》第9条，财产权利包括：

1. 复制权，即以印刷、复印、拓印、录音、录像、翻录、翻拍等方式，将作品制作一份或者多份的权利。

2. 发行权，即以出售或者赠予方式向公众提供作品的原件或者复制件的权利。

3. 出租权，即有偿许可他人临时使用电影作品和以类似摄制电影的方法创作的作品、计算机软件的权利，计算机软件不是出租的主要标的的除外。

4. 展览权，即公开陈列美术作品、摄影作品的原件或者复制件的权利。

5. 表演权，即公开表演作品，以及用各种手段公开播送作品的表演的权利。

6. 放映权，即通过放映机、幻灯机等技术设备公开再现美术、摄影、电影和以类似摄制电影的方法创作的作品等的权利。

7. 广播权，即以无线方式公开广播或者传播作品，以有线传播或者转播的方式向公众传播广播的作品，以及通过扩音器或者其他传送符号、声音、图像的类似工具，向公众传播广播的作品的权利。

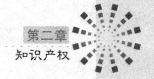

8.信息网络传播权,即以有线或者无线方式向公众提供作品,使公众可以在其个人选定的时间和地点获得作品的权利。

9.摄制权,即以摄制电影或者以类似摄制电影的方法将作品固定在载体上的权利。

10.改编权,即改变作品,创作出具有独创性的新作品的权利。

11.翻译权,即将作品从一种语言文字转换成另一种语言文字的权利。

12.汇编权,即将作品或者作品的片段通过选择或者编排,汇集成新作品的权利。

13.应当由著作权人享有的其他权利。

四、著作权的产生、归属、期限、使用限制及法律保护

(一)著作权获得的原则

1.自动获得原则。自动获得原则指作品创作完毕即获得著作权,不需要履行任何手续或加注标记。自动获得原则为大陆法系的国家所采纳,在这一原则下,获得著作权是基于作品产生的客观事实,作品创作完毕即可享有著作权并受著作权法保护。这一原则已被《伯尼尔公约》所确认,我国的《著作权法》也采用了这一原则,《著作权法》第2条规定:"中国公民、法人或者其他组织的作品,不论是否发表,依照本法享有著作权。"自动获得原则对著作权实施了较高程度和较为全面的保护,简便易行,但同时也给产生著作权纠纷时确认作品完成时间的工作带来了一定的难度。

2.登记原则。登记原则指在作品完成以后,必须按照规定办理相应的登记或注册手续才能获得著作权。许多欧美法系的国家采用这种原则。在此原则下,著作权的获得较自动获得原则增加了登记注册的程序。1709年,英国颁布了第一部现代意义上的著作权法——《安娜法令》,该法采用的便是登记制度。该法明确规定,作品只有在登记后才能获得保护。登记制度对著作权的保护更加规范、明确,也便于产生著作权纠纷时取证工作的进行,但登记制度无疑增加了著作权获得的成本。所以,一些采用登记制度的国家不断简化自己的登记和注册程序,有的甚至过渡到了自动获得原则。

3.加注标记原则。加注标记原则指著作权的获得需要以在作品上加注著作权标记为条件。这一原则实际上是有条件地保护在自动获得原则下获得的著作权。在这一原则下,不需要履行任何登记或注册手续,只需要在作品载体上加注著作权标记即可获得著作权,这种标记可以是标明享有著作权保留声明的文字或字母,如"版权所有,侵权必究"或"©"(指 Copyright),也可以是著作权人的姓名或首次出版的时间。

（二）著作权的归属

著作权的归属问题就是指著作权归谁所有的问题。根据我国的《著作权法》，著作权的所有人可以是公民、法人或其他组织。《著作权法》第11条规定："著作权属于作者，本法另有规定的除外。"这是关于著作权归属的一般原则。一般认为，无相反证明，在作品上署名的公民、法人或其他组织为作者，这是判断作者的最简单、最常用的标准。对于作者身份不明的作品，《著作权法实施细则》规定，由作品原件的所有人行使除署名权以外的著作权，作者身份确定后，由作者或者其继承人行使著作权。

具体到不同类型的作品，著作权的归属问题有不同的解决方式。

1. 对于改编、翻译、注释、整理已有作品而产生的作品，其著作权由改编、翻译、注释、整理人享有，但行使著作权时不得侵犯原作品的著作权。通常我们称这些改编、翻译、注释、整理已有作品而产生的作品为演绎作品，演绎作品其实是对原作品的再创作，再创作人应享有其再创作作品的著作权。

2. 合作作品指有两人以上合作创作的作品，合作作品的著作权由合作作者共同享有。没有参加创作的人，不能成为合作作者。合作作品可以分割使用的，作者对各自创作的部分可以单独享有著作权，但行使著作权时，不得侵犯合作作品整体的著作权。

3. 汇编作品指汇编若干作品、作品的片段或者不构成作品的数据或其他材料，对其内容的选择或者编排体现独创性的作品。汇编作品的著作权由汇编人享有，但行使著作权时，不得侵犯原作品的著作权。

4. 电影作品和以类似摄制电影的方法创作的作品可以统称为影视作品。影视作品的著作权由制片者享有，但编剧、导演、摄影、作词、作曲等作者享有署名权，并有权按照与制片者签订的合同获得报酬。而且，影视作品中的剧本、音乐等可以单独使用的作品的作者，有权单独行使其著作权。

5. 职务作品指公民为完成法人或者其他组织的工作任务所创作的作品。对于职务作品著作权的归属，需要对两类不同情况区别对待：

（1）有下列情形之一的职务作品，作者享有署名权，著作权的其他权利由法人或者其他组织享有，法人或者其他组织可以给予作者奖励：①主要是利用法人或者其他组织的物质技术条件创作，并由法人或者其他组织承担责任的工程设计图、产品设计图、地图、计算机软件等职务作品；②法律、行政法规规定或者合同约定著作权由法人或者其他组织享有的职务作品。

（2）除第一类中提到的作品以外，作品的著作权由作者享有，但法人或者其他组织有权在其业务范围内优先使用。作品完成两年内，未经单位同意，作者不得许可第三人以与单位使用的相同方式使用该作品。

6. 委托作品指受人委托而创作的作品。对于委托作品,著作权的归属由委托人和受托人通过合同约定。合同未作明确约定或者没有订立合同的,著作权属于受托人。

(三)著作权的保护期限

著作权的保护期限又称保护期,指著作权受法律保护的时间。在保护期内,著作权人享有专有权,任何个人或单位使用该作品必须经过著作权人同意,保护期满之后,作品进入公有领域,任何人可以自由使用作品而无须经作者同意或支付报酬。不同的国家或国际公约对著作权的保护期限长短不一,例如,《伯尔尼公约》规定:"保护的期限为作者有生之年及其死后 50 年",《世界版权公约》规定:"受本公约保护的作品,保护期限不得少于作者有生之年及其死后 25 年"。一般来说,保护期主要针对的是著作权中的财产权利,我国《著作权法》规定,作者的署名权、修改权、保护作品完整权的保护期不受限制,可见,除发表权以外的人身权利的保护期是不受时间限制的,即永久性的。

不同的作品,其保护期限有不同的规定。对于公民的作品,其发表权、财产权利的保护期为作者终生及其死亡后 50 年,截止于作者死亡后第 50 年的 12 月31 日;如果是合作作品,截止于最后死亡的作者死亡后第 50 年的 12 月 31 日。作者身份不明的作品,其财产权利的保护期截止于作品首次发表后第 50 年的12 月 31 日。

对于法人或者其他组织的作品、著作权(署名权除外)由法人或者其他组织享有的职务作品,其发表权、财产权利的保护期为 50 年,截止于作品首次发表后第 50年的 12 月 31 日,但作品自创作完成后 50 年内未发表的,著作权法不再保护。

电影作品和以类似摄制电影的方法创作的作品、摄影作品,即我们前面所讲的影视作品,其发表权、财产权利的保护期为 50 年,截止于作品首次发表后第50 年的 12 月 31 日,但作品自创作完成后 50 年内未发表的,著作权法不再保护。

(四)著作权的限制

著作权人享有著作权,但这种权利不是绝对的、永恒的,否则会不利于文化和科技的传播,阻碍社会文明发展的进程。绝大多数国家的著作权法和与著作权相关的国际条约对著作权都有一定的限制。对著作权的限制一般是指对财产权利的限制,作者的人身权利不受任何限制。对著作权的限制,主要有合理使用、法定许可和强制许可三个方面。

1. 合理使用。合理使用主要指在一些情况下,可以不经作者同意,不向其支付报酬,使用他人已经发表的作品,但要尊重作者的各项人身权利。合理使用制度被大多数国家所采用,通常合理使用的情况指个人学习、研究或欣赏目的,或为了教育、科学研究、宗教或慈善事业等,对此,每个国家的著作权法都有明确的

规定。合理使用制度很好地协调了个人利益与国家和社会利益,有利于一些优秀资源的合理利用,体现了公平正义的法律价值观。关于合理使用的具体范围,我国《著作权法》给出了以下 12 种情况:

(1)为个人学习、研究或者欣赏,使用他人已经发表的作品。

(2)为介绍、评论某一作品或者说明某一问题,在作品中适当引用他人已经发表的作品。

(3)为报道时事新闻,在报纸、期刊、广播电台、电视台等媒体中不可避免地再现或者引用已经发表的作品。

(4)报纸、期刊、广播电台、电视台等媒体刊登或者播放其他报纸、期刊、广播电台、电视台等媒体已经发表的关于政治、经济、宗教问题的时事性文章,但作者声明不许刊登、播放的除外。

(5)报纸、期刊、广播电台、电视台等媒体刊登或者播放在公众集会上发表的讲话,但作者声明不许刊登、播放的除外。

(6)为学校课堂教学或者科学研究,翻译或者少量复制已经发表的作品,供教学或者科研人员使用,但不得出版发行。

(7)国家机关为执行公务,在合理范围内使用已经发表的作品。

(8)图书馆、档案馆、纪念馆、博物馆、美术馆等为陈列或者保存版本的需要,复制本馆收藏的作品。

(9)免费表演已经发表的作品,该表演未向公众收取费用,也未向表演者支付报酬。

(10)对设置或者陈列在室外公共场所的艺术作品进行临摹、绘画、摄影、录像。

(11)将中国公民、法人或者其他组织已经发表的以汉语言文字创作的作品翻译成少数民族语言文字作品,在国内出版发行。

(12)将已经发表的作品改成盲文出版。

2.法定许可。法定许可是指在法律规定的范围内,可以不经著作权人的许可而使用其作品,但应当向著作权人支付报酬,同时应当尊重作者的人身权利。法定许可也是多数国家普遍采用的限制著作权的一种制度。法定许可与合理使用的不同点在于,使用者须向著作权人支付报酬,而且法定使用的使用主体范围要明显小于合理使用的使用主体范围。我国《著作权法》规定,法定许可有以下几种情况:

(1)录音制作者在使用已经发表的作品录制成录音制品时,可以不经著作权人的许可,除非该作品的著作权人声明不得使用。

(2)报刊转载或者作为文摘、资料刊登其他报刊刊登的作品,可以不经著作

权人的同意,但著作权人声明不得转载、摘编的除外,并且应当向著作权人支付报酬。

(3)广播电台、电视台播放已经出版的录音制品,可以不经著作权人许可,但应当支付报酬。当事人另有约定的除外。

(4)为实施九年制义务教育和国家教育规划而编写、出版教科书,除作者事先声明不许使用的外,可以不经著作权人许可,在教科书中汇编已经发表的作品片段,或者短小的文字作品、音乐作品,或者单幅的美术作品、摄影作品,但应当按照规定支付报酬,指明作者姓名、作品名称,并且不得侵犯著作权人依法享有的其他权利。该规定同样适用于对出版者、表演者、录音录像制作者、广播电台、电视台的权利的限制。

3.强制许可。强制许可指在法律规定的特殊情形下,著作权人无正当理由拒绝授权他人使用其作品的,有意使用该作品的人可以向政府主管部门提出申请,由政府发给强制许可证。强制许可一般只适用于已经发表的作品。强制许可与合理使用、法定许可存在着很大的差别,主要在于:强制许可是由政府主管部门按照一定的程序,以颁发许可证的方式授权申请使用人使用作品,其使用者不是随意的,而是特定的;而合理使用、法定许可是由法律规定的,由使用人直接依法主张和行使,不需要任何申请和审批。一般来说,对强制许可的规定主要体现在翻译权和复制权上。《伯尔尼公约》和《世界版权公约》都有关于强制许可的制度,我国已加入这两个公约,但目前我国的《著作权法》还没有强制许可的相关规定。

(五)著作权的保护

1.著作权的侵权行为。著作权的侵权行为有:

(1)应当承担民事责任的侵权行为。根据《著作权法》的规定,应当承担民事责任的侵权行为包括:①未经著作权人许可,发表其作品的;②未经合作作者许可,将与他人合作创作的作品当作自己单独创作的作品发表的;③没有参加创作,为谋取个人名利,在他人作品上署名的;④歪曲、篡改他人作品的;⑤剽窃他人作品的;⑥未经著作权人许可,以展览、摄制电影和以类似摄制电影的方法使用作品,或者以改编、翻译、注释等方式使用作品的,著作权法另有规定的除外;⑦使用他人作品,应当支付报酬而未支付的;⑧未经电影作品和以类似摄制电影的方法创作的作品、计算机软件、录音录像制品的著作权人或者与著作权有关的权利人许可,出租其作品或者录音录像制品的,著作权法另有规定的除外;⑨未经出版者许可,使用其出版的图书、期刊的版式设计的;⑩未经表演者许可,从现场直播或者公开传送其现场表演,或者录制其表演的;⑪其他侵犯著作权以及与著作权有关的权益的行为。

(2)应当承担民事责任和行政责任的侵权行为。根据《著作权法》的规定,

应当承担民事责任和行政责任的侵权行为包括：①未经著作权人许可，复制、发行、表演、放映、广播、汇编、通过信息网络向公众传播其作品的，著作权法另有规定的除外；②出版他人享有专有出版权的图书的；③未经表演者许可，复制、发行录有其表演的录音录像制品，或者通过信息网络向公众传播其表演的，著作权法另有规定的除外；④未经录音录像制作者许可，复制、发行、通过信息网络向公众传播其制作的录音录像制品的，著作权法另有规定的除外；⑤未经许可，播放或者复制广播、电视的，著作权法另有规定的除外；⑥未经著作权人或者与著作权有关的权利人许可，故意避开或者破坏权利人为其作品、录音录像制品等采取的保护著作权或者与著作权有关的权利的技术措施的，法律、行政法规另有规定的除外；⑦未经著作权人或者与著作权有关的权利人许可，故意删除或者改变作品、录音录像制品等的权利管理电子信息的，法律、行政法规另有规定的除外；⑧制作、出售假冒他人署名的作品的。

2. 著作权侵权行为的法律责任。著作权侵权行为的法律责任包括民事责任、行政责任和刑事责任。

（1）民事责任。民事责任主要包括：停止侵害、消除影响、赔礼道歉、赔偿损失等。其中，根据《著作权法》的规定，侵犯著作权或者与著作权有关的权利的，侵权人应当按照权利人的实际损失给予赔偿。实际损失难以计算的，可以按照侵权人的违法所得给予赔偿。赔偿数额还应当包括权利人为制止侵权行为所支付的合理开支。权利人的实际损失或者侵权人的违法所得不能确定的，由人民法院根据侵权行为的情节，判决给予 50 万元以下的赔偿。

（2）行政责任。行政责任主要包括：责令停止侵权行为，没收违法所得，没收、销毁侵权复制品，并可处以罚款；情节严重的，可以没收主要用于制作侵权复制品的材料、工具、设备等。

（3）刑事责任。刑事责任包括侵犯著作权罪、销售侵权复制品罪。《刑法》第 217 条规定，以营利为目的，有下列侵犯著作权情形之一，违法数额较大或者有其他严重情节的，处 3 年以下有期徒刑或者拘役，并处或者单处罚金；违法所得数额巨大或者有其他特别严重情节的，处 3 年以上 7 年以下有期徒刑，并处罚金：①未经著作权人许可，复制发行其文字作品、音乐、电影、电视、录像制品、计算机软件及其他作品的；②出版他人享有专有出版权的图书的；③未经录音录像制作者许可，复制发行其制作的录音录像的；④制作、出售假冒他人署名的美术作品的。《刑法》第 218 条规定，以营利为目的，销售明知是侵权复制品，违法所得数额巨大的，处 3 年以下有期徒刑或者拘役，并处或者单处罚金。

根据《关于办理侵犯知识产权刑事案件具体应用法律若干问题的解释》（2004 年 11 月 2 日最高人民法院审判委员会第 1331 次会议、2004 年 11 月 11

日最高人民检察院第 10 届检察委员会第 28 次会议通过)的规定:

以营利为目的,实施《刑法》第 217 条所列侵犯著作权行为之一,违法所得数额在 3 万元以上的,属于"违法所得数额较大";具有下列情形之一的,属于"有其他严重情节",应当以侵犯著作权罪判处 3 年以下有期徒刑或者拘役,并处或者单处罚金:①非法经营数额在 5 万元以上的;②未经著作权人许可,复制发行其文字作品、音乐、电影、电视、录像作品、计算机软件及其他作品,复制品数量合计在 1 000 张(份)以上的;③其他严重情节的情形。

以营利为目的,实施《刑法》第 217 条所列侵犯著作权行为之一,违法所得数额在 15 万元以上的,属于"违法所得数额巨大";具有下列情形之一的,属于"有其他特别严重情节",应当以侵犯著作权罪判处 3 年以上 7 年以下有期徒刑,并处罚金:①非法经营数额在 25 万元以上的;②未经著作权人许可,复制发行其文字作品、音乐、电影、电视、录像作品、计算机软件及其他作品,复制品数量合计在 5 000 张(份)以上的;③其他特别严重情节的情形。

以营利为目的,实施《刑法》第 218 条规定的行为,违法所得数额在 10 万元以上的,属于"违法所得数额巨大",应当以销售侵权复制品罪判处 3 年以下有期徒刑或者拘役,并处或者单处罚金。

此外,以刊登收费广告等方式直接或者间接收取费用的情形,属于《刑法》第 217 条规定的"以营利为目的";通过信息网络向公众传播他人文字作品、音乐、电影、电视、录像作品、计算机软件及其他作品的行为,视为《刑法》第 217 条规定的"复制发行";没有得到著作权人授权或者伪造、涂改著作权人授权许可文件或者超出授权许可范围的情形,属于《刑法》第 217 条规定的"未经著作权人许可"。

3. 执法措施。为了更为有效地制止著作权的侵权行为,更为有效地保护著作权人的合法权益,《著作权法》还规定了相应的执法措施。这些执法措施包括:

(1)著作权人或者与著作权有关的权利人有证据证明他人正在实施或者即将实施侵犯其权利的行为,如不及时制止将会使其合法权益受到难以弥补的损害的,可以在起诉前向人民法院申请采取责令停止有关行为和财产保全的措施。

(2)为制止侵权行为,在证据可能灭失或者以后难以取得的情况下,著作权人或者与著作权有关的权利人可以在起诉前向人民法院申请保全证据。人民法院接受申请后,必须在 48 小时内做出裁定;裁定采取保全措施的,应当立即开始执行。人民法院可以责令申请人提供担保,申请人不提供担保的,驳回申请。申请人在人民法院采取保全措施后 15 日内不起诉的,人民法院应当解除保全措施。

(3)人民法院审理案件,对于侵犯著作权或者与著作权有关的权利的,可以没收违法所得、侵权复制品以及进行违法活动的财物。

（4）复制品的出版者、制作者不能证明其出版、制作有合法授权的，复制品的发行者或者电影作品或者以类似摄制电影的方法创作的作品、计算机软件、录音录像制品的复制品的出租者不能证明其发行、出租的复制品有合法来源的，应当承担法律责任。

（5）著作权纠纷可以调解，也可以根据当事人达成的书面仲裁协议或者著作权合同中的仲裁条款，向仲裁机构申请仲裁。当事人没有书面仲裁协议，也没有在著作权合同中订立仲裁条款的，可以直接向人民法院起诉。

五、著作权邻接权

（一）邻接权概述

著作权邻接权，简称邻接权，是指作品传播者因以他人的作品为基础进行表演、录音录像、电台广播以及电视播放等传播活动而依法享有的专有权利。著作权邻接权制度是伴随着作品传播方式的发展和革新而发展起来的，邻接权不是著作权，却和著作权紧密地联系在一起。对著作权邻接权的保护要晚于对著作权的保护。1961年在罗马缔结的《保护表演者、录音制品制作者和广播组织公约》是关于邻接权保护的第一个国际公约。现在，很多国家都把著作权邻接权作为著作权法的保护对象之一。我国的《著作权法》没有邻接权的概念，而是称之为"和著作权有关的权益"，这些权益主要包括出版者对其出版的图书和期刊的版式设计享有的权利，表演者对其表演享有的权利，录音录像制作者对其制作的录音录像制品享有的权利，广播电台、电视台对其播放的广播、电视节目享有的权利。

邻接权不是著作权，而是基于著作权而产生。两者都是著作权法所保护的专有权利，都要受到一定的限制，但二者存在着本质的差别。首先，二者的权利主体不同。著作权的主体为作品的作者以及作者以外依法取得著作权的公民、法人或其他组织，而邻接权的主体则主要是作品的传播者，包括表演者、录音录像者、广播电台和电视台等，通过创造性地传播他人的作品而享有著作权邻接权。其次，二者保护的客体不同。著作权保护的是符合法律规定的作品，而邻接权保护的是作品的传播形式，主要包括表演活动、录音录像制品、广播电视节目等。最后，著作权是一种独立的权利，邻接权居于从属的地位。著作权先于邻接权产生，没有著作权也就没有邻接权，行使邻接权要以不侵犯原作品作者的权利为前提。

（二）邻接权的内容

我国《著作权法》所指的"和著作权有关的权益"主要有出版者权、表演者权、录音录像制作者权和广播电视组织权。这些权利主体享有《著作权法》规定

的权利,同时也承担相应的义务。

1.出版者权。出版者权指图书和报刊出版者依法对其出版的图书、报纸和期刊所享有的权利。出版者的权利主要有:

(1)专有出版权。图书出版者对著作权人交付出版的作品,按照合同约定享有的专有出版权受法律保护,他人不得出版该作品。

(2)文字修改权。图书出版者经作者许可,可以对作品修改、删节。报社、期刊社可以对作品作文字性修改、删节,对内容的修改,应当经作者许可。

(3)禁止一稿多投的权利。一般来说,一个作品只能给一个出版者出版,这是出版者的一项权利,更是对著作权人的一个要求。当然,也有例外情况,根据《著作权法》,著作权人向报社、期刊社投稿的,自稿件发出之日起15日内未收到报社通知决定刊登的,或者自稿件发出之日起30日内未收到期刊社通知决定刊登的,可以将同一作品向其他报社、期刊社投稿。双方另有约定的除外。

(4)转载、摘编权。作品刊登后,除著作权人声明不得转载、摘编的外,其他报刊可以转载或者作为文摘、资料刊登,但应当按照规定向著作权人支付报酬。

(5)版式设计专有权。出版者对其出版的图书、期刊的版式设计享有专有权,出版者有权许可或者禁止他人使用其出版的图书、期刊的版式设计,这项权利的保护期为10年,截止于使用该版式设计的图书、期刊首次出版后第10年的12月31日。

出版者的义务主要有:

(1)出版者出版图书应当和著作权人订立出版合同,并支付报酬。

(2)图书出版者应当按照合同约定的出版质量、期限出版图书。图书出版者重印、再版作品的,应当通知著作权人,并支付报酬。图书脱销后,图书出版者拒绝重印、再版的,著作权人有权终止合同。

(3)出版改编、翻译、注释、整理、汇编已有作品而产生的作品,应当取得改编、翻译、注释、整理、汇编作品的著作权人和原作品的著作权人许可,并支付报酬。

2.表演者权。表演者权,指表演者依法对其表演所享有的权利。表演者的权利具体包括:

(1)表明表演者身份的权利。

(2)保护表演形象不受歪曲的权利。

(3)许可他人从现场直播和公开传送其现场表演,并获得报酬的权利。

(4)许可他人录音录像,并获得报酬的权利。

(5)许可他人复制、发行录有其表演的录音录像制品,并获得报酬的权利。

(6)许可他人通过信息网络向公众传播其表演,并获得报酬的权利。

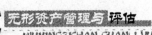

其中,第(3)至第(6)项的权利是有期限的,其保护期为50年,截止于该表演发生后第50年的12月31日。

同样,表演者在享受权利的同时,也要承担相应的义务。这些义务包括:

(1)使用他人作品演出,表演者(演员、演出单位)应当取得著作权人许可,并支付报酬。演出组织者组织演出,由该组织者取得著作权人许可,并支付报酬。

(2)使用改编、翻译、注释、整理已有作品而产生的作品进行演出,应当取得改编、翻译、注释、整理作品的著作权人和原作品的著作权人许可,并支付报酬。

3.录音录像制作者权。录音录像制作者权是指制作录音录像的人对其制作的录音制品、录像制品依法享有的权利。录音录像制作者所享有的权利主要指录音录像制作者对其制作的录音录像制品享有许可他人复制、发行、出租、通过信息网络向公众传播并获得报酬的权利,权利的保护期为50年,截至该制品首次制作完成后第50年的12月31日。

录音录像制作者的义务主要有:

(1)录音录像制作者使用他人作品制作录音录像制品,应当取得著作权人许可,并支付报酬。

(2)录音录像制作者使用改编、翻译、注释、整理已有作品而产生的作品,应当取得改编、翻译、注释、整理作品的著作权人和原作品著作权人的许可,并支付报酬。

(3)录音制作者使用他人已经合法录制为录音制品的音乐作品制作录音制品,可以不经著作权人许可,但应当按照规定支付报酬;著作权人声明不许使用的不得使用。

(4)录音录像制作者制作录音录像制品,应当同表演者订立合同,并支付报酬。

4.广播电视组织权。广播电视组织权是指广播电台、电视台对其编制的广播电视节目依法享有的允许或禁止他人进行营业性转播、录制和复制的权利以及许可他人使用而获得报酬的权利。

(1)根据我国《著作权法》,广播电视组织者享有以下权利:①禁止未经许可,将其播放的广播、电视进行转播的权利。②禁止未经许可,将其播放的广播、电视录制在音像载体上以及复制音像载体的权利。

(2)根据我国《著作权法》,广播电视组织者的义务主要有:①广播电台、电视台播放他人未发表的作品,应当取得著作权人许可,并支付报酬。②广播电台、电视台播放他人已发表的作品,可以不经著作权人许可,但应当支付报酬。③广播电台、电视台播放已经出版的录音制品,可以不经著作权人许可,但应当

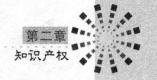

支付报酬。当事人另有约定的除外。④电视台播放他人的电影作品和以类似摄制电影的方法创作的作品、录像制品,应当取得制片者或者录像制作者许可,并支付报酬;播放他人的录像制品,还应当取得著作权人许可,并支付报酬。

六、计算机软件著作权

(一)计算机软件

计算机软件是伴随着计算机的出现而产生的。1946 年 2 月 14 日,世界上第一台计算机在美国宾夕法尼亚大学诞生,短短的几十年时间里,计算机软件行业已经在全世界范围内成为一个举足轻重的行业,甚至已经成为一些国家的支柱产业。一般来说,计算机软件的开发需要投入相当的资金和人力,需要经过相当长的开发过程,但软件一旦开发成功,却极容易被复制,因而非法复制、盗版等侵犯计算机软件著作权的情况相当严重,这极大地破坏了软件行业的有序发展。对计算机软件著作权的保护,是任何一个保护著作权的国家都不能忽视的问题。

对计算机软件进行保护,有利于保障计算机软件著作权人的权益,调整计算机软件在开发、传播和使用中发生的利益关系,鼓励计算机软件的开发与应用,促进软件产业和国民经济信息化的发展。其实,早在 20 世纪 60 年代,就有人提出需要对计算机软件进行法律保护,建立计算机软件的国际保护制度。1972年,菲律宾将计算机软件列入其版权法的保护对象,成为世界上第一个用版权法保护计算机软件的国家。此后,很多国家以及国际公约陆续将计算机软件列为保护对象。我国 1991 年实施的《著作权法》也将计算机软件列为保护对象,同年,我国还颁布了《计算机软件保护条例》。2013 年 2 月 22 日经修改的《计算机保护条例》公布,并于同年 3 月 1 日起施行。

(二)计算机软件著作权的主体和客体

1. 计算机软件著作权的主体。计算机软件的主体即软件著作权人。软件著作权人,是指依照《计算机软件保护条例》规定,对软件享有著作权的自然人、法人或者其他组织。外国人,无国籍人同样可以在我国获得软件著作权的保护。根据我国《计算机保护条例》的规定,"外国人、无国籍人的软件首先在中国境内发行的,依照本条例享有著作权。外国人、无国籍人的软件,依照其开发者所属国或者经常居住地国同中国签订的协议或者依照中国参加的国际条约享有的著作权,受本条例保护。"软件著作权人可以分为原始主体和继受主体。计算机软件的原始主体为软件开发者。这里的软件开发者指实际组织开发,直接进行开发,并对开发完成的软件承担责任的法人或者其他组织,或者依靠自己具有的条件独立完成软件开发,并对软件承担责任的自然人。计算机软件的继受主体指依法继承、受让或承继软件著作权的公民、法人或其他组织。一般来说,软件著

作权人有权将自己著作权中的财产权利依法有偿或无偿转让。

根据我国《计算机保护条例》的规定,计算机软件著作权人享有以下权利:

(1)发表权,即决定软件是否公之于众的权利。

(2)署名权,即表明开发者身份,在软件上署名的权利。

(3)修改权,即对软件进行增补、删节,或者改变指令、语句顺序的权利。

(4)复制权,即将软件制作一份或者多份的权利。

(5)发行权,即以出售或者赠予方式向公众提供软件的原件或者复制件的权利。

(6)出租权,即有偿许可他人临时使用软件的权利,但是软件不是出租的主要标的的除外。

(7)信息网络传播权,即以有线或者无线方式向公众提供软件,使公众可以在其个人选定的时间和地点获得软件的权利。

(8)翻译权,即将原软件从一种自然语言文字转换成另一种自然语言文字的权利。

(9)应当由软件著作权人享有的其他权利。

软件著作权人可以许可他人行使其软件著作权,并有权获得报酬。软件著作权人可以全部或者部分转让其软件著作权,并有权获得报酬。

另外,计算机软件著作权主体所享受的著作权是有期限的。根据《计算机软件保护条例》的规定,自然人的软件著作权,保护期为自然人终生及其死亡后50年,截止于自然人死亡后第50年的12月31日;软件是合作开发的,截止于最后死亡的自然人死亡后第50年的12月31日。法人或者其他组织的软件著作权,保护期为50年,截止于软件首次发表后第50年的12月31日,但软件自开发完成之日起50年内未发表的,不再受《计算机软件保护条例》的保护。

2.计算机软件著作权的客体。计算机软件著作权客体即计算机软件。计算机软件指计算机程序及其有关文档。计算机程序,是指为了得到某种结果而可以由计算机等具有信息处理能力的装置执行的代码化指令序列,或者可以被自动转换成代码化指令序列的符号化指令序列或者符号化语句序列。同一计算机程序的源程序和目标程序为同一作品。文档,是指用来描述程序的内容、组成、设计、功能规格、开发情况、测试结果及使用方法的文字资料和图表等,如程序设计说明书、流程图、用户手册等。这里所指的计算机软件,必须是由开发者独立开发并已经固定在有形的物体上,可以是我们一般所说的操作系统、应用程序等。

(三)计算机软件著作权的归属

和世界上绝大多数国家一样,我国的计算机软件著作权采取的是自动获得

原则。根据《计算机保护条例》第5条,"中国公民、法人或者其他组织对其所开发的软件,不论是否发表,依照本条例享有著作权。"一般软件著作权属于软件开发者,《计算机软件保护条例》另有规定的除外。如无相反证明,在软件上署名的自然人、法人或者其他组织为开发者。

1. 合作开发的软件的著作权归属。由两个以上的自然人、法人或者其他组织合作开发的软件,其著作权的归属由合作开发者签订书面合同约定。无书面合同或者合同未作明确约定,合作开发的软件可以分割使用的,开发者对各自开发的部分可以单独享有著作权;但是,行使著作权时,不得扩展到合作开发软件整体的著作权。合作开发的软件不能分割使用的,其著作权由各合作开发者共同享有,通过协商一致行使;不能协商一致,又无正当理由的,任何一方不得阻止他方行使除转让权以外的其他权利,但是所得收益应当合理分配给所有的合作开发者。

2. 委托开发的软件的著作权归属。接受他人委托开发的软件,其著作权的归属由委托人与受托人签订书面合同约定;无书面合同或者合同未作明确约定的,其著作权由受托人享有。

由国家机关下达开发任务的软件,著作权的归属与行使由项目任务书或者合同规定;项目任务书或者合同中未作明确规定的,软件著作权由接受任务的法人或者其他组织享有。

3. 职务开发的软件的著作权归属。自然人在法人或者其他组织中在任职期间所开发的软件有下列情形之一的,该软件著作权由该法人或者其他组织享有,该法人或者其他组织可以对开发软件的自然人进行奖励:

(1)针对本职工作中明确指定的开发目标所开发的软件。

(2)开发的软件是从事本职工作活动所预见的结果或者自然的结果。

(3)主要使用了法人或者其他组织的资金、专用设备、未公开的专门信息等物质技术条件所开发,并由法人或者其他组织承担责任的软件。

复习思考题

1. 列举知识产权的6项特点。

2. 简述商标与商号的区别。

3. 阐述不能申请专利的情况及原因。

4. 列举著作权的基本内容。

5. 著作权邻接权属于著作权吗?如果不是,它与著作权的关系如何?

第三章
权利型无形资产

● 了解土地的自然特征和经济特征,了解地价的种类及影响地价的因素,掌握土地使用权出让的概念及三种出让的方式。

● 掌握租赁的种类。

● 掌握特许经营的概念,了解特许经营制度在世界各地的发展,掌握特许经营和其他经营类型的区别,了解特许经营的分类及特点。

权利型无形资产主要通过正式或非正式的契约而产生,契约双方存在着利益关系。本章主要介绍三种权利型无形资产,即土地使用权、租赁权和特许经营权。土地使用权一节主要介绍土地、土地价格、土地使用权的相关基本理论,租赁权一节主要介绍租赁的起源、分类以及租赁业对我国经济发展的作用,特许经营权一节重点介绍特许经营制度及特许经营的种类等基础理论。

第一节　土地使用权

一、土地和土地使用权

(一)土地及其特征

土地是地球表层的陆地部分及附属物,包括内陆水域和滩涂,它是由地貌、土壤、岩石、水文、气候、植被等要素组成的自然综合体。英国古典政治经济学创始人威廉·配第曾写到,"劳动是财富之父,土地是财富之母。"土地是人类生活的载体,是人类进行生产的最重要的生产资料之一,是社会经济发展的最重要的自然资源之一。土地对每一个人、每一个国家的生存和发展都有非常重要的制约作用。土地是有限的,怎样合理地利用有限的土地,是人类发展非常重要的课题之一。

土地是人类最早拥有的一种财富。不同于其他类型的资产,土地具有自己的特征,包括自然特征和经济特征。

1. 自然特征。土地的自然特征主要有以下三个:

(1)有限性。不同于动植物等具有可再生能力的资源,土地资源是不可再生的,不会随着人类的意愿增加或减少。任何一个国家和地区拥有的土地,总会受一定面积的限制。就全球范围来讲,地球表面的面积是一定的;就一个国家或一个地区而言,在界线相对不变的条件下,其所拥有的可供利用的土地也是有限的。随着科技的进步与经济的发展,未被开垦的土地越来越少。特别是随着城市规模的扩大与数量的增加,对土地的需求也不断增加,在土地有限的情况下,势必会造成对耕地的占用。加上环境污染以及植被的破坏,给农业生产带来了很大的不便。这些都是关系到人类生存的基本问题,所以,有效地利用和保护有限的土地资源非常重要。

(2)土地位置的固定性和差异性。在生产中,人们可以根据需要对一些生产资料进行搬迁、转移,而土地则不行。人们可以利用和改造土地,却无法改变土地的地理位置。不同位置的土地对人们来说有着不同的用途,因为不同位置的土地,其阳光照射、雨水、温度、湿度等自然条件都不一样,这些条件决定了土地的肥沃程度。而且,土地还有距离城市远近等差别。正是由于地理位置的固定性,导致了土地之间的差异性,满足了人类不同的需求。

(3)土地使用的永续性。土地的使用具有永续性的特点,土地虽不可再生,却可以被连续地使用,也就是说,土地永远不会丧失其使用价值,而且,对土地进行的投资可以多次发挥作用。

2. 经济特征。土地的经济特征基于土地的自然特征而存在,反映了基于土地使用而产生的人与人之间的经济关系。一般来说,土地具有以下经济特征:

(1)土地供给的相对稀缺性。土地是人类宝贵的不可再生的资源,社会经济的发展、人口的增加等都会带来土地需求的增加。相对于这些不断增加的需求,有限的土地供给则表现为土地资源的相对稀缺。

(2)土地效用的多样性。土地为人类提供了生存和活动的空间,人们可以根据需要,对土地进行不同的开发和利用。例如,土地可以被用于农业、工业、交通、公共设施、娱乐场所等不同的领域。不同位置和质量的土地可以有不同的用

途,这就是土地效用的多样性。

(3)土地所有权的排他性和垄断性。

(4)土地的边际报酬递减的可能性。在技术一定的条件下,对一块土地连续追加投资,可能会引起收益的递减。这一点在农业方面表现得尤为明显,所以,需要不断地改进技术,以更加有效地利用土地。

(二)土地使用权

1.土地使用权。土地使用权是土地使用者依照国家法律法规对国家和集体所有的土地所享有的占有、使用、收益和处分的权利。土地使用权不是土地所有权的使用权能,在这里我们需要加以区分。

所谓土地所有权是指土地所有人依法对土地所享有的占有、使用、收益和处分的权利。土地所有权是土地所有制的法律表现形式。土地所有制分为公有制和私有制,不同的国家有不同的土地所有制。根据《中华人民共和国土地管理法》第2条,"中华人民共和国实行土地的社会主义公有制,即全民所有制和劳动群众集体所有制。"可见,我国实行的是土地公有制,这种公有制包括全民所有制和劳动群众集体所有制。从土地所有权的概念可以看出,土地所有权的内容包括占有、使用、收益和处分四项权能。土地所有人可以同时享有这四项权利,也可以将部分权利独立出去。例如,保留收益权和处分权,而将占有权和使用权独立出去,并获取相应的报酬。

土地使用权和土地所有权的使用权能的区别在于,土地所有权的使用权能指的是土地所有者利用自己的土地满足自己的生产生活需要的权利,是土地所有权的有机组成部分。土地使用权是土地所有权人以外的土地使用者所享有的一项独立的物权,这里的土地使用者可以是公民、法人、非法人团体,也可以是国外的组织和个人。土地使用权的内容也包括占有、使用、收益和处分等四项权能,和土地所有权的权能不同的是,这里的处分权仅指土地使用权人享有的处置其土地使用权的权利。对于所有权来说,处分权是所有权的核心,因为它涉及所有权的产生、变更以及终止。

2.土地使用权的具体形式:

(1)使用。土地使用权人在一定期限内,依法对相关地块享有开发利用、经营管理的权利。土地使用权人可以根据需要安排土地的用途,可以用做居住用地、工业用地、农业用地、体育场所、商业、旅游、娱乐用地等。但利用土地需要遵守相关的规定,并不是没有限制。我国的《土地管理法》明确规定,使用土地的单位和个人,必须严格按照土地利用总体规划确定的用途使用土地。

(2)获取收益。土地使用权人依法享有利用土地使用权获得收益的权利。获得收益的方式可以是通过开发利用土地的生产经营活动获得投资回报,也可

以是按照法律规定,进一步对土地使用权进行转租和转让,获取租金和转让金。

(3)转让。我国的《土地管理法》规定,土地使用权可以依法进行转让,但任何单位和个人不得侵占、买卖或者以其他形式非法转让土地。

(4)抵押。债务人可以向债权人提供土地使用权,作为清偿债务的担保。在债务得不到清偿时,债权人可以通过变卖债务人提供的土地使用权获得补偿。这里需要注意的是,债权人的权利只是抵押权,而不是抵押物的所有权。

二、土地价格和影响土地价格的因素

(一)土地价格

土地是有价格的,然而,关于土地是否具有价值却一直存在着争议。有人认为土地是有价值的,因为土地具有使用价值;有人认为天然的土地不具有价值,只有经过人类开发的土地才具有价值;也有人根据马克思的劳动价值论,认为土地不是人类劳动的产品,不是商品,不具有价值。我们倾向于最后一种观点。土地虽然不具有价值,不能成为商品,却可以根据需要对土地进行商品化经营,商品化了的土地便有了价格。一般来说,我们所说的土地价格不是土地买卖的价格而是土地使用权的价格。其他商品的价格围绕价值上下波动,价值是价格的基础,然而土地并不具有价值,土地的价格指的是地租的资本化。在我国,土地的所有权并不能进入市场进行买卖,我们出让或转让的只是土地的使用权。土地使用者在合同期限内使用土地,获取收益,并向土地所有者或土地使用权所有者支付相应的报酬,这部分报酬称为地租。根据马克思的地租理论,不同的地理位置和投资追加会产生级差地租,同时,土地价格作为地租的资本化,也是受诸多因素影响而不断变化的。

在现实的经济活动中,根据需要,产生了不同的土地计价方法。根据不同的标准,可以把地价作如下划分:

1.评估价格和交易价格。根据土地价格是否已经实现,土地价格分为评估价格和交易价格。评估价格是评估专业人员根据所掌握的资料,运用自己的知识和经验,对土地使用权的价格进行的合理的估算和判定。不同的评估师由于知识、经验等条件的不同,对同一块地做出的评估价格可能不一样。

交易价格指的是指买卖双方在买卖过程中的实际成交价格。同一块地只能有一个交易价格,而随着市场供求的变化,市场交易价格也不断发生变动。

2.基准地价和标定地价。基准地价是指政府为调控城市地价水平、加强地价管理而设置的城镇国有土地的基本标准价格,是各城镇按不同的土地级别、不同的地段分别评估和测算的商业、工业、住宅等各类用地土地使用权的平均价格。基准地价具有公示性质,可以作为土地税收的依据。从以上定义可以看出,

首先,基准地价是政府在一定时期内评估的、覆盖全市(县)的土地使用权价格,是一个区域性地价;其次,基准地价是单位土地面积的地价,是各类用地的平均地价。

标定地价,是指市、县政府在正常市场、正常经营和正常政策作用条件下,对具体宗地在一定适用年限内的评估值所标示的价格。

除上述地价外,在土地市场中,还有出让价格与转让价格、出租价格和抵押价格等。

(二)影响土地价格的因素

在现实生活中,影响土地价格的因素有很多,有宏观方面的因素,也有微观方面的因素。具体来说,影响地价的因素有:

1. 政策因素。政策因素主要是指国家对土地价格的宏观干预。这些政策因素主要包括土地制度、住房制度、城市规划、土地出让方式、地价政策、税收政策等。正如其他市场需要相应的法律法规来规范一样,土地使用权的交易市场同样需要相应的政策加以规范。

2. 经济因素。总的来说,经济因素的作用主要体现在对供求关系的影响上。经济是一个动态的过程,土地的供给和需求同样是处于不断的变化过程中。这里,土地供给的变化主要表现为自然供给的变化和经济供给的变化,可以是指建设用地的增减,不同土地利用类别之间结构的调整等。一般来说,土地供给的增加,可以降低地价并有效地抑制地价的上涨,由于土地的供给是有刚性的,即在短期内不可能有很大的变化,所以需求的增加将会直接表现为土地价格的上涨。

具体来说,影响土地需求的因素主要有:①经济发展状况。当国民经济处于扩张或快速发展时期,土地的总需求通常会不断扩大,使得土地价格上涨。②居民收入和消费水平。居民收入的变化,会改变对房屋的位置、面积等的要求,从而增加或减少对土地的需求。③物价水平。物价水平的变化会产生需求的替代效应和收入效应,从而影响对土地的需求。④储蓄和投资水平、财政收支与金融状况、利率水平等。储蓄和投资水平、财政收支与金融状况、利率水平的变化等都会对土地的价格产生一定的影响。一般来说,扩张性的经济政策会带来土地需求的增加,紧缩性的经济政策会减少对土地的需求。

3. 社会因素。社会发展状况对地价也有很大影响。这些社会因素包括人口因素、政治和社会治安状况、城市化进程等方面。特别是人口的增加导致对住房需求的增加,是推动土地价格上涨的主要因素。另外,人们的风俗习惯、价值观念以及对风水的迷信等都会影响土地的价格。

4. 土地的特征因素。土地本身的特征因素对土地的价格也有着非常重要的影响。这些特征因素主要包括土地的位置因素、地质因素和大小形状因素等。

位置因素主要指土地所处的地理位置,处于市中心的土地要比郊区的土地价格高,繁华的大城市的地价要高于一般小城镇的地价;土地周围的公共设施、交通环境等都存在着一定的差别,这些也都导致了地价的差别。地质因素主要指土地的地形、坡度、通风和光照、雨水等因素,特别是农业用地,受地质因素的影响很大。土地的大小形状直接决定了土地的用途,盖一间小商铺和一个大商场所用的土地肯定不一样,而且土地的形状也是使用时必须加以考虑的因素。土地的特征因素是对土地使用的自然限制,具有不同特征的土地,其价格自然存在着差别。

三、土地使用权的出让

(一)土地使用权出让的概念

土地使用权的出让是指国家将国有土地使用权在一定年限内出让给土地使用者,由土地使用者向国家支付土地使用权出让金的行为。土地使用权出让的前提是土地的所有权和使用权的分离。土地使用权的出让是一种政府行为,是一种有偿出让土地使用权的行为。我国的土地所有制是公有制,土地使用权的出让只是土地使用权的转移,并不改变土地所有权的归属。土地使用权出让市场是一级市场,政府是唯一的出让者,受让人可以是各种性质的土地使用者。受让人在规定的年限内获得土地使用权并支付相应的出让金。对于土地的不同用途,规定的土地出让的最高年限也不尽相同。根据《中华人民共和国城镇国有土地使用权出让和转让暂行条例》的规定,国有土地使用权出让最高年限按下列用途确定:①居住用地 70 年;②工业用地 50 年;③教育、科技、文化、卫生、体育用地 50 年;④商业、旅游、娱乐 40 年;⑤综合或其他用地 50 年。

土地登记时,土地使用年限自用地单位或房地产开发商与国土部门签订土地出让合同之日算起。土地使用期满时,土地使用者可以申请续期。需要续期的,应当按照土地使用权出让的程序重新签订合同,支付土地使用权出让金,并办理登记。

(二)土地使用权的出让方式

土地使用权的出让可以根据需要采取不同的方式。根据《中华人民共和国城市房地产管理法》的规定,"土地使用权出让,可以采取拍卖、招标或者双方协议的方式。"采用三种不同的出让方式,主要是考虑到不同的土地用途,需要不同程度地利用市场机制。例如,相对于协议方式,招标和拍卖方式的竞争程度要更高一些。《中华人民共和国城市房地产管理法》规定,"商业、旅游、娱乐和豪华住宅用地,有条件的,必须采取拍卖、招标的方式;没有条件的,不能采取拍卖、招标方式的,可以采取双方协议的方式。"土地使用权出让,由市、县人民政府有

计划、有步骤地进行。出让的每幅地块、用途、年限和其他条件,由市、县人民政府土地管理部门会同城市规划、建设、房产管理部门共同拟订方案,按照国务院规定,报经有批准权的人民政府批准后,由市、县人民政府土地管理部门实施。

1. 协议出让。协议出让是指国土资源行政主管部门与意向用地者之间经过协商达成一致并最终签订土地出让合同的方式。协议出让方式一般适用于公共事业和优先发展产业的用地,如一些非营利性机构或单位以及工业、交通、能源和基础设施的用地等。协议出让国有土地使用权,应当遵循公开、公平、公正和诚实信用的原则。以协议方式出让国有土地使用权的,出让金不得低于按国家规定所确定的最低价。

根据《协议出让国有土地使用权规定》,协议出让的程序是:

(1)市、县人民政府国土资源行政主管部门应当根据经济社会发展计划、国家产业政策、土地利用总体规划、土地利用年度计划、城市规划和土地市场状况,编制国有土地使用权出让计划,报同级人民政府批准后组织实施。国有土地使用权出让计划应当包括年度土地供应总量、不同用途土地供应面积、地段以及供地时间等内容。

(2)国有土地使用权出让计划公布后,需要使用土地的单位和个人可以根据国有土地使用权出让计划,在市、县人民政府国土资源行政主管部门公布的时限内,向市、县人民政府国土资源行政主管部门提出意向用地申请。市、县人民政府国土资源行政主管部门公布计划、接受申请的时间不得少于 30 日。

(3)对符合协议出让条件的,市、县人民政府国土资源行政主管部门会同城市规划等有关部门,依据国有土地使用权出让计划、城市规划和意向用地者申请的用地项目类型、规模等,制定协议出让土地方案。协议出让土地方案应当包括拟出让地块的具体位置、界址、用途、面积、年限、土地使用条件、规划设计条件、供地时间等。

(4)市、县人民政府国土资源行政主管部门应当根据国家产业政策和拟出让地块的情况,按照《城镇土地估价规程》的规定,对拟出让地块的土地价格进行评估,经市、县人民政府国土资源行政主管部门集体决策,合理确定协议出让底价。协议出让底价不得低于协议出让最低价。

(5)协议出让土地方案和底价经有批准权的人民政府批准后,市、县人民政府国土资源行政主管部门应当与意向用地者就土地出让价格等进行充分协商,协商一致且议定的出让价格不低于出让底价的,方可达成协议。

(6)市、县人民政府国土资源行政主管部门应当根据协议结果,与意向用地者签订《国有土地使用权出让合同》。《国有土地使用权出让合同》签订后 7 日内,市、县人民政府国土资源行政主管部门应当将协议出让结果在土地有形市场等指定场所,或者通过报纸、互联网等媒介向社会公布,接受社会监督。公布协议出让结果的时间不得少于 15 日。

(7)土地使用者按照《国有土地使用权出让合同》的约定,付清土地使用权出让金、依法办理土地登记手续后,取得国有土地使用权。

以协议出让方式获得的土地,其用途有严格的限制,根据《协议出让国有土地使用权规定》,"以协议出让方式取得国有土地使用权的土地使用者,需要将土地使用权出让合同约定的土地用途改变为商业、旅游、娱乐和商品住宅等经营性用途的,应当取得出让方和市、县人民政府城市规划部门的同意,签订土地使用权出让合同变更协议,或者重新签订土地使用权出让合同,按变更后的土地用途,以变更时的土地市场价格补交相应的土地使用权出让金,并依法办理土地使用权变更登记手续。"

2. 招标出让。招标出让是指在规定的时间内,由符合条件的单位或个人以书面投标的方式,竞投某块地的使用权,由代表政府的招标小组择优而取。相对于协议出让,招标出让的竞争程度更高一些。土地使用权招标出让的程序是:

(1)代表国家出让土地使用权的土地管理部门向有意受让人发出招标通知书,通知书内容主要包括地块面积用途、出让年限、投标者应具备的资格、投标地点、截止日期和投标保证金要求等。

(2)有意受让人向招标者申请投标,经招标人资格审查批准后,在规定的时间内缴纳投标保证金,到指定的地点将密封的标书投入指定的标箱。标书的主要内容应包括土地开发利用方案、出让金数额、付款方式等。

(3)由出让方聘请专家顾问组成的评标委员会开标后,剔除不合格的标书,对有效标书进行评审,决定中标者。确定中标者后,由评标委员会签发决标书,由出让方向中标者发出中标通知书。

(4)中标者持中标通知书,在规定期限内与招标人签订土地出让合同,并按规定缴纳土地出让金。

(5)中标者缴付合同规定的全部出让金后,向国有土地所有者代表办理使用权登记,领取土地使用证。

3. 拍卖出让。拍卖出让是指在特定的时间和地点,由竞投者公开竞投某一块土地的使用权的方式。竞投者公开竞价,价高者得。拍卖出让与招标出让都是竞争性的出让方式,但存在明显的区别。在拍卖方式中,竞投者全部当场竞价,成交者一定是应价最高者,而在招标方式中,投标人都只有一次机会,不存在连续报价,投标人互相不了解对方的条件,而且中标者不一定是出价最高者。拍卖出让的方式主要适用于竞争性比较强的房地产、金融、旅游等行业。简单地说,拍卖出让的程序是:

(1)由土地管理部门事先通过新闻媒介等方式公告拍卖土地的时间、地点

和要出让的地块的地点、面积、用途、年限及其他有关事宜。

（2）在规定的时间、地点，由拍卖主持人主持拍卖活动，由主持人宣布拍卖的底价，由竞投者进行竞价，最后应价最高者当场成交。

（3）拍卖得地者应当场与代表政府的土地管理部门签订土地出让合同并交付履约保证金。

（4）土地受让人向政府土地管理部门办理土地使用权登记，领取土地使用证。

四、土地使用权的转让

土地使用权转让是指土地使用者将土地使用权再转让的行为，包括出售、交换和赠予。根据我国的《土地管理法》，土地使用权可以依法转让，但是，任何单位和个人不得侵占、买卖或者以其他形式非法转让土地。土地使用权转让时，出让合同和登记文件所载明的权利、义务随之转移，其地上建筑物、其他附着物所有权也随之转让。土地使用权可以依法多次转让，但土地使用权转让的年限不得超过土地使用权出让合同规定的年限减去已使用的年限。土地使用权的转让与出让的区别主要在于，土地使用权的转让是土地使用权在土地使用者之间的横向流动，而出让则是基于土地使用权与土地所有权的分离。出让方必定是国家，而且，土地使用权的出让是有偿的，而转让既可以是有偿的，也可以是无偿的。

土地使用权转让市场是土地使用权交易的二级市场，它使土地使用权的流转更加顺畅，更加灵活，有利于土地使用权交易市场的完善，与土地使用权出让市场一起构成了我国的社会主义土地市场。在现实经济中，需要对土地市场进行有效的管理，防止过度的土地投机、炒卖地皮。我国《城镇国有土地使用权出让和转让暂行条例》规定："未按土地使用权出让合同规定的期限和条件投资开发、利用的，土地使用权不得转让。"可见，土地的转让是有条件的，土地使用权的转让应符合以下条件：

第一，具有土地使用权出让合同并缴清出让土地使用权地价款和有关税费；

第二，领有《国有土地使用证》或合法的土地使用批准文件；

第三，按土地使用权出让合同规定的期限和条件投资、开发、利用土地，投入开发建设的资金已达到投资总额（不包括地价款）的 25% 以上。

土地使用权的转让当事人双方应签订转让合同，并持转让合同和有关证件，办理土地使用权过户登记，换领《国有土地使用证》。土地使用权转让合同的主要内容应包括转让的具体标的、成交的价格、转让的期限、履行合同的方式、签订合同的时间以及违约责任。

土地使用权的转让可以采取不同的方式，一般来说主要有出售、交换、赠予三种方式,除此之外,还可以通过继承、破产拍卖等方式实现转让,在这里我们主要介绍出售、交换、赠予三种方式。

出售即通过买卖的方式实现转让,购买方支付约定的价款取得土地使用权。转让后,土地使用权转出者脱离原合同规定的权利义务,这些权利和义务将转移给新的土地使用者。在这里需要强调的是,不同于一般商品买卖的所有权转移,这里交易的仅是土地的使用权,土地的所有权始终归国家所有。

交换是指当事人双方互相交换余期土地使用权。在现实中,当事人主要因经济需要而交换土地使用权。交换土地使用权后,与土地出让相关的权利义务也随之转移。

赠予是指原土地使用权拥有者将自己的土地使用权无偿地转移给受赠人。赠予人与受赠人之间签订相关的合同,同时发生权利义务的转移。

五、土地使用权的出租、抵押和划拨

(一)土地使用权出租

土地使用权出租是指土地使用者作为出租人,将土地使用权随同地上建筑物、其他附着物租赁给承租人使用,由承租人向出租人支付租金的行为。出租人与承租人应当签订租赁合同,租赁合同不得违背国家法律、法规和土地使用权出让合同的规定。出租人必须继续履行土地使用权出让合同。一般来说,出租人是通过国家的土地使用权出让而获得土地使用权的人,出租的土地是国家出让的城镇土地,未按土地使用权出让合同规定的期限和条件投资开发、利用土地的,土地使用权不得出租。土地使用权和地上建筑物、其他附着物出租,出租人应当依照规定办理登记。

(二)土地使用权抵押

土地使用权抵押是指将土地使用权作为履行债务的担保的行为。土地使用权抵押,抵押人与抵押权人应当签订抵押合同。土地使用权抵押时,其地上建筑物、其他附着物随之抵押。地上建筑物、其他附着物抵押时,其使用范围内的土地使用权随之抵押。抵押人到期未能履行债务或者在抵押合同期间宣告解散、破产的,抵押权人有权依照国家法律、法规和抵押合同的规定处分抵押财产并享有优先受偿权。抵押权因债务清偿或者其他原因而消灭的,应当依照规定办理注销抵押登记。

(三)土地使用权划拨

土地使用权划拨,是指县级以上人民政府依法批准,在土地使用者缴纳补偿、安置等费用后,将该幅土地交付其使用,或者将土地使用权无偿交付给土地使用者使用的行为。不同于其他方式获得的土地使用权,通过划拨取得的土地

是无偿使用的,而且一般来说,以划拨方式取得土地使用权的,除法律、行政法规另有规定外,没有使用期限的限制。目前,我国的土地供应的方式主要是有偿出让和行政划拨,行政划拨的土地一般是非营利性的。根据《中华人民共和国土地管理法》第54条规定,"建设单位使用国有土地,应当以出让等有偿使用方式取得;但是,下列建设用地,经县级以上人民政府依法批准,可以以划拨方式取得:①国家机关用地和军事用地;②城市基础设施用地和公益事业用地;③国家重点扶持的能源、交通、水利等基础设施用地;④法律、行政法规规定的其他用地。"由于通过划拨获得的土地使用权是无偿的,所以一般不允许转让、出租和抵押,但也有例外情况。根据《中华人民共和国城镇国有土地使用权出让和转让暂行条例》第45条规定,"符合下列条件的,经市、县人民政府土地管理部门和房产管理部门批准,其划拨土地使用权和地上建筑物、其他附着物所有权可以转让、出租、抵押:①土地使用者为公司、企业、其他经济组织和个人;②领有国有土地使用证;③具有地上建筑物、其他附着物合法的产权证明;④依照本条例第二章的规定签订土地使用权出让合同,向当地市、县人民政府补交土地使用权出让金或者以转让、出租、抵押所获收益抵交土地使用权出让金。"

第二节 租赁权

一、租赁权及现代租赁的起源

租赁权指的是承租人根据租赁合同,支付一定的租金而获得的在一定时期内占有和使用出租人相关财产的权利。租赁权作为一种无形资产,体现了出租人和承租人之间的经济关系。

租赁权是一种对物产权,伴随着租赁行为而产生。

租赁,简单地说,是出租人将特定的物品租给承租人使用并取得一定的报酬的行为。租赁,站在出租人的角度为"租",站在承租人的角度为"赁"。租赁的出现主要基于所有权和使用权的分离,是经济发展到一定程度的要求。

租赁作为一种经济行为很早就出现了,在我国封建社会盛行的土地租佃制度,就是由地主将土地租给佃农耕种并收取一定的地租。在我国历史上,有文字记载的原始形态的租赁可追溯到西周时期。《卫鼎(甲)铭》记载,邦君厉把周王赐给他的五田,出租了四田。据史学家考证,在西周中期以后,涉及租赁的诉讼已不少见了。同样,在欧洲的古封建时期,也出现过类似的租赁行为,这些都是传统的租赁。

一般认为,现代意义上的租赁起源于第二次世界大战后的美国。二战以后,由于战争消耗的停止,美国工业化生产出现了过剩,生产厂商为了解决设备的销售问题,采取分期付款、寄售、赊销等方式销售自己的设备。对于这些生产厂商来说,所有权和使用权同时转移,资金回收的风险比较大,于是有人开始借用传统租赁的做法,将设备的所有权保留在销售方,购买者只享有使用权,直到出租人融通的资金全部以租金的方式收回后,才将所有权转移给购买人。这种方式就是我们现在所说的"融资租赁"。1952 年,世界上第一家专业租赁公司——美国租赁公司成立,之后,许多国家的租赁业也都有了快速的发展。

现代租赁业的产生虽然只有短短几十年时间,但其发展速度却非常快。目前,租赁的范围已经包括机器设备、器具、汽车、飞机等多个重要的行业。在现实中,租赁对于产品的销售,特别是金额较大的产品的销售,如飞机、汽车等,发挥了非常重要的作用。例如,全球有 60% 的飞机是采用租赁方式提供给运营商的,每年采取融资方式(贷款或租赁)销售的汽车约占全部销售额的 70%,而租赁方式又占其中的 60% 以上。租赁业的发展状况与一个国家的整体经济发展水平有着非常密切的关系。以 2001 年的市场渗透率(即租赁在所有固定资产设备投资中的比例)为例,美国达到了 31%;加拿大为 22%;英国、德国、法国分别为 14.4%,13.5%,13.7%;日本为 9.2%。我国现代租赁业始于 20 世纪 80 年代初,融资租赁的概念最早是从日本引进的。

二、租赁的种类

(一)融资租赁

融资租赁又称金融租赁,指出租人应承租人的要求购入所需设备,出租给承租人长期使用,承租人按约定支付一定的租金的租赁方式。融资租赁一般涉及出租人、承租人、供货人三方关系,其实质是一种信贷关系。融资租赁不同于一般的借钱还钱,借物还物,而是借物还钱,融资融物,是资本与实物运动的结合。融资租赁的租赁期限较长,一般相当于租赁设备估计经济技术寿命的大部分年限,出租人在租期内通过收取租金的形式收回全部投入以及利息、利润。租赁期满之后,承租人一般对设备有留购、续租和退租三种选择,通常是承租人支付象征性的价款,获得租赁设备的所有权。

按照交易方式的不同,融资租赁还可以分为直接租赁、转租赁和售后回租。

1. 直接租赁。直接租赁是指出租人按照承租人的要求购买选定的设备,并将该设备出租给承租人使用,收取租金的租赁方式。直接租赁是目前我国采用的主要的融资租赁方式,当前多数的租赁业务采取此种形式。

2. 转租赁。转租赁是指出租人先作为承租人从其他出租人处租进其用户所

需设备,然后再租给其他承租人使用的租赁方式。在转租赁业务中,上一租赁合同的承租人同时又是下一租赁合同中的出租人,转租人以收取租金差为目的。

3.售后回租。售后回租是指企业先将自己的设备出卖给出租人,同时与出租人订立一份融资租赁合同,再将该设备从出租人处租回的租赁形式。当企业出现资金短缺时,可以采取售后回租的方式改善资金周转,同时不致影响生产。这种租赁形式同抵押贷款有某些相似之处,不同之处是,抵押并不改变设备的所有权,而售后租回将发生所有权的转移。

（二）经营租赁

经营租赁包括融资租赁以外的其他一切租赁形式。出租方把设备等相关财产出租给承租方使用,承租方支付租金,期满承租方返还财产。经营租赁通常只是为了满足经营上短期的、临时的或季节性的需要,一般没有添置资产的目的。

三、租赁业对我国经济发展的作用

在我国,租赁业的发展时间还不是很长,规模也不是很大。但就长远来看,租赁业的发展对我国的经济发展有着重要的意义。

第一,租赁业作为一个新型的行业,打破了传统的信贷和商业信用的原有模式,给我国的经济注入了新的活力。租赁机构作为整个金融体系中一种新兴的非银行信用机构,完善了我国的金融体系。在租赁业出现之前,企业必须先通过信贷等方式筹集大量资金,然后才能购买相应的技术和设备。很多企业因为缺乏足够的资金,不能进行技术改造和设备更新,影响了企业的发展。我国正处于快速发展的时期,成千上万家企业都因设备陈旧、技术落后而缺乏竞争力,这对整个国民经济的健康发展非常不利。租赁业的发展使得一些企业可以通过租赁的方式获取急需的技术和设备,企业只需少量的资金,而不必支付大量的购买价款。而且,与原来的传统信贷模式相比,租赁大大简化了企业的技术设备引进过程,提高了经济运作的效率。

第二,租赁是利用外资、引进先进技术设备的理想渠道和有效方式。租赁不同于进口和贷款,而是租用;利用租赁方式,可以在不影响我国对外负债总额的情况下,利用更多的国外资金,从而扩大我国利用外资的规模和能力。而且,租赁只有使用权的转让,不涉及所有权的转移,这有利于避开一些国家设置的贸易壁垒和技术封锁,便于获得一些较为先进的技术设备。举例来说,在利用融资租赁之前,我国民航业最先进的飞机由苏联制造,之后,中国国际信托投资公司利用杠杆租赁方式,从美国为中国民航总局租赁了第一架波音747SP飞机。截至2000年年底,中国民航购租飞机约738架,其中,通过融资租赁方式引进波音747-400,777,767;空中客车A300,A321,A320等喷气客机365架,占49.5%,

同时,通过经营性租赁引进飞机 117 架,占 15.8%。可见,租赁业的发展对我国民航事业的发展起了巨大的推动作用。

四、我国租赁业存在的问题

(一)租赁业规模小,发展速度慢

据统计,2000 年全球租赁总额为 4 989.5 亿美元,发达国家在全球租赁额中占有 90%以上的份额,其中美国租赁总额高达 2 600 亿美元,占全球租赁总额的45%,市场渗透率高达 31.7%,而我国仅仅为 20 亿美元。数据显示,美国租赁业对 GDP 的贡献率已超过 30%,而我国仅为 0.03%。发达国家租赁业的市场渗透率已达 15%~30%,而我国仅为 1%左右。很明显,在正处于经济快速发展时期的我国,租赁业现有的规模和发展速度还远远不够。

(二)租赁方式单一,租赁业务结构不平衡

从租赁形式上看,我国的租赁业表现为单一的融资形式,而其他一些较为先进的租赁形式如回租租赁、转租赁、委托租赁等还没有开展,这不利于我国租赁业务的多元化发展。同时,租赁业业务结构不平衡问题也很严重。我国现有租赁业务中,绝大部分是进口设备租赁,出口租赁尚在起步阶段,对国内设备的需求量小。业务结构的不平衡,直接影响了我国参与国际租赁市场。

(三)政策法规不健全,租赁业管理分散

目前,我国仅有一部虽经多次修改,却尚未公布施行的《中华人民共和国融资租赁法(草案)》,还没有一部系统完备、能充分保护租赁当事人合法权益的租赁法,这使得我国的租赁业还处于无法可依的状态。而且,国外的租赁业务大多享受税收优惠政策,我国的租赁业同样应该有相应的税收政策加以扶持。法制的不健全不利于租赁业的管理。目前,国内租赁公司分别由银监会、商务部等不同部门监管,这种多重管理导致权力分散、责任不清、监管标准不一,容易产生部门摩擦,难以在政策上协调统一。没有统一的管理部门或相关的租赁业管理协会,使得我国租赁业的管理职责不明晰,产生摩擦时的处理成本较高。

第三节 特许经营权

一、特许经营权的概念

在我国,特许经营一词译自英文 Franchising。Franchise 一词源自法文,有"免于奴隶和苦役的身份"的意思,后来演变为"特许"或"自由"。特许经营不是

一个行业,而是一种经营商品和服务的模式。特许经营的起源和政治密切相关,它最早是指政府或者国王赋予个人某些特殊的权利,是一种行政权的延伸。特许经营权(简称特许权)可以简单地理解为特许经营中,特许人授予受许人的所有权利的总称。在现代社会,特许经营早已突破了行政限制,更多地发生在经济领域,也更多地被认为是一种经济行为。

其实,关于 Franchising 一词的翻译和理解,国内存在着不同的观点,主要有以下两种:

一种是把 Franchising 译为特许连锁或加盟连锁,这种译法认为,特许连锁是连锁店的一种组织形式,与公司连锁、自由连锁并列为连锁的三种类型。但在西方,这几种经营形式各自的定义不同,在实践中的特点也不同,有严格的区别。

另外一种是把 Franchising 译为特许经营。把特许经营组织与连锁店、自由连锁、合作社等并列,属于所有权不同的商店的范畴。这种译法与西方市场营销学的界定是一致的。特许经营一词的内涵也与英文 Franchising 的含义相符,是一种常用的译法。

要了解特许经营权的概念,最主要的就是要弄清特许经营的定义。然而,特许经营这种经营模式虽然在全世界已经有了 100 多年的发展历史,却没有形成一个统一的定义,不同的国家和组织对特许经营都有自己的定义。一般来说,主要有以下几种:

第一个也是相对来说比较通用的定义是国际特许经营协会(International Franchise Association,简称 IFA)给特许经营下的定义:特许经营是一种特许人和受许人之间的契约(合同)关系,对受许人经营的领域、经营的诀窍和培训,特许人有义务提供或保持持续的兴趣;受许人的经营是在由特许人所有且控制下的一个共同标记、经营模式和(或)过程之下进行的,并且,受许人用自己的资源对其业务进行投资。

美国商务部给特许经营下的定义与 IFA 相仿,认为特许经营是"主导企业把自己开发的产品、服务的营业系统(包括商标、商号等企业形象的使用,经营技术,营业场合和区域)以合同的形式,授予加盟店在规定区域内的经销权和营业权,加盟店则交纳一定的营业权使用费,承担规定的义务。"

欧洲特许经营联合会对特许经营下的定义为:"特许经营是一种营销产品、服务和(或)技术的体系,基于在法律和财务上分离和独立的当事人——特许人和他的单个受许人——之间紧密和持续的合作,依靠特许人授予其单个受许人权利,并附加义务,以便根据特许人的概念进行经营;此项权利——经由直接或间接财务上的交换——给予单个受许人商号和(或)商标、服务标记,经营诀窍,商业和技术方法,持续体系,其他工业和(或)知识产权,在双方一致同意而制定

的书面特许合同的框架和条款之内。"

日本特许连锁协会的定义为:"特许经营是指特许者同其他事业者之间缔结合同,特许者特别授权特许加盟者使用自己的商标、服务标记、商号和其他作为营业象征的标志和经营技巧,在同样的形象下进行商品销售。此外,加盟者要按销售额或毛利的一定比例,向特许者支付报酬,并对事业投入必要的资金,在特许者的指导及支持下开展事业。"

我国 2004 年 12 月 30 日颁布的《商业特许经营管理办法》也对特许经营的含义做了说明。《商业特许经营管理办法》第 2 条规定:"本办法所称商业特许经营(以下简称特许经营),是指通过签订合同,特许人将有权授予他人使用的商标、商号、经营模式等经营资源,授予被特许人使用;被特许人按照合同约定,在统一经营体系下从事经营活动,并向特许人支付特许经营费。"

虽然以上几种定义的表述和侧重点不尽相同,有的强调特许人和受许人之间的权利义务关系,有的强调特许经营是一种合同,有的则侧重于特许经营的特征,但总的来说,都抓住了特许经营的精髓,即特许经营是一种以许可权的授予为核心的经营方式。随着特许经营在全世界各个国家和地区的发展,特许经营的内涵也在不断地发生变化。可以肯定的是,随着市场经济的发展,特许经营权已经突破了行政授予的局限,越来越多地表现为纯商业的特许权的授予。特许经营作为一种有效的产品和服务营销方式,对世界经济的发展起着越来越重要的推动作用。

二、特许经营的起源及其在各国的发展

现代特许经营起源于 19 世纪中后期的美国。南北战争以后,美国组织大量劳动力,修建了发达的铁路运输网络,促进了美国国内市场的统一,进而促使美国的商业获得了空前的繁荣。美国国内商品消费数量的急剧上升,对美国的零售商业提出了更高的要求。在这种情况下,商业的经营模式发生了巨大的变化,并出现了连锁商业。随着连锁商业的进一步完善和发展,其内容和形式也发生了巨大变化。商业的进一步繁荣和连锁商业形式的变革,又促进了特许经营的出现。1865 年在美国诞生的美国胜家缝纫机公司被认为是现代特许经营的鼻祖,它的成立,标志着特许经营方式的正式确立。当时,美国胜家缝纫机公司的产品属于国内领先的新产品,但由于对其性能及产品本身认识不足,美国国内的消费者一开始并没有接受该产品。同时,胜家公司也缺乏批量制造这一机器所需要的资本,这些都使得胜家公司在发展过程中遇到了不少困难。为了摆脱困境,迅速打开销路,胜家公司决心进行一次大胆的尝试,即运用特许经营方式在美国各地建立销售网络。当时,胜家通过出售个体特许经营权建立营销网络,加盟商

不仅要接受如何使用胜家缝纫机的全套培训,还要接受如何经营一家缝纫中心的培训。这种方式不仅为产品提供了分销渠道,同时也解决了大量生产的资金问题。结果,采用特许经营方式之后,胜家公司的产品非常迅速地为广大消费者所接受,一举打开了国内市场,产品销售额连年大幅度上升,获得了巨大的成功。

在胜家公司采用特许经营方式取得成功以后,美国的餐饮业和汽车行业的一些公司纷纷对此进行效仿,都取得了一定的成功,特许经营显示出了旺盛的生命力。20世纪20年代,由于福特开发了现代化汽车生产的流水生产装配线,美国汽车制造业的生产效率获得了空前提高,汽车产量迅速扩大。生产的扩大显然要求大量的资金和不断扩大的销售规模,于是,汽车制造业纷纷采取特许经营的方式把汽车的销售委托给一些代理机构,这种特许经营的方式,使汽车制造业的企业迅速摆脱了销售的隐患,大大促进了汽车工业的发展。

美国的餐饮业也是较早采用特许经营模式的行业之一。对于餐饮业来说,生产和消费存在着一定的空间距离,运送大量的饮料到很远的地方去,显然会大大增加成本。为了解决这一问题,饮料公司采用了特许经营的方式,授权当地的公司瓶装生产并组织销售,包括可口可乐和百事可乐公司在内的著名的公司当时都采用了这种方式。特许经营帮助企业扩大了销售并打响了知名度,如1910年,百事可乐在全美就拥有了280家装瓶厂;特许经营模式同时也帮助企业迅速占领了国际市场,如可口可乐公司在全世界范围内所有的业务扩展,都建立在授予各式各样的商人在当地装瓶并销售可口可乐的权利基础之上,目前在我国的可口可乐生产也不例外。直到现在,可口可乐仍一直保持着特许经营的体制。

从20世纪50年代开始,美国的特许经营体系进入了迅速发展的时期,其中,经营模式型特许经营的发展,对50年代后美国特许经营的发展起了主要作用。1972年,美国只有189 640家加盟店,销售额为179亿美元;而1988年,加盟店猛增至368 458家,销售额达1 188亿美元。这期间,加盟店的数目增长了0.94倍,销售额增长了5.64倍。同一时期,特许人数目从909个增至2 177个。据美国商务部对特许经营企业所做的调查,1992年全美特许经营的营业额比上一年增长13%,其中,经营模式型特许经营的营业额增长了约14.8%,经营模式型特许经营分支店数目增加了10.5%。在经营模式型特许经营组织中,有1/3在国外拥有直营店或加盟店,而且这个比率还有逐年增加的趋势。可见,特许经营的观念越来越为全世界所接受。

随着特许经营的在美国的迅速发展,这种模式开始受到越来越多企业的关注,从而促成了国际特许经营联合会的成立。1959年,美国十多家特许经营企业组织成立了著名的特许经营组织——国际特许经营联合会(International Franchise Association,简称IFA),今天,IFA已成为世界上影响广泛的国际性商业协

会,为特许经营事业在全世界的发展起到了积极的推动作用。

特许经营起源于美国并取得成功,并不代表特许经营就是美国企业的专利。随着各个国家、地区经济的发展,特许经营在其他国家和地区也获得了不同程度的发展。

欧洲的特许经营萌芽较早,而其全面发展则始于 20 世纪 70 年代以后美国特许经营组织向欧洲的大肆进军。20 世纪二三十年代,在法国首先出现的卢拜毛公司、企鹅商业网及高里斯·萨劳梅公司被认为是欧洲特许经营的雏形,但由于特许经营的组织管理尚未系统化和规范化,这种形式在当时并没有普及开来。1972 年 9 月,欧洲特许权联合会(EFF)在法国巴黎宣告成立。EFF 本着在欧洲提倡和促进特许经营活动的精神,通过有针对性地开展各项活动,积极宣传特许经营知识,维护各成员的利益,加强各成员之间以及外部之间的交流和合作,制定特许经营道德准则,对特许经营在欧洲的开展起了非常重要的作用。20 世纪80 年代,欧洲的特许经营出现了蓬勃发展的态势,在欧洲显示出了旺盛的生命力。以英法两国为例,从 1984 年到 1992 年,英国特许经营加盟店由 9 000 家发展到 1.8 万多家,从业人员由 5 万人增加到 15 万人,特许经营营业额在 1987 年达到 31 亿英镑,比 1981 年的 6.7 亿英镑增长了 3.6 倍;法国 1971 年仅有特许加盟店 7 500 家,1992 年增加到了 2.1 万多家。

相对于欧美而言,亚洲的特许经营出现较晚。20 世纪 60 年代初,特许经营从国外引入日本。1963 年,经营西式糕饼、咖啡商店的"不二家"的成立,标志着日本第一家特许系统正式出现。1970 年,日本大阪举行了万国博览会,由于国外特别是美国的企业十分看好日本市场,这次会议促成了许多海外大公司包括麦当劳、肯德基等进入日本,并在短期内获得了迅速发展。随着日本经济的快速发展,市场竞争日益激烈,加上土地征用困难,土地与建筑费用飞涨,资金短缺和劳动力负担加重,企业经营者追求规模效益的要求越来越强烈。在这种情况下,特许经营的优势开始被人们所认识,很多企业开始不同程度地采用特许经营的方式。

1973 年,日本伊藤洋华堂与美国南方公司合作,开始了便利店经营,取名为日本"7-11"便利店。在短短的 5 年时间里,这家正式的特许经营店开设了 500多家分店,带动了日本特许经营的发展。1991 年 3 月,发展顺利的日本伊藤洋华堂应陷入经营困境的美国南方公司的请求,出资 4.3 亿美元购买了该公司69.98% 的股份,开始了在全美重振"7-11"便利店的事业。

从 20 世纪 80 年代中期到 90 年代初,是特许经营在日本蓬勃发展的时期,尽管这段时间日本整体经济不太景气,零售业的许多企业纷纷倒闭,但特许经营却一枝独秀,发展势头强劲。1984 到 1994 年这 10 年,日本特许经营的营业额由400 亿美元增至 1 260 亿美元,增长了 2 倍多。1998 年底,日本共有 730 家特许

经营企业,分店总数已达13万多家。日本特许经营的发展速度相当快,而且涉及的领域也越来越广,已从原来的零售业、餐饮业两大行业向服务业全面拓展,在诸如清洁服务、旅馆、租赁、补习班、快速冲印、美容美发、健身、房屋中介等行业都有颇佳的表现。

20世纪80年代中期,特许经营传入我国香港。最先把特许经营方式引入香港的是"7-11"便利店,它将特许权出售给小资本创业者,使"7-11"的业务在香港迅速扩展。此后,特许经营的概念逐渐为香港人所认识。从20世纪80年代中期开始,多家企业也尝试在香港出售特许权,推动业务的发展。虽然由于市场环境和地域因素等原因,特许经营在香港的发展遇到过一些挫折,但随着内地经济发展为香港提供的市场的扩大,特许经营在香港还有很大的潜力。除了香港,特许经营对我国台湾地区的经济发展也起了很大的推动作用,特许经营在台湾的发展主要集中在餐饮、电脑和服饰等行业。

在我国内地,改革开放以后,以特许经营方式风靡世界的"肯德基""麦当劳"相继在中国落户,它们在给中国带来"快餐"新概念的同时,也带来了"连锁经营"的新理念。尽管它们当时主要以合资或独资的方式开展业务,还没有出售特许经营权,但通过对它们的研究和介绍,特许经营的概念开始被国内人士所知晓。虽然特许经营在我国的发展时间还不长,但取得的成就不容忽视。特别是20世纪90年代以来,特许经营的迅速发展造就了诸如"李宁"、"全聚德"、"马兰拉面"等一大批知名品牌企业。同时,我国政府也加强了关于特许经营的立法。1997年11月14日,原国内贸易部发布了《商业特许经营管理办法(试行)》,2004年12月30日,商务部颁布了《商业特许经营管理办法》,2007年2月6日又颁布《商业特许经营管理条例》并于同年5月1日起施行。随着我国经济的不断发展,特许经营将更加规范,也将更好地服务于我国的市场经济。

三、特许经营与其他商业形式的区别

在现实中,一些人经常将特许经营与连锁经营相混淆,在这里,我们可以对二者作一个简单的比较。

连锁经营是指流通领域中,若干同业店铺以共同进货或授予特许权等方式连接起来,实现服务标准化、经营专业化、管理规范化,共享规模效益的一种现代经营方式和组织形式。连锁经营包括直营连锁、自由连锁和加盟连锁。

直营连锁是指总公司直接投资开设连锁店,即连锁公司的店铺均由公司总部全资或控股开设,在总部的直接领导下统一经营。直营连锁要求总部筹集足够的资金,并配备大批管理人员。

自由连锁指的是各连锁公司的店铺均为独立法人,各自的资产所有权关系不变,各成员使用共同的店名,与总部订立采购、促销、宣传等方面的合同,并按合同开展经营活动,各成员可自由退出。

加盟连锁即我们这里所讲的特许经营,即以经营权的转让为核心的连锁经营。特许经营可以说是连锁经营发展到一定阶段的产物,是连锁经营的高级形式。

特许经营和直营连锁的区别主要在于:

第一,产权构成不同。直营连锁是指由同一资本所有,总部集中管理,共同开展经营活动的高度组织化的零售企业。同一资本所有是区别直营连锁店与其他经营形式的关键,也是特许经营与连锁经营在本质上的差别。

第二,管理模式不同。特许经营的核心是特许权的转让,特许者(总部)是转让方,被特许者(加盟店)是接受方。特许体系是通过特许者与被特许者签订特许合同形成的,各个加盟店的人事和财务关系是独立的,特许者无权进行干涉;被特许者需要对特许者授予的特许权和提供的服务以某种形式支付报酬。而在直营连锁经营中,总部对各分店拥有所有权,对分店经营中的各项具体事务均有决定权,分店经理作为总部的一名雇员,完全按总部意志行事。

第三,涉及的经营领域不同。直营连锁经营的范围一般仅限于商业和服务业,而特许经营的范围则要宽广得多,在制造业中也被广泛应用。

第四,法律关系不同。在特许经营中,特许者和被特许者之间的关系是合同双方当事人的关系,双方的权利和义务在合同条款中有明确的规定;而直营连锁不涉及这种合同(分店经理与总部的雇佣合同另当别论),总部和分店之间的关系由公司内部的管理制度进行调整。

第五,筹资方式不同。特许经营通过招募独立的企业和个人扩张经营体系,特许者不仅需要吸引潜在的被特许者,还需选择被特许者,并为被特许者提供培训和服务;而通过直营连锁扩大规模,则要筹集足够的资金,配备大批的管理人员。相比之下,特许经营利用他人资产扩大市场占有率,所需资金较少,而直营连锁的发展更易受到资金和人员的限制。

特许经营与自由连锁的区别,简单地说,首先在于自由连锁成员店的经营自主权比特许经营加盟店多,其次在于特许经营加盟店在合同期内不能自由退出,而自由连锁成员店可以自由退出。

四、特许经营的类型

(一)按照特许的内容分类

1.商品商标型特许经营。商品商标型特许经营也被称为"第一代特许经营",最早是一种供货商和代销商的契约关系。现在,商品商标型特许经营通常是由一个大制造商为其名牌化的产品寻找销路,与加盟者签订合约,授权加盟者对特许商品或商标进行商业开发的权利;作为回报,加盟者定期向特许人支付费用。这类特许经营主要包括一些饮料罐装生产的特许、汽车销售的特许等。可口可乐、百事可乐等饮料生产商、通用及福特等汽车制造商就是采用这种方式。

2.经营模式特许经营。经营模式特许经营也被称为"第二代特许经营",人们通常所说的特许经营就是这种类型。在经营模式特许经营的情况下,加盟店购买的不仅仅是商品的销售权,而且是整个模式的经营权;不仅要求加盟店经营总店的产品和服务,而且要求加盟店的商店标志、店名、商标、经营标准、产品和服务的质量标准、经营方针等,都要按照总店的全套方式进行。经营模式特许经营的范围广泛,尤其在零售行业、快餐业、服务业中最为突出。这种模式的特许经营又可以分为三类,即工作型特许经营、业务型特许经营和投资型特许经营。这三种类型针对的是不同的投资规模和不同的投资者的需要,一般来说,工作型特许经营只需受许人投入很少的资金,通常可在家中开展业务,实际上是为自己买了一份工作;业务型特许经营需要相对较大的投资,因其经营规模比工作型的特许经营大许多,受许人需要雇用一些员工;投资型特许经营需要的资金数额更高,而且投资者比较关注投资的回报,希望通过赢利获得回报。一般认为,快餐业比较盛行的是经营模式特许经营。

(二)按照特许权的授予方式分类

1.一般特许经营。一般特许经营是最常见的形式,即特许人向受许人授予产品、商标、店名、经营模式等特许权,由该受许人使用这些特许权进行经营,并向特许人支付一定的费用。

2.委托特许经营。委托特许经营即特许人把自己的产品、商标、店名等特许权出售给一个代理人,授予该代理人特许权,允许该代理人负责某个地区的特许权授予,代理人可以代表特许人在他所负责的地区内向加盟申请者授予特许权。可以说,这个代理人是中间人,他既是特许人的特许权使用者,又是该地区的特许权授予者,但他自己并不直接经营,而是采取转嫁他人的方式进行开发和经营。采用这种方式,减轻了总的特许人需要向众多加盟者出售特许权的负担,有利于企业的迅速发展。一些跨国公司在向海外扩张时,经常采用这种方式。

3.发展特许经营。发展特许经营指受许人在向特许人购买特许经营权的同时,也购买了在一个区域内再建若干家分店的特许权。受许人拥有此项权利,可以在业务发展顺利时,根据需要再建若干家分部,而不必向特许人重新申请。

4.复合特许经营。复合特许经营是指特许人将一定区域内的独占特许权授予受许人,受许人在该地区内可以独自经营,也可以再次授权给下一个受许人经营特许业务。也就是说,该受许人既是受许人身份,同时又是这一区域内的特许人身份。受许人支付给特许人的特许费一般根据区域内的常住人口数量确定,若他再将特许权转让给他人,那么,原先这位受许人从他人手中收取的特许费以及年金费须按一定比例上交给特许人。

(三)按照特许人和受许人的身份分类

1.制造商—批发商特许系统。特许人是制造商,加盟特许经营人则是批发商。饮料行业常采用这种特许经营系统,例如,百事可乐、可口可乐在建瓶装厂时,所采用的特许体系就属于这种类型。

2.制造商—零售商特许系统。这种经营系统是由制造商发起并提供特许经营权,零售商则是特许经营人。它在国外的汽车行业最为普遍,例如,在美国,特许汽车经销商很常见。

3.批发商—零售商特许系统。它是一个由批发商发起,同时吸收大量零售店加入所形成的经营系统。这种类型的业务主要包括计算机、商店、药店、超级市场和汽车维修业务等。

4.零售商—零售商特许系统。它就是人们所熟知的业务模式特许经营。

5.服务特许系统。这是由一个创造出独一无二服务概念的公司发起建立,通过特许经营协议,授予特许经营人使用总部的商业名称和专长的特权,总部则收取一定的加盟费作为补偿。

关于特许经营的类型,我们可以简单地用表3-1来归纳。

表3-1　特许经营权的类型

划分的方式	类型	特点
按照特许的内容分类	商品商标型特许经营	大制造商,为其名牌化的产品寻找销路,与加盟者签订合约,授予加盟者对特许商品或商标进行商业开发的权利
	经营模式特许经营	加盟店购买的不仅仅是商品的销售权,而且是整个模式的经营权
按照特许权的授予方式分类	一般特许经营	特许人向受许人授予特许权,受许人向特许人支付一定费用
	委托特许经营	特许人将特许权出售给一个代理人,授予该代理人特许权,允许该代理人负责某个地区的特许权授予
	发展特许经营	受许人在向特许人购买特许经营权的同时,也购买了在一个区域内再建若干家分店的特许权
	复合特许经营	特许人将一定区域内的独占特许权授予受许人

续表

划分的方式	类型	特点
按照特许人和受许人的身份分类	制造商—批发商特许系统	特许人是制造商,加盟特许经营人则是批发商
	制造商—零售商特许系统	由制造商发起并提供特许经营权,零售商则是特许经营人
	批发商—零售商特许系统	一个由批发商发起,同时吸收大量零售店加入所形成的经营系统
	零售商—零售商特许系统	业务模式特许经营
	服务特许系统	总部通过特许经营协议,授予特许经营人使用总部的商业名称和专长的特权,并收取一定费用

五、特许经营的特点及行业分布

(一)特许经营的特点

美国未来学家奈斯比特曾经预言:"特许经营将成为 21 世纪的主导商业模式。"的确,特许经营在世界很多国家和地区都取得了成功,那么,究竟是什么样的特点让特许经营取得如此大的成功,从而成为 21 世纪的主导商业模式? 我们可以作如下概括:

1. 特许经营权的转让是特许经营的核心。特许经营运作最主要的环节就是特许经营权的转让,特许人转让的特许权一般涉及商标、专利、商业秘密、技术秘密、经营诀窍等无形资产,这些无形资产的存在是特许经营模式出现的前提,所以,特许经营的核心实际上是特许权的转让。

2. 特许人和受许人的合作关系以签订的合约为基础,合约规定了双方的权利和义务。一般来说,合约的基本条款由特许人制定,特许人是唯一的授权主体,没有与特许人签订合作协议便擅自使用特许人的商标、专利、商业秘密、经营诀窍等无形资产即构成侵权,特许人有权追究其法律责任。

3. 特许经营加盟店的所有权归受许人所有,受许人拥有加盟店的所有权和管理执行权,但没有管理决策权,管理决策权归特许人所有。特许人并不需要直接投入大量的资金,能够最充分地组合、利用自身优势,并最大限度地吸纳广泛的社会资源;受许人则降低了创业风险、资金和时间等创业成本。可以说,对于特许人和受许人来说,特许经营是一种双赢的商业模式。

4. 特许人和受许人是一种特殊的合作方式,特许人不仅为受许人提供特许权许可,而且提供专业培训和经营指导;不是撒手不管、任其发展,而是将自己的利益与加盟店的利益连在一起。加盟店生意好,总部才有利可图;加盟店生意欠佳,总部的利润也会受影响。正是这种机制,激励、促使利益双方共同努力,做好特许经营的业务。

5. 受许人的特许经营权是有期限的,而且一般期限较长。此外,随着时间的推移和经济的发展,特许权的内容将更加丰富。

（二）特许经营权授予的行业分布

最后让我们简单地了解一下主要有哪些行业采取了特许经营的模式,存在着特许经营权的授予。

1. 餐饮业。餐饮业是特许经营的主力,尤其是快餐店,1994 年美国增长最快的十大特许经营企业里,有 5 家是快餐店,其中最著名的是麦当劳,排名第二。

2. 旅店。这一行业的特许合同期限大部分都在 20 年或 20 年以上,有 36.4%的特许总部要求受许人有从业经验,另有 40%的特许总部要求受许人拥有不动产,可见这一行业特许经营的复杂性及高度的专业性。

3. 休闲旅游。在特许经营里,休闲旅游尚属相当新的一个行业,大约有一半以上的受许人 20 世纪 80 年代末以后才开业。这种行业的特许合同期限一般都相当长,有的甚至是无限期的,这说明,这一行业的稳定性要求比较高。但在这一行业,总部征收的广告费用比其他行业低得多,只有 46%的企业需要定期征收广告费。

4. 汽车用品及服务。这也是一个较新的行业,这一行业约有 30%的加盟总部规定受许人的店面及地址必须由总部负责,或由总部作为店面租借的中间人。

5. 商业服务。商业服务是一个全新的特许经营业务,主要有会计报税、广告代理、企业顾问、不动产中介、快递公司、秘书公司、包装公司等,它的数目在不断增加,其服务内容也在不断更新和充实之中。

6. 印刷、影印、招牌服务。此项业务所需投资额较大,特许合约期限为 20 年。

7. 人力资源开发、猎头。此行业的 85%的特许总部要求受许人亲自经营。

8. 家庭服务。这是一个较新的行业,随着家庭劳动社会化的逐渐兴起,家庭清洁业务以及家庭服务业在现代社会生活中具有较大的发展潜力。

9. 住宅装修。这一行业特许经营较为常见的是家庭装修服务,但目前在国内还没有完全发展起来,有一定的发展空间。

10. 便利商店。这是在全球发展较为成功的特许业务。最早的便利连锁店是 1927 年美国南方公司创建的"7－11"便利店。便利店在日本的经营也非常成功,目前,日本特许连锁的便利店达 1.8 万家,占连锁便利店的 59%。

11. 洗衣店。这一行业 75%的加盟店是在 1980 年以后才出现的。在美国,有 75%的加盟店是 1991 年以后签订新契约或再续约的,说明这一业务特许合

誉的原话："我把我采石场的全部利益和商誉……都给了约翰·斯蒂文。"可见，商誉的出现是与财产关系联系在一起的。对于商誉的定义，最有影响的是1859年英国一次法庭审判中法官对商誉所下的定义："商誉意指企业在从事经济活动中所取得的一切有利条件，包括地理位置、商号等有关的与企业经营有联系，并由于它们而使企业受益的一切有利条件。"20世纪20年代，我国早期的留美博士杨汝梅先生在其博士论文《商誉及其他无形资产》中指出："凡足以使一个企业产生一种较寻常收益为高之收益者，均称之为商誉。"从300多年前第一次出现到现在，商誉一直是一个不断演变、发展的概念，至今没有形成一个统一的定义。商誉究竟是什么，商誉的本质特征是什么，是一直存在着争议的问题。

目前，关于商誉的定义，主要存在着以下几种观点。

（一）好感价值观

好感价值观认为，商誉是对企业好感的价值，它是由于该主体具有优越的经营关系、良好的劳资关系和顾客的好感而形成的。这些好感可能是由于较好的地理位置、良好的信誉、垄断特权、优秀的经营管理队伍和其他因素而产生的。当收购价格大于被收购企业除商誉以外所有单项资产价值的总和时，这种差额可以被认为是对这一个别无形要素的支付。商誉被列为无形资产中的一种。

在早期，商誉就被认为是业主与顾客之间的良好关系。如在1888年，英国一篇会计学论文就将商誉定义为"……一个企业由于其顾客所持的好感并可能继续光顾和支持而得到的利益和好处"。如果一家企业信誉良好，产品的工艺精良，并有着良好的服务，就能锁定并招揽顾客，并同他们维持一种良好的买卖关系，从而形成持续消费本企业产品的习惯。关于这一点，杨汝梅先生在他的著作中也曾提到："心理学家尚云，人类之大部行为，并非听命于理智之指挥，反为种种儒见及成竹所支配，对于其习常之思想或贯通之经历，每多自以为合于理性。是故，选择一事，常为习惯所决定，苟吾人对于某种行为有所采用，而其结果又极称满意者，则在将来同样情形之下，亦必采取同样之行为。"

（二）总计价账户观

约翰·坎宁是最早提出商誉是否是资产的权威之一。他个人认为，商誉只不过是一个总计价账户，而不是资产。总计价账户观实际上是早期形成的"持续经营价值观"和"未记录资产价值观"的综合。持续经营价值观认为，商誉本身并不是像现金或存货那样是可分离的生产性资产，而是一种代表该主体的不同资产的有机结合，使得整体价值大于各项单项要素价值总和的专门计价账户（整体大于各组成部分之和）。未记录资产价值观认为，商誉是对该主体诸如优秀的管理队伍、忠诚的顾客和良好的地理位置等未记录资产的计量。这些未记录的资产可能是由一系列因素——广告、适当的经营道德赢得的信誉或市场认

可的产品差别等形成的。

（三）超额收益观

超额收益观认为，商誉是企业超额盈利的现值。这里所说的"企业超额盈利"，主要是指在较长时期内能获取较同行业平均盈利水平更高的利润。因为短期超额盈利只能被认为是偶然利得，不能因此而确认企业有商誉。对这一观点的解释是：人们之所以认为一个企业有商誉，是因为这个企业能够较为长久地获得比其他同行更高的利润，这种将于未来实现的超额收益的现值，即构成企业的商誉。以超额收益论的观点来看，因为商誉能使企业在未来产生高于同行业平均盈利水平的利润，所以尽管商誉具有不可辨认的特征，但却有资产的功能，因而也就被纳入无形资产的类别中了。可以看出，超额盈利观是从如何对商誉进行计价的角度来对商誉进行定义的。

（四）无形资源观

无形资源观认为商誉是对于企业来说未被入账的无形资源，这里所指的无形资源包括的范围很广。如 Reg. S. Gynther 所说："商誉之所以存在，是由于资产代表的不仅仅是列示出来的有形资产，像'特殊技能和知识'、'极强的管理能力'、'垄断的地位'、'良好的社会及企业关系'、'好名称和好声望'、'有利的形势'、'优秀的雇员'、'贸易名称'和'已经建立起来的顾客网络'都是这类资产。这些资产的价值（通常认为是无形资产）就是商誉的价值。"这里所提到的这些良好的关系、声望、有利的形势等都具有看不见、摸不着的特点，所以被称之为无形资源。同超额盈利观一样，无形资源观也是从如何对商誉计价的角度来定义商誉的。

可以说，无形资源观抓住了商誉的本质特征，即商誉是一项企业资源，是客观存在的。但学术界也普遍认为，无形资源观存在着明显的问题，即没有进一步指出商誉对企业的获利能力的影响，而且，无形资源观把商誉定义成一种"无法入账的无形资源"也是欠妥的，因为在实际的会计操作中，外购商誉是可以入账的。

上面几种都是学术界比较有代表性的关于商誉的定义的观点。值得一提的是，近几年来，还出现了"核心商誉"的概念。1999 年 9 月 7 日美国财务会计准则委员会公布的一项关于《企业合并和无形资产》的征求意见稿，首次提出了"核心商誉"的概念。美国财务会计准则委员会（FASB）认为，商誉可以描述为由 6 个要素组成：

1. 在取得日，被收购企业净资产的公允价值超过其账面价值的差额。

2. 被收购企业未被确认的其他净资产的公允价值。

3. 被收购企业在继续营业中的"持续经营"要素的公允价值。

4. 收购企业与被收购企业净资产和业务结合的预期协同效应的公允价值。

5. 收购企业由于计量收购报价的错误而多计量的金额。

6. 收购企业多支付或少支付的金额。

美国财务会计准则委员会把要素3和要素4统称为"核心商誉",将其他要素称为非核心商誉。不可否认,核心商誉与其他非核心商誉是分不开的。

商誉是一个在争论中不断发展的概念,不同的学者从不同的角度给出的定义也有很大的不同。杨汝梅先生认为:"凡足以使一个企业产生一种较寻常收益为高之收益者,均称之为商誉。"可见,杨汝梅先生坚持的是超额收益观,认为商誉是企业的无形资产。我国当代著名会计学家葛家澍先生在其主编的《中级财务会计学》中,把商誉作为"与企业整体相联系,不能单独认定的无形资产"而归入不可辨认的无形资产中。在早期的研究中,我国权威人士一般认为商誉是具有获得超额收益能力的无形资产,其特点之一就是不可辨认性。我国《企业会计准则——无形资产》也指出商誉是使企业获得超额收益的能力,并把商誉归为无形资产。

二、商誉的构成要素

商誉研究的困难在很大程度上是因为其不可辨认性。作为一种综合型的无形资产,商誉的形成、构成是各种要素共同作用的结果,而且,对于不同的企业来说,其商誉构成的基本要素以及起主要作用的要素都有可能存在一定的差别。所以说,"商誉是无形资产中最无形的"说法有一定的道理,很自然地,不同的研究者得出的结论也会不同。

乔治·卡图尔特和纽曼·奥尔森在《美国注册会计师协会会计研究》1968年第10期发表的《商誉会计》一文中认为,商誉的构成要素有15个:①杰出的管理队伍;②优秀的销售组织;③竞争对手管理上的弱点;④有效的广告;⑤秘密的工艺技术或配方;⑥良好的劳资关系;⑦优秀的资信级别;⑧领先的员工训练计划;⑨在社会中较高的地位;⑩才能或资源的发现;⑪优惠的纳税条件;⑫有利的政府政策;⑬与其他公司良好的协作关系;⑭占有战略性的地理位置;⑮竞争对手的不利发展。

M. G. 特尔雷在1973年7月《会计工作》上发表的《商誉会计:一个现实的方法》一文中认为,商誉由5个要素构成:①完成一个特定的市场目标;②为进入新的领域节约的时间;③获得管理经验和技术能力;④实现产品的多元化;⑤实现综合目标。

海姆·福克和L. A. 高顿在1977年4月《公司财务和会计》上发表的《不完全市场及商誉的性质》一文中,将构成商誉的因素分为四类17项:A类因素——

增加短期现金流量,包括:①生产的经济性,②筹集更多的资金,③现金准备,④较低的资金成本,⑤降低存货持有成本,⑥避免交易成本,⑦税收优惠。B 类因素——稳定性,包括:⑧保证供应,⑨减少波动,⑩与政府的良好关系。C 类因素——人力因素,包括:⑪管理才能,⑫良好的劳资关系,⑬优良的员工培训计划,⑭组织结构,⑮良好的公众关系。D 类因素——排他因素,包括:⑯接触和使用某些工艺和技术,⑰商标。

美国财务会计准则委员会认为商誉由 6 个要素构成,这在本节前面已作介绍,这里不再重述。

由此可见,不同的学者和组织对商誉构成要素的看法存在着很大的分歧,远没有形成一个比较统一的观点。这说明,关于商誉的构成要素,还有待进一步研究。

三、商誉的特征和作用

(一)商誉的特征

1.存在的非独立性。商誉与作为整体的企业有关,是一种不可确指的无形资产,因而它不能单独存在,也不能与企业可辨认的各种资产分开来出售。它的价值是所有资产共同作用的结果,只有把企业作为一个整体来看待时,才能按总额加以确定,离开了企业,也就不存在商誉的价值。

2.动态性。商誉的形成是一个动态的过程,即商誉作为企业内在素质的表征和能力的体现,是随企业的发展而变化的,是一个与企业发展相联系的渐进的、动态积累的过程。企业作为市场主体,处在不断竞争的过程中,一些企业在长期竞争中,可能会因经营有方并注重内在素质的提高,而使其产品质量、市场占有率以及"牌子"的驰名度稳步提高,企业的声誉也会越来越好,其结果必然是商誉膨胀和商誉价值的提高。相反,如果一个企业在经营过程中放松懈怠,自己砸自己的"牌子",在消费者中产生不良影响,声誉破损,就完全有可能使原来较好的商誉水平下降,甚至变为负值。所以说,商誉具有动态性,即有随企业经营总体状况的变动而增减的特征。

3.价值、成本的不确定性。商誉价值的存在和变动与任何已发生的与其相关的成本没有可靠或可预期的关系。这里所指的成本主要指影响商誉的各种因素,比如说良好的顾客关系,丰富的经营经验,先进的技术,高素质的员工队伍等。商誉是有价值的,但我们却无法给出这些影响商誉的因素在商誉价值增加的过程中做出了多大的贡献。我们无从得知良好的顾客关系给商誉增加了多少价值,也计算不出经验在商誉的增值过程中占多少比例。从这个角度说,商誉的价值和成本是不确定的。

4.波动性。商誉没有法定的存续期。在较短的时期内,环境的变化会使构成商誉的各种因素发生变动,导致商誉的价值呈现较大的波动,表现出不稳定性。因此,在进行商誉评估时,为维护各方主体的合法权益,在由特定的机构和人员评估企业其他资产的同时,应以翔实可靠的数据为基础,站在客观公正的立场上,用科学合理的方法对商誉这一特殊无形资产的价值进行公允的评定和估算。

（二）商誉的作用

虽然商誉统一的定义并未形成,但商誉是企业一项重要的无形资产,能够为企业带来超额的经济效益,已经是不可否定的事实。商誉是企业在多年的生产经营过程中所形成的一笔无形的财富,是企业的经营管理、产品质量、公平交易、售后服务、地理位置、消费者信任程度、与其他公司良好的协作关系等因素综合作用的结果。企业拥有商誉,便为其带来一种超额的经济效益。所以说,商誉对企业的发展起着至关重要的作用。我国的企业特别是老字号企业异常重视自己的商誉,原因就在这里。

1.良好的商誉意味着企业的信誉好,知名度高、资信良好,能为顾客实现更多的价值。凭借这一点,就能够为企业吸引更多的客户群,增加其市场占有率。例如,北京同仁堂是家老字号药店,其经营宗旨是济世养生、货真价实,经营作风是诚心待客、童叟无欺,这些都使其蜚声海内外,得到了众多客户的衷心称赞,为其赢得了良好的声誉和较高的知名度,使其顾客盈门。

2.优越的地理位置,良好的政府关系,优惠的税收政策等外部环境因素,能够使企业在与对手竞争的过程中占据更有利的市场地位,并为其赢得较多的顾客。例如,其他条件相同的两家商场,一家处于市中心的闹市区,一家处于偏僻的郊区,其生意必然存在着差别。

3.合理的管理组织结构、先进的技术或诀窍、优秀的人才队伍等企业自身的素质,能够使企业快速地从众多企业中脱颖而出,从而获得超常规发展,并赢得更多的顾客和声誉。

四、影响商誉的因素

影响企业商誉的因素很多,我们可以将这些因素分为外部因素和内部因素。

（一）外部因素

外部因素主要包括企业的公共关系及企业在与对手竞争的过程中所处的状态。公共关系主要指企业与消费者的关系,企业与供应商、销售商、金融机构以及和政府的关系等。良好的公共关系可以有效地提升企业的商誉价值,改善企业赖以生存的外部环境。企业可以通过各种渠道来改善自身的外部关系,如充

分利用新闻媒介进行一系列宣传活动,积极配合政府有关部门的工作,诚实守信,等等。同样,市场经济中的激烈竞争使得企业绝对不能不关注竞争对手,通过正当竞争取得优势地位,对企业商誉价值的提升同样具有很大作用。

（二）内部因素

内部因素主要指企业本身的素质,包括人员素质、经营管理水平、技术工艺、组织结构、企业所处的地理位置等。高素质的员工、先进的经营管理水平、精湛的技术工艺、良好的组织结构无疑能够积极地影响企业的商誉,反之,结果亦相反。内部因素是外部因素的保证,良好的企业素质是企业立身的基础。只有拥有了先进的技术工艺,才能生产出有竞争力的产品,这样的产品也才能占有市场,从而获得消费者的青睐,同样,有了高素质的经营管理队伍和管理理念,才能更好地开拓市场,使产品更好地推广。

内部因素和外部因素是相互影响、相互促进的,企业必须同时兼顾外部因素和内部因素,才能有效地促进企业商誉价值的提升。

五、商誉的分类

传统的商誉会计理论将商誉分为外购商誉、自创商誉、正商誉和负商誉,还有的学者将商誉分为商品声誉和商业信誉。这里我们主要讨论自创商誉和外购商誉以及二者的区别与联系。

根据商誉来源的不同,可以将商誉分为外购商誉和自创商誉。

外购商誉是指收购企业在收购或兼并其他企业时支付的超过被收购企业各项净资产总额部分的价款。

自创商誉是指企业在经营过程中自己创立和积累起来的能为企业带来超额利润的各种优越条件和无形资源。

关于商誉的确认,一直是理论界讨论的热点问题。在现实的会计操作中,一般对外购商誉予以确认,而对自创商誉则不予确认。虽然如此,对自创商誉是否应当确认的讨论却一直没有停止。反对对自创商誉进行确认的学者主要认为,自创商誉不符合资产确认的唯一标准,不符合稳健主义要求,确认自创商誉背离了历史成本的会计基础,违背了可靠性原则,而且不能提供对信息使用者有用的决策信息。

主张自创商誉应该予以确认的学者认为,自创商誉在持有年限内能为企业带来超额利润,而且超额利润的缺口不断增大,已经影响到企业内外部人员对企业的价值评估和决策评价,这就要求确认自创商誉。自创商誉是外购商誉的基础,外购商誉是被并购企业自创商誉的市场化转化形式,二者在本质上是一致的。外购商誉实质上是被购入企业的自创商誉,只不过在平时未予确认,只有在被合并、收购、改组的时候才予以确认。被购入企业的商誉是并购企业未来超额

收益的源泉。

自创商誉和外购商誉的构成因素是有差别的。由于企业联合,商誉的构成因素会发生变化。如包括在自创商誉中的特殊工艺技术、技术诀窍和独特配方,在企业并购时,如果它们被认为很重要,应确认为专有技术,并作为单独的一项无形资产反映在资产负债表中,即不再包括在购买的商誉中。反之,一些原来没有包括在自创商誉中的因素,由于企业并购,会成为外购商誉的构成因素。

六、负商誉

(一)负商誉的概念

一般来说,当一个企业收购一个濒临倒闭的企业时,被收购的企业不仅没有超额获利能力,而且其获利能力已明显低于同行业的一般利润水平。通常,其并购价格低于可辨认净资产的公允市价,低于公允市价的这个差额被称为"负商誉"。可见,负商誉的概念主要应当从会计的角度来理解。在并购没有发生之前,企业的所有权没有发生转移时,负商誉并没有在资产负债表上反映出来;只有在并购发生时,才会出现有关负商誉的问题。所以,从这个角度看,负商誉反映了并购过程中企业之间的相互关系。有关负商誉这一概念,理论界一直存在着不同的观点,这里对这些不同的观点予以简单介绍。

1. 否定观。著名会计学家亨德里克森在其所著《会计理论》中认为,负商誉在逻辑上是不可能存在的。亨德里克森认为,如果企业整体净资产的公允价值高于其售价,业主就会将其资产分拆,个别出售,而不会将其整体出售,因而,负商誉是不可能存在的。亨德里克森的观点虽然从理论上讲确实有一定的道理,但在现实的企业并购活动中,负商誉是客观存在的。这是亨德里克森观点的不足之处。

2. 空概念观。持这种观点的学者认为,负商誉与获取超额收益能力的观点相矛盾。商誉是一种资产,资产不可能有负资产,商誉作为一项资产就不应该有负商誉。因而负商誉在现实中是一个空概念。这种观点主要是从商誉的概念出发,从商誉的资产属性出发,推出负商誉实际上是不存在的。空概念观其实也是一种商誉的否定观,只是分析的角度不同罢了。

3. 从属观。此观点从会计的角度描述商誉和负商誉的关系,认为负商誉仍是商誉。我国台湾会计学者郑丁旺在《中级会计学》中写道:"商誉乃是一个公司总体的价值减去其个别可辨认净资产公允价值之后的差额;此差额可能为正,亦可能为负,若为负数,即有负商誉产生。"这里将负商誉作为商誉的一个部分加以划分,认为负商誉是商誉的一种,相对于商誉来说,负商誉处于从属地位。

4. 并列观。并列观认为负商誉与商誉包含的内容是不同的,是一对并列的概念,并不存在谁包括谁的问题。我国的会计准则认为,商誉是"获取超额收益

的能力";而"企业购买另一企业所支付的价款小于被收购企业可辨认净资产的公允价值的差额被称为负商誉"。这种观点主要认为,商誉和负商誉的定义,其角度不同,并不是同一个讨论的范畴,而是一对并列的概念。

（二）负商誉的性质

目前,理论界已普遍接受负商誉是并购时取得的净资产公允市价超过并购成本的差额这一定义。但这一定义仅涉及负商誉的计量方面,并未明确负商誉的本质属性。关于负商誉的性质,主要存在三种观点:

1. 负商誉是一种"递延收益"。此观点认为,以低于企业净资产公允市价的价格收购企业,对收购企业来说,是获得了一笔"收益",该收益与企业获得的其他收益一样,应递延到以后各期,以便于以后各期费用配比。

2. 负商誉是收购企业的自创商誉。这种观点认为,收购企业之所以能以低于企业净资产公允市价的价格收购,主要原因是收购企业具有知名品牌、市场占有率、销售渠道等商誉。收购企业的商誉之所以用负商誉的形式表现出来,是因为收购企业的商誉未入账。

3. 负商誉是一种负债,是购买企业替被购买企业承担的资产贬值或收益减少的责任。负商誉的存在是因为被购企业存在一些账面上未能反映的不利因素（隐性成本或负债）,这些不利因素将影响企业的经营活动,导致企业未来资产的贬值和经济利益的减少。

（三）负商誉的确认和计量

对负商誉的本质存在着不同的认识,自然意味着对负商誉的确认和计量也存在着不同的方法。关于负商誉的确认和计量,不同的国家有不同的方式,主要有以下三种:

1. 全部列作递延收益,并在规定期限内分摊计入各期损益。对购进资产仍按评估的公允价值计价,支付的款项低于净资产公允价值的数额,全部归入资产负债表的长期负债中。这种观点认为,在并购时按照公允价值确认和计量净资产,对会计信息的使用者的决策具有相关性;对负商誉的会计处理,应尽可能地与对正商誉的会计处理保持一致和对应。目前采用这种方法的主要是法国。

2. 按比例冲抵被并购企业非流动资产的公允价值（有价证券投资除外）,如非流动资产的公允价值冲完后仍有余额,剩余部分按照第一种方法进行处理。美国会计准则委员会 1970 年发布的第 17 号意见书曾建议,"当购进一个企业所花费的成本少于其可辨认资产的市价或估价总和减去负债,其差额应当予以分配,以冲减购入企业的非流动资产价值,如果分配以后尚有余额,则可列为递延贷项,在以后年度的收益中有计划地进行摊销。"这种观点认为,非流动资产的公允市值可能不如流动资产的公允市值可靠,出现负商誉可能是因为非流动资

产的价值被高估而引起的。目前采用这种这种方法的主要是美国和加拿大。

3.确认为资本公积,也就是在合并企业的财务报表中记为权益的增加,全部计入"资本公积"。这种观点认为,购买企业是一项资本交易,所以其差额的处理应绕过收益表项目,直接作为权益的调整。这种方法实质上把并购企业的自创商誉和外购商誉进行了会计上的合并,这时,负商誉可以被认为是被并购企业股东向并购企业股东的一项无偿捐赠。这种方法减少了企业的所得税负担,平时也不用再对负商誉进行按期摊销,简化了核算,只是欠缺理论依据。目前采用这种方法的主要是英联邦国家和我国香港地区。

我国具体会计准则的征求意见稿中列举了负商誉的两种处理方法:①直接作为递延收益处理,并在 5 年之内摊销。②直接冲减非流动资产的公允价值(作为长期投资的有价证券除外)。

第二节　商誉权

一、商誉权的基本概念

商誉权是商誉主体对其商誉所享有的专有权和商誉不受侵害的权利。商誉权是以商誉为客体的权利在法律上的表现。商誉权的法律属性和法律保护制度的完善一直是法学界讨论的热点问题。

(一)商誉权和名誉权的区别

商誉权和名誉权是在现实中经常被混淆的两个概念,其实,商誉权与名誉权是两种存在区别的民事权利,两者的区别主要表现在以下几个方面:

1.权利主体不同。名誉权主体范围比商誉权主体范围宽泛得多。商誉权的主体是从事工商业活动的民事主体,即从事商品经营和营利性服务的法人、其他经济组织和个人,也就是说,商誉权的主体必须是经营者,而名誉权的主体是公民、法人和其他组织。当公民、法人和其他组织从事商品经营和营利性服务时,其人格品质如能力、才干、品行遭受侵害时,作为名誉权主体,其人格利益同样受法律的保护。由此可见,名誉权主体范围比商誉权主体范围宽泛得多。

2.权利客体不同。商誉权的客体是社会对商事主体所提供的商品或服务内在品质、声誉的认同和评价,是一种财产利益。名誉权的客体是社会对民事主体自身的人格品质的评价,是一种人格利益。

3.权利性质不同。不管是法人名誉权还是自然人名誉权,都是人格权,这一点没有疑问。商誉权的权利性质至今没有形成定论,有的学者认为商誉权属于法人名誉权内容的一部分,法人的名誉权与商誉权并无本质差异,两者的不同仅在于因加害人及侵害方式不同,而由不同的法律加以调整。即当一个企业的名誉被一般人(非竞争对手)侵害时,其侵害的是名誉权;当一个企业的名誉被竞争对手以反不正当竞争法等所规制的手段侵害时,其侵害的是商誉权。有的学者认为,商誉权应当归入知识产权的范畴。可见,商誉权的性质并没有形成统一的观点,但我们可以肯定的是,商誉权肯定与名誉权存在一定的差别。

4.法律保护的目的不同。对商誉权的保护,既是为了维护市场竞争秩序,也是为了保护经营者和消费者的合法权益,因为侵害商誉权的行为既是侵犯商誉权主体的行为,也是一种破坏市场秩序的行为,其本质是一种不正当竞争行为。对名誉权的保护,是为了保护名誉权主体的人格利益不受非法侵害,侵害名誉权的行为是一般侵权行为。

(二)商誉权的性质

关于商誉权的性质,我国理论界目前主要有三种不同的观点:

1.人格权说。该观点认为,商誉权应归类于人格权,以区别于具有经济内容的财产权。主张这一理论的学者又有两种不同观点:

(1)单一人格权说。这种观点认为,商誉属于法人名誉内容的一部分,法人的名誉与法人的商誉在本质上没有什么差异,商誉权即属于法人名誉权的重要组成部分。如果说商誉权与名誉权有何区别的话,仅仅是因加害人及侵害方式的不同而由不同的法律加以调整。当一个企业的名誉被一般人(即非竞争对手)侵害时,其所侵害的是名誉权;当一个企业的名誉被其竞争对手以反不正当竞争法等规范的手段侵害时,其所侵害的是商誉权。

(2)特别人格权说。这种观点认为商誉权虽然存在无形财产权性质,但财产性只是其非本质属性,只有人格权才是它的本质属性。商誉权的客体包括精神利益与财产利益,但后者不是直接的财产利益,而是包含于商誉利益之中。因此,商誉权是一种有别于相关权利的特殊人格权。

2.知识产权说。知识产权说认为商誉权与知识产权的客体均为一种无形财产,基于这一基本属性,将商誉权归为知识产权。但是,商誉权与专利权、商标权等知识产权有不同之处。商标、商号可以通过一定的物质形式表现出来,是主体自身创造出来的;而商誉作为商誉权的客体是主体在经济活动中所赢得的社会评价。虽然商誉也要通过生产经营活动来创造,但它并非主体自身创造出来的,而是社会对主体经营活动之评价。

3.复合权说。复合权说认为,商誉权具有财产权和人格权的双重内容。商誉虽然是主体人格的重要内容,但商誉权却是一种与传统人格权相区别的新型民事权利,虽然它与知识产权有相类似的某些特征,但其又不同于传统意义上的

知识产权。可见,商誉权不仅具有一般人格权的特点,同时又具有无形财产权的性质。因此,我国有的学者将商誉权称为"商事人格权",以表明其特殊性。侵害商誉权的行为不仅侵犯了权利主体的知识产权,同时也侵犯了其人格权。

二、侵犯商誉权的行为

(一)常见的侵犯商誉权的行为

在现实中,侵犯商誉权的行为各种各样,有直接的侵犯行为,也有间接的侵犯行为,我们这里所讲的侵犯商誉权的行为是指广义的侵犯商誉权的行为,包括直接的方式和间接的方式。

根据我国《反不正当竞争法》、《刑法》及其有关规定,结合经济现实,常见的侵犯商誉权的行为主要有:

1. 损害他人商业信誉、商品声誉的行为。它是指经营者通过捏造、散布虚伪的事实,对竞争对手的商业信誉、商品声誉进行恶意诋毁、贬低,以削弱其竞争能力的行为,也可称其为诋毁他人商誉的行为。

2. 假冒他人注册商标、商标淡化等侵权行为。例如,将他人的知名商标当作某类商品或服务的通用名称使用,或者当作厂商名称、域名使用,从而形成混淆,损害该商标的显著性,使该商标所承载的商誉被削弱,甚至消失。商标淡化会减少、削弱驰名商标或者其他具有相当知名度的商标的识别性和显著性,从而损害其商誉。这种方式直接的侵害对象是商标,间接侵害了商誉,主要是指假借某知名商标的声誉,"搭便车"抢夺市场,使消费者产生误认,从而获取非法利益的行为。它既是一种侵犯商标权的行为,同时也是一种侵犯商誉权的行为,因为商标是商誉的载体之一。

3. 冒用他人企业名称,仿冒他人商品包装、标志及产地等侵权行为。前者是指擅自使用他人企业名称的行为,后者是指冒用知名商品的包装、装潢,伪造或者冒用他人的认证标志、名优标志以及产地等行为,二者都让人产生误解,这些都属于侵犯商誉权的不正当竞争行为。

4. 侵犯专利权和商业秘密的行为。专利权和商业秘密,作为商誉权的表现形式,其中蕴含着企业的商业信誉,侵权人的侵权行为在侵犯专利权和商业秘密专有权的同时,必然也侵犯了企业的商誉权。

上述四种方式中,第一种是我们平常所讲的狭义的侵害商誉权的行为,是直接的侵害商誉权的行为,后面几种属于间接侵害商誉权的行为。

(二)侵犯商誉权的形式

上述各种侵犯商誉权的行为可以划分为以下几种形式:

1. 诋毁、贬损和诽谤。这种形式的主要特点是,行为人通过向公众传达虚假

的、不利于商誉权主体的信息,从而侵害其商誉。上面列举的第1种侵犯商誉权的行为就属于这种形式。

2. 盗用。所谓盗用,是指未经许可,擅自利用他人商誉从事商业活动,以获取经济利益,从而损害他人商誉的行为。这种方式主要包括冒用他人企业名称,仿冒他人商品包装、标志及产地等行为,其特点是未经权利人同意,擅自使用,从而不劳而获。

3. 淡化。其实"淡化"一词最先用来描述对商标的侵害,商标的淡化是一种侵犯商标权的行为。从商标权人角度看,商标淡化是一种侵犯商标权的行为;从公众的角度来看,商标淡化是一种不正当竞争行为。从普通消费者及社会公众的利益出发,商标淡化是一种侵犯消费者及一般社会公众利益的行为。因此,从本质上说,商标淡化既是一种侵犯商标权的行为,又是一种不正当竞争的行为,同时也是侵犯消费者及一般社会公众利益的行为。商标淡化是一种侵害商标权的行为,这是商标淡化最基本的性质。商标是商誉的重要载体,对商标的淡化行为也是对商誉的淡化行为。

商标淡化这种侵权形式一般针对驰名商标,驰名商标在公众心目中,已经与某一企业相对稳定地联系起来。因此,在货物上使用与他人相同的商标,即使不是同一行业或同一种类,也很可能使公众错误地相信两者的货物来自同一企业。所以,他人在不相似的货物上使用驰名商标,将破坏商标的独特性、显著性,淡化、削弱该商标的知名度,使商标所有人遭受损失。

对于消费者来说,商标淡化行为必将损害消费者的利益。在现代市场经济环境中,市场上的商品琳琅满目,各种各样的服务令人目不暇接。消费者在购买商品或享受服务时,很难详细考证商品或服务的来源、质量等基本状况,凭"牌子"买货的情况越来越普遍。对于一般的消费者来说,"名牌"就是质量的保证,所以,当一驰名商标在市场上已经具有一种特殊影响,以至于相关领域的普通消费者见到该商标时,一般不再对商品本身给予特别的关注就可能直接做出购买的选择,使得这种商标的标志作用已经超出了使用它的商品本身。当其他商品生产者使用与该驰名商标相同或相类似的商标生产商品时,同样可能导致消费者对商品的来源及其与生产者的关系产生错误认知或者混淆,这显然就损害了消费者的利益,法律当然要对这种使用加以制止,以保护消费者的合法权益。

另外,商标淡化的行为人不恰当地利用了他人商标的高知名度,这种"搭便车"的行为使其在激烈的商业竞争中占据了一个不恰当的较高起点,并使该行为人在同其他同类业务的经营者展开竞争时更容易取胜,这就损害了这部分竞争者的利益,从而构成了不正当竞争。事实上,商标淡化行为人利用他人商标的知名度赚取一定的商业利益,也是一种不当得利行为。

商标淡化的理论在国外的司法实践中已被具体运用,这体现了国际上对驰名商标保护力度加强的趋势。针对这种趋势,我国知识产权保护的法律体系也有一定的回应,如我国《驰名商标认定和管理暂行规定》第八、第九、第十条都规定了对驰名商标的扩大保护,但仍然要求以造成公众的混淆为保护的前提。采用商标淡化理论对驰名商标加强保护,可以有力地打击"搭便车"等不劳而获者,有效地保护驰名商标所有人的合法权益,促进良好的市场秩序的建立。

目前,商标淡化的理论已经不仅仅局限于驰名商标,早已扩展到了商号、商誉等无形资产。1996 年世界知识产权组织(WIPO)《关于反不正当竞争保护的示范规定》明确规定,损害商誉的行为是不正当竞争行为的种类之一;其第 3 条专门对"损害他人商誉或名称"的行为进行了规定,并提出了"Dilution"(淡化)这一概念。我国的《商标法》及其《实施细则》、《反不正当竞争法》中虽然含有一些反淡化性条款,但尚未明确引入"淡化"这一概念。然而,商誉的淡化作为一种特殊的,或者说更隐蔽、间接的侵犯商誉权的侵权形式存在着,淡化商誉这种侵犯商誉权的形式不能不引起我们的关注,商誉权的立法保护还有待进一步加强。

(三)侵害商誉权的法律责任

1. 侵害商誉权的构成要件。包括:

(1)违法行为。侵害商誉权的违法行为,是有损于他人商誉的行为。从违法内容来说,是对商事主体的商业信誉和声誉的损害,具体表现为上述各种侵害商誉权的行为。

(2)主观过错。一般来说,侵害商誉权的主观过错分故意和过失两种。故意过错往往发生在有竞争关系的经营者之间,其行为往往具有排挤竞争对手从而达到不正当竞争的目的。过失一般发生于新闻媒体所作报道、社会调查评估机构所作出的评估或对比报告中。区分侵权者主观上的故意或过失对确定其相应的责任非常必要。例如,在构成商誉侵害的对比性电视广告中,广告所有者(企业)基于其主观上的故意应承担主要责任,而电视台基于过失要承担次要责任。

(3)客观损害事实。侵害商誉权的损害事实,是指因侵权行为而导致商誉权主体的利益受损。损害事实一般包括两方面:一是对权利主体的社会评价降低或者说商誉减损;二是由此引起的主体的财产利益损失。其中,由于社会评价的降低是一种无形的损害,如何确定这种损害以及如何确定这种举证责任都很困难,因此,只要认定有侵权行为的存在并为其他人所知,即认定商誉发生了减损。至于财产利益损失,商誉受损并不像有形财产那样出现财产的直接损毁或直接减值等直接损失,其损失通常是由于商誉的减损造成获利能力降低从而形

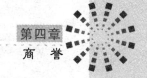

成的间接损失,如因商誉受损而造成客户退货、解除合同等。

(4)因果关系。侵害商誉权的因果关系,是指违法行为与商誉受损事实之间存在的必然的、内在的关联性。侵害商誉权行为与受损事实之间的因果关系并不像其他侵权行为与其损害事实间的因果关系那样直接,通常是通过间接地影响其他主体造成的,比如说,捏造虚假的对于权利主体的产品的不利的信息,从而达到损害权利主体的利益的结果。所以,更需要严格确定违法行为与侵害事实之间是否存在因果关系。

2.法律责任。根据我国的《反不正当竞争法》以及《刑法》的相关条文,对商誉的侵权行为所应承担的法律责任主要有:

(1)民事责任。《反不正当竞争法》第20条规定:"经营者违反本法规定,给被侵害的经营者造成损害的,应当承担损害赔偿责任,被侵害的经营者的损失难以计算的,赔偿额为侵权期间因侵权所获得的利润,并应当承担被侵害的经营者因调查该经营者侵害其合法权益的不正当竞争行为所支付的合理费用。被侵害的经营者的合法权益受到不正当竞争行为损害的,可以向人民法院提起诉讼。"

第21条规定,"经营者假冒他人的注册商标,擅自使用他人的企业名称或者姓名,伪造或者冒用认证标志、名优标志等质量标志,伪造产地,对商品质量作引人误解的虚假表示的,依照《中华人民共和国商标法》、《中华人民共和国产品质量法》的规定处罚。经营者擅自使用知名商品特有的名称、包装、装潢,或者使用与知名商品近似的名称、包装、装潢,造成和他人的知名商品相混淆,使购买者误认为是该知名商品的,监督检查部门应当责令停止违法行为,没收违法所得,可以根据情节处以违法所得一倍以上三倍以下罚款;情节严重的,可以吊销营业执照;销售伪劣商品构成犯罪的,依法追究刑事责任。"第21条主要针对的是侵害商标的行为,因其中也包括能够间接侵害商誉的行为,可以作为裁定侵害商誉权的参考。

(2)刑事责任。我国《刑法》第221条规定:"捏造并散布虚伪事实,损害他人的商业信誉、商品声誉,给他人造成重大损失或者有其他严重情节的,处以二年以下有期徒刑或者拘役,并处或者单处罚金。"

第三节　商誉与其他无形资产

一、商誉与知识产权

把商誉作为一项不可辨认的无形资产,已经成为理论界的共识。然而,商誉

权是否应当归入知识产权的范畴,却是一个存在着争议的问题。

吴汉东教授在其《论商誉权》一文中认为,"将商誉权归类于知识产权,关键在于其无形财产权属性,或者说其客体(商誉)的非物质性。在这个意义上,我们才能说商誉权符合知识产权的固有特征。""商誉权虽然属于知识产权的范畴,具有客体非物质性的本质特征,但与著作权、专利权、商标权等传统知识产权相比较而言,该项权利还具有自身的显著特点。"

郑成思教授认为,知识产权的客体是信息,商誉是"对特定经营性主体综合品质的市场评价",是一种"主体结构性信息",当然属于知识产权。

这两种有代表性的表述,都是从知识产权客体的特征这一视角,将商誉权视为一种知识产权。

认为商誉不应该归入知识产权范畴的学者主要认为,商誉并不具有知识产权的基本特征。由于各家对知识产权的基本特征还存在较大分歧,这里不再作进一步阐述。

二、商誉与商标及商号

(一) 商誉与商标及商号的联系

商号是指商品的生产者或经营者为使本企业区别于其他企业而使用的专属名称。在商标和商号中,商号与商誉的联系更为密切,因为商号是商业法人或商业自然人在商业经营中使用的名称,跨行业、跨地区、跨国界的企业或企业集团,无论经营规模多大,商号也只有一个,一经注册就受到法律保护。商号往往代表了企业的信誉,反映了企业所有商品的质量特征,反映了企业的总体形象;商号著名的产品质量高、性能好、售后服务完善,能吸引众多客户,当然这个企业也拥有了商誉这项无形资产。例如,在现实中,当我们听到"老字号"、"百年老店"等称呼时,我们的反应不仅仅是一家知名的企业,一个商号,更多的是和这家企业的这个商号联系着的良好的商誉。因此,商号是商誉的载体。从各国法律及会计实务来看,几乎所有国家都制定有相应的法律来保护商号权,但几乎所有国家均未将商号权作为一项无形资产加以确认,这主要是因为商号权与商誉的联系太密切,商号权的价值实际上就是商誉的价值,而国际上的通行惯例又是不确认自创商誉,所以商号权也就未确认入账。当然,商号与商誉又不能完全等同,因为经过注册的商号是受法律保护的,也就是说商号是可以改变的。

商标与商誉的关系也极为密切,尤其是驰名商标权的价值。与商誉的价值无法区分。如著名商标"青岛啤酒"的评估价值为 2 亿元人民币,这 2 亿元人民币不可能是青岛啤酒集团公司无形资产项下商标权的价值。按照会计上的确认原则,记录在青岛啤酒集团公司无形资产项下的商标权价值仅仅是取得该项商标权的成本,包括设计制作商标的设计制作费(若为外购商标则是所支付的买价)、聘请律师的费用及其他费用。但是,由于青岛啤酒集团的产品品质高,企业信誉好,消费者十分信赖和喜爱这种产品,而这种产品又是以"青岛啤酒"作为注册商标的,这就使该商标的良好影响延伸到青啤集团所有的商品和服务之上。在这种情况下,商标权就代表了企业部分商誉的价值。要区分价值2亿元人民币的估价中哪些属于商标权的价值,哪些属于商誉的价值,是非常困难的。

进一步讲,在影响商标价值评估的众多因素中,商誉是起着决定性作用的因素。对于一个企业来说,商标的价值始终充满了变化。一个企业不会仅仅因为注册了一个商标而一夜成名,也不会励精图治而始终默默无闻。举例而言,"海尔"商标的价值从无到有,今天成为中国最有价值的商标之一,正是凭借其优质的产品和服务,不断提升自己的商誉,才取得了成功。良好的商誉能够提升企业商标的价值,同样,商誉的损失也会对商标的价值带来负面的影响。可口可乐欧洲分公司在1999年发生的产品质量问题,严重影响了公司在消费者心目中的形象,曾使得"可口可乐"的商标评估价值急剧下滑数十亿美元。商誉对商标价值的影响由此可见一斑。

(二)商誉与商号及商标的区别

1.商誉与商号的区别。主要在于:

(1)取得的方式不同。商号由企业依法定程序向主管机关申请登记,经核准注册取得。商号取得后受到法律的保护,并且可以依法变更。商誉则产生于企业自身的生产经营过程,无须经过任何注册申请等法定程序,企业的商誉和企业商号相联系而存在,并依法受到法律的保护。

(2)二者的表现形式不同。商号必须由文字组成,而不像商标一样可以由文字、图案等元素组成,以文字形态存在的商标具有相对的稳定性。商誉则经常表现为社会评价、公众的好感,随着企业经营的好坏而发生着变化,处于一个动态的发展过程中。

(3)法律保护的方式不同。对于商号,法律规定禁止同行业其他企业在同一注册地域内使用相同的商号。对于商誉,我国的《刑法》和《反不正当竞争法》中有相关的条款加以保护,主要是禁止捏造并散布虚伪事实损害他人的商业信誉和商品声誉。目前,对于商誉的相关法律保护还不很充分,有待进一步完善。

2.商誉与商标的区别。根据我国《商标法》的定义,商标是"任何能够将自然人、法人或者其他组织的商品区别开的可视性标志,包括文字、图形、字母、数字、三维标志和颜色组合,以及上述要素的组合。"根据我们前面对商誉的讨论,商誉和商标的区别主要在于:

(1)商标权是经过注册的商标的专用使用权。商标可以以图形、文字、颜

色、形状、气味等载体进行标志,是有形的。我们称其为无形资产,主要是从其知识性角度而言的。而商誉在任何情况下都是没有实物形态的,是看不见摸不着的,即使作为商誉载体的商号,也就是一个名称而已。可以说,"商誉是无形资产中最无形的"。

(2)商标权作为一种受法律保护的独占使用权,其寿命是有期限的。但是,为了使注册商标的主体更加注重培养企业商品的形象,维护商品的品质,打击侵权者,各国商标法中都有关于商标续展注册的规定,即在原注册商标即将失效及规定的失效期限内,继续注册就可延长注册商标专用权的有效期。从这个意义上说,商标的使用期可以是无限的。而商誉则不同,商誉是与企业整体密不可分且不能单独辨认的,只要企业存在(或商号存在),商誉就存在。通常情况下,如果没有明显的迹象表明企业难以为继,我们都是假定企业能按照预定的目标继续经营下去,所以,商誉的存在期间是无限的。

(3)商标权作为受到法律保护的一种权利,是在商标注册后立即生效的,即商标一经注册,立即受到法律的保护,商标权的形成是很快的。商誉则不同,商誉是一种无形的财产,没有任何图形、符号、文字来代表商誉。同时,商誉的形成也是在日积月累、苦心经营的过程中逐渐形成的,经营成功的企业,经营时间越久,其商誉的价值也就越大。

三、商誉与专利权

(一)商誉与专利权的联系

公众消费专利产品而产生的社会效益,可以使拥有这项专利权的企业在消费者心目中的形象更加高大,企业若配合有力的广告促销手段、良好的售后服务,再加上消费者的口碑相传,必然使企业商誉的价值大大增加。衡量一个企业技术经济实力大小、综合竞争能力强弱的重要标志之一,是看它所拥有的专利数量。一些国际知名的企业,每年都有上万件的专利申请。可见,专利权与商誉的关系是很密切的,专利权通常可以使企业产生商誉,或增加商誉的价值。

(二)商誉与专利权的区别

1. 与商标权一样,各国一般都有专门的法律对专利权实施保护。但是,正如前面分析商誉与商标权的关系时所说,商誉在我国没有专门的法律实施保护。

2. 在法律许可的时效范围内,专利权具有可转让性。无论是自愿还是强制的,专利权一旦转让,转让双方的账户中均要予以确认和记录。商誉一旦转让出去,转让主体即不复存在,转让方不可能在账上记录商誉的转让收入,只有受让方才能确认并记录其价值。

3. 专利权具有明显的时效性,如美国专利法规定,发明专利权的有效期限为

17年,外观设计专利权的有效期限为3年半、7年或14年,由申请人提出申请时自行选定;英国法律规定,专利权的有效期限是20年;法国专利法规定,发明专利权的有效期为29年,实用新型和实用增补专利的有效期为6年;日本专利法规定,发明专利权的有效期限为15年,实用新型设计的专利权为10年;我国《专利法》规定,发明专利权的期限为20年,实用新型专利权和外观设计专利权的期限为10年。与专利权明显的时效性不同,商誉是没有时效限制的。一般来说,专利代表的是先进的生产技术,若能尽快进入公共领域,便能更快地促进社会生产力的提高,而且,随着科技的进步,技术不断更新,旧的技术会不断被淘汰。企业要维护自己的领先地位,获得长期的超额垄断利润,最好能不断有新的专利技术问世。专利权的时效性促使企业不断推陈出新,当然,这一过程也是不断积累商誉的过程。

四、商誉与特许经营权

(一)商誉与特许经营权的联系

根据我国《商业特许经营管理办法》,商业特许经营是指通过签订合同,特许人将有权授予他人使用的商标、商号、经营模式等经营资源授予被特许人使用;被特许人按照合同约定,在统一经营体系下从事经营活动,并向特许人支付特许经营费。取得其他企业授予的特许经营权,往往要花费较大的代价,支付可观的特许经营费。特许经营作为一种新兴的经营模式,能够使企业在短时间内迅速地扩大规模并占有市场,"麦当劳"、"肯德基"等知名快餐企业都是依靠特许经营,迅速占有了全世界的快餐市场。然而,拥有权利进行特许经营授权的公司不会随意地授予特许经营权,一般情况下,申请特许经营权的企业提出申请后,拟授权方会派人到申请方进行考察,符合条件的,才会授予特许经营权并签订合同,否则便不会授权,以免影响企业的良好声誉。授予特许经营权的企业一般都是经营成功的企业,在公众心目中具有较深的印象,这当然就是公司的商誉。被授权人以授权人的商标、商号、专利或商业秘密进行生产经营或者提供服务,实际上就是利用授权方公司的商誉、商标、商号、专利等无形资产,而商标、商号、专利等又是与商誉密切相关、相辅相成的无形资产项目,所以,被授权人取得特许经营权后,在与同行业的竞争中就可居于有利地位,容易获得超额利润。而且,在特定地区,按照授权人的要求经营日久,被授权企业也会建立自己庞大的销售网络,提高自己的服务能力,营建高效的组织管理体系,培养高素质的管理人才和职工队伍,企业自身因此又会产生商誉,步入良性循环的轨道。可见,特许经营权与商誉的关系非常密切,良好的商誉能够帮助企业扩大规模,走上特许经营的道路,而特许经营权也能够帮助企业产生和提升商誉。

（二）商誉与特许经营权的区别

1.二者受法律保护的方式不同。商誉现在没有专门的法律进行保护,有的只是一些法律法规的条文,如我国《反不正当竞争法》和《刑法》的相关条文。取得特许经营权,尤其从其他企业取得特许经营权时,双方会签订合同,明确规定双方的权利、义务、违约责任及处罚条款,任何一方违约都可能受到惩罚,甚至被起诉。也就是说,特许经营权是受合同法保护的,双方的权利、义务、违约责任及处罚等由有效合同规定后才具有法律效力。

2.商誉与特许经营权的有效期不同。虽然拥有特许经营权后,很可能会形成或提升商誉,但商誉一旦形成,便与企业整体相关,不会随授权期限的终了而结束;特许经营权则不同,无论是永久授权还是有限期授权,都会在双方签订的合同中明确加以规定,只不过如果特许的是永久经营权,企业的特许经营权就永久存在。

复习思考题

1.请简要叙述几种不同的关于商誉的定义。
2.什么是负商誉? 负商誉是商誉吗? 负商誉的本质是什么?
3.请比较商誉权和名誉权。
4.请简单阐述商誉与商标、专利之间的区别。

第五章
其他类型
无形资产

● 掌握商业秘密的概念、范围、特点及构成要件，了解商业秘密与知识产权的区别，了解商业秘密的消灭与损失，了解商业秘密侵权的情形及应当承担的法律责任。

● 了解域名的基本概念及特点，掌握域名与知识产权及商标的联系与区别。

　　本章主要介绍商业秘密和域名两种无形资产。商业秘密是一项内涵丰富的无形资产，我们这里主要介绍商业秘密的基本概念，并通过对比说明商业秘密作为一项无形资产与其他无形资产的区别。域名作为近年来快速发展的网络无形资产的代表，也是我们介绍的一项典型的无形资产。其实，对于商业秘密和域名，理论界对于它们的分类归属一直存在着争议，我们在这里暂且将它们归入其他类型的无形资产，并将它们与知识产权做一些对比。

第一节　商业秘密

一、概述

（一）商业秘密的定义

什么是商业秘密，商业秘密是怎样产生的，什么样的东西才可以称为商业秘

密,这是我们刚接触商业秘密时会思考的问题。在现代社会,商业秘密对企业的生存和发展起着越来越重要的作用,商业秘密的保护正在成为一个全球性的问题。下面我们就来一步步揭开商业秘密的面纱。

商业秘密,逻辑上讲,是在商业出现以后才可能存在的。商业并不是从来就有的,商业秘密也是随着人类历史的发展才产生的。一般认为,商业秘密是私有制和市场经济的必然产物。早在古代社会,商业秘密即以"家传绝技""祖传秘方""绝活"等形式存在。古时候的商业秘密主要表现为技术诀窍,多数是一种制作工艺或者一种秘方,拥有者可以通过垄断地占有这种工艺或者秘方,以此为生,有些工艺或者秘方会传给自己的后代,有些则会失传,这时候的商业秘密多是在一个很小的范围内流传。到了封建社会中晚期尤其是资本主义早期,商业秘密不仅自己使用,而且会在有限范围内有偿转让给外人使用。从那时起,商业秘密即开始步入商品经济的轨道。特别是到了近现代社会,由于社会化大生产及国际经济技术贸易的空前发展,技术的革新日新月异,新的管理模式和方法不断涌现,商业秘密已不再仅仅是技术秘密,范围已扩展到了经营秘密。随着经济的快速发展和贸易往来的日益频繁,不同的经济实体之间经常会发生关于商业秘密的侵权事件,对商业秘密进行法律保护的要求日益强烈。1979 年,美国统一刑法委员会在其委员大会上,通过了世界上第一部关于保护商业秘密的专门法律——《统一商业秘密法》,此后,德国、日本、法国等国家相继确立了以《反不正当竞争法》为中心,由合同法、民法、刑法等法律构成的商业秘密法律保护体系。我国目前还没有专门的商业秘密保护法,但在《反不正当竞争法》、《刑法》中都有保护商业秘密的相关规定。而且,经济的全球化也使得商业秘密正成为一个国际性的问题,受到国际商会、世界知识产权组织、世界贸易组织等国际组织的关注。

关于商业秘密的定义,不同的国家和组织有不同的定义。例如,美国《统一商业秘密法》给商业秘密的定义为,"包括配方、模型、编辑、计划、设计、方法、技术、程序的信息。其构成要件包括:①因并不为公众所周知,无法由他人通过正当方法轻易获知,其泄露或者使用能够使他人获取经济利益,因而具有现实的或潜在的独立价值。②根据具体情况采取了合理的努力,以维持其秘密性。"在日本,商业秘密是指对于商业活动有用的产品制造方法、市场行销策略或其他技术或企业信息,这些信息必须以秘密方式保守,并且不易为一般公众得知。在国际上,在《与贸易有关的知识产权协议》(TRIPs)中,商业秘密被称为"未披露信息",这些"未披露信息"应当"未被通常从事该类信息工作的领域内的人们普遍知悉或者容易获得",而且具有"商业价值"。

在我国,"商业秘密"一词作为法律术语,最早出现在 1991 年 4 月修订颁布的《民事诉讼法》中。1995 年 11 月,国家工商行政管理局颁布实施的《关于禁止侵犯商业秘密行为的若干规定》,对商业秘密的法律保护问题做出了明确规定。1997 年 3 月修订的《刑法》增加了侵犯商业秘密罪,对商业秘密在法律上进一步予以保护。另外,我国目前涉及商业秘密保护的法律法规主要还包括《合同法》、《公司法》、《劳动法》、《专利法》等。1993 年颁布的《反不正当竞争法》对商业秘密的概念及构成要件、商业秘密的侵权行为作了具体的规定。《反不正当竞争法》规定:"商业秘密是指不为公众所知悉,能为权利人带来经济价值,具有实用性并经权利人采取保密措施的技术信息和经营信息。"这里所称不为公众所知悉,是指该信息不能从公开渠道直接获取;能为权利人带来经济利益、具有实用性,是指该信息具有确定的可应用性,能为权利人带来现实的或者潜在的经济利益或者竞争优势;权利人采取保密措施,包括订立保密协议、建立保密制度及采取其他合理的保密措施等。可以说,我国的《反不正当竞争法》关于商业秘密的定义吸取了各家之长,精辟地概括出了商业秘密的特征及内涵。

（二）商业秘密的范围

商业秘密的范围有广义和狭义之分,狭义的商业秘密主要指工业适用技术,即仅限于工业的用于工业生产的技术知识,如设计图纸、工艺流程、配方、公式、生产数据等。狭义的商业秘密基本上等同于我们所说的技术秘密。广义的商业秘密泛指工业、商业、管理三个方面的秘密信息,包括工业技术、商务、管理、财务或其他性质的秘密知识和经验。其实,狭义的商业秘密已经很不适应现代社会经济的发展,现在理论界一般都对商业秘密作广义理解。与其他大多数国家一样,我国的《反不正当竞争法》采用的也是广义的商业秘密定义。

商业秘密是一个很广泛的概念,从定义中可以确定,商业秘密包括技术信息和经营信息(或称技术秘密与经营秘密)。如果说上面的定义确定了商业秘密的内涵,这里我们确定的则是商业秘密的外延。

1. 技术秘密,又称技术诀窍,英文为 know-how(I know how to do it 的缩写),一般是指工业生产方面的技术性秘密,包括产品生产和制造过程当中的所有技术秘密,一般表现为技术图纸、技术资料、技术规范所反映的产品的设计、程序、产品配方、工艺流程、制作方法、原料处理及保存方法、质量控制等方面的信息。技术秘密既包括本身不具备专利技术条件的技术信息,也包括符合专利技术条件但其所有人选择自行保密而未申请专利权的技术信息。

在我国,技术秘密以往也称为非专利技术,这主要是相对于专利技术而言的。专利是符合专利法规定的条件,取得了专利权的发明创造;技术秘密是指不为大众所知悉,能为权利人带来经济利益,具有实用性并经权利人采取保密措施的技术信息。技术秘密和专利技术的区别主要在于:

(1)专利的产生以及专利权的获得,需要经过国家主管部门依法定条件和程序审查批准,而技术秘密则无须办理任何申请或审批。

(2)专利申请通过后,专利权人的专利权的存在与维护,可以依靠专利法给予保护,而技术秘密只能靠权利人采取保密措施去维护它的存在。

(3)所有的专利都必须符合专利法所要求的基本条件,其新颖性、创造性、实用性的要求比较高,而技术秘密则没有如此高的要求,只要是能为权利人带来竞争优势的不公开的技术信息,都可以成为技术秘密。

(4)专利技术的内容必须公开,而技术秘密的内容不对外公开。

(5)专利具有法定的保护期限,一旦过了期限,专利技术就自动进入公众领域,任何人都可以无偿使用;而技术秘密则不同,只要没有被公开或自动淘汰,它就是没有期限的,能够为技术秘密所有者持续发挥作用。

在现实中,企业可以根据具体情况,选择以专利方式或者技术秘密方式保护企业的知识产权,如果一些技术由于申请专利不得不对外公开,并且非常容易被模仿,并且模仿不易被发现,那么,对于这项技术,或许采用技术秘密的保护方式更加合适。所以,对企业来说,技术秘密和专利技术是互补的知识产权保护方式,企业只有有机地把二者结合起来,才能更好地保护自己的知识产权不受侵犯,让这些技术更好地为企业服务。

2.经营秘密,一般指没有公开的经营信息,包括保密资料、情报、计划、方案、经营决策等,具体表现为产品的销售计划、顾客名单、货源情报、销售网络、价格供求状况,竞投标中的标底、标书内容以及经营中的管理决策等信息。

商业秘密的范围从最初的生产性技术秘密发展到现在的技术秘密和经营秘密,说明商业秘密的外延随着经济的发展一直在扩大。相信随着经济的不断发展和创新,这一趋势还将不断继续下去。

(三)商业秘密的特征

关于商业秘密的特征,理论界一直存在着分歧,有"三特征"说(即秘密性、保密性、价值性),"四特征"说(秘密性、新颖性、实用性、价值性)等。综合各家的观点,我们认为商业秘密具有以下特征:

1.秘密性。秘密性是商业秘密最核心的特征。商业秘密通过秘密性维持其经济价值,商业秘密一旦公开,便不再具有价值或丧失大部分价值。秘密性也是商业秘密区别于专利最显著的地方。

2.保密性。保密性也可以认为是主观的秘密性,即权利人主观上有保密意愿并采取了相应的保密措施,如订立保密协议,建立保密制度以及采取其他合理的保密措施等。未经权利人保密的、在社会公众中广为传播的信息,不具有秘密性,也不再是商业秘密。

3. 价值性。商业秘密具有经济价值，而且能够为其权利人带来实际或潜在的经济利益和竞争优势。对于权利人来说，维持商业秘密的存在，就是为了获得相应的经济利益和竞争优势。而且，维持商业秘密是有成本的，权利人在权衡是否要保持商业秘密的秘密状态时，主要考虑的也是经济因素。

4. 合法性。受法律保护的商业秘密必须是合法的，权利人可以是原始取得或继受取得；通过非法途径窃取他人的商业秘密，不受法律保护，而且还要受到法律的制裁。

5. 风险性。商业秘密的权利人在利用各种方法保护自己的商业秘密时，并不能禁止他人用正当的、合法的手段或途径获取并使用商业秘密，这也是商业秘密区别于专利的一大特点。如果他人以合法的方式获得了商业秘密并将其公开，原权利人就有可能丧失其经济利益或者竞争优势。这是商业秘密的权利人在采取保密措施时应当考虑到的风险。

6. 无期限性。法律并没有规定商业秘密的期限，只要权利人维持了商业秘密的保密状态，商业秘密就可以延续下去，没有人可以要求权利人将其公开。例如，"可口可乐"饮料的配方可以保密上百年之久。当然，也有很多商业秘密只存在很短的时间就消失了。

（四）商业秘密的构成要件

1. 新颖性。这里所指的新颖性并不是专利法所要求的新颖性，而是指其不能是本行业内普通的信息，应有一定的创造性水平。新颖性保证了本行业的普通信息不被人垄断从而带来不必要的争端。同时，新颖性可以将商业秘密与公有领域、公知技术或公知信息区别开来。在知识产权领域，任何公有领域的信息都属于人们可以享有的公共财富，不能由任何人独占使用，否则就会阻碍经济技术的进步。在商业秘密保护中同样如此，任何人不能以商业秘密保护为借口，将属于公共领域的经济信息和技术信息据为己有，法律强调商业秘密的不为公众所知，正是体现了这种要求。

2. 秘密性。秘密性，或者说不为公众所知悉是商业秘密最基本的特征，也是构成商业秘密的基本条件。我国《反不正当竞争法》中所叙述的"不为公众所知悉"就是这个意思。商业秘密的价值主要是通过秘密状态来维持的，然而，怎样的保密程度才算是秘密的，多少人知道后就算是公开了，这是任何国家和组织在制定保护商业秘密的法律法规时都不能回避的问题。例如，《与贸易有关的知识产权协议》（TRIPs）就规定，"一项未公开的信息在某种意义上属于秘密，即其整体，或其内容的确切体现，或其组合未被通常从事有关信息工作的人普遍所知或容易获得。"这里就规定了三种可以确定为秘密的情况。在这三种情况下，信息仍然是秘密的，是"未被披露的"。

3.实用性。实用性是指商业秘密的客观有用性,即商业秘密可以为所有人创造经济价值。这要求商业秘密具有确定性并且是具体的,可以构成完整的可应用的方案,而不应仅是大概的原理或抽象的概念。一般来说,原理、概念越抽象,其适用范围或起作用的范围就越宽,在其"权利人"自己尚在摸索并未使之具体化因而适合于实际应用之前,法律如对其进行保护,就等于束缚了他人手脚,不利于增进社会公共利益。所以说,思想必须转变为确定的形式才可受到法律保护,实用性可以帮助我们界定商业秘密的具体保护范围。对于不具体的商业秘密,我们的保护无从谈起。

4.价值性。价值性是指商业秘密通过现在或者将来的使用,能够给权利人带来现实或者潜在的经济利益或竞争优势。商业秘密的价值性以其实用性为基础,这里的价值指的是经济价值,而不是指精神价值等其他价值。没有经济价值的信息不构成商业秘密。这里需要指出的是,这里的价值可以是现实的,也可以是潜在的,并不以现实价值为限,也就是说,不管是现实的可直接使用的商业秘密,还是处在研究、试制、开发过程中而具有潜在的或者可预期价值的信息,都可以构成商业秘密,受法律保护。

二、商业秘密与知识产权

在学术界,对是否可以将商业秘密归入知识产权的范畴,一直存在着较大的分歧。认为商业秘密应当归入知识产权的学者认为,商业秘密是一种具有价值性、创新性、秘密性的技术信息和经营信息,是一种无形的智力成果,应当作为知识产权的一部分来对待,国际上的立法和判例,也存在着将商业秘密归入知识产权的趋势。但也有一些学者认为,商业秘密不具备知识产权的一些特征要素,不应归入知识产权的范畴。鉴于这一分歧较大,我们这里暂不对商业秘密的知识产权归属做出评判,当然,这并不影响我们将商业秘密和其他的知识产权客体做一些比较。

(一)商业秘密与其他知识产权客体的区别

1.秘密性与公开性。秘密性是商业秘密的最基本的特征之一。商业秘密是"不为公众知悉的",这不同于其他的知识产权客体特别是专利。专利人在申请获得专利权后,必须将专利内容对社会公开,并且,在专利期满时,专利自动进入公共领域。公共性是对专利的基本要求,而秘密性则是商业秘密维持其价值的前提,权利人必须自行采取措施维持其秘密性。商业秘密一旦被他人非法获取、披露和使用,权利人必须证明他采取了合理的保密措施,才能获得司法救济。

2.权利主体的单一性和多元性。一般来说,专利权、商标权的主体都是一元的,共同发明人也是共同行使权利。专利权和商标权具有严格的排他性,同一项发明的专利权只能授予一个主体,即使两个主体分别独自实现该发明,国家的专利审批机构也只能依照"先发明原则"或"先申请原则"等规定,将专利权授予一个主体。而对于商标权来说,则更为严格,同一个商标的商标权只能由一个权利主体获得,而且,《商标法》对于相近的或者容易引起混淆的商标的注册也有严格的限制。而商业秘密的权利主体则可以有多个,同一商业秘密只要是合法取得,可以同时被多个主体占有和使用。一个主体占有和使用商业秘密,并不能阻止他人通过合法的方式和途径获得和使用商业秘密,只要是合法的获得和使用商业秘密,就会受到法律的保护。

3. 权利的自然合法性与国家授予性。商业秘密的获得并不需要经过审查批准,只要是通过合法手段取得,从取得之日起权利就自动产生,受到法律保护。而其他知识产权如专利权、商标权的取得,则要经过法律规定的严格的申请和审批。只有经过规定的程序并获得批准,专利权和商标权才能取得专有权,从而得到法律保护。

4. 专有权的相对性和绝对性。商业秘密的专有权是相对的,也就是说,这种相同或相似的商业秘密可能有两个以上的权利主体,他们分别行使该商业秘密的专有权,所以说,商业秘密的权利人不具有绝对排他的权利。而其他的知识产权的专有权是绝对的,也就是说,同一项智力成果的专有权不允许由两个以上的权利主体同时占有,这些无形资产的专有权具有严格的排他性,这种绝对的专有性是法定的,受到法律的保护。

5. 时间和地域的非限制性与限制性。商业秘密不存在保护时间和地域的限制,这主要取决于保密期的长短及技术更新速度的快慢。只要权利人能够守住秘密,就有可能继续占有和使用商业秘密,而其他知识产权客体受保护的时间和地域有严格的限制。以我国为例,发明专利的保护期是 20 年,商标权的保护期限为 10 年并可以续展,保护区域也仅限于我国;要实现在外国的保护,还必须在与我国签有互惠条约的国家以及共同参加国际公约的国家申请专利或注册商标。

(二)商业秘密与著作权

总的来说,商业秘密权与著作权并不是互相排斥的两种权利。比如,一项特定的商业信息,如果它具备了新颖性、秘密性等商业秘密的构成要件后,就构成了一项商业秘密,权利人有权要求他人不得采用不正当的手段获得、披露和利用该商业秘密。如果这项商业秘密进一步体现于某些有形或无形的载体(如软件、图片或文字资料等)中,则这些载体即可成为法律意义上的作品,受到著作权法的保护。举例来说,一个有形的载体如果体现了某种创造性的思想或信息,并对权利人来说具有商业价值,而且,权利人采取了一定的保密措施,那么,此时

该载体就可以体现三个层次的权利,首先是权利人对该载体作为一项物品的所有权,其次是该载体所体现的作品的著作权,最后是该载体中的商业秘密权。可见,有时商业秘密权和著作权是紧密相连的两种权利。

1. 商业秘密与著作权的联系。商业秘密制度和著作权制度的相似之处主要有两点:

(1)从权利的产生看,商业秘密自获得之日起即受到法律保护,而作品也是自完成之日起即受到著作权法的保护,两种权利的产生都是基于一种事实,无须向有关部门进行登记或申请。

(2)从权利的性质上看,商业秘密权利人的权利和著作权人的权利均不具有绝对的排他性。商业秘密的权利人并不能阻止他人通过独立开发或其他的合法途径获得和使用相同或类似的商业秘密,只能排斥他人通过不正当的手段获取和利用该商业秘密,同样,著作权人也不能禁止他人独立完成相同或类似作品,只能排斥他人以不正当的手段抄袭或使用其作品。

2. 商业秘密与著作权的区别。商业秘密制度和著作权制度的区别也很显著:

(1)二者保护的对象存在一定的差别。商业秘密制度保护的是那些不为公众知悉,能为权利人带来经济利益和竞争优势并采取了一定保密措施的技术信息和经营信息;而著作权制度则主要是对文学、艺术和科学领域内具有独创性的智力劳动成果进行保护,著作权人的思想必须体现在一定的作品中才能受到保护。可见,二者保护的侧重点有所不同,著作权侧重于保护作品的形式,如图纸、书籍、软件、音像制品等,而商业秘密制度则侧重于保护内容,即能够为权利人带来经济利益和竞争优势的信息。

(2)权利人权利的存续期间不同。著作权人权利中的财产权的期限为其终生及死后50年(作品的人身权将永远存在),而商业秘密的权利人的权利期限则不受限制,关键是看商业秘密是否仍处于秘密状态。所以说,秘密性是商业秘密的生命线所在。

三、商业秘密与国家秘密

(一)国家秘密的概念

所谓秘密,即相对于公开而言,指对特定的事项或信息加以隐蔽、保护或限制,将其控制在一定的范围内,不让外界或外人知悉。商业秘密和国家秘密都是秘密,这是二者的共同之处,而二者的区别更是非常明显。商业秘密的概念我们前面已经介绍,这里不再赘述。那么,什么是国家秘密呢? 根据我国1989年实施的《中华人民共和国保守国家秘密法》第2条的规定,"国家秘密是关系国家的安全和利益,依照法定程序确定,在一定时间内只限一定范围的人员知悉的事项。"可见,一个事项要成为国家秘密应当符合三个条件,即:①同国家的安全和利益相关。②需要依照法律程序确定。③在一定时间内只限一定范围的人员知悉的事项。

(二)商业秘密与国家秘密的比较

1.商业秘密与国家秘密的联系。商业秘密与国家秘密看似没什么关系,其实,在我国,有时商业秘密和国家秘密存在着千丝万缕的联系。在社会主义市场经济体制确立以前,我国经历了较长时间的计划经济时代,国有企业的权利和利益都属于国家,而且,由于政企不分,企业产权不明晰,国有企业的商业秘密经常会由国家进行保护和管理。有学者认为,企业处在这样一种情况下,商业秘密也可视为国家秘密。商业秘密不仅和国家秘密有联系,而且在一些情况下,商业秘密和国家秘密还存在着不同程度的交叉和转化。不过,这些现象发生的情况并不多见,这里也不再赘述。

2.商业秘密与国家秘密的区别。具体地说,商业秘密和国家秘密存在着以下差别:

(1)商业秘密是一种私权,只涉及局部人的利益,即受保护的是关系到权利人经济利益和竞争优势的技术信息和经营信息,同时,商业秘密的主体是自然人或法人,体现的是权利人的意志,其保密的措施由权利人自行实施;国家秘密是一种公权,其主体是国家,体现的是国家的意志,关系到整个国家的利益,涵盖政治、军事、外交、科学技术、社会发展、国民经济等重大领域。

(2)商业秘密的确定主要是权利人的个人行为,并没有严格的申请审批程序,企业之间也没有统一的定秘程序,只要是权利人有保密意愿并采取了相应的保密措施,商业秘密就受到法律的认可和保护。国家秘密的确定,必须由国家保密工作部门依照程序严格执行。从各国保密立法的情况来看,国家秘密的确定一般都有确定国家秘密事项、确定密级以及解密的基本程序。相比较而言,由于国家秘密事关重大,其确定的程序要比商业秘密更加严格,也更加复杂。

(3)正如前面所说,商业秘密的范围很广,虽然其范围的界定还存在争议,但其外延之广的确无可争议。只要是不为公众知悉,能为权利人带来经济利益和竞争优势的技术信息和经营信息,都可以成为商业秘密。商业秘密可以是技术图纸、技术资料、技术规范所反映的产品的设计、程序、产品配方、工艺流程、制作方法、原料处理及保存方法、质量控制等方面的信息,也可以是销售计划、顾客名单、货源情报、销售网络、价格供求状况、竞投标中的标底、标书内容以及经营中的管理决策等信息,并且,随着经济的发展,商业秘密的外延还有扩大的趋势。

国家秘密则不同,其范围有着严格的界定。《中华人民共和国保守国家秘密法》第8条明确规定,"国家秘密包括符合本法第二条规定的下列秘密事项:①国家事务的重大决策中的秘密事项;②国防建设和武装力量活动中的秘密事项;③外交和外事活动中的秘密事项以及对外承担保密义务的事项;④国民经济和社会发展中的秘密事项;⑤科学技术中的秘密事项;⑥维护国家安全活动和追查刑事犯罪中的秘密事项;⑦其他经国家保密工作部门确定应当保守的国家秘密事项。不符合本法第二条规定的,不属于国家秘密。政党的秘密事项中符合本法第二条规定的,属于国家秘密。"可见,商业秘密的范围比较大,外延比较模糊,而国家秘密的范围相对较小,界限较为明确。

(4)对于商业秘密的权利人来说,其权利不具有绝对的排他性,只能排斥他人的不正当行为造成的侵权,而国家秘密则具有绝对的排他性,一个事项一旦被确定为国家秘密,则只有国家才能对其进行使用和处理。而且,商业秘密的权利人可以根据自己的意愿将其转让,而国家秘密则不能进入市场有偿转让。

(5)二者的保护措施也存在着一定的差异。商业秘密一般由权利人自行采取措施进行保护,并没有法律规定的需采用的措施,权利人一般可以采取与职员订立保密合同、门禁管理、内部监控等措施来对商业秘密进行保护,而国家秘密的保护则有严格的规定,比如,我国国家秘密的密级分为"绝密"、"机密"、"秘密"三级,对于绝密级的国家秘密文件、资料和其他物品,我国《保守国家秘密法》规定必须采取以下保密措施:①非经原确定密级的机关、单位或者其上级机关批准,不得复制和摘抄;②收发、传递和外出携带,由指定人员担任,并采取必要的安全措施;③在设备完善的保险装置中保存。

四、商业秘密的消灭和损失

(一)商业秘密的消灭

所谓商业秘密的消灭,是指由于权利人及权利人以外的他人的主观故意、疏忽大意或意外事故,导致商业秘密丧失秘密性,成为公开信息的事实。商业秘密最重要的特点在于它是一种未公开的信息,是秘密的。作为一般意义上的信息,经营信息和技术信息是不会灭失的——这里的灭失指这些信息不再作为商业秘密而存在,法律意义上的商业秘密的消灭即商业秘密的公开。公开是商业秘密消灭的原因。公开以后,商业秘密不再存在,信息进入公共领域。商业秘密公开的方式有很多,公开的行为人可以是权利人本人,也可以是权利人以外的其他人。权利人公开商业秘密可以是主观故意,也可以是因为疏忽。其他人公开商业秘密的情况有时候是合法的,有时候则是因为侵权而公开,但结果都一样,即商业秘密因丧失其秘密性而消灭。

权利人公开的情形主要有：

1. 权利人自愿将商业秘密公之于众。这可能是由于权利人不愿再保持商业秘密，或者是由于技术的更新使得商业秘密没有再保持的必要。只要公之于众，商业秘密就会丧失秘密性，自动消灭。

2. 权利人申请专利。申请专利是以公开内容为条件的，权利人在申请专利的过程中，需要发布公告，所以不管最终权利人是否获得专利权，均已不能再保持商业秘密。

3. 权利人公开销售含有商业秘密的商品。权利人一般需要利用商业秘密从事生产经营，来实现其经济利益，如果从其销售的商品中容易发现其商业秘密所在，商业秘密则很可能因公开而消灭。

4. 因权利人的保密措施不当而公开。商业秘密的保密措施一般由权利人自行实施，现实中经常发生因保密措施不当而发生泄密的情况，比如说，权利人不经意间将商业秘密告诉他人，或者因员工的保密意识不强而随意告知他人等。

5. 在一些情况下，一些含有商业秘密的作品的公开发表，也可能使商业秘密因公开而消灭。著作权法保护的作品可以是公开发表的，也可以是未发表的，正如前面所述，商业秘密符合一定的条件时，可以同时享受著作权法的保护，一旦公开发表，则只有该作品享受著作权法的保护，商业秘密不再存在。

商业秘密因其他人公开的情形主要有合法的公开和非法的公开，合法的公开主要指其他主体通过独立开发、反向工程等合法途径获得同样的商业秘密并公开的行为。他人公开后，商业秘密自动消灭。非法的公开主要指商业秘密因侵权行为被公开，侵权并不一定导致商业秘密的消灭，但他人侵权后将其公开，商业秘密则消灭。

另外，有时因国家利益或社会公共利益的需要，国家可以依法强制推广使用技术秘密，这也将导致权利人商业秘密的消灭。

一般来说，商业秘密因权利人故意、疏忽或意外事件造成消灭，其法律后果是商业秘密被社会公众所知，进入公有领域，或者是被竞争对手合法获取并利用，使权利人失去竞争优势而受到损失，但此时权利人无法获得补偿或赔偿。然而，商业秘密因侵权行为而消灭的，侵权行为人当然应当承担赔偿责任。

（二）商业秘密的损失

以上因故意、疏忽或意外事件造成的商业秘密的消灭，只是商业秘密进入公共领域的一种情况。除了商业秘密的消灭，其实还存在另外一种情况，即商业秘密的损失。商业秘密的损失不是指商业秘密为公众所知，而仅是由于权利人的疏忽或意外，向竞争对手泄露了商业秘密，或者是竞争对手利用商业间谍手段掌握了商业秘密。在这种情况下，商业秘密并未进入公有领域，没有消灭，但竞争

对手可以利用商业秘密,这样会导致权利人因失去竞争优势而受到损害,但这时商业秘密仍然存在,并没有完全丧失其价值,只是因为多了一些使用者而受到损失。

五、商业秘密权

商业秘密权即商业秘密权利人对商业秘密所享有的各项权利的总称,包括占有权、使用权、收益权和处分权。在法学界,商业秘密权有时也被看作是一种财产权。财产权是一种法律关系,只有法律对某一合法对象的财产权予以保护,相应的所有权者对该财产的所有权才依法产生。

商业秘密的存在范围是广泛的,所以商业秘密权的主体也是广泛的。商业秘密权的主体可以是开发生产新产品的企业,开辟新的营销方法和管理方法的公司,也可以是从事科学、教育、文化、卫生和体育的事业单位,总之,商业秘密的宽广的范围,决定了商业秘密权主体的广泛性。

商业秘密权的主体所拥有的权利包括占有权、使用权、收益权和处分权。

占有权,指权利人对商业秘密实际上的管理、控制权,商业秘密的占有通过权利人采取一定的保密措施而实现。未经许可,他人不得以任何违法手段获取、披露、使用权利人的商业秘密。占有权集中体现在当他人有违法行为时,权利人可采取适度措施加以制止,紧急情况下,不排除使用法律强制力的可能。

使用权,指权利人有权依法使用自己的商业秘密,只要不违反法律、不妨碍他人合法利益或社会公共利益,任何人或机关都无权干涉这种使用。权利人一般只有通过使用商业秘密,才能实现自己的经济利益或竞争优势。

收益权,指权利人有权从商业秘密的占有、使用、处分中获取经济利益。

处分权,指权利人有权处置其商业秘密。处置商业秘密的方式多种多样,权利人可以主动公开商业秘密,使其进入公有领域,从而为社会服务,也可以将商业秘密进行有偿转让。权利人还可以在保留所有权的前提下,允许他人有偿使用商业秘密,形成商业秘密的许可使用。

六、商业秘密的侵权行为及其法律责任

一般情况下,商业秘密的侵权将直接导致商业秘密的消灭或损失,给权利人带来经济损失。为了保护权利人的合法利益,各个国家的法律法规都有相关的禁止侵犯商业秘密的条文。例如,我国《反不正当竞争法》规定,"经营者不得采用下列手段侵犯商业秘密:①以盗窃、利诱、胁迫或者其他不正当手段获取权利人的商业秘密;②披露、使用或者允许他人使用以前项手段获取的权利人的商业秘密;③违反约定或者违反权利人有关保守商业秘密的要求,披露、使用或者允

许他人使用其所掌握的商业秘密。第三人明知或者应知前款所列违法行为,获取、使用或者披露他人的商业秘密,视为侵犯商业秘密。"

具体地说,对商业秘密的法律保护主要存在着两种主要的立法形式:一种是在《反不正当竞争法》中设立的附属刑事规定,另一种是刑法中的专门规定。举例来说,德国对商业秘密的保护主要是依据其《不公平竞争法》,其中规定了四种侵害商业秘密的不正当竞争行为,即:①雇员利用雇佣关系,将其在业务中获悉的商业秘密泄露给他人;②第三人用不法手段或违背善良风俗的方法,刺探他人的商业秘密,并加以利用或泄露;③引诱他人窃取、泄露别人的商业秘密;④为竞争或谋利的目的,无正当理由地利用其在交易中所获悉的技术图纸、资料、配方或制造方法,或者将其泄露给他人。法国 1806 年的刑法典规定:"公司董事、职员或工人向居住在法国的法国国民传递或者企图传递其受雇工厂的秘密的,应判处 3 个月至 2 年的徒刑,并处以 500 ~ 1 800 法郎的罚金;上述人员向外国人或侨居在国外的法国国民有上述行为的,应处以 2 年以上 5 年以下有期徒刑并处以 1 800 ~ 7 200 法郎的罚金。"日本刑法第 322 条规定:"凡企业的职员或从业人员,无正当理由,泄露该企业的生产方法或其他有关技术秘密于第三者的,处 3 年以下有期徒刑或 50 万元以下罚金。"

一般来说,商业秘密的侵权不一定构成犯罪,只有"给商业秘密权利人造成重大损失"才构成犯罪。比如,我国的《刑法》第 219 条规定,"有下列侵犯商业秘密行为之一,给商业秘密的权利人造成重大损失的,处三年以下有期徒刑或者拘役,并处或者单处罚金;造成特别严重后果的,处三年以上七年以下有期徒刑,并处罚金:①以盗窃、利诱、胁迫或者其他不正当手段获取权利人的商业秘密的;②披露、使用或者允许他人使用以前项手段获取的权利人的商业秘密的;③违反约定或者违反权利人有关保守商业秘密的要求,披露、使用或者允许他人使用其所掌握的商业秘密的。明知或者应知前款所列行为,获取、使用或者披露他人的商业秘密的,以侵犯商业秘密论。"未对商业秘密权利人造成重大损失的一般侵权行为,要依据《民法通则》,承担相应的民事责任。

第二节　域名

网络时代的到来,对人类社会的发展产生了极大的影响,它改变了人们的生活方式,创造了无穷无尽的商机。网络的出现,也给无形资产研究与管理提出了新的问题,带来了新的挑战。近年来,由于网络的开放性和信息传递的快速性带来的各种各样的无形资产纠纷越来越多,对网络知识产权的规范与保护,已经成

为各个国家和国际组织非常关心的问题,很多学者也对此进行了大量的研究。各种事实证明,探讨网络时代的无形资产问题不仅非常必要,而且十分紧迫。本节只介绍域名这一网络无形资产。

一、域名的基本概念

(一)域名

1.基本概念。域名是互联网络上识别和定位计算机的层次结构式的字符标志,与该计算机的互联网协议(IP)地址相对应。

从商业角度看,对于企业而言,域名是企业的"网上商标"。企业都非常重视自己的商标,而作为网上商标的域名,其重要性和价值也已被全世界的企业所认识。域名所包含的商业价值大小将直接影响域名的价格,简单、人人皆知的英文单词和词组非常值钱,因为它容易形成品牌,而且,域名长度越短越值钱,因为域名越短,越容易记忆和拼写。域名和商标都在各自的范畴内具有唯一性,域名和商标相比,又具有更强的唯一性,并且,随着互联网的发展,从企业树立形象的角度看,域名和商标有着潜移默化的联系。所以,许多企业在选择域名时,往往希望使用和自己企业商标一致的域名。从域名价值的角度看,域名是互联网上最基础的东西,也是一个稀有的全球性资源,无论是进行电子商务,还是在网上开展其他活动,都要从域名开始。一个属于自己的便于宣传、推广的域名,是互联网企业和网站成功的第一步。

从技术角度看,域名是在互联网上用于解决IP地址对应的一种方法。在互联网上,域名的使用大大方便了人们的查找和检索。人们要记住一系列数字并不容易,域名则解决了这一问题。对于某一台计算机来说,IP地址就好像是它的身份证号码,是独一无二的,域名与IP地址是一一对应的。一般来说,一个完整的域名由两个或两个以上的部分组成,各部分之间用符号"."来分隔,如:yahoo. com. cn。在一个完整的域名中,最后一个"."右边的部分称为顶级域名或一级域名(TLD),如在上面的域名例子中,". cn"就是顶级域名。顶级域名左边的部分称为二级域名(SLD),如:". com",二级域名左边的部分称为三级域名,依此类推,三级域名左边的部分称为四级域名,等等。顶级域名由互联网域名与地址分配公司(ICANN)定义,它们是2个或3个英文字母的缩写。顶级域名分为三种:

第一种即通用顶级域名(GTLD,General Top Level Domain)。通用顶级域名中,以下三个向所有用户开放:. com(适用于商业公司);. org(适用于非营利机构);. net(适用于大的网络中心)。上述三个通用顶级域名也称为全球域名,因为任何国家和地区的用户都可申请注册它们下面的二级域名。

第二种是国家或地区顶级域名,它将世界上各个国家或地区的英文名称缩写成两位英文字母构成的代码,如 cn 为中国,us 为美国,uk 为英国,tw 为中国台湾地区,hk 为中国香港地区等。

第三种为专用顶级域名,这是任何国家和地区的特定的人均可直接登记注册的专用顶级域名,专用顶级域名分为三类,".mil"为军事机构,".edu"为教育机构,".gov"为政府机构。专用顶级域名必须为特定的组织、实体所拥有,不能随意注册。例如,一家商业公司就不能在".gov"或".mil"顶级域名下注册其域名,同样,一所大学也只能在".edu"顶级域名下进行域名注册。

2.新增顶级域名类别。值得一提的是,随着互联网发展的需要,顶级域名的类别也有增加的趋势。2000 年 ICANN 通过决议,新增了 7 个域名后缀,它们是:

.biz,对全球企业界开放;

.info,对企业和个人开放;

.name,只针对个人开放;

.pro,针对一些专业人员,比如律师、医生和会计师等开放;

.aero,专为"合法的航运和民航系统"定制,这其中包括航空公司、机场和相关的工业实体;

.coop,向"商业合作组织"开放;

.museum,只针对得到承认的与文化和科学遗产有关的部门开放。

可以说,域名类别的增加是必然的,剩下的只是时间的问题。

3.我国的域名的分类。根据我国 1997 年发布实施的《中国互联网络域名注册管理暂行办法》,中国互联网络的二级域名分为"类别域名"和"行政区域名"两类。

(1)"类别域名"6 个,分别为:

AC——适用于科研机构;COM——适用于工、商、金融等企业;EDU——适用于教育机构;GOV——适用于政府部门;NET——适用于互联网络、接入网络的信息中心(NIC)和运行中心(NOC);ORG——适用于各种非营利性组织。

(2)"行政区域名"34 个,适用于我国各省、自治区、直辖市,分别为:

BJ——北京市;SH——上海市;TJ——天津市;CQ——重庆市;HE——河北省;SX——山西省;NM——内蒙古自治区;LN——辽宁省;JL——吉林省;HL——黑龙江省;JS——江苏省;ZJ——浙江省;AH——安徽省;FJ——福建省;JX——江西省;SD——山东省;HA——河南省;HB——湖北省;HN——湖南省;GD——广东省;GX——广西壮族自治区;HI——海南省;SC——四川省;GZ——贵州省;YN——云南省;SN——陕西省;XZ——西藏自治区;NX——宁夏回族自治区;GS——甘肃省;XJ——新疆维吾尔自治区;QH——青海省;TW——台湾;

HK——香港;MO——澳门。

2006 年 2 月 6 日,中华人民共和国信息产业部发布了《中华人民共和国信息产业部关于中国互联网络域名体系的公告》,对我国的互联网域名体系进行了调整。主要的变化有:

(1)在顶级域名"CN"之外暂设"中国"、"公司"和"网络"3 个中文顶级域名,各级域名之间用实点"."连接,中文域名的各级域名之间用实点或中文句号"。"连接。

(2)在顶级域名"CN"之下,将类别域名增加为 7 个,分别为:AC——适用于科研机构;COM——适用于工、商、金融等企业;EDU——适用于中国的教育机构;GOV——适用于中国的政府机构;MIL——适用于中国的国防机构;NET——适用于提供互联网络服务的机构;ORG——适用于非营利性的组织。

(二)域名的基本特证

1. 标志性。采用域名的原因,是为了用形象的标记来标志因特网上的计算机,以方便人们记忆。域名被形容为网络上的门牌号,可见其标志性已被人们所认可,特别是在商业领域,域名已经具有明显的标志企业的作用。例如,看到"www. Microsoft. com",我们自然会想到著名的微软公司。

2. 唯一性。唯一性是由域名的技术特点所决定的,在因特网上,每台计算机都有一个全球唯一的 IP 地址,所以,与之对应的域名也是全球唯一的,这是域名标志性的根本性的技术保障。

3. 排他性。这是由域名的唯一性决定的。由于因特网是覆盖全球的计算机网络,其使用范围的广泛性,决定了域名必须具有绝对的排他性。域名申请遵循"先申请先注册"的原则,即只有欲申请注册的域名不与已注册的所有域名相同,才能获得注册;一旦注册成功、它就必须排斥此后欲申请注册的与此相同的域名。可以说,域名的排他性是其唯一性的进一步延伸和必要的保证。域名的唯一性是在全球范围的唯一性,因此,其排他性必须是绝对的。

二、域名与知识产权

关于域名是否应该划入知识产权的范围,理论界一直存在着争议。争论主要围绕域名的知识产权属性展开,至今仍没有定论。但有一点可以肯定,那就是域名已经和知识产权产生了千丝万缕的联系,在现实中,在很多情况下,人们是把域名当作知识产权来对待的。尽管世界知识产权组织(WIPO)曾在其报告中声称无意增加新的知识产权,但从近年 WIPO 积极参与有关域名的国际事务的一系列行为来看,域名的确引起了世界知识产权组织的关注。

目前,我国理论界对此也主要存在两种观点。

1.一种观点认为,域名是一种独立的知识产权。持这种观点的学者认为:

(1)域名是有价值的,是一种无形的财富,属于可构成知识产权的智力成果。域名是经过人的构思、选择和创造性劳动产生的,是人类的智力成果。域名的构成并不都是向通信地址那样机械地具有唯一性,域名有创意,有智力劳动在其中,即使是那些仅反映公司或个人名称的缩写字母,也有其特别的含义。比照传统知识产权保护对象中的作品、外观设计、商标、商号等,获得知识产权的相关条件可以很低,域名构成知识产权,并不违反现有的知识产权原理。

(2)域名具有知识产权的属性。尽管学术界对知识产权的特征存在着争议,但对知识产权的三项基本特征即专有性、地域性和时间性却是公认的,域名则兼具这三种特性。首先,域名是网络空间行为的标志,并且是唯一的,其专有性极强,一旦被注册成功,域名持有人在网上即具有绝对的排他权。可见,域名的专有性十分明显。其次,在地域性上,与其他知识产权的地域性不同,域名的地域性不以物理空间为限,而是在网络应用中起到标志作用,在网络以外,则无法实现这一功能,换句话说,域名的地域性体现在"虚拟地域"上。最后,域名的时间性类似于商标的时间性,注册域名实行年检制度,只要按期缴费,就可以无限期拥有。

(3)在现实中,域名一出现,就被习惯性地与知识产权放在了一起,将它当作一项新的知识产权客体来对待。而且,目前各国围绕解决域名注册产生的纠纷的机制统一由世界知识产权组织负责讨论磋商,世界知识产权组织还经常对国际因特网名址分配公司(ICANN)的规则制定提供建议,这说明,在实务中,域名经常被作为一种知识产权来对待。

2.另一种观点认为,虽然我们经常把知识产权和域名放在一起讨论,但并不能就此把域名简单地归入知识产权,而应当根据域名是否具备成为知识产权的特征,来判定域名是否应归入知识产权。持这种观点的学者主要认为:

(1)域名不具备知识产权"易逝性"的特征。

(2)域名的地域性是以虚拟的网络为界,已不是知识产权地域性的本来含义。

三、域名与商标

(一)域名和商标的区别

将域名和商标简单地作一比较,域名和商标之间确实存在着一定的相似性,如标示性、排他性、唯一性等,但从法律的角度看,二者存在着重要的差别,主要有以下几点:

1.两者的用途不同。商标是用来标志商品的,只能用在商品上,而域名是为

了方便人们使用因特网创立的,是用于解决 IP 地址对应的一种技术。

2. 两者标志性的基础不同。商标的相互区别性,是以商品相同或相似为基础而提出的要求。当不同的法律主体所生产或经营的商品存在根本性的不同时,两个或两个以上完全相同的商标获得注册也是可能和合法的;同一国家以及不同国家的不同法律主体就相同商标分别享有权利,都是常见的现象。域名的唯一性和排他性则是绝对的,即不论法律主体所从事的业务属何种类,也不管其是否分别处于不同的国家,都不可能注册相同的域名,域名的唯一性没有以国家为界的地域限制,这是由域名的技术特征所决定的。

3. 两者获得的方式不同。商标注册是由国家的专门机构各自依据本国法律独立地进行的,商标注册所需的申请注册也仅以国家或独立的法律区域为限。因而,存在着处于不同国家的法律主体就相同商标分别享有权利的可能性。域名注册由处于不同国家的注册机构各自独立进行,只有当有关域名尚无人注册时,该域名才能被注册,这使得每一个已注册域名在全球范围内都是唯一的,不存在不同国家的法律主体就相同域名分别主张权利的可能。

4. 两者的申请要求不同。商标注册机构在申请人提出商标注册申请时,要求其按照相应的分类标准,明确记载申请注册的商标所要标志的商品或者服务的种类,即必须指定商标使用于其上的商品或服务。域名注册除因申请人本身的法律属性而在选择顶级域名或二级域名时受到限制外,所有从事商业运作的域名申请人均无须申明其经营活动的内容,更不需要明确记载商品或服务的种类。

5. 两者具有的排他性的基础不同。已注册的商标在不同种类的商品(或服务)上,或在申请注册的地域范围之外,或是超出注册的有效期,就不具有排他性,也就是说,商品种类、地域性和时效性是商标排他性的依据,并且这种排他性是相对的。而在域名问题上,只要按时缴纳少量域名注册费和相应的域名延续费,就可以在全球范围内无限期地与所有已注册或将注册的域名相排斥,唯一性和先申请先注册原则是域名排他性的基础。

6. 两者取得的原则不同。商标取得的原则因国家而异,有的国家采取注册在先原则,有的国家采取使用在先原则,有的国家采取折中方案。而域名采取先申请先注册原则,不注册就不能在因特网上使用。

(二)域名与商标权的冲突

域名纠纷泛指和域名有关的一切纠纷。和域名有关的纠纷有很多种,有因特网域名与受法律保护的商标权之间的纠纷,有因特网域名之间的权利纠纷,还有因特网域名与其他受法律保护的利益之间的纠纷。其中,尤以域名与商标权的冲突表现得最为突出。域名与商标权的冲突可分为两类:第一类也是近年来最受人们关注而且发生争议最多的一类,即受法律保护的商标权人对注册域名提出的争议,第二类是在先注册的网络域名所有人对在后使用或注册的商标提出的争议,这类争议目前的数量还不多,而且并未造成具有全社会意义的影响,因而还不是人们广泛关注的焦点问题。

四、域名的管理

域名的取得不像著作权那样自动产生,也不像专利与商标那样要经过严格的审查。域名权利的取得基于域名的注册申请,按照国际通行的做法,域名的申请遵循"first come, first served"的原则。我国的《中国互联网络域名管理办法》第24条明确规定,"域名注册服务遵循先申请先注册的原则。"

虽然域名申请注册不如商标、专利那样严格,但域名的注册也不是随意的。各个国家和组织对域名的注册申请都有相应的办法和规定。如我国信息产业部2004年9月28日审议通过,自2004年12月20日起施行的《中国互联网络域名管理办法》第27条就对域名注册的禁止内容作了一般的原则性规定:"任何组织或个人注册和使用的域名,不得含有下列内容:①反对宪法所确定的基本原则的;②危害国家安全,泄露国家秘密,颠覆国家政权,破坏国家统一的;③损害国家荣誉和利益的;④煽动民族仇恨、民族歧视,破坏民族团结的;⑤破坏国家宗教政策,宣扬邪教和封建迷信的;⑥散布谣言,扰乱社会秩序,破坏社会稳定的;⑦散布淫秽、色情、赌博、暴力、凶杀、恐怖或者教唆犯罪的;⑧侮辱或者诽谤他人,侵害他人合法权益的;⑨含有法律、行政法规禁止的其他内容的。"

在申请域名的过程中,域名注册申请者应当提交真实、准确、完整的域名注册信息,并与域名注册服务机构签订用户注册协议。域名注册完成后,域名注册申请者即成为其注册域名的持有者。域名持有者可以选择和变更域名注册服务机构。域名持有者变更域名注册服务机构的,原域名注册服务机构应当承担转移域名持有者注册信息的义务。注册域名应当按期缴纳域名运行费用。域名注册管理机构应当制定具体的域名运行费用收费办法,并报信息产业部备案。域名注册信息发生变更的,域名持有者应当在变更后30日内向域名注册服务机构申请变更注册信息。

《中国互联网络域名管理办法》第34条还规定,"已注册的域名出现下列情形之一时,原域名注册服务机构应当予以注销,并以书面形式通知域名持有者:①域名持有者或其代理人申请注销域名的;②域名持有者提交的域名注册信息不真实、不准确、不完整的;③域名持有者未按照规定缴纳相应费用的;④依据人民法院、仲裁机构或域名争议解决机构做出的裁判,应当注销的;⑤违反相关法律、行政法规及本办法规定的。"

复习思考题

1. 简述商业秘密的特征及构成要件。

2. 试比较并区分商业秘密与其他知识产权客体。

3. 国家秘密的构成要件是什么？它与商业秘密之间存在哪些区别？

4. 简述域名的概念及其特征。

5. 请阐述域名与知识产权之间的关系。

6. 试述域名和商标之间的区别。

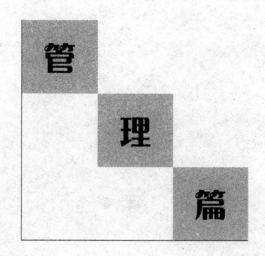

管理篇

第六章
无形资产管理

学习要点

● 了解无形资产管理有机式组织结构的三种类型,了解企业无形资产管理的临时性变通安排和永久性专设机构。

● 了解无形资产管理的公司层战略、事业层战略、项目层战略、职能层战略和国际化战略的主要内容。

进入知识经济时代以后,越来越多的公司、企业对无形资产日益重视,伴随着无形资产投资规模的不断增大,企业内部积累的无形资产数量越来越多、种类越来越杂、流动也越来越频繁,这就对无形资产的管理提出了更高的要求。企业投入了大量的人力、物力、时间,历经千辛万苦之后,成功开发出来的无形资产如何才能保值增值,这是一个一直困扰着管理人员的大问题。本章试图总结一下无形资产管理方面的成果。

第一节　无形资产管理组织

大量研究发现,便于对无形资产进行管理的企业组织结构至少具有以下四个共同特征:①采用有机式组织结构;②资源充裕;③设有临时组织变通机制,以应对无形资产研发和保值增值的任务;④设有永久性的无形资产管理机构,配备了专业的无形资产管理人员。

富足的资源对无形资产管理的促进作用自然毋庸多言。只有资源充裕,企业才能大胆地投入高精尖无形资产的研发,研发人员才能没有后顾之忧;也只有资源充裕,企业才能将无形资产的各项管理工作落实到位。

这里,我们只着重叙述有机式组织结构、临时性变通安排和永久性的专设机构。

一、有机式组织结构

有机式组织结构是相对于机械式组织结构而言的。

（一）机械式组织结构

机械式组织结构是坚持统一指挥的科层制度,强调规则,个体只接受其直接上司的命令和监督,其管理跨度较窄,且随着科层级别的提高逐渐缩小。它包括职能型和分部型两种结构。

1.职能型结构。职能型结构是最常见的组织结构,它是按照分工来组织部门人员。其示意图见图6-1。

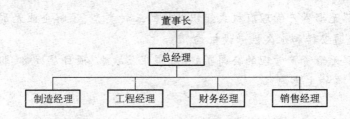

图6-1　职能型组织结构

职能型结构的优点在于能够从专业化分工中获得规模报酬,但同时也会导致各个部门之间缺乏交流。在人力资源管理方面,下层员工过分注重职能分工,容易使其目光变得短浅,技能发展面临局限,不利于成为无形资产管理的综合性人才。

2.分部型结构。所谓分部型结构,就是母公司—分公司形态的组织结构。在这种结构中,每个分公司都是独立、自治的,由分公司经理全权负责,母公司仅仅提供财务与法律支持,也履行有限的监督责任。需要注意的是,在各个分公司内部,还可能进一步包含着机械式或有机式的各类组织结构。这种结构的优点是:总公司管理人员摆脱了企业日常管理事务,能腾出时间专门研究企业的长远发展规划;这种结构培养出来的母公司员工,视野比较开阔,经营管理能力更强,适应于无形资产管理的需要。但由于各子公司内部都包含着一个完整的公司组织结构,这种结构在人事安排和资源配置方面的冗余程度较高,不利于企业协调

运作、降低成本。

（二）有机式组织结构

有机式组织结构又称为适应性组织结构，它将固定的官僚组织尽量缩减，一般只保留负责财务、采购和销售等必须以公司整体形式出现才能完成职责的业务活动部门。因此，这种结构具有与机械式组织结构完全相反的性质：简单、不重视规则、强调分权。它包括简单结构、矩阵结构、网络结构三类。

1. 简单结构。所谓简单结构，就是没有结构，类似于中国传统式的作坊——一个老板几个伙计。这种结构的灵活性最高、管理成本也最低，但它只适合规模较小的企业或企业的创业初期。随着企业规模的扩大，这种家族式的组织结构会暴露出很多问题，其中最重要的是，随着企业创业取得成功，企业人事会过分依赖于内部的信任，难以引进和留住人才；而且，"老板"容易变得过分自信，甚至独断专行，这就容易出现"非理性决策"。

2. 矩阵结构。矩阵结构又称双重指挥结构，它是相对于机械式组织结构下的"统一指挥"而产生出来的。它通过设置项目经理这一职位，同时汲取职能型结构和分部型结构的优点，其组织形式见表 6 - 1。

表 6 - 1　矩阵结构

部门 项目	经理小组	工程部	财务部	采购部	制造部	销售部
项目 A	项目经理 A	设计组	财务组	采购组	制造组	销售组
项目 B	项目经理 B	设计组	财务组	采购组	制造组	销售组
项目 C	项目经理 C	设计组	财务组	采购组	制造组	销售组
项目 D	项目经理 D	设计组	财务组	采购组	制造组	销售组

从表 6 - 1 可以看到，矩阵结构既设有职能部门进行专业化的分工管理，又围绕公司开展的各个项目，组成一些临时的"公司中的公司"，交由一名项目经理负责管理，并且从各职能部门中抽调人员。于是，除了公司的高层领导（包括部门经理和项目经理），所有员工都要接受两个上司即他们所属的职能部门的部门经理以及他们正在从事的项目的项目经理的命令和监督，这就必然产生一个分权的问题。一般情况下，项目经理享有下级员工的指挥权，部门经理则保留建议权，并负有年度评审和监督的责任。另外，再设立一个专门机构或个人，负责项目经理和部门经理的沟通、协调工作。

矩阵结构的优点显而易见，它使得企业在同一时间完成一系列庞杂耗时的项目（如无形资产研发或维护项目）成为可能，还能通过专业化分工管理而获得

规模报酬,降低成本。但是,双重指挥结构只适用于短期,长期使用会埋下内部权利斗争的祸根。正如古老的《罗马法》的智慧名言:"当一个奴隶有了三个主人时,他便成为自由人。"沟通协调工作在这里显得尤为重要。在人力资源管理方面,矩阵结构能够给项目经理提供一个宽阔的施展空间,这有助于培养他们的统筹能力和大局观,而这些都是从事无形资产管理业务最重要的素质。

3. 网络结构。网络结构是目前新兴高科技企业中最流行的一种组织结构,它的发明者的思路大致是这样的:"既然在矩阵结构中,公司的一切日常的组织人事活动都是围绕项目经理进行的,而部门经理只负有一些阶段性的职责,如年度评审等,那么最简化的所谓'原子公司'就应该是一个将职能部门也剔除掉后剩下的经理小组,其他一切经营活动都通过签订合同的形式外包给其他公司、组织或个人"。

网络结构并不是人们通常理解的空壳公司或者皮包公司,而是真正集中了雄厚资金实力、专业管理人才和大量无形资产的"精英团队"。这种新型的组织结构不仅仅打破了人们对公司传统形态的理解,而且,在经济学理论界更是掀起了一场从 20 世纪 30 年代末至今,长达半个多世纪的制度经济学革命,多位经济学家因为在企业(契约)理论方面的杰出贡献而获得了诺贝尔经济学奖。在实践中,网络结构成功的案例有很多,其中的佼佼者包括人们耳熟能详的日本任天堂公司(Nitendo)和美国耐克公司(Nike)。

在制度经济学中,外包和企业边界总是属于同一个问题的两个方面——如果把生产的一切环节都外包出去了,那么企业是什么?华人经济学家张五常曾有过一个著名论断:"企业是合同的纽结。"在实践中,原子公司——无论我们称其为"核心小组"还是"精英团队"——之所以存在,主要就是为了管理"合同关系"这种最繁杂的无形资产。这也是一种专业化——一种合同关系管理的专业化,这种专业化给企业提供了高度的灵活性,能够迅速应对市场环境的变化,也有利于按照比较优势进行国际化分工。需要注意的是,由于绝大多数研发、生产和经营活动都是在原子公司之外进行,这就对无形资产的保密工作提出了很高的要求。另外,由于法律规定发明人对其发明的无形资产始终具有人身权,能够转让的只能是无形资产的财产权,原子公司或"核心小组"的出现,显然对技术的控制能力提出了挑战,如果合同存在缺陷,就很容易引发官司。

二、临时性变通安排

无论是机械式组织结构还是有机式组织结构,都有各自的优缺点——并不存在某种最佳的组织结构。组织行为学的观点认为,管理学的努力方向不应是追求某种最佳的组织结构,而应当致力于对原来的各种组织结构逐渐进行"软化",使

企业变得富于弹性。能够与时俱进,才是新经济时代企业形态的最高境界。

软性组织最原始、也最简单的方案是,当采用机械结构的企业面临无形资产的研发与管理问题时,一般应增设委员会或任务小组,以在原有的基础上附加一些有机式的成分,从而汲取有机式组织结构的一些优点。大多数的委员会定期召开,在会议上,来自各个不同职能部门、拥有不同专业背景的员工聚集在一起讨论、分析问题,提出、协调意见,但并不像任务小组那样参与某种任务的整个过程。任务小组是一种临时性矩阵结构,其目的是为了完成某种非常规性又较困难的任务。各个职能部门的员工临时聚在一起,组成一个项目小组,由一名组长负责,直到任务完成后小组再解散,每个员工回到他们原先隶属的职能部门,项目成果则被整合到原先的组织结构中。任务小组是大多数企业从事无形资产研发时最常用的一种组织形式。

比较高级的方案是 GE(通用电气公司)总裁杰克·韦尔奇倡导的将矩阵式结构看作是一种融合管理技巧与文化的制度哲学,而不是一种单纯的结构的理念。组织结构的最大悖论正是所谓的"大公司宿命论",任何一家大公司在短期内为了对数量极为庞大的职员和资源进行有效管理,必须要求组织结构能够保持某种"一致性",但要在长期保持竞争优势和创新能力,又要求企业能够打破原来的那种官僚式的"一致性"。

综上所述,矩阵结构是一种适合绝大多数公司进行无形资产研发和管理,在实践中较为成熟的组织结构。这一结构的最大缺陷是存在内部权利斗争的隐患。"冲突"是企业变革最重要的动力,但它需要被控制在一定的程度之下,否则就会引发管理混乱,严重时还会导致企业破产。这就要求在企业内部塑造一种具有高度一致性的企业核心文化,并用它来替代组织上的高度"一致性"。这种"一致性"文化的建设需要长期投入,并务必要使其内化到企业管理和价值链的各个环节,贯彻到每个职工的日常言行举止中,使它在潜移默化中演变为一种控制机制,从而引导、塑造、改变员工看待问题的态度和行为举止的方式。这种"一致性"文化的建设不可小视,因为企业文化往往是在企业面临经营困难的关键时刻,成为克服企业变革阻力的凝聚力和向心力。

三、永久性专设机构

企业应当设置专门的无形资产管理部门,配备专业的无形资产管理人员,对企业的无形资产进行综合、全面、系统的管理。无形资产管理部门的主要职能包括:①为企业所有无形资产的研发、保护和投资工作制定总体战略;②就无形资产的实施要求,协调企业内部各部门之间的关系;③在企业就无形资产的法律要求,协调企业与政府管理机构之间的关系;④就无形资产的合同要求,协调企业

与企业之间的关系;⑤在企业内部监控保密信息,在企业外部关注市场动向;⑥贯彻国家关于无形资产方面的法律法规,按时缴纳各类维护费用,注意专利权、商标权等的到期日,及时申请延展;⑦考核归档。

企业还要设置专门的无形资产审计部门,其主要职能包括:①组织无形资产的评价与评估;②检查企业向外报送的无形资产信息是否准确;③对无形资产管理部门的上述活动进行审计。

审计目标一般为:①研发、投资活动的可行性;②研发、运营活动的经济性;③运营、管理活动的效率;④所有活动的效果。

无论是无形资产管理部门还是无形资产审计部门,其有效性都取决于其独立性,企业的高级管理人员对此要给予充分重视。

第二节　无形资产管理战略

《战略规划》一书的作者乔治·斯坦纳将管理分为战略管理和经营管理两类,高级管理者所从事的应该是战略管理,而将经营管理留给下级去处理。战略管理为经营管理提供了指导方向和范围,经营管理关注的是企业的短期收支平衡,战略管理着眼于企业的长期核心竞争力。

战略管理的实施方式主要有两种:

第一种叫作期望式,即高级管理人员凭借其个人累积的知识和一时的灵感作出判断——虽然这种判断的正确率很低、风险程度很高,但我们毕竟无法否认这类天才人物的存在。事实正如阿尔伯特·爱因斯坦的著名论断:"想象力比知识更重要。"

第二种叫作规划式,顾名思义,即进行战略规划。它要求遵照一整套精密的标准程序,企业的全部高级管理人员(经理)乃至一些员工都要参与,其目的是为了模仿天才头脑中的直觉过程。这种利用心理学和管理学的现有成果,使得"三个臭皮匠"能够"顶个诸葛亮"的方式,就是本节所要论述的内容。

根据我们在无形资产管理的组织部分所做的阐述,一个成功的无形资产管理组织应该包括四个科层级别:

第一,公司层。对应于公司高级管理层。公司层制定战略,是为了找出以下这一问题的答案:"我们要做什么?"

第二,事业层。对应于专门的无形资产管理部门经理。事业层制定战略,是为了找出以下这一问题的答案:"如何分配资源? 在资源约束下,要做到什么程度?"

第三,项目层。对应于由项目经理组成的"经理小组"。项目层制定战略,是为了找出下面这一问题的答案:"怎么做?"

第四,职能层。对应于公司的各个职能部门经理。职能层制定战略,是为了找出下面这一问题的答案:"如何支持项目层?"

一、公司层战略

(一) 勾画公司的宗旨和总目标

每个组织的存在都有其生存意义,就企业这种组织形态来说,我们称其为宗旨或总目标。关于宗旨的陈述总是简短而抽象的。

做快餐的麦当劳公司认为自己从事的是房地产生意,送外卖的多米诺比萨公司认为自己所做的是快递业务。这些看来事小,实则关系重大。当他们决心扩大规模、拓展业务、增加收入时,麦当劳首先想到的会是如何确定店址,多米诺想到的则是如何安排送货,而不是增加一些快餐或调整比萨的口味和品种。

企业的经济性要求企业追求利润最大化,换句话说,也就是如何在有限的资源约束下,尽可能满足消费者的需要。满足的程度越高,利润水平也就越高。毋庸讳言,这是企业的经济宗旨。

除此之外,斯坦纳在观察了大量案例后,建议我们从以下角度思考企业的宗旨:①公司使命,如陈述企业的动力或主要的设想,企业的市场和产品种类;②为特定集团谋利益,如为公共利益、公司股东、雇员、供应商或社区利益服务;③质量,如追求产品的高质量和员工的高素质;④生产效率;⑤企业氛围,如"营造良好的工作环境","吸引投资者的公司","追求锐意创新的公司";⑥社会责任。

关于最后一点,企业在追求利润之余是否要将履行社会责任视为己任的问题,已经形成了一门专门的学问,叫作企业伦理学。著名货币主义经济学家弗里德曼认为,企业的社会责任仅限于对其股东负责,如果提供公共品,企业的经营成本必定增加,这一增加,要么是以提高产品价格的形式转嫁给消费者,要么通过降低收益率转由股东承担。在竞争性市场中,提高价格就意味着减少销售,偏离均衡点导致收益率下降而由股东承担损失,这本身就是对股东这一特殊社会群体的"不负责任"。因此,"恺撒的统统归给恺撒",既然企业在提供公共品方面相对于政府及其他一些专业的非政府组织并不具有比较优势,它就不应该避重就轻。而在非竞争性市场中,制定垄断价格本身,就意味着社会福利的损失。

企业伦理学的观点认为,经济利润和社会责任之间存在长期的正相关关系:

1.在处理企业内部关系方面,社会责任感对员工有教育意义,能够增加他们对集体的认同感与合作精神,进一步降低道德风险,提高工作效率;

2.在处理市场交易关系方面,信誉与道德联系在一起,有利于公司改善企业形象,与主要利益相关者建立长期的合作关系,降低交易成本;

3.在处理非市场交易关系方面,有利于公司改善企业形象,在媒体、政府以及其他公众利益团体等组织中保持良好的口碑,降低交易成本;

4.罗宾斯的统计结果显示,企业短期的不正当营利将为长期的诉讼风险所抵消(可以想想美国几大烟草公司的情形)。

一般来说,无形资产代表了人类最高的智力成果和未来的发展趋势,实施无形资产战略管理的企业最好能够在其宗旨的表述中纳入履行社会责任的内容。

(二)进行环境分析

对不断变化的环境进行分析,是为了给随后的 SWOT 分析和计划预算阶段提供素材,因此,这种分析必须是系统性的。只有这样,才能尽可能避免遗漏重要因素。

与无形资产的研发过程不同,环境分析的数据资料一般不需要组织专项调查,而是来自公司内部的数据库。但企业所面临的环境信息总量极为巨大,每条信息对企业的未来都有直接或间接的影响,而其影响程度也不确定。投资学认为,系统性风险可以通过投资组合策略加以克服,所以,决策者只有按照统计学的时间序列方法的要求,对各项数据进行长期、系统的监测,才能找到那些针对非系统性风险的有价值的规律,这才是环境分析的目标。这就需要企业做好长期投入的准备,并构建一个完备的档案库或数据库体系。

这个数据库应包括以下几项主要内容:

1.过去的财务数据。这包括反映偿债能力、营利能力、营运能力、市场份额的各项指数,现金流以及新产品的研发投入和销售情况。

2.现状。这主要有四大板块:

(1)公司的消费者状况。它包括消费者集中度、潜在消费者群体、消费者的地理分布、市场份额,消费市场正处于产品生命周期的阶段——引入期、成长期、成熟期还是衰退期等。

(2)公司的资源状况。①财务资源,包括留存收益、借债能力、现金流;②人力资源,指管理人员的领导规划能力、人事安排能力和全体员工的年龄、技能、生产率、流动率;③工会;④固定资产,指固定资产的最大生产能力和现代化程度;⑤存货;⑥在遵纪守法、环境保护等方面的公众形象;⑦目前的核心竞争力等。

(3)公司的竞争状况。

(4)宏观数据。它包括当年的国内生产总值、通货膨胀率、就业率、即期利率、汇率,人口的总量和分布,环境保护情况,政治环境及公司对政治的影响力,技术变革以及法律法规方面的新发展等。

3. 预测。预测需要解决的问题包括预测的依据、预测的方法和预测的精确度等。

没有任何一种预测模型或方法能够包罗万象,能够囊括上述(1)和(2)的全部内容。因此,在数据库中,通常都保存有多套预测方案,以供决策者选择。选择何种方案,既要依预测的目的而变,又要受到公司宗旨和管理者直觉的影响,在构建数据库时,所能做的就是尽可能将各类预测所基于的假设、原理和效果陈述得清晰、完整,以供决策者考虑,而对方法的细节的论述则可以忽略。精确度并不是越高越好,尽管投资决策对预测的精确度要求较高,而在长期分析中,趋势比准确更为重要,提供一定概率下的一个简单的置信区间就可以了。

这里介绍三种最基本也是最常用的构造单个预测模型的方法。正式的预测方案一般会用到它们中的一种或几种,也有可能会在这些方法的基础上,再加入一些更为复杂的数学方法。

(1)趋势法,主要包括:①直线趋势,即应用一元线性关系 $Y = a + bx$ 进行模拟预测;②指数趋势,应用指数方程 $Y = ab^x$ 进行模拟预测;③高次曲线趋势,应用高次曲线方程 $Y = a + bx + cx^2 + dx^3 + \cdots$ 进行模拟预测。

(2)回归法,通过构建回归模型,揭示出数据背后的相关关系,包括:①线性回归模型,$Y = a + b_1 x_1 + b_2 x_2 + b_3 x_3 + \cdots + b_m x_m$;②非线性回归模型,如高次回归模型、指数/对数回归模型等,非线性回归模型需要转化为线性模型进行处理。

(3)包络曲线法,主要是对应用以上两种方法所求得的一系列曲线求包络线,以预测更为长期的发展趋势,它主要用来跟踪技术方面的发展趋势。

(三)重新评价公司的宗旨和总目标。

所谓重新评价,就是要在原宗旨中选择符合环境分析结论的部分作为新的宗旨,并不要求完全推翻公司原来所确定的宗旨(见图6-2)。

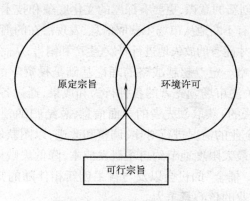

图6-2　重新评价公司宗旨

二、事业层、项目层和职能层战略

(一)事业层战略

事业层战略大致可以分为三种：配合型无形资产管理战略，紧缩型无形资产管理战略，扩张型无形资产管理战略。

由于无形资产具有的高度不确定性，要将供给与需求在时间和空间上完全匹配起来，几乎是不可能的。所以，采用配合型无形资产管理战略的企业并不只是要安于现状、故步自封，而是希望将资源和关注的重点集中在无形资产的保值而不是开发上。对于进入稳定成长期的企业，实际增长率过分高于可持续增长率，会导致资金链的断裂，如果过度借债，反而会降低效率。所以，与承担高风险、获取高收益的扩张型战略相比，紧缩型无形资产管理战略基于无形资产的现实状况，致力于成本降低与成本控制，是一个不错的选择。

紧缩型和扩张型战略是与无形资产所处的产品生命周期阶段相关联的。企业所拥有的绝大多数无形资产处于引入期和衰退期的，宜采用扩张型战略，与此同时，需要研究、开发和管理多种具有互补性、替代性的无形资产，积极开拓新市场，以最大限度地降低非系统性风险；而主要无形资产处于成长期或成熟期的企业，则应积极通过整合资产，剔除一些不必要或者投资报酬率相对较低的项目，以优化资源配置，最大限度地获取利润。

(二)项目层战略

项目层战略主要制定详细的扩张、配合或紧缩战略的实施方案，主要包括市场领先战略、定点超越战略、引进吸收战略、国际化战略和无形资产维护战略。

1. 市场领先战略。所谓市场领先战略，顾名思义，就是要在无形资产的研发中做出先行发明，进而在世界范围内申请专利。这种战略要求企业不仅拥有发展的眼光、敏锐的嗅觉、创新的意识，更要有深厚的文化底蕴和技术、资金。先行的发明来自领先的信息，只有不断地从市场中获取信息、发现潜在的消费需求和投资机会，并加以识别和利用，才能有的放矢地进行研发、生产和销售，从而立于不败之地。

2. 定点超越战略。定点超越战略的理论基础是投资学的引导原则，即紧跟市场领先者战略，关注市场领先者的各种行为和成果，通过各种公开或不公开的渠道（有可能是非法的）获取领先者的全面信息，总结归纳领先者的运作方式和成功经验，针对本企业的情况进行对比、调整和改进，以图获取后发优势的做法。这种做法虽然能够最大限度地节约自主研发成本，降低失败风险，但同时也放弃了挣得市场上"第一桶金"的机会以及与自主创新相伴随的知识的溢出效应，不利于保持和提高企业的核心竞争力。

在实施定点超越战略的过程中，首先要分析企业自身无形资产研发和管理的优势和劣势,选取反映劣势的主要指标,作为选取和比对领先者的标准;其次要按照这一指标,在市场上挑选作为定点的领先者,其所属行业并不限于本企业正在从事的行业;再次要广泛收集信息,对比分析本企业与领先者在该领域表现出极大差距的原因;最后要制定改正计划和实施步骤,开展组织严密的赶超活动,同时,还要时刻观察领先者的动态反应和最新动向,适时进行反馈和调整,防止落入领先者制定的商业陷阱,以实现更大突破。

3. 引进吸收战略。引进吸收战略就是通过购买其他企业成熟的无形资产,在企业内部对来源不同的各类有形和无形资产进行协调、整合,创造利润的方式。相比前面两种战略,由于避开了无形资产的引入期和成长期,引进吸收的价格一般不会很高,成本相对更低,风险也更小,但也正是由于处于成熟期或衰退期,其赢利能力和发展前景不像先前那么乐观,市场也逐渐趋于饱和,这就要求引进企业进行二次创造,以取得超额回报。整合是这种二次创造的主要途径,详见本书第八章。

4. 无形资产维护战略。无形资产维护战略适于积累有大量无形资产并居于市场领先地位的企业,对于这类企业来说,守成的重要性和回报率往往要高于创业,因此,其工作的重心将慢慢地从无形资产研发向无形资产保值转移。无形资产维护战略又包括以下几个子战略:

(1)法律战略,即充分利用现有国内国际法律法规,防止无形资产遭受侵害,主要针对知识产权型无形资产;

(2)质量战略,这种战略认为,虽然难以杜绝对无形资产外在表现的侵权行为,但其内在设计和产品质量却是别人所无法模仿的,与其拼命被动维护,不如花大力气提高和监控产品质量,将无形资产维护与产品质量结合起来,从而营建企业的良好声誉,并以此来保持企业的长期优势;

(3)广告战略,企业对其旗下的无形资产或者利用这些无形资产开发生产出来的产品进行广告宣传司空见惯,但这并不等于该企业在实施广告战略。广告战略要求企业在无形资产的整个生命周期中,持续、密集、富有变化地进行广告宣传,目的在于保持企业在消费者心目中的新鲜感和好印象,以遏制竞争者的加入。

(三)职能层战略

职能层战略是指管理人员为特定的职能活动、业务流程或业务领域内的重要部门所制定的战略规划,旨在为事业层和项目层战略提供一些细节,以培养或巩固公司的核心竞争力。一项业务中,有多少对事业层和项目层战略起作用的活动,就应该制定多少个职能层战略。

职能层战略对应于职能型组织结构,所以在实践中非常常见。它一般包括财务战略、市场营销战略、生产与运作战略、研究与开发战略和人力资源战略五个子战略。职能层战略在关注分工细节的同时,也继承了职能型结构的缺点,即各个活

动、流程、部门战略之间缺乏一致性和协调性，不利于互相支持和强化。要克服这一缺点，职能部门经理需要注意与下属和其他职能部门的经理之间作好经常性的沟通，而且，职能层战略的制定和实施，必须始终围绕事业层和项目层战略展开。

三、国际化战略

本书将无形资产管理的国际化战略单辟段落进行介绍，其原因在于，无形资产的国际化管理虽然严格说来属于回答"怎么做"的事业层战略，但却要贯穿于企业管理组织的全部四个科层级别，而且，以下两点至关重要：①生存环境一旦开放，企业的宗旨和总目标就必须进行相应的改变，这就有可能导致公司层战略的推倒重来；②所面对的资源约束一旦放宽，企业的选择会更多，发现问题、思考问题、处理问题、分配资源的难度、角度和方式也会发生变化，进而影响到事业层和项目层战略的制定。

无形资产国际化具有两个层次，一是宏观层次的国际化，指国家和地区无形资产的国际化；二是微观层次的国际化，即企业无形资产的国际化，本书所指的是后者。

（一）无形资产国际化的前提

无形资产国际化必须以经济效益为先，这是不争的事实。但就其特点而言，必须坚持普遍性与独特性的并存。普遍性指的是普遍参与，而独特性则是指个别国家的个别企业应该有各自独立自主的参与路径，或至少有路径的选择权。既谓国际化，就要符合一些世界性的普遍规律如市场经济规律等，在此基础上，再结合各个国家的基本国情以及公司所面临的竞争环境，这样制定出的战略才是可行而高效的。

实践证明，无形资产本土化是国际化的前提。任何企业要在全球范围内实现其无形资产价值，必须先为本国或本地区的消费者所接受，在国内或地区内打下坚实的基础并积累一定的资金，然后再寻求对外扩张；

无形资产的依附性，决定了有形资产国际化是无形资产国际化的另一个前提。无形资产要么先向有形资产转化，然后通过有形资产的出售间接实现其价值，要么通过与有形资产或货币直接交换，立即实现其价值。

（二）无形资产国际化的作用

对于企业来说，无形资产的国际化至少能带来下列好处：

1. 利润最大，国际化是无形资产在时间和空间上发挥规模效应的最高形式；

2. 信息流通，无形资产抛开其物理介质，可以说就是单个信息或几条信息的集合，是内含的信息而不是无形资产的物理介质决定了无形资产的使用价值，因此，无论是研发还是保值，其根本对象就是信息，而信息的生命则在于充分流动，

国际化为这种流动提供了空间,而信息技术为这种流动提供了可能;

3.资本获取便利,无形资产的研发和保值需要大量的资本投入,无形资产本身也是一种重要的投资形式,具有资本性质,高度发达的国际资本市场为无形资产的投资和融资创造了良好的条件;

4.方向明确,由于经济的全球化和区域经济的一体化,消费者的需求和口味也在逐渐趋同,充分的国际化不仅能够使企业通过在发达地区的实践,提前洞悉相对落后地区未来的发展趋势,甚至还有在不发达市场上"创造需求"的可能。

总之,无形资产国际化有利于提高企业声誉,降低经营成本,开拓新的市场,增强国际竞争力,也有利于企业加快技术创新与资本流动,更好地开发、管理和维护企业的无形资产。

(三)无形资产国际化的方式

无形资产国际化的方式是指企业将其无形资产转移到他国的规范化部署,主要分为三大类:

1.出口商品进入方式,包括非直接出口,通过直接代理商或经销商出口和通过直接分支机构(子公司)出口;

2.合同进入方式,包括许可证贸易、特许经营、技术协议、服务合同、管理合同、建筑或交钥匙工程合同、生产合同和合作生产协议等;

3.投资进入方式,分为独资经营和合资经营两种。

企业决定实施国际化战略以后,应先选择一些与本国或本地区市场规模、市场竞争结构、基础设施、宏观经济、政治、法律、文化环境相近的国家或地区作为切入点,以降低投资风险、积累跨国经营经验。

一个典型的无形资产国际化过程分为三个阶段:一是被动出口阶段,即根据客户订单,在目标市场内进行定量投资,通常采用非直接出口或特殊项目出口方式;二是积极出口阶段,在企业内部设立专门的国际销售部或出口部,将国内销售与国际贸易区别对待,一般采用通过直接代理商或经销商出口和通过直接分支机构(子公司)出口的方式;三是多国导向性阶段,在这一阶段,国内销售与国际贸易业务得到重新整合,实行全球化生产、交叉化贸易,国内市场成为国际市场的一个组成部分,总公司转变为一个以监管与协调为主要职能的中枢机构,需要综合运用各种国际化方式。

在进入第三个阶段之前,企业本身必须具备足够大的规模,以提供充足的资源,只有这样,才能综合利用各个国家和地区的比较优势,进行无形资产研发和管理,在国际市场中实现无形资产的最大价值。

第三节 无形资产保护的机制

同无形资产管理组织、无形资产管理战略一样,无形资产保护也是无形资产管理的一项重要内容。

按照无形资产是否受法律保护划分,无形资产的保护机制分为两类:法律保护机制和商业秘密机制。企业需要对这两种机制进行区别对待。

商业秘密"不披露则无价,一旦披露也无价"的特点告诉我们,绝不能把保护无形资产的希望完全寄托在"对簿公堂"这种相对费时耗力的方法上,因为这样做就意味着企业必须在某种程度上披露有关信息。真正有远见的管理者应该居安思危,将第一道防线建立在企业内部,这种成本的付出,相对而言要少得多。这就要求企业建立主动保护无形资产的常规机制,尽量避免被动。

一、建立商业秘密数据库

企业的商业秘密有以下三种主要来源。

(一)事关企业核心竞争力的"祖传秘方"式信息

"祖传秘方"式信息起先由企业的发起人或投资者所拥有,经过长期的实践检验,证明是行之有效的,然后投入商业开发,又被证明具有较高的商业价值。在这种情况下,企业一般愿意以"秘密"的形式予以保留。出于这类考虑的原因有三:

1. 申报就意味着要在一定程度上公开披露,虽然国家有关部门都会采取严格的保密措施,但毕竟有间接泄漏某些线索的可能性(如专利说明书);

2. 法律保护具有时效性,无形资产只在其法定期限内才受到法律保护,期限届满,便丧失法律效力,自动为全社会共同所有;

3. 法律保护具有地域性,无形资产的权利人所享有的权利只能在批准授予其权利的国家或地区的范围内受到保护———一国不承认依据另一国法律所取得的权利,国家和地区间的无形资产保护将依赖于无形资产的国际协议(详见本书第九章)。

即便是已获得法律认可、受到法律保护的无形资产,也会有一些衍生性技巧或成功的运营经验,这些同样可以作为企业的内部秘密予以保留。

(二)因时滞而处于法律保护真空地带的信息

这类信息主要是指:

1. 待申请或正在申请保护的信息,一项正处在申请的准备期或审批期的无

形资产,企业应将其视为商业秘密加以保护;

2.另外一些成果,特别是高新技术产品,出于其自身更新换代周期较短的特性,以及出于防止在申请期被替代品开发对手捷足先登的考虑,已经没有申请法律保护的必要,这些无形资产也构成了企业商业秘密的来源。

（三）被排除在法律保护范围之外的无形资产

这类信息包括:

1.法律规定不能给予保护的,如我国《专利法》第 25 条规定:"对下列各项,不授予专利权:一、科学发现;二、智力活动的规则和方法;三、疾病的诊断和治疗方法;四、动物和植物的品种;五、用原子核变换方法取得的物质。"

2.无法满足法律保护资格要求,但却间接涉及企业其他商业秘密的重要文件、信息,如战略计划书、董事会决议记录、供应商与客户信息、人事工资安排等。

二、明确企业边界

由此看来,商业秘密的涉及面相当广,其边界在哪里呢?

在新古典经济学中,企业是一个投入产出的"黑箱"——企业的出现是分工的产物,是预先给定的、用以满足消费者需要的生产单位。因为企业表现为一组生产函数,企业的边界主要由生产技术决定,企业与市场互不兼容。

要在现代经济学范畴中讨论企业边界问题,我们无论如何都要追溯到罗纳德·科斯 1937 年发表的著名论文——《论企业的性质》(The Nature of Firm)。科斯在那篇文章中提出了一个相当严肃的问题,即"企业为什么会存在"。古典理论认为,市场机制是一个拍卖机制——一个严格执行"价高者得"规则的"社会有机体"(Organism),因此,资源的配置和协作都能够通过价格机制得以解决。但在企业内部,这是一种一厢情愿的说法,"企业家协调者"(Entrepreneur-coordinator)在资源配置中扮演着更加重要的角色。价格机制在企业内部随具体的企业类型的不同而不同程度地被僭越,如百货商店的柜台批租可能是通过拍卖机制实现的,一家棉纺织企业的厂房、设备甚至生产原料(如纱线)都可能是通过租赁获得的。不同行业和不同企业之间,对生产流程垂直整合的程度很不相同。但不管怎样,"企业家协调者"在企业内部资源配置和协作过程中都居于主导地位,企业表现为一组产权关系。科斯对这一现象所做的解释是:

第一,运用价格机制是有成本的,包括价格的发现成本(信息成本),谈判和签约成本(用一个工资合同取代就生产过程中的每个要素与其所有人分别签订

的合同[①])；

第二,出于成本(指短期合同中容易引起的监督成本)和风险的考虑,希望在产业链的某些环节与供应商签订长期合同；

第三,针对每个人不同的风险偏好,工资合同规定了关于作为风险溢价的工资报酬的一个分成方案；

第四,权力机关对公开市场交易和企业内部交易实行区别对待,这包括销售税(Sales Tax)、配额机制(Quota Scheme)和价格控制对企业创造和企业规模的促进作用。

新古典经济学的标准研究范式是寻求约束条件下一个最大化问题的解。"企业家协调者"对价格机制的替代(出于生产成本的考虑)并不必然导致计划经济对市场经济的全面替代,即由一家"国家公司"组织生产所有的商品。其中隐含的约束条件,促使科斯提出了另一个关键性问题:"什么样的消极力量抵消了企业一味追求规模越大越好的垄断冲动(Monopoly Incentive)"。他认为,随着企业规模的扩大,"企业家协调者"在企业内部调节资源配置和协作的成本会上升(包括因企业家工作效率的降低而造成的浪费),直到等于在公开市场上通过价格机制实现同样配置目标的成本,或者采用外包方式(将该类业务转交其他企业经营,然后购买其产品)时所需支付的价格[②]。换言之,确定企业最优边界的约束条件是"管理报酬递减"规律[③]。而且,外包方式对企业规模的约束往往要强于公开市场,因而实际上,均衡解通常都是一个小于公开市场交易成本的价格。为了说明这个出清价格是如何确定的,科斯列举了如下例子。

假设有厂商 A 和厂商 B,A 向 B 购买某类产品,作为其生产过程的中间品。A 和 B 的企业内部调节成本都要小于公开市场交易成本。就实际观察而言,B 所从事的会是(A 的)最终产品整个生产流程的若干环节,而不仅仅是其中的某个单一环节。因此,如果 A 希望彻底避免市场交易(包括公开的和不公开的),那么它必须接管 B 所掌握的所有生产环节。但因为我们假设在企业中普遍存在"管理报酬递减"规律,即 A 的边际成本会随其接管环节的增加不断上升,从而导致 B 的生产成本小于 A 接管后增加的相应成本,那么出清价格(向 B 购买中间品的协议价格)等于由 A 自己接管中间品生产流程的内部价格(成本),也等

---

① 工资合同指一项要素(或其所有人)允诺在获得固定或比例补偿的前提下,有限地服从企业家指挥的协议。该合同的核心内容就是规定履行上述服从义务的限制条件。

② 价格的存在暗示,在外包双方之间仍然至少存在一项市场交易,但这项交易是不公开的,而且其交易对象也有所改变。

③ 在此我们忽略了科斯提出的另一个约束条件"要素价格递增"规律。关于这一点,他在文中给出的理论依据显得相当模糊。

于 B 的生产成本加上 A，B 间不公开的市场交易成本——处于且仅处于这个价格水平上，自产和外包是等效的。

科斯还指出了"管理报酬递减"规律背后隐含着的深刻的技术含义。与科斯的企业理论一样，他的技术进步是两分法的——市场交易技术进步（如电话和电报技术的发明和改进）和生产管理技术进步，二者通过改变约束条件，调整企业的最优边界。

1937 年以后，新制度经济学的发展始终没有跳出科斯当年所给出的分析框架。企业性质和外包领域的研究重点开始转向分析企业内部"管理报酬递减"规律以及公开与非公开市场交易成本形成的原因与构成。对于"管理报酬递减"规律的进一步探索，导致了企业组织理论的诞生；对于交易成本的深入探究，孕育了产权理论和合同理论两朵经济学奇葩。如今，新制度经济学已经成为交易成本经济学、产权分析和合同理论的混合，从而将现代经济学的研究范围大大地拓展，使之涵盖了企业理论、产业组织、劳动力市场、比较经济分析甚至货币理论等多个经济学分支。

三、充分尊重员工的个人劳动成果

第一，任何劳动者从事相同工作都能获得的知识，不计入企业的商业秘密数据库，劳动者可以自由支配。

第二，非职务技术成果不计入企业的商业秘密数据库。非职务技术成果是相对于职务技术成果而言的，后者是指员工因执行公司的工作任务，或者主要是利用公司的物质技术条件所完成的技术成果。

这里所说的"工作任务"包括：履行公司所赋予的岗位职责或者承担其交付的其他技术开发任务；离职后一年内继续从事与其原所在公司的岗位职责或者交付的任务有关的技术开发工作。物质技术条件包括资金、设备、器材、原材料、未公开的技术信息和资料等。"主要是利用公司的物质技术条件"是指：①职工在技术成果的研发过程中，全部或者大部分利用了公司的资金、设备、器材或者原材料等物质条件，并且这些物质条件对形成该技术成果具有实质性影响；②该技术成果的实质性内容是在公司尚未公开的技术成果、阶段性技术成果的基础上完成的。但下列情况除外：①对利用公司的物质技术条件，约定返还资金或者交纳使用费的；②在技术成果完成后，利用公司的物质技术条件对技术方案进行验证、测试的。

个人完成的技术成果，属于执行原所在法人或者其他组织的工作任务，又主要利用了现所在法人或者其他组织的物质技术条件的，应当按照该自然人原所在和现所在法人或者其他组织达成的协议确认权益。不能达成协议的，根据对

完成该项技术成果的贡献大小由双方合理分享。

职务技术成果的使用权、转让权属于法人或者其他组织的，法人或者其他组织可以就该项职务技术成果订立技术合同。法人或者其他组织应当从使用和转让该项职务技术成果所取得的收益中提取一定比例，对完成该项职务技术成果的个人给予奖励，或者作为其报酬。法人或者其他组织订立技术合同、转让职务技术成果时，职务技术成果的完成人享有以同等条件优先受让的权利。

所谓完成技术成果的"个人"，包括对技术成果单独或者共同做出创造性贡献的人，也即技术成果的发明人或者设计人。在对创造性贡献进行认定时，应当分解所涉及技术成果的实质性技术构成。提出实质性技术构成并由此实现技术方案的人，是做出创造性贡献的人。提供资金、设备、材料、试验条件，进行组织管理，协助绘制图纸、整理资料、翻译文献等人员，不属于完成技术成果的个人。

非职务技术成果的使用权、转让权属于完成技术成果的个人，完成技术成果的个人可以就该项非职务技术成果订立技术合同；完成技术成果的个人有在有关技术成果文件上写明自己是技术成果完成者的权利，可以就该项非职务技术成果订立技术合同，并有取得荣誉证书、奖励的权利。

四、采取有效的保护措施

（一）确定保护期限

商业秘密的保护期限，需要根据具体对象，综合考虑各种主客观因素加以确定。其中，下面这些基本方面值得管理者重视：

1. 无形资产的价值寿命——之所以要对商业秘密进行保护，就在于其商业价值，即能为其所有者带来经济效益。

2. 认定时间与解密时间。认定时间一般以各职能部门整理信息、呈报无形资产管理部门为准；解密时间同样以各职能部门通过评估秘密余值，并综合分析企业的内外环境后，将所得到的结果报送无形资产管理部门为准。保护期限起点和终点的确定由该商业秘密的各个实施部门具体负责，无形资产管理部门只负责监督各项商业秘密保护期限的界定是否科学，是否符合程序规定，以及相关的保密措施是否落到实处。

（二）划分保密等级

密级划分是企业实现无形资产保值成本最小化的最有效途径。

划分一项商业秘密保密等级的依据是泄露秘密的机会成本，一般由无形资产管理部门与其他各职能部门讨论确定。

在此之前，需要完成的准备工作有：①确定密级数量，这项工作没有任何经验标准可资借鉴，需要每个企业视自身实际情况而定；②针对每个等级，设立标

志或专用章,标示在所有涉及企业商业秘密的介质的显著位置上。

（三）保管商业秘密介质

商业秘密介质包括纸张、电子设备乃至人的记忆等,广泛分布于企业的各个部门。因此,保管商业秘密介质,首先就要对它们进行归档。

1. 在研究开发阶段,技术人员必须做好工程记录,包括调查、构思、筛选、概念、分析、筹资、生产、确认各个步骤的实施结果,并最后纂写一份总结报告,以切实反映无形资产研发的整个过程。所有记录和报告都必须符合一定的规范格式,然后按照事先确定的保密级别进行归档。商业秘密是反映企业核心竞争力的重要财富,需要管理人员一丝不苟地加以认真对待。归档完成后,应在介质的显著位置上加注相应标志或专用章。

2. 对于较重要的商业秘密介质,企业还应设立附录,说明该商业秘密的研发过程、投资数额、认定标准、保护期限、负责人姓名和保密措施等。

3. 针对每一项商业秘密,都要建立"专人负责制",以保证无形资产管理部门制定的保密制度得到切实履行。

4. 无形资产管理部门还应建立商业秘密的使用制度,以明确以下四点:①接触人数限制,在迫不得已的情况下,接触人数越少越好;②接触时间限制,在迫不得已的情况下,接触时间越短越好;③使用期限限制,过期作废的,废弃物必须交由无形资产管理部门统一销毁;④使用目的限制,在迫不得已的情况下,使用目的越少越好。

五、重视日常保密管理

在企业的日常经营中,需要时刻对商业秘密的敏感地点和敏感人物保持高度警惕。

在企业内部,商业秘密的敏感地点主要包括介质存放处、研发场所和涉及商业秘密的生产环节。

对于这些地点,需要限制或禁止进入,在入口处附近的显著位置设置标志。特殊情况下,需要出示专用证明,且不同的证明限入不同地点,不可混用。对进出人员的姓名、时间做好登记,防止其随身携带不必要的物品;对敏感地点进行隔离,包括设置围墙、专用入口等进行硬隔离,或者安排警卫人员、身份识别系统等进行软隔离。

商业秘密的敏感人物,指可能知悉并泄露机密信息的人员,既包括"自然人"也包括"法人",既可以是本公司员工,也可以是关系单位或个人,甚至还可以是不特定的第三人;"知悉"既可以是员工在工作中正当获得的,也可以是通过偷盗、窃听等不正当方式获得的。

（一）对本公司员工的日常保密管理

通常员工是企业内部最容易接触到商业秘密的人，因而也是最主要的泄密源头。对本公司员工的日常保密管理，要贯穿员工就业的整个过程。

1. 雇用考察。除专业技能外，人事部门还应详细考察：①规范意识与责任感；②过去是否有违反保密协议或竞业禁止协议的不良记录；③如有必要，也可要求求职者出具不向本公司泄露原单位商业秘密的保证函，并抄录一份送交原单位。

2. 录用后，必须进行保密培训。新员工培训时，企业可以准备一份《×××公司员工保守商业秘密行为规范》，主要包括以下内容：①本公司对商业秘密的定义；②泄密对本公司造成的损害；③本公司的保密制度总则；④各个级别、岗位的使用权利和保密义务；⑤惩罚条例。

3. 雇用期间的日常保密管理，包括：

（1）与员工签订保密协议和竞业禁止协议，贯彻和监督本公司员工保守商业秘密行为规范的各项要求。所谓竞业禁止协议，就是规定员工在任职期间，不得直接或间接地从事同本单位有竞争性的业务，不得同时接受竞争对手的聘用，不得向竞争对手提供任何咨询性、顾问性的服务，也不得怂恿本公司其他职工从事上述工作。

（2）定期进行保密教育。这首先是由于商业秘密数据库在随时更新，必须让员工充分了解这一变化；其次才是要让员工通过接受教育，不断强化秘密观念、履行保密义务。当然，教育的形式不一定就是要集中授课或听讲座，也可以通过表彰个人、发行内刊等形式进行日常教育，使保密意识深入人心。

（3）与研发员工签订成果归属和使用协议。例如，员工须保证："无论是在本公司任职期间还是离职之后，在不违反法律的前提下，除非收到公司出具的书面委托或该项无形资产已经进入社会公共领域，不得以任何形式对他人透露本公司商业秘密，不得复印、转移包含有本公司商业秘密的材料，包括员工本人作为该项无形资产唯一或主要发明者的商业秘密。"除此之外，在协议中，切勿忽略对研发成果实现收益的分配办法。

4. 员工离职时的保密义务。这一般是指通过一次性的离职面谈和有效期三到五年的竞业禁止协议进行约束。

（二）对关系企业或个人的日常保密管理

关系企业或个人大致分为四类：①公司的业务往来伙伴，如供应商、加工商、代理商以及以其无形资产作为出资的合作方；②无形资产出售、出租的受让方；③为企业服务的咨询策划公司、律师、会计师、税务师事务所等第三方；④国家机关及其工作人员。

对于第一、二、三类的关系企业或个人,可以在订立合同时,规定商业秘密保密条款。保密条款的签订可以使合同双方明确各自的保密义务和违约责任,这样,既便于日常管理,发生纠纷时,也能使商业秘密的所有权人处于法律上的有利地位。

对于国家机关及其工作人员,由于其知悉权力源自国家强制力,是单向性的,因而与第一、二、三类关系企业或个人处于民事平等地位不同,他们履行保密义务,都是由国家行政法律法规明文规定的。但当所涉及的是关键性的商业秘密时,企业也应该在国家机关及其工作人员执行公务时,呈递书面意见,说明利害关系,强调严格保密。

(三)对不特定第三人的日常保密管理

这类常见的情形包括:借参观考察之机,接触企业涉及商业秘密的生产环节;借洽谈生意、代销包销、合作投资之名,索要资料或样品;偷盗、窃听。

在这方面,企业能做的,是在自己的财力允许的条件下,尽可能采取更加有效的防范措施,如限制开放地点,完善安保制度,配备安保人员,安装安保设备,并保持与警方的密切合作,尽量避免损失,或将损失降到最低。

六、建立商誉

既然管理者即使绞尽脑汁、倾其所有,泄密行为仍然防不胜防,那么到底有没有什么方法,能够使企业变被动防守为主动进攻呢?答案就是商誉,即充分利用无形资产的依附性特点。

按照财务管理理论,企业价值评估的对象是企业的"公允市场价值",而不是企业的资产、负债和所有者权益的账面价值,也不是出售所有资产的清算价值。

企业的"公允市场价值"是企业的整体价值,它不是各个部分的简单相加,而是有机的结合。这种有机的结合,使得企业整体具有各个部分所没有的功能,即通过特定的生产经营活动为股东增加财富,这是任何单项资产所不具有的。企业是有组织的资源,各种资源的组合方式决定了企业的效率和价值,高于行业平均水平的效率和价值就是商誉。

无形资产具有依附性的特点:在企业内部,不仅有形资产与有形资产之间需要结合,无形资产与有形资产、无形资产与无形资产之间也需要有机地结合。撇开企业整体,单独考虑某项无形资产的价值是不切实际的;撇开企业的运行机制,静态评估某项无形资产的价值也是不合逻辑的。因此,在对无形资产进行保密处理时,将它们按照某种方式相互组合、取长补短,结合为一个有机的整体,是非常有效的。因为如此所产生的依附性,会使得无形资产脱离企业后的个体价

值大打折扣,这就降低了侵权人的潜在收益。例如,某种享有专利的生产方法,即使竞争对手通过某些非正当手段获悉了整个生产过程,但由于专利所有者保留了其中某一步骤所需的催化剂配方或某种反应温度要求,竞争对手虽然仍可以使用替代品催化剂,或在室温条件下制造该产品,但其生产效率及产品质量却要低得多。

商业秘密保护中的另一个重要工具是商标。一项"驰名商标"既是企业信誉的延伸,也是产品质量的保证。可以说,在微观上,企业的商誉总是通过商标体现出来,并最终通过出售带有商标的产品实现其价值(关于品牌以及其他有形、无形资产的整合技术,我们将在第八章第二节"无形资产整合"中作详细介绍)。

可见,即便拥有"可口可乐"的秘密配方,但离开了那价值连城的商标,以及对各种资源进行有机结合的能力和经验,企图创造另一个商业帝国几乎是不可能的,我们可以想想国内向可口可乐公司购买可乐原汁的娃哈哈集团和它所生产的"非常可乐"这一例子。

七、利用法律手段

商业秘密侵害事件一旦发生,企业还可以利用法律手段来维护自己的合法权利,以争取挽回损失。

我国法律允许的商业秘密侵害救济途径包括以下三种。

(一)仲裁途径

仲裁途径适用于侵害方与被侵害方之间订有合同,而合同规定如果发生违约行为,合同双方可以根据仲裁条款或事后签订的仲裁协议申请仲裁的情形。

对于商业秘密,仲裁方式的优势在于《仲裁法》所规定的"不公开审理原则"和"一裁终局制度"。不公开审理原则要求仲裁庭只能允许双方当事人、代理人、证人、有关专家、翻译人员以及审理人员参加,不得对社会公开,不得旁听,也不得现场采访和报道。一裁终局制度是指仲裁裁决一经做出,即发生法律效力,对同一争议,既不允许双方当事人向仲裁机构再申请仲裁,也不允许向人民法院起诉。这一制度有利于防止事件升级。

需要注意的是,当企业与员工之间就劳动合同中有关的保密协议和竞业限制协议发生分歧,根据《中华人民共和国劳动争议处理条例》第六条规定,双方当事人必须先向企业所在地的劳动争议仲裁委员会申请仲裁,若对仲裁裁决不服,还可再到法院起诉。

(二)行政途径

依据《中华人民共和国反不正当竞争法》和1995年原国家工商行政管理局颁布的《关于禁止侵犯商业秘密行为的若干规定》,县级以上人民政府的工商行政管理部门对不正当竞争行为负有监督检查责任。因此,商业秘密被侵害方可以向侵害方所在地或侵权行为发生地的县级以上工商行政管理机关申请行政救济,并可就损害赔偿要求进行调解。

(三)司法途径

司法途径是指直接到人民法院起诉侵权或违约,但被侵害人应注意事先请求法院不公开审理。

根据《中华人民共和国民法通则》第181条的规定:"公民、法人的著作权(版权)、专利权、商标专用权、发现权、发明权和其他科技成果权受到剽窃、篡改、假冒等侵害的,有权要求停止侵害、消除影响、赔偿损失。"被侵害方可以向法院提出下列请求:

1.制止侵害行为。这主要针对以下情况:

(1)以盗窃、利诱、胁迫或其他不正当手段知悉商业秘密的行为;

(2)以披露、使用或允许他人使用等不正当手段使第三人知悉商业秘密的行为;

(3)知道或者应当知道他人以不正当手段知悉商业秘密,而仍然获取、使用或披露该商业秘密的"恶意第三人"。

2.销毁一切侵害行为组成物。这是上一请求的附带请求,目的是防止侵害行为再度发生。侵害行为组成物包括商业秘密介质、产品以及实施侵害行为的犯罪工具等。

3.损害赔偿。依照《中华人民共和国反不正当竞争法》第30条之规定,商业秘密权利人应得赔偿包括自己的损失和为调查该侵害行为所支付的费用两部分。

4.恢复名誉。被侵害方要求侵害方公开道歉,以消除影响、恢复名誉。

复习思考题

1.请用自己的话表述为什么在经济学中,外包和企业边界总属于同一问题的两个方面?

2.无形资产管理组织中常见的永久性专设机构有哪些?

3.请列举公司四个科层级别的战略应分别回答哪四个问题?

4.无形资产国际化有哪三种方式?

5.简述商业秘密的三种主要来源。

6.试述利用法律手段维护商业秘密合法权利的三种途径。

第七章
无形资产研发

- 了解无形资产与企业核心竞争力的关系。
- 区别无形资产研发的八种方式,掌握评价无形资产研发项目的基本方法,掌握企业通过负债和募股途径为无形资产研发筹集资金的成本、价格、条件、程序和特点。

无形资产的依附性使其不具备成为独立实体的要件,无形资产必须借助有形资产或使用人,才能对生产经营与服务持续发挥作用,并带来一定的经济利益。因此,无形资产的管理需要重点关注无形资产与有形资产、使用人之间的协调。

要对无形资产进行管理,前提是要有无形资产可管,本章从无形资产研发的动力、方式、程序、资金四个方面着手,为企业创设无形资产提供了一个建设性框架。

第一节　无形资产研发的方式与程序

一、无形资产研发的动力

资产能够给企业带来收入,无形资产能够给企业带来有形收入。无形资产研发是以实现经济效益为最终目标的创造——只要总收入大于总成本,一个理

性的经济行为主体就有足够的动力去创造无形资产。

现实世界中也有例外的情况,即当企业预期其研发活动所创造出无形资产的总收入将小于总成本时,仍然坚持投入——虽然从表面上看,这种违背经济理性的"疯狂"举动在长期是不可能维持的。

无论对国家、企业还是科研院所来说,无形资产研发始终是其构建核心竞争力的基础和有效途径。最早也是最权威的"企业核心竞争力"的概念,见于Prahalad和Hamel 1990年发表在《哈佛商业评论》上的文章:企业核心竞争力,是"企业的整体知识,尤其是如何协调与整合各类生产技能及技术的知识"。表现在产品上,就是除质量和性能以外,依附于个别企业、难以被模仿和替代的特性。营销学大师菲利普·科特勒在其著作《国家营销》中提出的基本观点,就是要培养国家的"核心竞争力",而其实现的手段就是研发与营销。

企业的无形资产与其核心竞争力息息相关,这体现在:①无形资产是企业核心竞争力的外在表现,只有当核心竞争力无形资产化了,才能受到法律的有效保护;②核心竞争力是企业无形资产开发的持久源泉。无形资产研发是一项不确定性很大的系统工程,然而一旦成功,其回报也是巨大的。因此,企业应竭尽所能,协调与整合企业各个部门的人力、财力、物力,以培养核心竞争力;③无形资产与核心竞争力都需要企业进行长期投入,它们既广泛地分布于生产链的各个环节,又作为一个整体依附于企业。

核心竞争力反映了国家、企业与科研院所的长期竞争优势。如同经济学家马歇尔所说的那样,我们在均衡决策中,必须注意区分短期和长期——投资学理论过于追求短期的量化指标,而忽略了长期的不可量化的溢出效应。

因此,我们要应用管理学理论弥补只注重短期量化指标的缺陷。这方面的应用主要包括战略规划(过去也被称为长期规划)和SWOT分析。

这里简要介绍一下SWOT分析及其基本操作方法。SWOT分析即对于企业的优势(Strength)与劣势(Weakness)、机会(Opportunity)和威胁(Threat)等内外生存环境的分析,是管理学中规划和维持企业长期竞争优势的基本工具之一。优势与劣势分析致力于寻求企业的主观应对措施,而机会与威胁分析则着眼于分析竞争对手等客观市场环境。决策者不能仅仅考虑历史与现状,更需要高瞻远瞩,正确评价未来发展的各种可能性。

一个基本的SWOT分析包括以下步骤:①调查取证;②构造SWOT矩阵,将调查得出的各种因素,根据轻重缓急或影响程度排列成表格形式;③制定对策,其原则是:发挥优势,克服弱点;利用机会,化解威胁;考虑过去,立足当前,放眼未来。

总之,无形资产研发的动力从短期看是着眼于经济性的成本—收入分析,从

长期看则是战略性的核心竞争力的培育。

二、无形资产研发的方式

(一)无形资产研发的途径

无形资产的研发途径有三条,一是独创,二是模仿,三是整合。整合就是将企业的新(研发或购买的)、旧(现有的)无形资产从基础研究到企业生产的每一个技术细节重新联系并组织起来,进而形成有效的"产品制造方案"、"制造流程"以及其他更新的无形资产,并能够依此进行大规模生产。由于这种创新方式必须以旧资产作为基础,无形中也就延续了旧资产的生命,提高了旧资产的价值。我们将整合归入无形资产的增值技术,并在后面的第八章"无形资产经营"中另辟专节进行介绍,这里只讨论前两种无形资产的研发方式。

独创包括三类,分别为革命性创新、发明性创新和应用性创新,各自的定义以及相互之间的关系见图7-1。

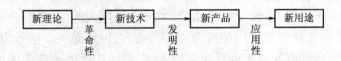

图7-1　独创的三种类型

模仿按其中包含的创造性劳动的比例也分为三类,取其精华去其糟粕的叫作改进性模仿,殊途同归的叫作跟随性模仿,甘冒法律之大不韪而完全照搬的叫作复制。改进和复制都好理解,这里需要对第二类模仿,即跟随性模仿作一下解释。

最常见的情况是,当独创者将其创新成果推向市场而掘得第一桶金时,潜在的竞争者即开始蠢蠢欲动,在看得到的巨大利益的驱使下,这些厂商立即组织人力、财力、物力投入研发,试图开发出外形相似、功能相近的产品,其目标都是市场上现有的、经过实践检验的成功产品,但碍于法律保护或商业机密,其原理、结构以及相应的生产方式却不得不取异曲同工之妙——这一过程必然伴随着一定程度的独创性劳动,也当然会产生一定数量的自有无形资产。另一种比较常见的情况是,当独创者将其创新成果推向市场而掘得第一桶金时,资本雄厚的大企业、大财团通过收购、兼并等资本运作方式直接获取相关技术,或者通过向独创者购买无形资产使用权的形式获得进行模仿所需的足够的机密信息。

(二)无形资产研发的模式

无形资产的研发模式分为自主研发模式、合作研发模式、委托研发模式和逆

生研发模式 4 种。结合上述两条不同的研发途径,就形成了 8 种不同的研发方式,见表 7—1。

表 7—1　无形资产的 8 种研发方式

途径 ＼ 模式	自主研发模式	合作研发模式	委托研发模式	逆生研发模式
独创	自主创新方式	合作创新方式	委托创新方式	逆生创新方式
模仿	自主模仿方式	合作模仿方式	委托模仿方式	逆生模仿方式

1. 自主研发模式是指企业通过设立独立的研发(R&D)部门进行研发,并将研究成果进一步产业化和规模化。自主研发模式能够降低风险,原因有两点:①这类研发是以销售为目标,企业内部的各类经验数据信息可以得到充分共享,设计出的产品也最容易得到消费者的认可;②在企业内部进行跨部门合作,其交易成本几乎为零,设计出的流程最便于企业组织规模生产。

自主研发模式还具有一定的溢出效应。在引进先进技术时,具有自主研发能力的企业能够更快地适应和改造这一技术。另外,在研发过程中积累的大量隐性知识解决了企业内部的协调性问题,有助于进一步降低生产成本,缩短生产时间。

2. 合作研发模式是以合作伙伴的共同利益为基础,合作双方或多方资源共享、优势互补,有以合同形式明确规定的目标、期限和分工。合作方式包括基地合作、基金合作和项目合作等类型;合作的对象可以是别的企业,也可以是科研院所和大专院校。合作研发模式既可以降低信息的获取成本,又可以避免重复劳动、节省大量的时间,还能有效地分摊研发成本和风险,并有助于打破垄断、突破壁垒。近年来,随着与经济全球化背道而驰的地方保护主义重新抬头,"以技术换市场"成为国际合作研发模式的重要催化剂——开展技术合作,使得跨国公司得以花费较低的交易成本进入新的领域、开拓新的市场。然而,国际电信技术标准(如 3G 和 IEEE)关于国际合作方面的大量案例,也昭示出这一领域的另一个相反的趋势,即制造垄断。

3. 委托研发模式是指企业将研发任务外包给科研院所、大专院校或其他企业,然后由委托企业负责将研发成果产业化和规模化。这种模式一般由委托方提供研究基金并确定开发目标,受托方提供人力、设备并加以实施。利用外包形式,对于委托方来说,优点是不必参与研发的整个过程而获取研究成果,还能利用资金优势加速这一过程;缺点是丧失了相对于自主研发模式而言的所有的溢出效应。因此,这种模式比较适合于非核心技术或产品的研发。另外,由于研究

经费需要预先支出,研究过程难以监督,研究成果又不易评估,一旦失败,即使能够通过分期付款方式控制损失,但错过的商机却无法挽回。所以,在委托—代理机制中,委托方始终是风险的主要承担者。

4.逆生研发模式是指具有中国特色的科研院所先形成无形资产后再办企业的形式。但是,在实践中,采取这类模式的企业大多满足于初期无形资产的投资和垄断收入,往往后续研发动力不足,难以形成自己的核心竞争力。从某种意义上说,逆生研发模式是我国科技体制改革的过渡产物。科研院所的比较优势是搞科研,其生产的产品就各类研究成果,应该通过出让无形资产或让渡权利来收回投资,而不是直接参与企业的经营。目前我国各级政府大力倡导的是合作研发模式,即所谓"产、学、研相结合"的模式。对于科研院所来说,这样做的好处也是显而易见的,一来可以获得大公司、大企业的预付风险资金,开展更高层次、更大规模同时也更具有商业价值的研究项目,二来可以通过企业熟悉市场环境,使科技创新能够最大限度地满足人们的需求。

三、无形资产研发的程序

企业研究开发无形资产要承担很大的风险,为了减少风险,就必须按照一定的科学程序来进行。这一科学程序一般包括调查—构思—筛选—概念—评价—筹资—生产—确认八个步骤。

(一)调查

无形资产的研发是以实现经济效益为最终目标的创造,既然这种具有目的性的创造要由调查开始,那么这种调查也必然是为了实现经济效益而专门组织并收集特定资料进行的调查,这在统计学中称为专项调查。

专项调查一般采用抽样调查或重点调查形式,具体方法包括:报表调查、问卷调查、访问调查、电话调查、新闻媒介调查等。

1.抽样调查是一种非全面调查,它是从全部调查研究对象中,抽选一部分单位进行调查,并据以对全部调查研究对象做出估计和推断的一种调查方法。显然,抽样调查虽然是非全面调查,但它的目的却在于取得反映总体情况的信息资料,因而也可起到全面调查的作用。抽样调查有以下三个突出特点:①按随机原则抽选样本;②总体中每一个单位都有一定的概率被抽中;③可以用一定的概率来保证将误差控制在规定的范围之内。

2.重点调查也是一种非全面调查,它是在调查对象中,选择一部分重点单位作为样本进行调查。重点调查主要适用于那些反映主要情况或基本趋势的调查。调查的重点单位,通常是指在调查总体中举足轻重的,能够代表总体情况、特征和主要发展变化趋势的那些样本单位。这些单位可能数目不多,但

有代表性,能够反映调查对象总体的基本情况。选取重点单位应遵循两个原则:

(1)根据调查任务的要求和调查对象的基本情况确定选取的重点单位及数量,一般来说,重点单位应尽可能少,而其标志值在总体中所占的比重应尽可能大,以保证有足够的代表性;

(2)注意选取那些管理比较健全、业务力量较强、统计工作基础较好的单位作为重点单位。

重点调查的主要特点有三点:一是投入少,二是调查速度快,三是所反映的主要情况或基本趋势比较准确。

（二）构思

构思是对潜在的无形资产基本轮廓的设想。这是研发无形资产的基础和起点,从重要性程度来看,一个好的构思就是成功的一半。

那么,一个好的构思从何而来? 市场营销学认为,主要有六个来源:①顾客,即顾客尚未得到满足的个性需要,以及对现有产品的不满之处;②竞争对手,主要了解竞争对手的产品哪些是成功的,哪些是失败的,对成功的加以模仿,对失败的则加以改进;③中间商,中间商与顾客直接打交道,掌握市场上的第一手资料,也了解整个行业的竞争状况和变化趋势;④最新的科学技术理论成果;⑤企业内部的营销人员和管理人员;⑥对外借"脑",如大学、科研院所、咨询公司、广告公司等。

构思的方法,也叫作思维方法,主要包括四种:①垂直思维法,即根据过去的经验来进行构思,这种思维方法承认事物的发展规律,但同时也难免因过于保守而难以产生革命性创新;②水平思维法,即刻意通过转换观察问题的角度和思路来寻求突破,注意跨行业、跨学科知识的借鉴与运用。但这么做也必然会导致研发成本和风险的增加;③联想思维法,指受到某些客观因素的启发而形成的构思,这种思维方法要求构思者不但具有敏锐的观察力和深刻的理解力,而且还要有很强烈的创新意识;④会商思维法,即著名的"头脑风暴法",通过开公开研讨会各抒己见的方式,将个体构思中的闪光点集中起来,将问题充分暴露出来,最终达成一致意见——这是在实践中最常用、也最为行之有效的构思方法。

（三）筛选

虽然在构思阶段,企业为了鼓励创新,经常高举着"不怕做不到,只怕不敢想"的旗帜,但是,决策者必须尽早发现和排除不符合企业现阶段目标或能力的选项,尤其要排除那些异想天开、缺乏基本的可操作性的奇思妙想。

通常采用构思评分表法来进行筛选,表7-2是一个简单的产品构思评分表。

表7-2 产品构思评分表

研发成功的必要因素	权重%(A)	企业实际能力水平——由专家根据实际情况/指标进行打分(0.0~1.0)(B)	评分(A)×(B)
1. 企业声誉	15	0.5	4.5
2. 营销水平	15	0.9	13.5
3. 科技能力	15	0.8	12.0
4. 人才	30	0.8	24.0
5. 资金	10	0.3	3.0
6. 产能	5	0.4	2.0
7. 设备厂房	5	0.7	3.5
8. 采购供应	5	0.9	4.5
总 计	100	—	57.0

一般来说,总分在40分以下的属于不宜开发,40~80分的属于可以尝试,80分以上的推荐开发。需要注意的是,在运用这一方法时,不同企业应当根据无形资产的不同性质,并结合自身特点和专家意见,确定不同的"研发成功的必要因素",切忌完全照搬或套用。

(四)概念

概念就是将构思具体化,即对无形资产的各种特征进行详细描述,包括功能、形态、结构以及生产方案等,这才是消费者真正感兴趣的内容。

一个构思可以转化为多个概念,对于诸多概念,企业还需要进行第二次筛选,以确定最终方案。筛选的标准一般包括市场竞争和消费者需要两个方面,既要分析这一无形资产在市场中的替代性和互补性,又要观察消费者对于色彩、材质、性能等细节的偏好。

前面这四个步骤即调查、构思、筛选、概念是定性研究,在无形资产研发项目投入生产甚至开始进行研发之前,还要进行项目评价和项目筹资工作,这两个环节更需要定量研究。本章第二节和第三节将专门分别对这两个环节作详细阐述。至于无形资产研发的最后两个环节——生产和确认,其内容已经散见于本书各有关章节,内容也并不复杂,本书不再专门叙述。

第二节 无形资产研发项目的评价

既然无形资产的研发是以实现经济效益为最终目标,那么在项目正式投入

生产之前,企业一定要对其市场前景和赢利能力进行评价和预测。

无形资产研发项目的市场前景分析,主要针对无形资产价值的实现形式的选取,需要决策者回答以下一系列问题:到底是通过权利出租、转让,还是利用无形资产生产产品进行销售来获利?这两种方式各需要企业满足哪些条件、做好哪些准备,需要哪些外援,适用哪些法律法规,获得的利润如何分配?等等,这些都决定了无形资产研发最终能否取得成功以及企业是否能够最终实现赢利,因而必须给予充分的重视。进行无形资产项目评价,有助于对这些问题的回答。

一、资本成本的分析与确定

企业为无形资产研发筹集和使用任何资金,无论短期还是长期,都要付出代价。筹集和使用长期资金,也就是资本的代价,叫作资本成本。一个可行的无形资产研发方案,其未来可能获得的收益总额必须高于筹集和使用资金所付出的资本成本。

进行无形资产研发所需要的长期资金,可以通过政府拨款、借债、募股或留存收益等方式来筹集,它们各自的成本的估计方法是不同的。

(一)政府拨款成本

目前,我国正在努力营造创新政策环境,建设国家创新体系,新制定和颁布的"十一五"规划和《国家中长期科学和技术发展规划纲要(2006～2020年)》都将企业定位为我国技术创新的主体,要进一步降低它们进行自主创新的成本和风险。在这一思想指导下,除了加强原有的税收减免政策,各级政府还先后建立了企业创新基金,积极推动科研院所进入企业、变成企业,对做出突出贡献的企业以及企业内部的主要负责人和技术研发人员进行重奖。但是,这并不意味着企业获得政府拨款的成本就会逐渐降低,这主要是因为:

1. 信息不完全。政府的拨款决策首先必须建立在信息完备的基础之上。然而,在自主创新活动中,信息总是不对称的,况且,方方面面的信息数量繁多且复杂难懂,而政府的特长在于调控宏观层面的问题,对于微观技术层面的知识,想要全面获取、掌握、分析和处理,几乎是不可能的,也是不经济的。另外,即使政府借助科研院所真的具备了掌握、分析和处理上述信息的能力,仍然难以保证所获信息的真实性。在一个有效的市场中,信息不对称是获得超额利润的唯一源泉,隐瞒、夸大或缩小信息有利可图。

虽然政府拨款的成本表面上较低,但如果审批标准和执行机制缺位,就会无形中降低无形资产研发项目的门槛,使一些回报绝对值为正但回报率相对很低的项目也能得以实施,从而浪费社会资源。这些项目因为难以在信息流动更为充分的

金融市场通过借债或募股形式筹集资金,会挖空心思、不择手段地挤政府拨款这个独木桥;而那些真正经得起市场考验的项目,因为根本就不用担心从公开市场筹集资金,所以也就对政府拨款没那么重视——这在经济学中称为"逆向选择"。

2. 标准非理性。政府确实需要对宏观经济的持续稳定增长负责,但政府行为却不仅仅是经济性的,还具有政治性。这就造成政府对项目的选择标准以及信息处理的机制不完全是以利润最大化为目标,不同于企业行为的逐利性,因而不利于企业无形资产研发后产业化和市场化的顺利进行。就我国近年的情况来看,各级政府的拨款普遍存在着生产性投资高而设计和基础性投资低的问题,不利于科技成果向商品化和市场化的转变。

3. 效率与时滞。无形资产研发的一个重要目的是抢占商业先机——"第一桶金"意味着巨大的超额利润,它足以弥补绝大多数筹资渠道所需的成本,因而相对于资金成本来说,效率与时间的重要性往往有过之而无不及。

然而,政府行为具有非生产性与非竞争性,这是世界各国面临的普遍问题。这就使政府的决策程序存在着时滞问题。从企业准备申请材料,到向有关部门递交申请材料,再到政府部门掌握、分析和处理有关信息并做出批准决定,直到最后落实拨款,政府行为的低效率将会使企业在每一个环节都浪费大量的时间。此外,政府对选择项目的标准并不完全是理性的,当客观形势发生变化时,政府的组织结构和思维方式如果不能及时跟上,就会令决策标准滞后于现实变化,这也可以看作是一种时滞效应。

4. 寻租成本。以上谈的都是政府拨款的效率问题(机会成本),并不会导致企业实实在在的现金支出,那么机会成本与真实成本之间到底存在什么关系呢?它们之间又是如何相互转化的呢?

答案就是由马歇尔最早提出,后又经产权理论进一步阐发的"经济租"概念。

在产权理论中,资产权利表现为一组属性,这组属性往往被分割给若干技能各异的个人,以实现整体收益的最大化。但是,由于权利的界定、转让、获取和保护需要花费成本,所以:①没有界定的权利把一部分有价值的资源留在了公共领域,公共领域里全部资源的价值叫作"租";②随着新信息的获得,产权的界定表现为一个演进过程,资产的各种潜在有用性被技能各异的人们发现,并通过交换实现最大价值;③理论上,产权界定的演进在寻租的边际成本等于该寻租者在其既有权利下能够得到的租的边际增量处达到均衡。

所谓寻租活动,就是指对留在公共领域内的租金进行再分配而从事的非生产性活动。权利的出让人与受让人将按照某种比例分配租金,双方都将获得超过要素投入机会成本的租金收入。

由于政府拨款僧多粥少,申请基金势必要由政府进行审批。但是,政府官员也是普通人而非完人,如果项目的选择标准制定得比较模糊,企业就会为了获得那些因未界定清晰而留在公共领域的资金花费大量的时间、精力、金钱、礼品等来托关系、走后门——只要这类费用的总额仍然小于可获资金,企业就有利可图。然而,这么做既降低了企业最终到手的可用资金,也导致了社会福利的净损失。也就是说,出于寻租目的的政府拨款和企业竞争,反而会使社会资源的配置状况变得比以前更糟。

(二)借债成本

借债的成本可以用如下公式表示:

$$L(1 - F) = \sum_{t=0}^{n} \frac{I_t}{(1 + K)^t} + \frac{P}{(1 + K)^t}$$

$$K' = K(1 - T)$$

式中,L 为借款额,F 为借款费率,K 为所得税前的长期借款资本成本,T 为所得税率,K' 为所得税后的长期借款资本成本,I_t 为第 t 年的利息,P 为 n 年末偿还的本金。

公式中的 K 值需要通过"试算法"进行计算:

1. 变换第一个公式的形式,令 $f(K) = L(1 - F) - \sum_{t=0}^{n} \frac{I_t}{(1 + K)^t} - \frac{P}{(1 + K)^t}$;

2. 从任意成本率开始,求 $f(K)$ 的值;

3. 若结果大于零,则提高成本率继续测试;

4. 若结果小于零,则降低成本率继续测试;

5. 最终求得使 $f(K)$ 的值等于零的折现率,这个折现率即为所得税前的长期借款资本成本。

(三)募股成本

确定募股筹资成本的思路是,投资人之所以选择投资入股,就是为了获得超额回报,因此,支付给股东的报酬应该不少于用这笔资金购买无风险的国库券所获得的利息加上股东期望获得的一定程度的风险溢价,因此,支付给股东的这一报酬相对于通过发行股票方式募集的资金总额的比率也叫作风险报酬率。

风险报酬率的计算公式一般采用资本资产定价模型

$$募股成本 K_S = 风险报酬率 R_S = R_F + \beta(R_m - R_F)$$

式中,R_F 为国库券的利息率,即无风险报酬率;R_m 为股票市场的平均报酬率。这些都是在做出筹资决策时,可以通过公开途径获得的确定的量。对 β 系数的正确估计才是最重要的,其方法本节稍后会专门介绍。

(四)留存收益成本

留存收益是企业缴纳所得税后的盈余,其所有权属于股东。股东将这部分利润留存于企业,可以视做对企业追加的投资。如果企业将留存收益用于再投资所获得的收益率低于股东自己进行另一项风险类似的投资的获利水平,企业就应该将留存收益以股利的形式归还给股东。因此,利用企业积累的留存收益进行无形资产投资,其成本与另行募股的成本应该相等,计算公式也应该一致。

二、项目折现率的确定

在投资学中,不确定性和风险是同义词。每一项无形资产研发项目失败的可能性都很高。但项目的个体性风险不能作为投资决策的依据,因为其中一部分个体性风险可以通过与企业内部其他项目和资产进行投资组合而分散掉,还有一部分可以通过投资人自己的投资多样化而分散掉。

(一)项目的不确定性估计

在进行无形资产研发项目评价时,我们需要估计任何多样化投资组合都不能分散掉的系统风险,它用项目的 β 值来度量,其经济意义是某项资产对投资组合风险的贡献,或该项资产收益率对整个投资组合收益率的影响程度。

由于无形资产研发项目的风险总是高于企业的风险,虽然项目的未来收益率我们可以设法估计出来(见下文),但却无法找到合理有效的包含全部高低风险项目组合的市场报酬(风险)数据并通过回归得出 β 的近似值。所以,人们一般采用类比法,即寻找一个经营主业与待评估项目类似的上市公司,用股票市场的平均收益率来模拟市场报酬率,以该公司股票的 β 值替代待评估项目的系统风险,这种方法被称为"替代公司法"。

用于参照的该上市公司的 β 值有两种计算方法。

1. 回归法。设股票市场的平均收益率 Y_t 与该参照公司股票收益率 X_t 之间存在线性关系 $Y_t = \alpha + \beta X_t$,那么,β 的无偏估计值可以通过回归公式

$$\hat{\beta} = \frac{n \sum_t X_t Y_t - \sum_t X_t \times \sum_t Y_t}{n \sum_t X_t^2 - (\sum_t X_t)^2}$$

求得。

2. 相关系数法。根据定义,有

$$\beta = r \left(\frac{\sigma}{\sigma_m} \right)$$

式中,r 为该参考公司股票收益率与股票市场平均收益率之间的相关系数,σ 为该参考公司股票收益率的标准差,σ_m 为股票市场平均收益率的标准差。

r 通过以下公式求得,其中的 Y_t 和 X_t 的意义与上一公式相同:

$$r = \frac{\sum\limits_{t} \left[(X_t - \overline{X})(Y_t - \overline{Y}) \right]}{\sqrt{\sum\limits_{t} (X_t - \overline{X})^2} \times \sqrt{\sum\limits_{t} (Y_t - \overline{Y})^2}}$$

需要注意的是,由于不同公司的资本结构不同,需要对采集到的 β 值进行调整,调整公式为

$$\beta_2 = \beta_1 \times (1 + 负债_2 / 权益_2) \div (1 + 负债_1 / 权益_1)$$

式中,下标为 2 的各项对应于本公司,下标为 1 的各项对应于用来参考的上市公司。

由于无形资产研发的高度不确定性,投资人会要求对项目风险进行补偿,根据资本资产定价模型

$$最低风险报酬率 = 无风险报酬率 + \beta_{项目} \times (市场平均报酬率 - 无风险报酬率)$$

(二)项目折现率的确定

项目折现率即项目的预期报酬率,一般采用企业加权平均资本成本作为投资决策的计算依据。顾名思义,加权平均成本 i = 利息率 × 借债占筹资总额的比率 + 最低风险报酬率 × 募股占筹资总额的比率 + 最低风险报酬率 × 留存收益占筹资总额的比率(这里我们姑且认为政府拨款的资本成本为零)。在金融市场上公开借债的成本(即利息率)一般不会随着企业借债总额的增加而提高——债务人一般是通过调整授信额度限制企业过度借债,但增加债务比重并不一定会降低加权平均成本。在有效市场的条件下,投资人要求的报酬率会因财务风险的增加而提高,这会抵消增加债务带来的好处。

三、估计未来的现金流量

这里的“现金”,指的并不只是一般意义上的货币资金,还包括项目需要投入的企业现有的非货币资源的变现价值。

要估计无形资产投资项目、方案所产生的现金流量,虽然会涉及很多变量,但并没有什么现成的具体公式可以遵循,并且需要企业有关部门的参与。因此,在进行正式评估决策之前,企业要做好以下工作:一是为销售、生产等部门的预测规定共同的基本假设条件;二是协调参与预测工作的各部门人员,建立沟通渠道;三是建立风险防范机制,防止员工因个人或部门利益而捏造、篡改数据。

在进行现金流量预测时,应注意以下四点:

第一,估计未来现金流量,这里要估计的是企业的增量现金流量,即接受或拒绝某个投资方案后,企业总现金流量因此发生的变动;

第二,区分相关成本和非相关成本——与决策有关的成本包括差额成本、未

来成本、重置成本、机会成本等,而沉没成本、过去成本、账面成本等属于非相关成本,不应被计入增量现金流量;

第三,考虑无形资产研发成功后的溢出效应,即对企业整体收益和效率的促进作用;

第四,区分营业现金和营运资金,营业现金(收入)是企业销售收入减去付现成本后的余额,在数量上等于企业实际收到的现金加上以货币形式回收的折旧;而所谓营运资金,包括企业的流动资产和流动负债,净营运资金就是它们之间的差额。

四、项目评价

同其他投资项目评价方法一样,无形资产研发项目评价的方法也包括两大类:一类是贴现法,考虑货币的时间价值,包括净现值法、现值指数法、内含报酬率法;另一类是回收期法,忽略货币的时间价值。

假设求得的项目折现率为 i,且根据对未来现金流量的预测,该项无形资产研发项目若成功,将在第 t 年产生 I_t 的现金流入量以及 O_t 的现金流出量,该无形资产项目的寿命为 n 年。

(一)净现值法

净现值即未来现金流入的现值与未来现金流出的现值之差,其公式为:

$$净现值 = \sum_{t=0}^{n} \frac{I_t}{(1+i)^t} - \sum_{t=0}^{n} \frac{O_t}{(1+i)^t}$$

若计算出来的净现值大于零,表示该无形资产项目的预期报酬率会高于加权平均资本成本,研发项目是可行的;反之,若计算出来的净现值小于零,则表示该无形资产项目的预期报酬率低于加权平均资本成本,从事该研发项目会造成亏损。

(二)现值指数法

现值指数法的计算公式为:

$$现值指数 = \sum_{t=0}^{n} \frac{I_t}{(1+i)^t} \div \sum_{t=0}^{n} \frac{O_t}{(1+i)^t}$$

若计算出来的现值指数大于1,表示该项无形资产的预期报酬率会高于加权平均资本成本,研发项目是可行的;反之,若计算出来的现值指数小于1,则表示该项无形资产的预期报酬率低于加权平均资本成本,从事该研发项目会造成亏损。

现值指数法相对于净现值法的优点在于,现值指数作为一个相对数指标具有经济意义,它代表单位初始投资所带来的净收益的现值,从而能够排除投资规

模对获利水平的影响。

（三）内含报酬率法

所谓内含报酬率，是指能够使项目投资方案未来现金流入量的现值等与未来现金流出量的现值的折现率，也就是使净现值为零的折现率。

内含报酬率通常采用"试算法"进行计算：

1. 从任意折现率开始，求方案的净现值；

2. 若结果大于零，则提高折现率继续测试；

3. 若结果小于零，则降低折现率继续测试；

4. 最终求得使方案的净现值等于零的折现率，即为内含报酬率。

计算出结果后，将得到的内含报酬率与以上两种方法所采用的加权平均资本成本进行比较，如果前者高于后者，说明该研发项目能够获利；反之，则应该放弃该项目。

（四）回收期法

回收期是指无形资产投资引起的现金流入累积到与投资额相等所需要的时间，亦即项目累计净现金流量为零的年限。

回收期法忽视了货币的时间价值，而且不考虑回收期以后的收益状况，适用于评估那些一经发明就立即转让，或者能够在市场上取得一定的垄断地位，通过生产出来的高价商品迅速实现其价值的无形资产。

完成了单个投资方案的可行性分析以后，还需要对各个赢利项目进行横向比较，从中选出最优者。在无形资产研发项目中，一般以内含报酬率作为评价指标，这是因为：

1. 净现值法忽略了投资规模与赢利水平之间的比例关系，更偏重投资规模，轻视资金使用效率；

2. 现值指数法体现了单位投资的回报率，既反映了效果也反映了效率，但不同投资额的项目之间无法直接进行比较；

3. 回收期法过于急功近利，而无形资产的研发事关企业的核心竞争力，需要决策者站在战略的高度，胸怀远见。

4. 内含报酬率这一指标，与现值指数类似，偏重于考虑资金的使用效率。更重要的是，在计算内含报酬率时，不必事先选择贴现率，仅凭借求得的内含报酬率本身，就能决定各个方案的优劣。要估计出一个科学合理的加权平均资本作为项目折现率，涉及的不确定因素确实太多，再加上还要根据各个方案的具体情况分别进行计算，这确实有些麻烦。从这一点上看，采用内含报酬率法进行项目筛选，实可谓事半功倍。

第三节 无形资产研发项目的资金筹措

运用上述方法挑选出最经济的无形资产投资项目方案之后,接着就要考虑如何实施。此时,我们仍然需要根据筹资途径的不同,针对募股和负债这两种方式的特点,分别进行筹资管理。

一、普通股筹资

普通股是股份公司发行的股票的基本形式,普通股的持有者称为普通股股东。股票是对公司财产的所有权的凭证,出让股票就是出让权利——但由于发行在外的股票数量往往极为庞大,因此,这种股东权利一般表现为出席股东大会并对公司重要事务行使表决权。

(一)股东权利

我国《公司法》规定,普通股股东主要有如下权利:①表决权,即出席或委托代理人出席股东大会,并依公司章程的规定进行表决;②股份转让权,股东持有的股份可以自由转让,但必须符合《公司法》、其他法规和公司章程规定的条件和程序;③股利要求权;④审查质询权,即对公司账目和股东大会决议进行审查和对公司事务提出质疑的权利;⑤公司剩余财产要求权;⑥公司章程规定的其他权利。

普通股股东在享受权利的同时,对公司也负有义务,如遵守公司章程、缴纳股款、对公司负有有限责任、不得退股等。

(二)股票发行

公司募集股份,无论是设立发行还是增资发行,都要求做到同股同权、同股同利,即:①同一次发行的股票,其发行条件和发行价格必须相同;②任何投资人都可以以相同的价格购买股份。在无形资产研发的筹资决策中,我们通常假设的是通过增资发行方式募股,而不是围绕着研发过程和研发成果另行设立股份有限公司,即从事设立发行,因为这样做的成本太高。

1. 股票发行的规定与条件。包括:

(1)每股金额相等;

(2)股票发行价格可以是票面金额,也可以超过票面金额,但不得低于票面金额;

(3)股票应当载明公司名称、公司登记日期、股票种类、票面金额及代表的股份数、股票编号等主要事项;

(4)向发起人、国家授权投资的机构、法人发行的,应当为记名股票;向社会公众发行的,既可以为记名股票,也可以为无记名股票。所谓记名股票,是指在股票票面上记载股东姓名或名称的股票。这种股票对股东的股份转让权进行了一定程度的限制,而无记名股票的转让则完全自由。

(5)公司发行记名股票的,应当置备股东名册,记载各股东的姓名、住所、所持股份、所持股票编号、取得其股份的日期;发行无记名股票的,公司应当记载其股票数量、编号及发行日期。

2.公司增发新股必须满足的条件:

(1)前一次发行的股份已募足,并间隔1年以上;

(2)公司在最近3年内连续盈利,并可向股东支付股利;

(3)公司在3年内财务会计文件无虚假记载;

(4)公司预期利润率可以达同期银行存款利率;

(5)召开股东大会,决定新股的种类及数额、新股的发行价格、新股发行的起止日期、向原有股东发行新股的种类及数额等。

3.增发新股的程序。股份公司增发新股,与设立发行的程序不同:①股东大会做出增发新股的决议;②由董事会向国务院授权的部门或省级人民政府申请并经批准;③公告《新股招股说明书》和财务会计报表及附属明细表,与证券经营机构签订承销合同;定向募集时,向新股认购人发出认购公告或通知;④招股缴款;⑤改组董事会、监事会,办理股份变更登记并向社会公告。

4.股票发行价格。股票发行价格通常由股份公司根据股票面额、股市行情和其他因素综合决定,增资发行的股票价格由股东大会作出决议。股票的发行价格一般有以下三种:①等价发行,即以股票的票面额为发行价格;②时价发行,即以公司发行在外的股票在流通市场上的买卖实价为基准确定的股票发行价格;③中间价发行,即以低于时价、高于等价的中间价格发行股票——股票的发行价格必须高于其面额,这是因为我国《公司法》规定,股票只可溢价发行,不得折价发行。

(三)普通股筹资的优缺点

1.相对于其他筹资方式,普通股筹资具有以下优点:

(1)普通股筹资无到期日、不需归还,有利于提高公司长期财务的稳定性和可预测性;

(2)普通股筹资没有固定的利息负担,是否支付股利以及支付多少,可以依无形资产经营的效益而定,能够降低财务风险。

2.普通股筹资的缺点主要包括:

(1)普通股股利在税后支付,因而不能发挥抵税作用,不具备财务杠杆

功能；

（2）发行费用较高；

（3）增发股份使股东人数增加，会削弱原有股东对公司的控制能力。

二、负债筹资管理

负债是企业最常用的筹资方式，主要有借款和债券两种方式。按照所筹资金的使用时间的长短，借款又可分为长期借款和短期借款两种。

（一）长期借款筹资

长期借款是企业根据无形资产研发的需要，向银行或其他非银行金融机构借入的偿还期限超过一年的借款。

1. 长期借款筹资的程序。金融机构会有计划、有选择地发放贷款，要求借款人提供物资保证，并承诺按期归还。企业取得贷款的程序是：

（1）贷款人首先向金融机构提出申请，陈述借款原因与金额、用款时间与计划、还款期限与计划；

（2）金融机构根据企业的借款申请，针对企业的财务状况、信用情况、借款目的、赢利前景等进行审查；

（3）审查通过、同意贷款后，金融机构将与贷款人进一步协商贷款的具体条件，如贷款的种类、用途、金额、利率、期限、还款方式等，并签订合同。

2. 长期借款的利息。相对于短期借款而言，长期借款具有更高的"不确定性"，因此其利息往往较高。长期借款利率有固定利率和浮动利率两种——但利率的浮动范围不是无限的，一般会在借款合同中规定浮动区间。

3. 长期借款的偿还方式。长期借款的偿还相当自由，允许金融机构和贷款人自行协商确定——既可以采用定期支付利息、到期一次性偿还本金的方式，也可以仿照短期借款，采用定期等额偿还的方式，即平时逐期偿还少量本金和利息，期末偿还全部余额。

（二）短期借款筹资

短期借款是指从银行和其他非银行金融机构筹得的偿还期限低于 1 年的借款。由于短期借款在较短时间内即可收回，信用风险较低，债权人附加的限定性条件比较少，要求的利率也比较低，较为容易取得。但对筹资人而言，短期借款毕竟不利于企业长期的财务规划，稍有不慎，就会陷入财务危机。

1. 短期借款筹资的程序。企业筹措短期借款的程序是：

（1）提出申请，经审查同意后，借贷双方协商签订借款合同，注明借款的用途、金额、利率、期限、还款方式、违约责任等；

（2）企业依照合同约定办理相关手续，金融机构发放贷款。

2. 短期借款的利息。短期借款的利率包括：

（1）优惠利率，是金融机构对 VIP 企业的特权，一般是固定贷款利率的低限；

（2）浮动优惠利率，即在既定的利率区间内，盯住某种或某些目标参数上下浮动的利率，这也属于优惠利率；

（3）非优惠利率，即一般企业请求短期借款时金融机构要求的利率，比优惠利率要高出一定的百分点。

3. 短期借款的偿还方式主要有：

（1）收款法，即在到期日一次性还本付息，这是短期借款业务中最常见的做法；

（2）贴现法，即金融机构在发放贷款时，先从本金中扣除利息，等到到期日时再收回本金——采用这种方法，获得的贷款还没有投入使用，就已经打了折扣，显然对企业较为不利；

（3）加息法，要求企业在贷款期内分期偿还全部本息，这样，借款企业实际上只使用了贷款本金的一部分，却支付了全额利息，因而对金融机构最为有利。

（三）债券筹资

债券是记载和反映债权人与债务人之间债权债务关系的有价凭证。由企业发行的债券称为企业债券或公司债券。通常情况下，企业发行的债券都是偿还期限超过一年的长期债券。

1. 发行债券的资格与条件。我国《公司法》规定，有资格发行债券的企业应当是股份有限公司、国有独资公司和两个以上的国有企业或者其他两个以上的国有投资主体投资设立的有限责任公司，其他类型的企业或其联合体不得发行债券。

《公司法》还规定，上述公司发行债券，应当具备以下条件：

（1）股份有限公司的净资产额不低于人民币 3 000 万元，有限责任公司的净资产额不低于人民币 6 000 万元；

（2）累计债券总额不超过公司净资产额的 40%；

（3）最近 3 年平均可分配利润足以支付公司债券 1 年的利息；

（4）所筹集的资金的投向必须符合国家产业政策；

（5）债券的利率不得超过国务院限定的水平；

（6）公司债券上应当载明公司名称、债券票面金额、利率、偿还期限等事项，并由董事长签名、公司盖章；

（7）筹集的资金应当专款专用，不得用于弥补亏损和非生产性支出，否则会损害债权人的利益。

发行公司凡有下列情形之一的,不得再次发行公司债券:前一次发行的公司债券尚未募足的;对过去的债务有违约或延迟支付本息的事实,且仍处于持续状态的。

　　公司应置备公司债券存根簿,对发行的债券予以登记。发行记名债券的,应当在存根簿上载明债券持有人的姓名或名称及住所,债券持有人取得债券的日期及债券编号,债券的总额,票面金额,利率,还本付息的期限和方式,债券的发行日期;发行无记名债券的,应当在公司债券存根簿上记录债券的总额、利率、偿还期限、偿还方式、发行日期及债券的编号。

　　2. 发行债券的程序。我国法律对公司债券的发行程序有严格的规定:

　　(1)发行债券的决议或决定。发行债券的决议或决定原则上是由公司的最高机构做出,具体情况根据发债主体的不同而略有区别:①股份有限公司和国有有限责任公司发行公司债券,由董事会制订方案,股东大会作出决议;②国有独资公司发行公司债券,由国家授权投资的机构或者国家授权的机构做出决定。

　　(2)发行债券的申请和批准。由于公开发债涉及的债权人较多且涉及资金的数额较大,具有一定的社会影响,发债方要向国务院证券管理部门提出申请,并提交公司登记证明、公司章程、公司债券募集办法、资产评估报告和验资报告等文件。

　　(3)制定募集办法并公告。募集办法中应当载明公司名称、债券总额和票面金额、债券利率、还本付息的期限与方式、债券发行的起止日期、公司净资产额、已发行的尚未到期的债券总额、公司债券的承销机构等事项,然后,以通常、合理的方法向社会公告。

　　(4)募集借款。公司发出募集公告后,可以在公告明确的期限内募集借款。公司债券的发行方式有私募和公募两种。我国规定,公司债券的发行必须采用公募方式,即与证券经营机构签订承销合同,由其承销。承销期间,投资人同代理的证券经营机构进行交易,然后再由该证券经营机构同债券发行企业办理最终的券款结算。

　　3. 发行债券的价格与债券的评级。债券的发行价格,即投资者购买债券时所支付的价格,按照票面金额与发行价格的高低,分为平价、溢价和折价三种。

　　按照字面意思理解,平价即以债券的票面金额为发行价格,溢价是以高出债券票面金额的价格作为发行价格,折价则是以低于债券票面金额的价格为发行价格。

　　债券定价的公式为:

$$债券发行价格 = \frac{票面金额}{(1 + 市场利率)^n} + \sum_{i=1}^{n} \frac{票面金额 \times 票面利率}{(1 + 市场利率)^i}$$

式中,n 为偿还期限,t 为付息期数。

从上述公式中,我们可以看出,当票面利率高于市场利率时,企业应以溢价发行债券;当票面利率低于市场利率时,企业应以折价发行债券;当票面利率与市场利率一致时,企业应以平价发行债券。

根据中国人民银行的有关规定,凡是公开发行的企业债券,必须由经中国人民银行认可的资信评级机构进行资信评级。这些机构要对债券发行企业的企业素质、财务质量、项目状况、项目前景和偿债能力进行审查、打分,评定信用级别。但目前我国尚无统一的债券等级标准和系统评级制度。国际上流行的债券评级分为三等九级:AAA 为最高级,AA 为高级,A 为上中级,BBB 为中级,BB 为中下级,B 为投机级,CCC 为完全投机级,CC 为最大投机级,C 为最低级。

4. 负债筹资的优缺点。负债筹资最大的缺点是需要到期偿还,这与无形资产研发及项目经营的好坏无关,从而给企业造成了较大的压力。但其优点也很明显:相对于普通股筹资,其成本较为低廉,且不会削弱原有股东的控制能力。

复习思考题

1. 列举无形资产研发的方式。
2. 企业获得政府拨款的成本主要有哪些?
3. 企业通过负债和募股途径来为无形资产研发筹集资金各有什么优缺点?

计算题

1. 甲公司为投资某项无形资产研发项目,于 2006 年 1 月 1 日发行面值为 1 000 元的债券,票面利率为 8%,每年年初计算并支付利息,期限为 5 年。假设市场上 5 年期国库券的无风险报酬率为 7%,投资者会因为承担了超过无风险报酬的额外风险而要求得到额外的补偿。若假设这一风险贴水为 3%,求债券的发行价格。

2. 续上题,若甲公司在发行债券筹集资金的同时,还发行了等量的股票。已知股票市场的平均报酬率为 15%,该项目的 β 系数为 0.5,求该研发项目的加权平均资金成本。

3. 续上题,若预计股票和债券发行后的第 3 年末,该项无形资产研发成功,有效期为 5 年。经估计,甲公司支付各类成本、费用大致共计为 200 000 元,为计算方便,视做第 3 年末(即第 4 年年初)一次性投入,此后,每年可以为企业

带来的收入为:第 4 年 50 000 元,第 5 年 60 000 元,第 6 年 80 000 元,第 7 年 60 000 元,第 8 年 50 000 元。请以第 2 题中求得的加权平均资金成本为折现率,计算该无形资产项目的净现值、现值指数、内含报酬率和回收期。

4.若甲公司尚有一备选项目方案(不可同时实施),经计算,可在 2006 年实现的净现值为 40 000 元,内含报酬率为 12%。请问该公司应维持实施原方案,还是采用备选方案,为什么?

第八章
无形资产经营

学习要点

● 掌握技术转让的六种形式及四类技术转让合同的异同点，了解无形资产交易的四种支付方式。

● 了解品牌整合的六步骤，了解技术整合的概念和特征。

● 掌握经整合的企业价值链系统的模型、组成、原理及实施。

本章介绍无形资产的增值技术。无形资产的增值主要通过交易、整合与营销这三种方式。本章力求站在决策者的角度，简明扼要地揭示无形资产交易、整合的概念、方法、步骤及一些必不可少的细节，使非专业人士能对专业人士的评估结果和策划方案做出基本的价值判断，同时也为专业人士从事相应工作提供一些思路。

第一节 无形资产交易

马克思主义政治经济学认为，商品的使用价值要转化为价值，个人劳动时间要转为社会劳动时间，最终一定要通过交易来实现。无形资产要实现其价值，有两条途径：一条是向有形资产转化，然后通过有形资产的出售间接实现其价值；另一条是通过与有形资产或货币直接交换，立即实现其价值。

一、交易与增值

无形资产交易,即无形资产的有偿转让,通常是无形资产实现整合的前提条件。无形资产交易增加的是无形资产的相对价值(效用),而不是无形资产的绝对价值(商品中凝结的人类劳动),如果只简单地说交易能够增加无形资产的价值,违背了马克思的劳动价值论,因而是不科学的。

我们以这样一个例子来说明无形资产交易产生的交易价值额的分配。

甲公司掌握一项专利技术,对甲来说,拥有和使用这一专利技术,价值 60 万元,即能够给甲公司带来价值 60 万元的经济利益。乙公司年末的留存收益为 100 万元,希望进行投资,以改进公司的生产流程和产品质量。经过一番寻觅和调查,乙公司通过某种渠道获悉甲公司所持有的专利技术完全符合上述需要,于是决定与甲接洽并试图购买。经财务估算,乙公司拥有和使用该项技术能够带来的直接和间接收入总额大约为 80 万元。

显然,如果交易是自愿的,甲公司的出让价格一定会高于 60 万元,而乙公司的受让价格应该低于 80 万元。假设谈判双方的地位均等,那么 70 万元应该是一个令双方当事人满意的成交价格。交易完成后,甲获得了 70 万元现金,而倘若乙将该项受让技术投入生产后,顺利实现了 80 万元的预期收入,则双方的总收入变为 150 万元,比原先多出 20 万元,这一增值额在甲公司和乙公司之间是平均分配的。这一价值增值的来源是乙公司相对甲公司在利用专利技术方面所具有的比较优势。

如果甲公司和乙公司在价格谈判时所处的地位不同,如该项专利技术在市场上独一无二,至今还没有任何形式的替代技术,这就会使甲公司在谈判过程中居于垄断地位,成交价格自然会偏离均衡点,比如说 75 万元,这时对增值额的分享将不再均等,甲将获得其中的 3/4,而乙只获得了其中的 1/4。

在上述例子的谈判过程中,出让人着眼于补偿投入成本和重置成本,受让人着眼于未来的潜在收益和机会成本,双方的估价存在很大差异。另外,由于无形资产的不确定性,价格主要是通过双方协商确定的,无法参考类似的或者过去的交易价格。出让人手中的筹码是无形资产的不确定性和排他性,受让人则握有"货币选票"并充分利用无形资产的高投入性和高风险性(卖方急于通过出让实现无形资产的价值并回笼先期研发投入的资金)。因此,交易价格决定了对因比较优势而产生出来的价值增值额的分配比例。

需要注意的是,无形资产交易的标的主要是物品附属的权利而不是物理介质本身,即转让无形资产的全部或部分产权。至于交易双方为什么会对同样的无形资产有不同的期望值,换言之,同样的无形资产为什么能够给不同的企业带

来不同的收益,请参见本章第二节无形资产整合的相关内容。

二、无形资产交易的形式

按照无形资产的种类划分,无形资产的转让主要包括技术转让(含专利权转让)、著作权转让、商标转让和土地使用权转让。

(一)技术转让

技术转让是对制造产品、运用方法或提供劳务的系统知识的转让。技术的有偿转让既可以发生在企业与企业之间,也可以发生在政府与企业、科研院所与企业以及政府与政府之间。在知识经济时代,无论是国内还是国际的技术转让,都是非常重要的,它通过将在一种场合中产生的技术信息进行甄选和加工,应用到另一种场合,进而提高生产效率,降低生产成本。

1. 技术转让的形式。技术转让分为直接技术转让和间接技术转让。直接技术转让指以专利或专有技术为标的的协议转让、许可贸易、技术协助与技术咨询,间接技术转让指含有技术转让内容的合作生产、特许经营与补偿贸易。

无论采用何种转让形式,技术的买卖毕竟和普通商品的买卖不同。技术一经出售,如果不加以调整、改进,并对受让人进行必要的辅导、培训,除非受让人立即将其转卖,否则载有技术内容的介质就形同一堆废纸。我们将这一系列难以用书面语言表达,需要靠现场讲授或演示方式来向受让人直接传授必要知识的行为称为技术协助,它是为了配合技术成果的利用,以求达到最佳的使用效果。虽然,技术协助本身既是一种技术转让的形式,同时又是其他直接技术转让和间接技术转让形式中常见的一个组成部分,是技术转让活动中出让方的应尽义务。

(1)协议转让。协议转让即买卖双方依法签订《技术转让合同》,到国家行政管理机关办妥相关手续,并在转让过程中及转让后履行法律和合同规定的各项义务。有关技术转让合同的内容,本节稍后将会提到。

(2)技术咨询。专业私人公司、政府机构和独立提供顾问服务的个人,都提供咨询服务。技术咨询是指咨询公司(出让人)向雇主(受让人)就特定技术项目提供可行性论证、技术预测、专题技术调查、分析评价报告等工作成果,并取得一定报酬的转让方式。所谓"特定技术项目",包括有关科学技术与经济社会协调发展的软科学研究项目,促进科技进步和管理现代化、提高经济效益和社会效益等运用科学知识和技术手段进行调查、分析、论证、评价、预测的专业性技术项目。

受让人先拟定服务目标以及各阶段的完成期限和考核指标,然后往往通过公开招标方式,聘请合适的合作对象,并签订技术咨询服务合同。

技术咨询的具体形式非常灵活,受让人既可以根据项目需要聘请一家咨询公司提供服务,也可以同时聘请几家咨询公司分担任务或进行比较,只要支付的

咨询费低于因咨询而增加的利润以及节省的资金。

技术咨询的内容相当广泛,可以涉及几乎所有的研发、生产、管理、经营和销售技术,通过这类服务,受让方能够间接地掌握相关领域的特殊知识和实践经验。这种服务的买方总是不希望保持永久的咨询关系,他们只希望利用买来的知识作为向他们自己实现技术独立的过渡,因为引进技术的成果一般已在市场上有成品出现,并且得到了消费者的认可。

(3)许可贸易。许可贸易是技术协议转让的国际通用形式,被许可方按双方签订的合同内容,利用标的技术进行产品的制造、使用和销售,并向出让方支付许可费。

在技术转让过程中,出让方有义务向受让方提供与利用技术有关的必要资料,若合同中订有规定的,在转让之初,出让方还需对受让方的技术人员和生产人员进行培训,并派遣人员到受让方企业内部对生产过程和质量进行督导,以保证生产出来的产品达到合同要求的一系列技术指标;而受让方则负有技术保密的义务。

许可转让实际上包含两个环节:第一,出让方必须授予受让方某种权利(仅专利法规定拥有专利权的人才具有授予另一方利用专利技术制造、使用和销售产品的权利);第二,出让人还需要传授技术,通过各种形式,使受让方达到利用该项技术的各项要求,以成功生产出合格产品。

按转让的权利范围划分,许可有以下几种类型:①独占许可,即在一定地域内,除受让人外,出让人和任何第三方都不得利用该项技术制造、使用或销售产品;②排他许可,即在一定地域内,除出让人和受让人外,出让人不得与第三方进行相同内容的许可转让,不得允许任何第三方在该区域内利用该技术制售产品;③普通许可,即出让人除了将技术使用权出让给受让人外,保留包括再转让权在内的一切处置权;④分许可,又称为可转售许可,指获得指定地域再转让权利的受让人将该项技术使用权再转让给第三方,在这种情况下,第三人仅与受让人存在民事法律关系,而与出让人无关;⑤交换许可,顾名思义,即许可双方交换各自所持有的专利或专有技术,权利义务对等,一般不收取费用。

(4)合作生产。合作生产方式,是指技术的出让人和受让人之间达成紧密的外包协议来生产某种产品,而这种产品的生产过程必须利用某种专利或专有技术,合作双方既可以是同一国家的公民,也可以发生在公民与非公民之间,即国际合作生产。合作生产包括纵向合作和横向合作两种方式。

纵向合作,指生产流程上下游之间的技术性生产合作,如甲公司所生产的产品A是乙公司产成品B的中间品,但由于甲公司在生产产品A的过程中利用了专利或专有技术,使得乙公司选择通过自主研发来生产产品 A 无论在成本还是在质量上都没有竞争力,但出于学习、避税或流动性等因素的考虑,又不愿与甲公司签订长期购买协议,故退而选择以外包方式进行生产。

横向合作是针对产品组件开展的技术性合作生产,如甲公司的产品 A 与乙公司的产品 B 都是生产产品 C 必需的中间品,但两家公司各自产品的生产过程都利用了专利或专有技术,这使得任何一家公司选择通过自主研发来独立生产产品 C 都是非经济的,但出于学习、避税或流动性等因素的考虑,又不愿与对方签订长期购买协议,故退而选择以外包方式进行合作生产。

无论是纵向还是横向合作方式,技术都是蕴含在作为中间品或组件的实物形态中,是被隐性地转移到产成品中去的,因而,合作生产是一种间接技术转让。

合作生产对于出让人和受让人都有益处。对出让人来说,生产规模的扩大有利于企业降低成本、达到长期均衡;对受让人来说,合作生产有助于刺激受让人改进其落后的生产方式,而往往与合作生产相伴随的技术协助则会为受让人今后开展无形资产研发提供一些新的构思。

(5)特许经营。特许经营是一种兼具许可贸易与合作生产特征的技术转让形式。特许经营中的权利出让人与权利受让人同时参与生产某种商品,但这种生产相对合作生产来说是松散的,两者既不在同一产品的生产流程中扮演上下家关系,又不在同一产品的各个组件上各司其职,而是通过同样的方式、步骤生产相同的产品,以同一名义、同一品牌进行销售或提供服务。如肯德基之类的全球性的特许经营集团,连门店装潢、餐具摆设、员工服装、组织结构等都有统一、规范的要求。

特许经营模式所形成的规模经济是惊人的。无须投资,特许就能开辟新的市场,出让人长期苦心经营的专利、专有技术、商标权和商誉等无形资产,通过收取特许加盟费或销售提成的方式,可以最迅速、也最容易地充分实现其潜在价值。另外,如果能够在公共领域通过特许获得技术,还能有效地阻止潜在的竞争。对于受让人来说,由于自主研发无形资产的沉没成本很高,而且"摸着石头过河"所冒的失败的风险也很大,选择特许经营方式,不失为一些无关国家政治经济命脉的行业特别是服务行业与国际接轨的捷径。

(6)补偿贸易。补偿贸易是指用商品支付进口货款的易货贸易方式。通过这种方式,可以最大限度地规避汇兑风险。严格地说,它不能单独算作一类无形资产转让的形式,而只是上述五种形式在支付方式上的一种特例。

补偿贸易中,一方在向另一方出口货物的同时,会要求出口方协议承诺在未来的某一时间进口对方等值或一定比例的货物,以全额或部分抵偿首次交易的价款,这样可以避免货币的支付往来。

补偿贸易一般出现在南北贸易之间,缺乏资金的欠发达国家一般也缺乏技术,因而,以商品货物贸易为主的补偿贸易也常常伴随着技术的转让。这种技术转让,一般是通过技术协助或出让许可的方式实现的。

由于补偿贸易的价款是通过返还商品的形式支付的,那么出让人势必要对其品质、数量以及返还日期做出严格规定,以保证商品在出让方国内的销路,否则无法获得利润甚至回笼成本。但我们知道,作为技术出口国的发达国家,其国内法律或消费者对商品的品质要求相对于欠发达国家来说更高,有时出口方也会要求进口方进行贴牌生产,这就造成出口方不得不派出技术人员和管理人员到进口方的生产场地进行监督和辅导,即进行技术协助。

出让许可是直接以技术作为标的的补偿贸易形式,与许可贸易类似,不同的是采用补偿贸易方式出让许可,受让人无须支付现金,可以在未来用以利用该技术生产出的产品或赚取的利润购买其他商品来偿还。

总之,进行补偿贸易的资金门槛很低,沉没成本几乎为零,对受让人来说,如果利用得当,会成为技术引进的上上之选;而对出让人来说,其风险非常高,一般会要求对方提供担保或政府信用,并在合同中对返还商品的日期、品质、数量严格加以规定。

2. 技术(转让)合同。与著作权转让合同、商标转让合同和土地使用权转让合同主要受《合同法》的一般约束不同,《合同法》在分则中特别对技术合同作了专门规定。

(1)技术与技术合同。技术合同是当事人就技术开发、转让、咨询或者服务订立的确立相互之间权利和义务的合同。

我国法律对技术的定义是,利用科学技术知识、信息和经验做出的涉及产品、工艺、材料及其改进等的技术方案,包括专利、专利申请、技术秘密、计算机软件、集成电路布图设计、植物新品种等。我国订立技术合同法,其目的是为了促进社会科技进步,加速科技成果转化、应用和推广,因而,凡是包含显失公平的"霸王条款"或可能导致技术垄断,即限制技术竞争和技术发展的技术合同均认定为无效合同。在被确认无效的技术合同中,无过错方可向过错方就已经履行的部分工作要求赔偿。

(2)技术合同的内容。技术合同一般包括项目名称,标的的内容、范围和要求,履行的计划、进度、期限、地点、地域和方式,技术情报和资料的保密,风险责任的承担,技术成果的归属和收益的分成办法,验收标准和方法,价款、报酬或者使用费及其支付方式,违约金或者损失赔偿的计算方法,解决争议的方法,以及名词和术语的解释。

与履行合同有关的技术背景资料、可行性论证和技术评价报告、项目任务书和计划书、技术标准、技术规范、原始设计和工艺文件,以及其他技术文档,按照当事人的约定,可以作为合同的组成部分。

技术合同涉及专利的,应当注明发明创造的名称、专利申请人和专利权人、申请日期、申请号、专利号以及专利权的有效期限。

(3)技术合同的类型及其注意事项。技术合同包括技术开发合同、技术转让合同、技术咨询合同和技术服务合同四种,但就本书对技术转让所做的广义定义而言,这些都可以算作技术转让合同。

第一,技术开发合同。技术开发合同是指当事人之间就新技术、新产品、新工艺或者新材料及其系统研究开发所订立的合同。所谓"新技术、新产品、新工艺、新材料及其系统",包括当事人在订立技术合同时尚未掌握的产品、工艺、材料及其系统等技术方案,但对技术上没有创新的现有产品的改型、工艺变更、材料配方调整以及对技术成果的验证、测试和使用除外。技术开发合同包括委托开发合同和合作开发合同。技术开发合同应当采用书面形式。

在合同的履行过程中,因技术开发合同标的的技术已经由他人公开,而致使技术开发合同的履行没有意义的,可以解除合同。因出现无法克服的技术困难,致使研究开发失败或者部分失败的,该风险责任由当事人按照合同约定进行分担;若由一方发现上述情形,应及时通知另一方,并采取措施尽量减少损失,否则该项损失由发现方承担。

委托开发完成的发明创造,除另有约定外,申请专利的权利属于研究开发人。一旦研究开发人取得专利,委托人有权免费实施该专利;研究开发人转让专利申请权的,委托人享有以同等条件优先受让的权利。合作开发完成的发明创造,申请专利的权利一般为合作当事人共有;当事人一方转让其共有的专利申请权的,其余各方享有以同等条件优先受让的权利。

第二,技术转让合同。技术转让合同,是指合法拥有专利或专有技术的权利人,包括其他有权对外转让专利或专有技术的人,将现有特定的专利、专利申请或专有技术的相关权利转让给他人,或者许可他人实施、使用所订立的合同。技术转让合同应当采用书面形式。技术转让合同中关于出让人向受让人提供与实施技术相配套的专用设备、原材料或者提供有关的技术咨询、技术协助的约定,应视为技术转让合同的组成部分。

合同各方可以按照互利的原则,在技术转让合同中约定实施专利、使用专有技术后续改进成果的分享办法。没有约定或者约定不明确,且依照法律规定仍无法确定的,一方的后续改进成果其余各方无权分享。

专有技术转让合同的出让人与受让人都负有保密义务;受让人不得超越约定范围行使处置权,但若按照约定行使权利却侵害到第三人合法权益的,由出让

人承担全部责任。

第三,技术咨询合同和技术服务合同。在技术咨询合同、技术服务合同的履行过程中,①凡是受托人利用委托人的物质技术条件完成的技术成果属于受托人;②委托人在受托人工作成果的基础上完成的技术成果,归委托人;③受托人发现委托人提供的物质技术条件存在明显缺陷,但未在合理期限内提出的,默认为予以认可;④受托人若不能按时提供咨询报告或者提供的咨询报告不符合合同约定的,委托人有权拒付或少付报酬。

须注意的是,如果受托人提供的咨询报告和意见符合合同的各项约定,委托人根据此报告或意见做出决策所造成的相关损失,由委托人自己承担。

第四,技术培训合同和技术中介合同。技术培训合同和技术中介合同属于比较特殊的技术服务合同,这里将其专门列出,是为了方便读者比较和掌握。

技术培训合同针对的是单独成立的技术协助,是指受托人派出教员,对委托人指定的学员进行示范性传授时所订立的合同,不包括职业培训、文化学习和按照行业、法人或者其他组织的计划进行的职工业余教育。

培训的场地、设施和试验条件等一般由委托人负责提供和管理。

受托人发现学员不符合约定条件或委托人发现教员不符合约定条件而未在合理期限内通知对方,或接到通知的一方未在合理期限内按约改派的,应由不作为的一方承担责任。

技术中介合同是指当事人一方以知识、技术、经验和信息为另一方与第三人订立技术合同进行联系、介绍以及为履行合同提供专门服务所订立的合同。

中介人的活动经费,是指中介人在委托人和第三人订立技术合同前进行联系、介绍活动所支出的通信、交通和必要的调查研究等费用,一般由中介人承担;中介人的报酬,是指中介人为委托人与第三人订立技术合同以及对履行该合同提供的服务应当得到的收益,中介人的报酬应高于相对应的活动经费。

中介人未促成委托人与第三人之间的技术合同成立的,无权要求支付报酬,可以要求委托人支付其从事中介活动的必要费用。

（二）著作权转让

著作权包括著作人身权和著作财产权。

著作财产权是著作权人依法通过各种方式利用其作品的权利,包括使用权和获得报酬权,即以复制、发行、出租、展览、表演、放映、广播、信息网络传播和摄制电影、电视、录像或者以改编、翻译、汇编等方式使用作品的权利,以及许可他人以上述方式使用作品,并由此获得报酬的权利。

著作权的转让,就是著作财产权的让渡,即著作权人将作品著作财产权中的一项、几项或全部转让给受让人,从而使受让人成为该作品一项、几项或全部著作财产权的新权利人的法律行为。按照法律规定,著作人身权不可转让。

1. 著作权转让的特点:

(1)著作权转让导致著作权主体的变更。如果著作权人将著作权卖断,即把全部著作财产权在作品的整个保护期限内不分地域限制地转让给他人,那么受让人就成为著作财产权的完整主体,对作品享有充分权利;如果仅仅转让部分权利,或在转让合同中订有期限条款,那么受让人则成为对应期限或部分财产权的限制主体。

受让人一经成为著作财产权的完整主体,即可在合乎法律规定的范围内任意处置该著作权,所获的一切物质报酬都归受让人所有,出让人不得干涉。发生再转让时,受让人无须取得原著作权人的同意,也不用向其支付任何费用;受让人享有独立诉权,当发生法律纠纷时,可以自己的名义起诉、应诉或做出处理决定。

(2)著作权的转让不同于作品原件所有权的转让。作品的著作权与作品原件的所有权是两种权利。著作权是一种无形资产,作品原件是一种有形资产,它们可以相互分离。作品原件所有权发生变更,作品著作权人不一定发生变更;同样,作品著作权人发生变更,原件所有权不一定变更。因此,若为了使转让行为顺利进行而不得不使用作品原件,一旦使用完毕,著作权的受让人必须立即将作品原件返还其法定所有人。

(3)著作权人可将著作财产权所包含的各项权利内容同时转让给多个受让人。

(4)著作权转让让渡的是著作财产权,而非全部著作权或整体著作权。原著作权人仍保有著作人身权。所以,无论是受让人还是转让人都不享有整体著作权,只有两者之合起来才是全部著作权。

2. 著作权转让合同。著作权转让是通过签订转让合同进行的。无论是著作权出让人还是受让人,在签约过程中,应该注意以下问题:

(1)著作权转让与著作权许可使用不同。最基本的区别是,著作权转让合同将导致著作权主体变更,而许可使用合同不会改变著作权主体;著作权转让的受让人具有独立诉权,而许可使用的被许可人则必须依赖于许可人著作权的存在,才能对抗第三人;著作权转让既可以约定期限,也可以不约定期限,但许可使用合同则必须定有期限。

(2)著作权转让的对象仅限于著作财产权。著作人身权是人身关系在著作权上的具体反映,它独立于著作财产权,依法不得转让。所以,若著作权转让合同中包含著作人身权转让的内容,则该条款无效。

(3)著作权转让合同应当完备、明确。目前我国相关政府部门尚未推出著作权转让合同范本。在实务中,一般由受让人草拟,然后由双方当事人协商确定,这就对合同的完备性和明确性提出了较高的要求。需要引起重视的是:①要在合同中尽量一一列举所转让的权利内容,并注明受让人不得超越合同约定的权利范围或方式使用作品;②要在合同中明确规定转让的权利地域,以便著作权人在不同地域将相同或不同的著作财产权转让给不同的受让人,从而进行优化配置,以期获得最大收益。

(4)转让合同应采用书面形式。这是我国著作权法的强制性要求,采用除书面形式外的任何其他形式,均认定为无效。

（三）商标转让

商标转让,就是商标所有人或其他有处分权人将商标专用权转移给受让人的行为。

1.商标转让的原则。商标转让的原则如下:

(1)诚实信用原则。相对于有形资产来说,无形资产的产权更加难以充分界定和维护,商标权的部分权利,内容很容易被盗用(如商标的颜色组合等特征),因而,有必要在进行法律约束的同时,也强调道德的约束。

(2)公告公示原则。我国法律规定,商标转让合同必须公告公示,并向行政主管机关申请登记后方可生效。在官方指定媒体上发布商标转让公告,是出于保护消费者和相关权利人的目的,便于公众维护自己的合法权益。必要时,也便于公众或相关权利人在规定时限内到法院或行政机关,向商标所有者提起诉讼或请求采取行政措施。

(3)完整性原则。完整性原则主要有两重含义,一是指相同近似商标的整体转移;二是和其他知识产权相比,商标权不包含人身权,因此,商标转让是商标权利的完全转移。转让生效后,原注册人将丧失全部权利,相应的,受让人将继受取得全部权利。

2.商标转让的方式。商标转让的方式如下:

(1)企业改制重组。企业的分立、合并必然会导致商标的转让,这是市场经济中商标转让最常见的形式。20世纪90年代以后,我国进入乡镇集体企业、国有企业改制的高峰期,同时,一些有远见的企业开始认识到商标等无形资产在市场经济中的重要价值,一大批老字号以及其他具有国际影响力的品牌被保留或继承下来。

(2)协议转让。商标作为一种商品,在市场上进行买卖、流通,依法必须签订书面合同,并到行政机关申请登记,待核准公告后方可生效。

(3)移转。移转是指商标注册人不能或因法定原因不能行使商标的转让权,而由他人凭有关证明文件或法律文书到登记机关办理转让申请,且无须商标注册人在指定申请文书上签名或加盖公章的转让形式。有效的商标移转主要包括三种情况:①受让人与转让人有继承关系,且在法定时限内向商标局递交了转让申请;②由企业破产清算组织代为处分的商标权;③受让人凭法院裁决文书办理的商标权转让。

3. 商标转让合同。我国《商标法》明确规定,商标转让行为必须签订协议。这样,既能使转让人在《转让注册商标申请书》的基础上,做出更准确的意思表示,以明确双方之间的权利义务关系,又有利于在商标转让审查时,管理机构对双方的意思表示做出认定。

但《商标法》并没有对转让协议的具体形式作出规定,即没有规定转让协议必须是书面的,口头协议同样具有法律效力。这就意味着,在实践中,商标局在审查商标转让申请时,只要求提供《转让注册商标申请书》(由转让人和受让人盖章)、《代理委托书》(仅受让人盖章)、受让人执照或身份证,根本不要求提供《转让协议》。而在一般情况下,即使法律不作规定,当事人间也会签有书面协议,对双方的权利义务以及其他事宜作出规定,并在发生纠纷时作为证据。因而这一规定便显得无足轻重,可以取消。只有当《商标转让协议》作为商标转让的必要事项时,它才会具有实际意义。

(四)土地使用权转让

土地使用权转让,是指土地使用者将土地使用权再转让的行为,包括出售、交换和赠予。因此,土地使用权转让是从土地使用权出让中派生出来的,其性质是对土地使用权的再限制。

资本主义国家的土地所有权完全归私人所有,不存在土地所有权能不能转让的问题。在我国,1988年的《宪法》修正案中规定:"土地的使用权可以依照法律的规定转让",但这只是土地使用权的划拨和转让,而不是土地的划拨和转让。

1. 土地使用权转让的特点:

(1)派生性。土地使用权转让是由国家对国土自然资源的所有权派生出来的限制行为。国家以所有者的身份,将土地使用权出让,这是对土地所有权的第一次限制,土地使用权的转让是对这种权利的再限制。

(2)收益性。之所以要对土地使用权进行转让,无非是为了从土地及其地上物的使用中获得收益,因而,土地使用权转让,实际上是出售未来土地使用的收益权。

(3)限制性。土地使用权是土地使用者在所有权人的土地财产上享有的占有、使用、收益以及对地上物的处分权利,包括将土地使用权进行二次转让的权利。土地使用权转让是当事人之间合意的民事法律行为,土地所有者应允许土

地使用者从事这种合法行为。但土地使用权转让的权利内容也不是无限的,转让人和受让人各自的权利义务都要受到法律规定和转让合同的限制。

2. 土地使用权转让方式。我国法律规定,土地使用权以不同方式转让,其生效应具备的法定条件和限制性条款不同,目前主要有三种方式:

(1)一般性土地使用权转让,即以招标或拍卖方式转让土地使用权,应具备的法定转让条件包括:①转让方须持《国有土地使用证》;②签订书面合同,办理变更登记手续,并交纳有关费用;③转让合同应当完备、明确。

(2)特殊性土地使用权转让,即以划拨或协议方式转让土地使用权。由于这种转让一般是政策性减价或无偿的,要求也比较严格,其法定转让条件为:①土地使用者为公司、企业等经济组织或个人;②转让方须持《国有土地使用证》;③转让方须持地上建筑物及其他经济物合法的产权证明;④依法签订书面转让合同,向当地市、县人民政府补交土地使用权出让金,或者以转让所获收益抵交土地使用权出让金。

(3)成片开发土地使用权转让,即以成片开发方式转让土地使用权。成片开发是指在取得国有土地使用权后,依照规划对土地进行综合性的开发建设,平整场地,建设供排水、供电、供热、道路交通、通信等公用设施,形成工业用地和其他建设用地条件,然后转让土地使用权,经营公用事业,或者进而建设通用工业厂房以及相配套的生产和生活服务设施等地面建筑物,并对这些地面建筑物从事转让或出租的经营活动。成片开发应确定明确的开发目标,应有明确意向的利用开发后土地的建设项目。

受让人必须符合以下规定,方能转让国有土地使用权:①必须成立从事土地开发经营的开发企业,该开发企业与其他企业的关系是商务关系;②开发企业应编制成片开发规划或者可行性研究报告,明确规定开发建设的总目标和分期目标,实施开发的具体内容和要求,以及开发后的土地利用方案等;③必须实施成片开发规划;④必须达到出让国有土地使用权合同规定的条件,即依照国家土地管理的法律和行政法规,合理确定地块范围、用途、年限、出让金和其他条件。以成片开发方式获得的土地使用权依法不得转让。

3. 土地使用权转让与土地使用权出让。严格说来,第一种土地使用权转让方式既可用于土地使用权转让,又可用于土地使用权出让,而后两种方式只能用于土地使用权出让,即土地使用权应先被出让,之后才能被转让。土地使用者的土地使用权转让或再转让是要式的、民事的合法行为,应该受到法律保护。除此之外,土地使用权转让与土地使用权出让之间的主要区别还有:

(1)主体不同。土地使用权出让发生在土地所有者和土地使用者之间。土地使用权转让发生在两个土地使用者之间。

（2）转移的标的物不同。在土地使用权出让行为中，转移的标的物仅限于土地，对于土地上存在着的地上物（建筑物和其他附着物），则以某种方式（如拆迁等）补偿给地上物所有者；而在土地使用权转让行为中，转移的标的物还包括该土地的地上物权。

（3）土地使用权的使用年限不同。出让的土地使用权使用年限一般长于转让的土地使用权使用年限，这是因为：①使用者只能在其获得的受让土地使用权的年限内，转让土地使用权才是有效的，超过获得的受让土地使用权年限部分的转让无效；②土地使用权出让后，受让人必须经过一段时间的开发经营后方能转让。

（4）土地价值不同。土地价值随着时间、环境和使用状况的变化而发生变化。大体上说，土地是在不断增值的，何况土地使用权转让的标的物还包括该土地的地上物权。因此，相同的土地，其使用权的转让金总是高于其最初的出让金。

4. 土地使用权转让合同。我国法律规定，土地使用权无论是出让还是转让，都应当签订书面合同。

签订土地使用权转让合同的一般程序是：

（1）审查转让方的《国有土地使用权出让合同》，明确该土地使用权的转让方式和相应的转让条件；

（2）了解受让方受让的目的，明确其受让后作何用途，是否符合政府制定的规划目标；

（3）调查该土地使用权的现状，如了解转让方是否已结清土地出让金，是否取得土地使用权证书等，并委托专业评估机构评估土地使用权价格；

（4）在转让合同中，应注意明确转让土地的位置、面积、土地使用权证书、转让价格、剩余使用年限、转移登记事项等；

（5）将土地使用权转让合同连同其他有关资料，一并报县级以上政府土地管理部门，办理转让登记手续，并领取土地使用权证书。

三、无形资产交易的支付

无形资产交易的支付方式一般分为总额、提成、入门费加提成和技术入股四种。

第一，总额支付，即所有费用一次付清，银货两讫的方式，显然，这种方式对出让人较为有利。

第二，提成支付，顾名思义，即从价、从量或按照销售额、利润等提取一定的比例支付给卖方，作为无形资产转让的报酬。这种方式迫使出让人继续关心无

形资产的使用情况,给予技术协助,并不断地改进和完善无形资产,延长无形资产的使用寿命,增加无形资产的内在价值。通常我们建议技术转让双方从价或按照销售额进行提成。这是因为,表面利润的可调节性比较强,尤其是在技术引进的发展中国家,少报或不报利润的情况比比皆是,难以保证双方的利益均衡。此外,产量也是一个不错的选择,但随着产品销售量的扩大,产品售价一般会有所下降,而单件产品的提成额却是固定的,容易导致受让人的利润率下降。

第三,入门费加提成支付。入门费加提成支付是实务中最普遍采用的把总额与提成相结合的方式,即受让人先一次性支付部分转让费,正式生产销售后,再以提成方式支付余额。这种支付方式能够兼具前两者的优点,既分散了风险,又通过建立长期合作关系,迫使出让人关心后续工作,从而保证技术实施的有效性。

第四,技术入股,即以无形资产作价投资的一种方式,我国有关无形资产入股的法律法规的具体规定请参见本书第九章。

四、无形资产交易的价格

无形资产交易的价格是如何决定的? 我国学者童利忠、马继征在孙剑平、王海舟研究的基础上作了系统性的研究,他们认为,无形资产的转让价格是转让双方相互作用的结果, 是一个出让人与受让人的期望价格不断趋于一致的过程。

(一)价格区间下限(P_L)

从出让人角度考虑,成交价不得低于无形资产的转让成本,即出让人为转让无形资产而发生的费用,主要包括技术服务费(技术协助、安装调试等)、项目联络费、手续费和税金等。

(二)价格区间上限(P_H)

从受让人角度考虑,成交价不得高于无形资产的获利能力减去其购买资金的机会成本再减去无形资产引进成本后的余额。其中,无形资产的获利能力指该项投资在整个生命周期内获得的利润的净现值表示;购买资金的机会成本等于银行固定存款利率;无形资产的引进成本指受让人消化、吸收无形资产的成本。

(三)价格调整

区间上限减去区间下限,就是该无形资产转让的利润空间。出让人的价格向上调整,受让人的价格向下调整,最后双方达到一个较为公平的利润分摊比例。

区间下限的调整公式为

$$P_E = P_L + (1 - \alpha) \times (1 + \beta) \times C_R + \gamma \times R$$

式中：

C_R 为无形资产研发或无形资产引进成本。对于研发来说，它包括参与人员的工资、材料设备、咨询、培训等直接费用，以及管理费、财务费等间接费用；对于引进来说，不仅仅包括当初购买无形资产所支付的货币总额，还包括为使无形资产能够投入使用所花费的必要的安装费、调试费、培训费等。

α 为无形资产的贬值率，包括该无形资产已被其他新技术等所替代，使其为企业创造经济利益的能力受到的重大不利影响；或该无形资产的市价在当期大幅下跌，且在可预见的年限内预期不会恢复的情形。这些，都需要对无形资产研发或引进的补偿打一定的折扣。

β 为风险贴水，即市场上进行类似研究开发的平均失败风险，这是对经受过实践检验的成熟技术的一种奖励。

R 为估计的引进无形资产后未来总收益的增加总额。

γ 为分享率，表示愿意出让的利润比例，一般由以下四个因素决定：①转让的权限，授权越多，γ 越高；②转让的次数与范围，转让次数愈多，范围愈大，γ 越小；③支付方式，一般按照总额支付的 γ > 入门费加提成方式的 γ > 提成支付的 γ > 技术入股的 γ 的顺序计算；④受让人的综合素质，需要加权打分的因素包括：受让人的支付能力、信用水平、对无形资产的接受能力以及再开发能力等与交易没有直接联系的因素。

区间上限的调整公式为

$$P_E = R - F = \sum_{i=1}^{n} \frac{R_i}{(1 + r)^i} - F$$

式中，F 是无形资产的引进成本。对上限的调整是通过改变技术的预期寿命 n 和折现率 r 的值来进行的，具体标准和原则见表 8 - 1。

表 8 - 1　价格区间上限的调整标准和原则

调整参数	主要影响指标	调整原则（ - 成反比，+ 成正比）
折现率 r（$r = d \times V$，式中，d 为风险价值系数，V 为变异系数）	技术成熟度	-
	技术垄断度	-
	转让的权限	+
	支付的方式	总额支付 < 入门费加提成支付 < 提成支付 < 技术入股
	市场风险度	+
	行业利润率	

续表

调整参数	主要影响指标	调整原则（－成反比，＋成正比）
预期寿命 n	技术创新性	＋
	技术垄断性	＋
	已转让次数	－
	已转让范围	－
	优化技术	＋
	替代技术	－

至于每项指标影响程度的大小，需要运用计量经济模型，根据经验数据进行敏感性或弹性分析后确定，每种技术所面临的权数都是不同的。

最后，令 $P_E = P_L + (1 - \alpha) \times (1 + \beta) \times C_R + \gamma \times R = R - F = \sum_{i=1}^{n} \frac{R_i}{(1+r)^i} - F$，可以求得一个均衡解，这个均衡解就是成交价。

第二节　无形资产整合

一、整合与增值的理论阐释

不同企业无形资产整合的能力及实现程度不同，对无形资产价值的理解和评价也不同，这是无形资产交易能够达成的微观基础。

（一）现代产权理论的解释

以华盛顿大学教授耶兰·巴泽尔为代表的西方现代产权理论对整合进行了很好的解释。

产权理论的基本分析单位是个人，对组织绩效的优化最终可以分解成对个体行为的整合。资产权利表现为一组属性，这组属性往往被分割给若干技能各异的个人，以实现整体收益最大化。那些未被分割的属性被分配给公共组织，即企业，造成这一财产公共性的原因是存在交易成本。在产权理论中，交易成本指权利的界定、转让、获取和保护所需要花费的成本。

由于这种成本的存在，产权的界定是不完全的，这引出了以下三个推论：①没有界定的权利把一部分有价值的资源留在了公共领域，公共领域里全部资源的价值叫作"租"；②随着新信息的获得，产权的界定表现为一个演进过程，资产的各种潜在有用性被技能各异的人们发现，并通过交换实现最大价值；③理论上,对界定产权的演进在寻租的边际成本等于该寻租者在其既有权利下能够得到的租的边际增量处达到均衡。

建设性的结论是:"只有一种所有制形式确实能够使来自资产的净收入(从而它对于初始所有者)实现最大化。决定所有权最优配置的总原则是:对资产平均收入影响倾向更大的一方,得到剩余的份额也应当更大。"

由此可见,产权理论的核心概念是"公共领域",求解公共性问题的答案自然应当是博弈论的,而不是新古典的。正是因为公共性问题在商品世界中是普遍存在的,为了防止同一商品所有权的不同属性所有人随意侵占公共领域里的价值,就产生了企业这种专门从事整合个人行为的组织——这也是企业基本的生存目的和利润源泉。

(二) 企业知识论的解释

对整合给出的另一种理论解释来自企业知识论,它认为,单纯在企业内部及企业之间实行专业化分工,未必是帕雷托效率改进的。随着分工不断走向深入,各个环节之间的协调问题将暴露出来,隐藏于协调成本上升之后的,是企业内分工的信息与知识的协调问题。

按照企业知识论的观点,整体效率的提高并不是依靠单个效率的提高完成的,换句话说,单个效率的提高只是整体效率提高的必要条件,而不是充分条件。一项工作的完成,要求其中的每一个任务都能够高效地完成,这就需要相关任务的知识和信息在一个工作平台上进行交流与共享。只有信息的充分交流与共享,整体效率才能得到充分发挥。

分工就是为了便于获取和协调生产所需的知识,因此,专业化的分工就意味着知识的分工。专业化的知识内生于劳动分工的演化,导致个体所拥有的专业知识日趋"局部化"。当某个成员执行任务遇到的问题超出自身的知识范畴时,会不可避免地影响到任务的执行效率。当每个成员的知识集随着分工的深化而不断缩小时,上述情况发生的概率就会大大增加;当组织内部一部分成员遇到这样的问题,而其他成员未受到影响时,整体的任务执行效率就会受到影响。与此同时,单个效率与整体效率就会出现不一致的情况。而要解决这一问题,就需要进行知识的共享与交流。由于员工们并不需要获取生产所需的全部知识,相反,他们只要拥有最为相关的那一部分专业知识,所以,如果他们遇到问题,依靠自身能力无法解决时,可以通过向他人咨询来解决,这样,就可以提高整体的效率。而企业要做的,就是对信息、资源和流程进行整合,并使其制度化。

本节将向读者推介三种主流的无形资产整合形式,包括品牌整合、技术整合与企业价值链整合,企业的组织整合将穿插其中。这样做是因为不存在某种最佳的组织结构,与无形资产经营特征相适应的组织形态应该是软化的,所以说,

组织整合是其他整合的"果"而不是"因",故本书不作单独阐述。

二、品牌整合

品牌(Brand)一词源于19世纪早期印在白兰地酒(Brandy)酒桶上的标志。

虽然品牌的早期形式与商标相仿,但是,经过近200年的变化,其语境和词义已经大大超出了商标所涵盖的内容。美国市场营销协会将品牌定义为"用以识别一个或一群产品或劳务的名称、术语、象征、记号或设计及组合,以和其他竞争的产品或劳务相区别";营销学大师菲利浦·科特勒认为,品牌有六层含义:属性、利益、价值、文化、个性、使用者。

简而言之,品牌=口碑+视觉识别系统(商标是该系统的内容之一),合起来也可以称为产品的价值识别系统,反映的是企业所拥有的无形资产整体价值。

(一)品牌的特征

产品的价值识别系统具有以下特点:

1. 消费者的体验和感观在其中扮演主导因素,由企业通过各种方式对其施加直接影响,也可以利用商标、包装等外观形象对其进行视觉强化;

2. 品牌也有生命周期,包括创建、传播、维护和消失四个阶段,一个成功的品牌可以持续经营数百年而不消失;

3. 品牌的塑造是一项长期的系统工程,需要战略规划并持之以恒,在创建和传播阶段,应该有计划地逐步开展,切忌朝令夕改,而到了品牌维护阶段,更需要企业加倍地精心呵护,因为"人言可畏",众人皆夸口碑才好,一人独恶则口碑转劣;

4. 正因为消费者的体验和感观在品牌中扮演主导因素,所以在口碑与视觉识别系统中,价值识别系统更侧重于口碑的创建、传播和维护,这就是品牌与名牌的区别,后者更注重消费者对产品视觉识别系统的认可,而不是对企业及其产品或服务的赞誉;

5. 正因为视觉识别系统(CIS)只是品牌的一个方面,因而企业形象的概念要小于企业所有品牌之和;

6. 对品牌要有清晰的定位,要知道:①品牌不等于高档品牌,物美价廉也可以成为企业的价值特征,②品牌不能过度延伸,企业的多元化经营要符合品牌的价值特征,如不然,则应尽量另立品牌。

(二)品牌整合的动力

品牌整合的动力来自几个方面:

首先,20世纪70年代中期以前,在西方国家,将品牌视为项目而建立的矩阵式组织结构已经得到了广泛运用,但对品牌进行项目管理面临着两大困难:一是项目经理制是一种临时安排,较适应短期行为,而一个成功的品牌从创建、传播到维护,需要经历一个相当漫长的过程,属于长期行为,但我们知道,双重指挥结构在长期容易导致企业内部的权力斗争;二是随着企业规模的不断扩大,旗下品牌的数量也会相应增加,过多的项目小组将导致各个职能部门过于臃肿、人员分散,且人事调动极为频繁,监督、考核、沟通和协调工作难以开展。

其次,几乎是在同时,多元化战略也逐渐得到普及。对成功的品牌进行一定程度的延伸,有利于分散风险和最大化品牌价值,但时间一长,总免不了会犯一些错误,比如:(1)模糊了品牌定位,推出一些与品牌原定位相左的产品,特别是在高档消费品低档化时,扩大市场的代价是流失原来忠实的消费人群;(2)稀释了品牌个性,推出一些功能与该品牌支柱产品的主要功能完全相反的产品,使消费者的体验和感观变得似是而非。品牌的特性是绝对化的,哪怕是香烟这类公认对消费者身体有害的产品,烟草公司也绝不能在其宣传或产品线中,将品牌与任何负面效应相挂钩。

最后,塑造品牌的费用日趋高昂。如宝洁、联合利华等大型跨国公司,其每年仅在中国内地用于品牌的投入,就动辄达到数亿美元,我国的绝大多数本土企业难以望其项背。所以,对于本土企业来说,要利用好有限的资金参与国内国际竞争,通过品牌整合来塑造一个核心品牌,不失为明智之举。

(三)品牌整合的实施

科学的品牌整合方案至少应该包括以下六个步骤。

1. 认清整合目标。认清整合目标是品牌整合的前提条件。进行品牌整合的基本目的,就是为了让企业的所有品牌成为一个有机的整体。它应该包括以下步骤:

(1)对产品进行清晰的分类。分类的方式有许多种,既可以根据字面的读音或意义相近来分,也可以根据品牌的个性、风格来分;

(2)合理配置有限的资金。可按照所分类别孰轻孰重,以及各自处在品牌生命周期的阶段来分配资金;

(3)寻找具体的整合效应,如降低成本、提高知名度等;

(4)评价整合效应的适应性,即应付不断变化的市场环境的能力。

2. 规划品牌数量。品牌数量太多,投资回报率会降低,品牌与品牌之间容易相互抵触;品牌数量太少,又会妨碍企业扩大规模,从事多元化经营。

当然,在规划品牌整合方案时,专业人员所面对的品牌不会是太少而会是太多,正是过多的品牌导致公司整体定位的模糊化和个性的稀释化。这就要求高层管理人员敢于割舍大量的弱势品牌,集中力量培育企业的核心品牌。

3. 确定品牌等级和定位。拥有多个品牌的企业应该建立一个完善的品牌金字塔结构:一级品牌是企业的旗帜品牌,二级品牌是企业的核心品牌,三级品牌是企业的分类品牌,四级品牌是企业的产品线品牌,之下还有各个产品的品牌——这已经是品牌层次结构的第五级了。可见,这样一个"品牌家族"会有多么庞大。不过,其中,最重要的还是企业的旗帜品牌,它是"品牌家族"乃至整个企业的灵魂。一般情况下,它的创建先于下级品牌,其后每一个下级品牌都要建立在它的基础之上。下级品牌的创建、传播和维护都必须有意识地与旗帜品牌相配合,并为其传播和维护做出贡献。因此,在设计旗帜品牌时,必须注意其字面及意义的宽泛性,这样才能为下级品牌的扩展和延伸预留足够的空间。而对下级品牌的建设来说,重点在于如何突出差异性,这既包括企业内部品牌与品牌之间的差异性,也包括本企业品牌与主要竞争对手品牌之间的差异性,具体来说,大致有如下程序:①研究本企业每个品牌的市场细分与特定消费群体;②研究竞争对手品牌的市场细分与特定消费群体;③确定差异化空间,即抢占市场或让出部分市场;④根据品牌的定位征集口号、标志等。

4. 建立认知模式。品牌的塑造是围绕着消费者的体验和感观进行的,建立一个完整规范的品牌识别模式,就是要通过调查分析,确定改变消费者体验和感观的最佳途径。这是企业品牌整合中最富有艺术性的部分,也是需要决策者综合运用各种学科的知识,充分利用人性共同点(比如,爱美、喜欢被肯定等)的地方。用各种先进科学技术手段营造一个视觉、听觉、味觉、触觉、嗅觉、联觉共同刺激的六维网络,真正做到"品牌力量无处不在"。

5. 选择实施策略。如果我们将相对旗帜品牌来说的下级品牌统一称为子品牌,那么,一般来说,处理旗帜品牌与子品牌之间的关系可以从以下三个方面入手:

(1)手拉手策略,也称双品牌策略。它是指子品牌与旗帜品牌总是同时出现,共谋进退。选择这种策略,企业能够在宣传子品牌的同时,也宣传旗帜品牌,反过来,成功的旗帜品牌又能为子品牌产品做出品质保证,从而确保畅销,这比较适合于中小规模的企业;

(2)独立品牌策略,即单品牌策略,每一个子品牌针对的是特定的产品线或产品,而旗帜品牌则致力于促进企业整体的伦理建设。这并不是说子品牌与旗帜品牌在实践中处于并列地位,关键之处恰恰在于,各个子品牌的创建、传播和维护过程要时时刻刻体现出旗帜品牌的个性风格,使消费者能够自然而然地将企业的理念和产品的品质联系在一起,这更适合于子品牌较多的大型企业;

(3)混合品牌策略,即在企业的子品牌中包含有旗帜品牌。例如,雀巢公司(Nestle)的所有子品牌之前都冠有"Nes"字样,如它的咖啡品牌 Nescafe、茶品牌 Nestea 等,这一策略能够以一种较为含蓄的方式综合前两者的优点,在实践中更受人们青睐。

在品牌生命周期的不同阶段,企业宜选取不同的实施策略。一般而言,在品牌的创建阶段,较适用手拉手策略,争取以成熟的旗帜品牌为依托,打开销路;而在传播和维护阶段,则应更多地采用独立和混合品牌策略,以期扩展公司的品牌深度,增加利润。

品牌实施策略确定后,还要考虑如何对旗帜品牌和子品牌进行推广,具体步骤是:①认清目前的形势及形成这种局面的原因;②明确品牌整合推广的目标;③根据认知模式的分析结果,选择适当的媒体;④编制公关、广告、营销渠道和促销手段等具体行动计划;⑤集中并协调好企业内外力量,包括顾客、中间商、员工和独立的第三方等,做好行动准备。

需要特别注意的是,在选择实施策略时,网络信息化建设必须提上议事日程,以应付全球化竞争的需要。

6. 在品牌经理的基础上,增设品牌管理委员会。品牌管理委员会由企业最高管理者发起,并由企业相关中高层管理干部及品牌管理专业工作者、顾问等共同组成,专门负责品牌整合的实施工作。为避免单纯品牌经理制的种种局限性,设立专门的品牌管理委员会是可行的,但由于业务重叠,品牌管理委员会宜作为企业无形资产管理部门的下属机构,或者可以干脆直接由该部门代行委员会职能。

三、技术整合

技术整合是一个崭新的概念,虽在企业的日常经营中早已屡见不鲜,但直到 1991 年,才由美国学者 Clark 和 Fujimoto 正式提出:"在产品开发的过程中,当企业需要在现有技术基础上引入新的技术,实现技术的不连续发展时,引入新的技术进行内部和外部的整合,对项目绩效至关重要。"其后,又经过了许多学者的发展,如今的技术整合概念才不再局限于产品的开发,而是指将多门类知识(技术知识、经济知识、管理知识)及多门类技术(产品设计、材料技术、工艺方案、设备系统、标准化技术、信息技术、管理及控制技术等)有效地整合在一起,进而形成有效的"产品制造方案"和"制造流程",并能够依此进行大规模生产。

(一)技术整合的特征

技术整合是企业技术创新的新范式,它具有以下特征:

第一,技术整合是一种创新的方法,同时也是一种创新的过程;

第二,技术整合本身是创新方法和创新过程,但这并不意味着作为整合原料的知识和技术也一定包含着新知识和新技术,整合过程中可能会用到一些先进技术,也可能根本不用;

第三,技术整合不同于技术集成,技术集成更多的是以"产品研制"为目标,而技术整合更多的是以"产品大规模制造"为目标,因此,技术整合是对技术集成的拓展;

第四,技术整合的成果最后要反映在生产实践中。

（二）技术整合的作用

1. 技术整合会激励企业变革。企业解决问题的方法决定了企业创新的方式,企业创新的方式决定了企业生产经营的方式,新的生产经营方式要求有新的组织制度予以配合,这就迫使企业进行变革。

2. 技术整合是新产业诞生的摇篮。技术整合实际上是一个部门间和企业间互相学习的过程,在这个过程中,创新活动从个体行为演变为社会活动,技术扩散导致了创新集群的形成,从而推动了新产业的诞生。

（三）技术整合的实施

对新技术的整合必须立足于企业的现实情况。一般来说,相对于独创和模仿这两种研发方式来说,整合所需要的投入和面临的风险都要低得多,但它需要的是一种历史积淀。《第三世界的技术能力》一书的作者弗里曼称其为"技术能力"。这里的"新技术"是指企业尚未掌握的技术,它可能是其他企业已经拥有的技术;"技术能力"是指企业的技术创新能力、吸收能力和生产能力。

由于技术整合属于无形资产研发方式的一种,其程序与无形资产研发的一般程序基本相仿,即包括调查—构思—筛选—概念—评价—筹资—生产—确认八个步骤。我们在这里只谈一下技术整合的特殊之处。

1. 调查工作是技术整合实施工作中的重中之重,知识和技术的不确定性及其与有形资产的依附关系,使这一工作变得极为复杂,这就需要我们构建企业的动态知识库（详见下文）。

2. 在构思、筛选、概念阶段,应致力于构建企业的整合战略,其内容包括:①采用什么方式（或途径）来获取信息或技术标准;②需要企业进行什么样的组织变革;③需要再引进何种专业技术人才;④该项技术在未来的衍生前景;⑤开发出的新产品、新概念是否能够被消费者接受,以及多快被接受;⑥实施质量控制的监测指标体系。

3. 在分析阶段,应着重考察的是新技术引入、推广及企业变革的相应代价与企业可能因此实现的规模报酬之间的比较。

4. 在技术整合的整个实施过程中,企业尤其要懂得借助外力,积极与其他机构开展多层次的合作研发,必要时,也可委托或咨询他人,但一定要做好合作各方的信息沟通和协同管理工作。技术整合是以投入生产实践为目的的经济行为,必须时刻密切关注企业实际情况的变化。

（四）技术整合的知识库

技术整合实际上是部门间和企业间互相学习的过程,这种经验性的技术知识和能力是企业核心竞争力的来源——无论是否引进新的技术。技术整合的前提是要对企业自身的知识、技术状况了如指掌,这就需要企业构建动态知识库,对不断变化着的知识、技术进行实时的动态监控。

知识库是存储在电脑中的经过分类、组织和程序化且相互关联的某些事实、知识的集合。它是数据库的一种,但是是按照严密的逻辑顺序组织起来的数据库,具有面向对象的服务功能。知识库中的知识种类很多,知识存量很大,因而一般是从多种角度对知识进行综合表达,使用文字、图像、声音等多媒体方式展现给用户一个丰富、直观的界面,并提供信息反馈渠道,以便随时对信息进行修改。知识本身并没有特定的形式,有些知识甚至只可意会,不可言传,但录入电脑的知识却必须是格式化的。这就需要专家设计出一种知识的动态获取技术,这种技术能够通过一些指标和数据监测相关知识、技术的变化,运用社会学和心理学方法总结出特殊性的知识要点,以动态地构建、添加和修改知识库中的知识,也可以随时对知识库进行校验、测试,以消除旧知识与新知识之间的冗余和矛盾。

知识库建立后,要充分利用各种能够用电脑程序表达出来的数理逻辑,对知识进行分类和组织,并根据用户要求进行推理和预测,并给出一些具有启发性的结论,供使用者结合自己的经验评估和挑选。我国学者郭茂祖发明了一种名为"顺序存储,动态组织"的知识库组织策略,它能在推理和预测之前,按照目标对知识库内的各项知识进行动态分类,从而极大地提高结论的准确性。主要的推理、预测功能应该包括:

1. 新技术的可行性,大多数企业不具备对"高、精、尖"技术进行掌握、改造和使用所需的资金和能力,即使有这些资金和能力,其投入产出比也往往是不经济的,企业应注意量力而行、适可而止;

2. 新技术与现有技术的匹配性;

3. 新技术引入对技术整合的贡献以及对企业整体核心竞争力的影响。

四、企业价值链整合

企业无形资产整合的最高形式是企业价值链的整合,它又称为企业价值的无边界整合。

所谓价值链,就是价值在企业之间以及企业内部的传递路径。马克思主义认为,世界是普遍联系的。企业所从事的每一项活动,与其他活动之间都有密切的联系。因而,每一项活动都能为企业创造有形或无形价值,而这一系列活动本

身,就是企业最重要、也最宝贵的无形资产。其中不仅包括企业的内部活动,还包括企业的对外活动,比较重要的如采购关系和客户关系。

（一）价值链的特征

1. 增值链。价值链最根本的特征就是增值。企业的整个生产经营流程——从原材料采购到产品生产,从货币交换到商品流通——就是一个增值的过程。因此,价值链上的每一个环节是否能够增加价值、增加多少,关系到企业的生存与发展。价值链整合要求企业不能只关心内部各个环节的增值性,还要以一种动态的眼光将上、下游企业联成一个相互交织的虚拟网络,在各个网络节点中创造价值。

2. 信息链。如果说企业的生产经营环节是点,信息的传递就是线。增值是一种动态行为,信息的充分流动为这种动态行为提供了燃料。近年来,我国一直强调企业的信息化和网络化建设,其用意就在于使价值链上的每一个节点能够建立在低成本的信息充分流动的基础上,实现它们之间的协调和有序互动,以发挥整体效用。因此,通信技术不仅是价值链整合的前提,而且是价值链整合的基本工具。

3. 合同链。管理学的企业价值链与张五常所说的"合同的扭结"是一回事,区别只是看待问题、解决问题的角度不同。合同链是这种虚拟网络在法律关系上的现实表现,也是实现价值链整合的另一个前提条件。无论以何种方式订立合同,也无论合同双方当事人的关系是交易还是合作,只有在事前明确双方的权利义务关系以及对未来增值部分的分配方法,企业才能从战略高度审视全局,运筹帷幄,构建高效、有序、多赢的价值网络。

4. 虚拟链。实现价值链整合必须抛弃企业的实体内容。价值链利用信息技术在采购、生产、交换和流通环节之间组建了一个紧密的产业联盟,其联系的密切程度最终能够使它们完全融为一体,好似一个从原料到销售的一步到位的全能企业。每一个企业不但可以保留其专业化优势,而且也同时能获得巨大的规模效应。

5. 自相关链。如果考虑到无形资产在企业生产经营流程中对产品增值所做的贡献,那么企业价值链一定会呈现某种程度的自相关性。这很容易理解,因为无形资产的研发和利用具有很强的外部性,这种外部性我们在前面已经反复提到,它导致前一个生产经营流程的经验会对以后的各个流程产生影响。如图8-1所示,曲线Ⅰ,Ⅱ,Ⅲ表示三个连续的增值过程,它们并不是首尾相继一次发生的,可以明显地看到,它们之间在斜率上存在着某种相关关系,即单位时间的产值成比例增加,这是因知识和技术的溢出效应而产生的。

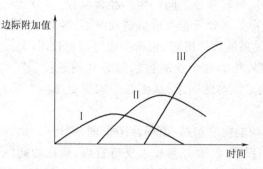

图8-1 价值链的自相关性

（二）企业价值链整合的条件

进行价值链整合的目的,归根结底,就是要使价值链上的每一个企业不但得以保留其专业化优势,同时也获得巨大的规模效应。价值链是随着以营利为目的的企业一同出现的,可谓历史悠久,但管理学家提出要对企业价值链进行整合却是近年的事。其原因在于,整合价值链必须具备两种技术条件:

1. 战略规划技术。缺乏整体战略的价值链是松散的,各个企业在制定采购、生产和销售计划时,不会去征求上、下游企业的意见,也不会去考虑它们的得失,这通常会导致价值链的脱节,进而也会导致资源的闲置或冗余。

2. 信息技术。缺乏信息技术支持的价值链是松散的,价值链整合离不开信息技术这个条件:

（1）传统企业将信息不对称视为一种牟利的手段,然而这种信息不对称本身却是"对称"的,结果必然造成经济学上的"公地悲剧",浪费大量的资源,而这些资源本来都可以转化为价值链上企业的利润;

（2）各类数据的表现形式、评价指标和计算方法都不一致,花在信息处理上的成本很高;

（3）任何一条企业价值链总是包含着数量巨大的有形资产和无形资产,倘若能够加以合理的利用,必然会产生相当大的溢出效应,信息技术至少为无形资产的整合利用提供了这样一种可能性。

如今,上述这两个技术条件都已经发展得相当成熟,我们可以认为,一个企业价值链整合的时代到来了。

（三）企业价值链整合的内容

企业的价值链整合技术,主要包括三项内容:①客户关系管理（Customers Relationship Management, CRM）, 面向客户;②企业资源计划（Enterprise Resources Plan, ERP）,针对企业内部的生产经营流程;③供应链管理（Supply Chain

Management,SCM),针对企业之间的生产经营流程。

1. CRM。客户关系处于企业价值链的终端,客户关系管理是一种旨在改善企业与客户之间关系的管理机制,它希望通过信息技术向企业提供更加全面、更个性化的客户资料,并加强企业的售后服务和沟通反馈能力,使企业能够以低廉、高效的方式满足顾客的需求,从而在争取到更多的新客户的同时,提高老客户的忠诚度。

CRM 的主要功能模块包括:市场营销管理、销售/分销管理、客户关系管理、呼叫中心管理、知识管理、服务与技术支持管理、商业智能、现场服务管理、联系人管理、时间管理、潜在客户市场管理、合作伙伴、电话营销等。

2. ERP。企业资源计划,即企业内部自动化的物流与增值数据的同步处理系统,之所以称其为"计划",就在于随着这一系统的建立,企业内部位于价值链上的每个节点都能对经计算机处理的实时信息做出快速反应,从而使企业制定短期计划及对计划进度进行动态控制变得更轻松、更科学、更全面、更有效。

ERP 的主要功能模块包括:销售/分销管理、生产计划/质量管理、采购管理、成本管理、库存管理、财务管理、人力资源管理和商业智能管理、流程作业管理、产品数据管理、配方管理等。

3. SCM。供应链是原材料依次经过供应商、生产商、分销商、零售商、运输商等一系列企业,最终变成产品交到消费者手中的整个活动过程。对供应链进行管理,就是希望通过共同战略和分享信息对这一活动的流程进行再造,并对其中的信息和资源流动统一规划和控制,从而形成一个高效的战略联盟。

SCM 的主要功能模块包括:供应商管理、采购管理、产品设计、生产计划、物料管理、物流管理、订货管理、存货管理、运输管理、仓储管理和顾客服务等。

一个经过整合的企业价值链系统如图 8-2 所示。在这个系统中,CRM 是顺向环节之间的黏合剂,使上一环节能够准确地把握下一相邻环节的需求,实现服务的快速响应;SCM 是逆向环节之间的黏合剂,它通过信息的频繁交流,将价值链上的各个节点凝成一个整体,以最大限度地降低交易成本和原料存货;ERP 的作用是对信息流进行及时处理和反馈,以减少系统的内耗,提高企业在整个价值链中的地位。

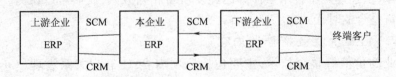

图 8-2　经过整合的企业价值链系统

（四）企业价值链整合的实施

企业价值链整合需要经过一系列步骤，具体如下：

1. 从企业内部开始，先实施 ERP 系统，然后逐步扩展到 SCM 和 CRM 系统。

2. 制定价值链整合管理的战略，主要目的在于增加无形资产价值的价值链整合。制定战略时应注意以下三点：

（1）面向增值而非成本。企业对价值链进行整合的主要目的，并不是为了降低成本或分摊风险，而是要以满足客户的个性需求为中心，充分利用信息的时效性，生产出既能即时进行交易，又能在市场上实现高附加值的人性化商品。无形资产研发的高投入性和高风险性，要求企业只以追求高收益为目标；而无形资产的排他性，即某种程度的垄断性，也决定了企业必须依靠创新能力和差异化而不是成本价格作为获取竞争优势的根本手段。

（2）面向方式而非内容。企业的价值链整合并不等同于精简业务，而是希望通过分解业务流程，抓住增值的重点环节，然后综合运用战略规划和信息技术。对于优势环节，调整相邻环节，以更好地配合其进一步发挥作用；对于劣势环节，则通过协调和外包，进行弥补或替代。这些都是在改变企业的运作方式或路径，并非试图增加或减少企业的经营内容。

（3）面向软化组织而非固定模式。价值链的自相关性决定了企业的价值链整合是一个一旦开始就不容停歇的长期行为。知识的产生、传播和外溢，不断地改变着企业的运作方式或路径，同时，也使价值链上各个环节的相对优劣势发生着变化，系统必须为此预留空间。除此之外，经整合的企业价值链系统还必须具有较强的抗冲击性，即整合后的生产经营流程不但要能够对未来的突发事件做出迅速反应，而且要具有使这种异常反应迅速地常规化的能力，这就要求各个企业采用软化组织结构，而不是追求某种最佳的生存模式。

3. 建立价值链信息管理中心。价值链信息管理中心由价值链上的企业共同出资组建，每个企业都只保留独立的 SCM 系统客户端，所有的信息数据统一交由管理中心进行集中处理，相关人员由各个企业调派或者外聘。中心的具体职能包括：①监控并降低企业间的交易成本；②监控并降低系统的总存货和采购成本总额；③监控并降低企业间的现金流；④预测客户需求；⑤维护内部网络软硬件；⑥跟踪和控制系统的生产流水线和设备的地理位置；⑦跟踪和控制企业价值链整合管理战略的实施。

4. 统一由企业个体所有的 ERP 和 CRM 系统的数据存储格式、算法和通信，以实现信息资源共享，以便从最初的原材料采购环节开始，就能有针对性地服务于终端用户每一个个性化的需求。

5. 对 SCM,ERP 和 CRM 进行分工。系统集成后，就应该对三大系统进行分

工,以发挥优势功能,减少整体冗余,最终形成如图8-2所示的稳定、精简、有效的系统架构。这一般包括两个步骤:

(1)ERP与CRM的整合。ERP为CRM中的数据仓库提供了丰富的分析数据,而CRM的分析结果和市场预测又给ERP系统提供了决策数据。CRM中的大量销售、市场和服务数据必须及时传送到企业的各个职能部门,并且最终要落实到生产经营实践中去,这就需要ERP系统提供支持;反过来,ERP应用中产生的品质、进度、存货和财务的信息也必须及时传递到CRM系统中,这样才能为客户提供全程的人性化服务,提高客户满意度。CRM从客户关系角度增加销售,而ERP则从生产流程角度降低成本,两者的整合为企业增强了核心竞争力,也创造出更丰厚的利润。

(2)ERP与SCM的整合。ERP与SCM在对象和方法上具有一致性:对象是价值链上的企业间关系,包括信息流和资源流;方法是集成。不同的是,SCM覆盖了价值链的所有环节,而ERP则主要负责企业内部事务的处理,仅仅体现的是MRP II的功能,帮助企业进行内部信息流与资源流的一体化管理。SCM弥补了ERP处理价值链上的企业间动态关系时表现的先天不足,实现了事务处理、业务应用和决策支持系统的再集成。

就具体的业务流程而言,一个经整合的企业价值链系统的分工情况大致为:①ERP负责企业内部的生产管理、质量管理、流程管理、订单管理和人事管理;②CRM负责客户管理、营销管理、客户服务和决策支持管理;③SCM负责采购管理、物料管理、存货管理、产品设计、生产计划以及订货、运输和仓储管理;④价值链信息管理中心负责信息流管理。

6. 以客户需求为本,对价值链各个环节的功能和职责进行重新定位,进而以合同文本的形式,明确相邻环节之间的权利义务关系,对原价值创造方式进行一次彻底的重新设计和组织,建立一套崭新的基于软化组织结构的生产经营流程。

复习思考题

1. 为什么通过交易与整合能够增加无形资产的价值?

2. 列举品牌整合的步骤。

3. 在无形资产交易的四种支付方式中,出让人和受让人如何进行风险的分担?

4. 在技术整合的实施过程中,为什么要建立企业知识库?它与第七章所提

到的商业秘密数据库是一回事吗？如果不是一回事,请问它们在创建的目的、内容和功能上有何区别?

5. 企业价值链系统中的价值链信息管理中心具有哪些职能?

第九章

有关无形资产的法律法规

- 了解无形资产法律法规的宪法渊源。
- 掌握民法与刑法对无形资产的原则性规定。
- 掌握企业所得税法(含外商投资企业与外国企业)中关于无形资产的税收优惠规定。
- 掌握会计法关于无形资产的确认、计量、摊销、减值准备、报废和披露的有关规定。
- 了解 TRIPs,《巴黎公约》和《伯尔尼公约》的基本原则和主要内容。

我国无形资产法律法规的法律渊源由高到低,分为宪法、基本法、专门法、行政法规和国际协定五种。无形资产法律法规的最高渊源来自于《中华人民共和国宪法》第 13 条:"公民的合法的私有财产不受侵犯。国家依照法律规定保护公民的私有财产权和继承权。国家为了公共利益的需要,可以依照法律规定对公民的私有财产实行征收或者征用并给予补偿。"

无形资产法律法规的基本法渊源包括《中华人民共和国民法通则》和《中华人民共和国刑法》。《民法通则》第五章"民事权利"的第一节"财产所有权和与财产所有权有关的财产权"以及第三节"知识产权"对无形资产所有者的民事权利做出了原则性规定。相应的,《刑法》除了设置侵犯财产罪外,还专门在"破坏社会主义市场经济秩序罪"一章第七节特别规定了"侵犯知识产权罪"的构成要件,对严重的侵权行为进行约束。

无形资产的专门法渊源，主要是知识产权法，包括著作权法、专利法、商标法和反不正当竞争法；除此之外，还有土地管理法、城市产地产管理法等；另外，还包括经济法中的企业法、公司法、合同法以及税法、会计法、食品卫生法、产品质量法、环境保护法等，这些法律都对无形资产的相关法律问题进行了补充和调整。针对无形资产的行政法规包括各类条例、细则和办法，则更是多如牛毛。

无形资产法律法规的最后一个渊源是无形资产的国际协定，指我国通过自愿与他国缔结双边、多边协定或加入现有协定的形式，使得该协定能够与国内法一样，对法律主体发挥效力，其中，最重要也最有影响力的一部法律是 1995 年 1 月 1 日生效的《与贸易相关的知识产权协定》（TRIPs）。

第一节　民法与刑法对无形资产的原则性规定

作为基本法，民法与刑法对无形资产都只作了原则性规定，但私有产权作为我国公民的一项基本权利，在二者的各章节中都多有涉及。在本节中，我们只择其精要加以叙述。

一、民法

民法中的财产所有权，是指所有人依法对自己的财产享有占有、使用、收益和处分的权利。财产所有权的取得，必须符合法律规定。按照合同或者其他合法方式取得财产的，一般认为财产所有权从财产交付时起转移。

财产可以由两个以上的公民、法人共有，公民或法人按照约定对共有财产分享权利。公民的合法财产受法律保护，禁止任何组织或者个人侵占、哄抢、破坏或者非法查封、扣押、冻结、没收。

关于土地使用权，《民法通则》第 80 条规定："国家所有的土地，可以依法由全民所有制单位使用，也可以依法确定由集体所有制单位使用，国家保护它的使用、收益的权利；使用单位有管理、保护、合理利用的义务。公民、集体依法对集体所有的或者国家所有由集体使用的土地的承包经营权，受法律保护。承包双方的权利和义务，依照法律由承包合同规定。土地不得买卖、出租、抵押或者以其他形式非法转让。"

《民法通则》第五章第三节"知识产权"规定，我国公民、法人享有著作权（版权），依法享有署名、发表、出版、获得报酬等权利，其依法取得的专利权受到法律保护。法人、个体工商户、个人合伙依法取得的商标专用权受法律保护。

公民对自己的发现享有发现权。发现人有权申请领取发现证书、奖金或者其他奖励。

二、刑法

《刑法》第二篇第三章第七节对侵犯知识产权的行为专门作了如下规定:

第一,未经注册商标所有人许可,在同一种商品上使用与其注册商标相同的商标,情节严重的,处3年以下有期徒刑或者拘役,并处或者单处罚金;情节特别严重的,处3年以上7年以下有期徒刑,并处罚金。

第二,销售明知是假冒注册商标的商品,销售金额数额较大的,处3年以下有期徒刑或者拘役,并处或者单处罚金;销售金额数额巨大的,处3年以上7年以下有期徒刑,并处罚金。

第三,伪造、擅自制造他人注册商标标志或者销售伪造、擅自制造的注册商标标志,情节严重的,处3年以下有期徒刑、拘役或者管制,并处或者单处罚金;情节特别严重的,处3年以上7年以下有期徒刑,并处罚金。

第四,假冒他人专利,情节严重的,处3年以下有期徒刑或者拘役,并处或者单处罚金。

第五,以营利为目的,有下列侵犯著作权情形之一,违法所得数额较大或者有其他严重情节的,处3年以下有期徒刑或者拘役,并处或者单处罚金;违法所得数额巨大或者有其他特别严重情节的,处3年以上7年以下有期徒刑,并处罚金:①未经著作权人许可,复制发行其文字作品、音乐、电影、电视、录像作品、计算机软件及其他作品的;②出版他人享有专有出版权的图书的;③未经录音录像制作者许可,复制发行其制作的录音录像的;④制作、出售假冒他人署名的美术作品的。

第六,以营利为目的,销售明知是上述"第五"条中所规定的情形的侵权复制品,违法所得数额巨大的,处3年以下有期徒刑或者拘役,并处或者单处罚金。

第七,有下列侵犯商业秘密行为之一,给商业秘密的权利人造成重大损失的,处3年以下有期徒刑或者拘役,并处或者单处罚金;造成特别严重后果的,处3年以上7年以下有期徒刑,并处罚金:①以盗窃、利诱、胁迫或者其他不正当手段获取权利人的商业秘密的;②披露、使用或者允许他人使用以前项手段获取的权利人的商业秘密的;③违反约定或者违反权利人有关保守商业秘密的要求,披露、使用或者允许他人使用其所掌握的商业秘密的。

(本条所称商业秘密,是指不为公众所知悉,能为权利人带来经济利益,具有实用性并经权利人采取保密措施的技术信息和经营信息。本条所称权利人,是指商业秘密的所有人和经商业秘密所有人许可的商业秘密使用人。)

第八,单位触犯以上之规定者,对单位判处罚金,并对其直接负责的主管人员和其他直接责任人员,依照相关规定予以处罚。

第二节 经济法和税法关于无形资产的规定

一、出资与产权界定

企业法中关于无形资产的规定主要出现在规定企业设立出资形式的部分。

《个人独资企业法》对设立个人独资企业的出资数量未作限制。根据国家工商行政管理局《关于实施〈个人独资企业登记管理办法〉有关问题的通知》的规定,设立个人独资企业可以用货币出资,也可以用实物、土地使用权、知识产权或者其他财产权利出资,采取实物、土地使用权、知识产权或者其他财产权利出资的,应将其折算成货币数额。

《合伙企业法》第11条规定,合伙人可以用货币、实物、土地使用权、知识产权或者其他财产权利缴纳出资,经全体合伙人协商一致,也可以用劳务出资。当合伙人的出资转入合伙企业时,就构成合伙企业的财产。

下面是有关产权界定的一些规定。

我国《宪法》规定的国有资产包括:①国有的土地、矿藏、水流、森林、草原、荒地、渔场等自然资源;②国家机关及所属事业单位的财产;③军队财产,如军事设施等;④全民所有制企业;⑤国家所有的公共设施、文物古迹、风景游览区、自然保护区等;⑥国家在国外的财产;⑦国家对非国有单位的投资以及债权等其他财产权;⑧不能证实属于集体或个人所有的财产等。

《企业国有资产监督管理暂行条例》规定,有权代表国家投资部门和机构以货币、实物和所有权属于国家的土地使用权、知识产权等无形资产向企业投资,形成的国家资本金,界定为国有资产。

《国有资产产权界定和产权纠纷处理暂行办法》和《城镇集体所有制企业、单位清产核资产权界定暂行办法》规定,全民所有制企业和行政事业单位以货币、实物和所有权属于国家的土地使用权、知识产权等独资(包括几个全民所有制单位合资)创办的以集体所有制名义注册登记的企业单位,其资产所有权界定按照全民所有制企业的产权界定办法界定;中外合资、合作经营企业中中方以国有资产出资投入包括现金、厂房建筑物、机器设备、场地使用权、无形资产等形成的资产,界定为国有资产。

二、资产评估与产权转移

《国有资产评估管理办法》规定其评估管理对象是国有资产占有单位所占有的国有固定资产、流动资产、无形资产和其他资产。国有资产占有单位出现下列情况之一时，应当对国有资产进行评估：①整体或部分改建为有限责任公司或者股份有限公司；②以非货币资产对外投资；③合并、分立、清算；④除上市公司以外的原股东股权比例变动；⑤除上市公司以外的整体或者部分产权（股权）转让；⑥资产转让、置换、拍卖；⑦整体资产或者部分资产租赁给非国有单位；⑧确定诉讼资产价值；⑨法律、行政法规规定的其他需要进行评估的事项。

我国《国有资产评估管理办法》规定了五种评估方法具有法律效力，即收益现值法、重置成本法、现行市价法、清算价格法以及国务院国有资产管理行政主管部门规定的其他评估方法（详细的计算原理、公式等见本书评估篇的内容）。在其他评估方法部分，还特别提到，对无形资产的评估，应区别情况分别评定：①外购的无形资产，根据购入成本及该项资产具有的获利能力评定价值；②自创或者自身拥有的无形资产，根据其形成时的实际成本及该项资产的获利能力评定价值；③自创或自身拥有的未单独计算成本的无形资产，根据该项资产具有的获利能力评定估算。

2002 年 11 月 8 日，原国家经济贸易委员会、财政部、国家工商行政管理总局、国家外汇管理局联合制定的《利用外资改组国有企业暂行规定》明确要求，外国投资者提出的改善企业治理结构和促进企业持续发展的重整方案中，要包括新产品开发、技术改造及相关投资计划、加强企业管理的措施等。

2005 年国务院国有资产监督管理委员会发布的《企业国有资产评估管理暂行办法》又规定，各级国有资产监督管理机构履行出资人职责的企业及其各级子企业有下列情况之一时，也应当进行资产评估：①以非货币资产偿还债务；②收购非国有单位资产；③接受非国有单位的非货币出资或抵债。

《企业国有资产评估管理暂行办法》还规定，经各级人民政府及其授权部门批准，对企业整体或者部分资产实施无偿划转，国有独资企业与其下属独资企业（事业单位）之间或其下属独资企业（事业单位）之间的合并、资产（产权）置换和无偿划转，可以不进行资产评估。

三、外商投资

2002 年国务院颁布的《指导外商投资方向规定》中，鼓励外商投资的项目包括：①属于农业新技术、农业综合开发和能源、交通、重要原材料工业的；②属于高新技术、先进适用技术，能够改进产品性能、提高企业技术经济效益或者生产国内生产能力不足的新设备、新材料的；③适应市场需求，能够提高产品档次、开拓新兴市场或者增加产品国际竞争能力的;④属于新技术、新设备,能够节约能源和原材料、综合利用资源和再生资源以及防治环境污染的;⑤能够发挥中西部地区的人力和资源优势,并符合国家产业政策的;⑥法律、行政法规规定的其他情形。这一《指导外商投资方向规定》还将"技术水平落后的"明文规定为限制类外商投资项目。

综合外商投资企业法的各类法律法规、《外资企业法实施细则》和《公司法》的有关规定,外商投资企业的出资方式包括现金、实物、场地使用权、工业产权、专有技术和其他使用权。对其中的工业产权和专有技术,要求:①能显著改进现有产品的性能、质量,提高生产效率;②能显著节约原材料、燃料、动力。出资人应当出具拥有所有权和处置权的有效证明,并提交该工业产权或专有技术的有关资料,包括专利证书或商标注册证书的复印件、有效状况及其技术特性、实用价值、作价的计算依据、签订的作价协议等有关文件,作为合营(或合作)合同的附件。仅通过许可证协议方式取得的技术使用权,不得用来出资。中外合作者可以采用其他财产权利出资,包括国有企业的经营权、国有自然资源的使用经营权、公民或集体组织的承包经营权、公司股份或其他形式的权益等。

四、破产清算

经济法既然在企业设立的出资环节对无形资产做出了大量规定,那么当企业面临破产清算时,自然也要对无形资产这种财产权利的界定做出相应规定。

根据《中华人民共和国企业破产法(试行)》、《关于贯彻执行〈中华人民共和国企业破产法(试行)〉若干问题的意见》和《关于审理企业破产案件若干问题的规定》,在确认破产财产的范围时,应注意下列与无形资产有关的规定:①债务人与他人共有的物、债券、知识产权等财产或者财产权,应当在破产清算中予以分割,债务人分割所得属于破产财产;不能分割的,应当就其应得部分转让,转让所得属于破产财产;②企业破产前受让他人财产并依法取得所有权或者土地使用权的,即便未支付或者未完全支付对价,该财产仍属于破产财产;③债务人依照法律规定取得代位求偿权的,依该代位求偿权享有的债权属于破产财产;④债务人在其开办的全资企业中的投资收益应当予以追收,全资企业资不抵债的,清算组停止追收。债务人对外投资形成的股权及其收益应当予以追收;对该股权可以出售或者转让,出售、转让所得列入破产财产进行分配。

下列债权经依法申报,可以获得公平清偿,成为破产债权:①破产宣告前发生的无资产担保的债权;②破产宣告前发生的债权人放弃优先受偿权的有财产担保的债权;③破产宣告前发生的有财产担保的债权中,数额超过担保物价款未受优先清偿的债权;④票据出票人被宣告破产,付款人或者承兑人不知其事实,

而向持票人付款或者承兑产生的债权;⑤清算组解除破产企业未履行的合同,对方当事人依法或者依照合同约定产生的对债务人可以用货币计算的损失赔偿债权;⑥债务人的受托人在债务人破产后,为债务人的利益处理委托事务所发生的债权;⑦债务人发行债券形成的债权;⑧债务人的保证人代替债务人清偿债务后,依法可以向债务人追偿的债权;⑨债务人的保证人预先行使追偿权而申报的债权;⑩债务人为保证人的,在破产宣告前,已经被生效的法律文书确定承担的保证责任;⑪债务人在破产清算前,因侵权、违约给他人造成财产损失而产生的赔偿责任。

《破产法》第33条规定:"债权人对破产企业负有债务的,可以在破产清算前抵消。"因此,债权人在破产宣告前对破产人负有债务的,无论是否已到清偿期限,无论债务标的、给付种类是否相同,均可在破产清算前全额抵消。经清理核实后的破产财产,为充分发挥其使用价值、减少社会财富损失、最大限度回收资金,一般采用成套方式出售。

五、税收减免与优惠

税法中关于无形资产的规定主要体现在减税、免税环节。

《中华人民共和国增值税暂行条例》规定,增值税纳税人销售软件产品并随同销售一并收取的软件安装费、维护费、培训费等收入,应按照增值税混合销售的有关规定征收增值税,并可享受软件产品增值税即征即退政策;对软件产品交付使用后,按期或按次收取的维护、技术服务费、培训费等不征收增值税;纳税人受托开发软件产品,著作权属于受托方的征收增值税,著作权属于委托方或属于双方共同拥有的不征收增值税。

《中华人民共和国营业税暂行条例》规定,对单位和个人(包括外商投资企业、外商投资设立的研究开发中心、外国企业和外籍个人)从事技术转让、技术开发业务和与之相关的技术咨询、技术服务业务取得的收入,免征营业税;个人转让著作权,免征营业税;将土地使用权转让给农业生产者用于农业生产,免征营业税;有偿提供应税劳务、转让无形资产或者销售不动产的行为必须缴税,转让企业整体产权的行为不属于营业税征收范围,不应征收营业税。

《中华人民共和国土地增值税暂行条例》规定,土地增值税是对转让国有土地使用权、地上建筑物及其附着物并取得收入的单位和个人,就其转让房地产所取得的增值税征收的一种税。《中华人民共和国城镇土地使用税暂行条例》规定,城镇土地使用税是以城镇土地为征税对象,对拥有土地使用权的单位和个人征收的一种税。

印花税条例规定,技术转让合同的税率为所载金额的万分之三,包括各类技术开发、转让、咨询、服务等合同,以及作为合同使用的单据。

《中华人民共和国企业所得税暂行条例》在准予扣除项目部分,有对于企业财产损失在所得税前扣除的专门规定。企业财产包括无形资产,但不包括商誉。无形资产因发生永久或实质性损害而确认的财产损失,须经税务机关审批,才能在申报企业所得税时扣除。企业申报扣除各项资产损失时,均应提供能够证明资产损失确实发生的合法证据,包括具有法律效力的外部证据、具有法定资质的中介机构的经济鉴证证明和特定事项的企业内部证据。

企业研发新产品、新技术、新工艺所发生的各项费用,包括新产品设计费,工艺规程制定费,设备调整费,原材料和半成品的试验费,技术图书资料费,未纳入国家计划的中间试验费,研究机构人员的工资,研究设备的折旧,与新产品的试制、技术研究有关的其他经费,以及委托他人进行科研试制的费用,不受比例限制,计入管理费用扣除。凡当年实际发生的费用比上年实际增长达到10%以上(含10%),其当年实际发生的费用除按规定据实列支外,经由主管税务机关审核批准后,可再按其实际发生额的50%直接抵扣当年应纳税所得额。纳税人发生的技术开发费,凡由国家财政和上级部门拨付的部分,不实行税前扣除,也不得计入技术开发非实际增长幅度的基数和计算抵扣应纳税所得额。

对社会力量,包括企业单位(不含外商投资企业和外国企业)、事业单位、社会团体、个人和个体工商户,资助非关联的科研机构和高等学校研究开发新产品、新技术、新工艺所发生的研发费用,其资助支出可以全额在当年度应纳税所得额中扣除。

无形资产受让、开发支出不得直接扣除,但无形资产开发支出未形成资产的部分准予扣除。投资者作为资本金或者合作条件投入的无形资产,按照评估确认或者合同、协议约定的金额计价;购入的无形资产,按照实际支付的价款计价;自行开发并且依法申请取得的无形资产,按照开发过程中的实际支出计价;接受捐赠的无形资产,按照发票账单所列金额或者同类无形资产的市价计价。《企业所得税暂行条例》规定,无形资产按直线折旧法摊销,受让或投资的无形资产,法律和合同或者企业申请书分别规定有效期限和受益年限的,按法定有效期限与合同或企业申请书中规定的受益年限孰短原则摊销;法律没有规定使用年限的,按照合同或者企业申请书的受益年限摊销;法律和合同或者企业申请书没有规定使用年限的,或者自行开发的无形资产,摊销期限不少于10年。

外商投资企业和外国企业的无形资产摊销参照《企业所得税暂行条例》的有关规定。

在税收优惠方面,与企业无形资产相关的主要有以下四条:①在国务院批准的高新技术产业开发区内设立的高新技术企业,可减按15%的税率征收所得税;新办的高新技术企业,自投产年度起免征所得税两年;②对科研机构和高等学校服务于企业的技术成果转让、技术培训、技术咨询、技术服务、技术承包所取得的收入,暂免征收所得税;③对新办的独立核算的从事咨询业(包括科技、法律、会计、审计、税务等咨询业)、信息业、技术服务业的企业或经营单位,自开业之日起,第一年至第二年免征所得税;④为鼓励且加大投资力度,支持企业技术改造,促进产品结构调整和经济的稳定发展,对在我国境内投资于符合国家产业政策的技术改造项目的企业,其项目所需国产设备投资的40%,可以从企业技术改造项目设备购置当年比前一年新增的企业所得税中抵免。

《中华人民共和国外商投资企业和外国企业所得税法》以及《中华人民共和国外商投资企业和外国企业所得税法实施细则》规定,外国企业提供在中国境内使用的专利权、专有技术、商标权、著作权等而取得的使用费,以及在中国境内的土地使用权所取得的收益,计入应纳税所得额。

对外商与中国制片商合作拍摄影视作品从中国境内分取的发行收入,属于在中国境内没有设立机构、场所而有来源于中国境内的版权所得的,应当征收所得税;外商在中国境内发行影视作品所取得的收入,属于来源于中国境外的所得,不征收所得税;无形资产的受让、开发支出不得列为成本、费用和损失。

由于著作权等无形资产具有人身依附性,《个人所得税法》也与无形资产关系密切。个人所得税的应税项目包括劳务报酬所得,其中,按照客户的要求,代为定制工程、工艺等各类设计业务,政治、经济、科技、法律、会计、文化等方面问题的咨询、讲学;技术、经纪服务等,都与无形资产有关。此外,稿酬所得、特许权使用费所得,更是直接以无形资产的出让、出租收入作为征税对象。

第三节 会计法中有关无形资产的规定

会计法律法规中,有关无形资产的内容主要出现在《企业会计制度》、《企业会计准则——无形资产》和《关于执行〈企业会计制度〉和相关会计准则有关问题的解答》这三部法律文件中。

会计法律法规中的无形资产,是指企业为生产商品、提供劳务、出租给他人,或为管理目的而持有的没有实物形态的非货币性长期资产。无形资产可分为可辨认无形资产和不可辨认无形资产。可辨认无形资产包括专利权、非专利技术、商标权、著作权、土地使用权、特许权等,不可辨认无形资产是指商誉。

一、无形资产的确认

无形资产只有在满足以下条件时,企业才能加以确认:①该资产产生的经济利益很可能流入企业;②该资产的成本能够可靠地计量。

这里,"很可能"的要求是:①企业应能够控制无形资产所产生的经济利益,无形资产的各种法定权利必须得到清晰的界定,必须签订有相应的协议,并受到法律的承认和保护;②企业管理部门应对无形资产在预计使用年限内存在的各种因素做出稳健的估计。

会计法特别规定,企业自创商誉不能加以确认。

二、无形资产的计量

购入的无形资产,应以实际支付的价款作为入账价值,借记"无形资产"科目,贷记"银行存款"或"应付账款"等科目。

投资者投入的无形资产,应以投资各方确认的价值作为入账价值;但企业为首次发行股票而接受投资者投入的无形资产,应以该无形资产在投资方的账面价值作为入账价值,借记"无形资产",贷记"股本"。

通过非货币性交易换入的无形资产,其入账价值应按换出资产的账面价值加上应支付的相关税费确定。如涉及补价的,则:①收到补价的,按换出资产的账面价值加上应确认的损益和应支付的相关税费减去补价后的余额作为实际成本;②支付补价的,按换出资产的账面价值加上应支付的相关税费和补价后的总额作为实际成本。

通过债务重组取得的无形资产,即企业接受债务人以无形资产抵偿债务的,按应收债权的账面价值加上应支付的相关税费作为实际成本。如涉及补价的,则:①收到补价的,按应收债权的账面价值减去补价,加上应支付的相关税费作为实际成本;②支付补价的,按应收债权的账面价值加上补价和应支付的相关税费作为实际成本。

接受捐赠的无形资产,其入账价值应分别以下情况确定:①捐赠方提供了有关凭据的,按凭据上标明的金额,加上应支付的相关税费确定。②捐赠方没有提供有关凭据的,按如下顺序确定:同类或类似无形资产存在活跃市场的,应参照同类或类似无形资产的市场价格估计的金额,加上应支付的相关税费确定;同类或类似无形资产不存在活跃市场的,按该接受捐赠的无形资产的预计未来现金

流量现值确定。按照税法承认的捐赠价值,借记"无形资产",贷记"待转资产价值——接受捐赠非货币性资产价值";按照实际支付或者应当支付的相关税费,借记"无形资产"科目,贷记"银行存款"或"应交税金"等科目。

自行开发并依法申请取得的无形资产,其入账价值应按依法取得时发生的注册费、律师费等费用确定;依法申请取得前发生的研究与开发费用,应于发生时确认为当期费用。

无形资产在确认后发生的后续支出,应当在发生时确认为当期费用。

三、无形资产的摊销

无形资产的取得成本,应自取得当月起,在预计使用年限内分期平均摊销,处置无形资产的当月不再摊销。

如果预计使用年限超过了相关合同规定的受益年限或法律规定的有效年限,无形资产的摊销年限按如下原则确定:①合同规定了受益年限但法律没有规定有效年限的,摊销年限不应超过受益年限;②合同没有规定受益年限但法律规定了有效年限的,摊销年限不应超过有效年限;③合同规定了受益年限,法律也规定了有效年限的,摊销年限不应超过受益年限与有效年限两者之中较短者;④合同没有规定受益年限,法律也没有规定有效年限的,摊销年限不应超过10年。

企业购入或以支付土地出让金方式取得的土地使用权,在尚未开发或建造自用项目前,作为无形资产核算,并按规定的期限分期摊销。房地产开发企业开发商品房时,应将土地使用权的账面价值全部转入开发成本;企业因利用土地建造自用项目时,将土地使用权的账面价值全部转入在建工程成本,即借记"在建工程",贷记"无形资产"。

摊销时,借记"管理费用——无形资产摊销"等科目,贷记"无形资产"科目。

四、无形资产的减值准备

企业应定期对无形资产的账面价值进行检查,至少于每年年末检查一次。如发现以下一种或数种情况,应对无形资产的可收回金额进行估计,并将该无形资产的账面价值超过可收回金额的部分确认为减值准备:①该无形资产已被其他新技术等所替代,使其为企业创造经济利益的能力受到重大不利影响;②该无形资产的市价在当期大幅下跌,在剩余摊销年限内预期不会恢复;③其他足以表明该无形资产的账面价值已超过可收回金额的情形。

可收回金额是指以下两项金额中的较大者:①无形资产的销售净价,即该无形资产的销售价格减去因出售该无形资产所发生的律师费和其他相关税费后的余额;②预期从无形资产的持续使用和使用年限结束时的处置中产生的预计未来现金流量的现值。

只有表明无形资产发生减值的迹象全部消失或部分消失,企业才能将以前年度已确认的减值损失予以全部或部分转回;转回的金额不得超过已计提的减值准备的账面余额。

在计提无形资产减值准备时,借记"营业外支出"科目,贷记"无形资产减值准备"科目;发生符合转回要求的情形时,应借记"无形资产减值准备"科目,贷记"营业外支出"科目。

五、无形资产的处置和报废

企业出售无形资产时,应将所得价款与该无形资产的账面价值之间的差额计入当期损益。企业转让无形资产所有权的,视同出售无形资产,按照实际取得的转让收入,借记"银行存款";按照该项无形资产已计提的减值准备,借记"无形资产减值准备";按照无形资产的账面余额,贷记"无形资产";按照实际支付或者应当支付的相关税费,贷记"银行存款"或"应交税金"等科目;其差额计入"营业外收入"或"营业外支出"下的"出售无形资产损益"二级科目。

企业出租无形资产时,所取得租金应按《企业会计准则——收入》的规定予以确认,同时,还应确认相关费用。企业转让无形资产使用权,应视同出租无形资产,不得注销无形资产的账面价值,转让取得的收入计入"其他业务收入",发生与转让有关的各种费用支出,计入"其他业务支出"。

当无形资产预期不能为企业带来经济利益时,企业应将该无形资产的账面价值予以转销。无形资产预期不能为企业带来经济利益的情形主要包括:①该无形资产已被其他新技术等所替代,且已不能为企业带来经济利益;②该无形资产不再受法律保护,且不能给企业带来经济利益。

期末,企业所持有的无形资产的账面价值高于可收回的金额时,应按其差额,借记"营业外支出——计提的无形资产减值准备",贷记"无形资产减值准备";符合转回条件的,应按不考虑减值因素情况下计算确定的无形资产账面价值与其可收回金额进行比较,以两者中的较低者与价值恢复前的无形资产账面价值之间的差额,借记"无形资产减值准备"科目,贷记"营业外支出——计提的无形资产减值准备"科目。

六、无形资产的披露

《会计法》规定,企业应当披露下列与无形资产有关的信息:①各类无形资产的摊销年限;②各类无形资产当期期初和期末的账面余额、变动情况及其原

因;③当期确认的无形资产减值准备。

对于土地使用权,除依法披露上述三项信息之外,还应披露该土地使用权的取得方式和取得成本。

第四节　无形资产的国际协定

本节按照重要性和知名度的高低,首先介绍世界贸易组织的《与贸易相关的知识产权协定》(TRIPs),其后围绕着该协定,分别介绍该协定"基本原则"部分中提到的世界知识产权组织的《巴黎公约》、《伯尔尼公约》、《罗马公约》和《关于集成电路的知识产权条约》四大协定,最后还将分类列举其他尚未提到的主流的无形资产国际协定。

TRIPs 与上述四大协定之间,主要是一种保留、修正与补充的关系。这表现在:

第一,TRIPs 规定,凡缔约国必须遵守四大协定的实质性规定。也就是说,在知识产权的效力、范围、取得与保护方面,TRIPs 不仅不与四大协定冲突,而且还有助于扩大四大协定在国际上的影响力及其对成员国的约束力;

第二,如果 TRIPs 中的某些内容与四大协定不相同,或超出四大协定的内容范围,那么,按照 TRIPs 的不保留原则,缔约方必须遵循 TRIPs 的规定;

第三,对四大协定以外但仍属世界知识产权组织管辖的其他协定,以及不属于世界知识产权组织管辖的公约,TRIPs 未要求其缔约国加以遵守。

一、与贸易相关的知识产权协定

知识产权保护方面最重要的国际公约当属 1994 年 4 月 15 日在摩洛哥马拉喀什签订,于次年 1 月 1 日生效的《与贸易相关的知识产权协定》(Agreement on Trade Related Aspects of Intellectual Property Rights,简称 TRIPs),该协定是关税与贸易总协定(GATT)的一部分,现由世界贸易组织(WTO)管理。1986 年 9 月 15 日,在乌拉圭埃斯特角开始的 GATT 第 8 轮谈判(史称"乌拉圭回合")中,根据以美国为首的发达国家的提议,服务贸易、投资保护和知识产权被纳入谈判内容。1994 年 4 月 15 日,在摩洛哥马拉喀什召开的 GATT 成员国部长级会议上,来自 120 多个国家或地区的代表就乌拉圭回合的十五项议题达成共识,并签署了《世界贸易组织协定》,《与贸易相关的知识产权协定》即为其中的一个部分,它于次年即 1995 年 1 月 1 日生效。我国于 2001 年 12 月 11 日成为世界贸易组织的正式成员,该协定也自该日起在我国正式生效。

该协定由序言和正文构成,正文共计七个部分、七十三条。

（一）协定的目标与宗旨

1. 促进对知识产权充分有效的保护;

2. 促进国际贸易的发展,确保实施知识产权的各项措施及程序不构成合法贸易的壁垒;

3. 促进技术革新、技术转让和技术传播,有助于社会及经济福利,平衡权利与义务;

4. 在世界贸易组织和世界知识产权组织及其他国际组织之间建立起一种相互支持的关系。

（二）协定的基本原则

1. 国民待遇原则。每一成员就知识产权的保护向其他成员的国民提供的待遇不得低于其给予本国国民的待遇;已在《巴黎公约》、《伯尔尼公约》、《罗马公约》和《关于集成电路的知识产权条约》中规定的在司法和行政程序的例外情况除外,但各成员援引这些例外时,必须遵守不与本协定的义务相抵触的法律与规则,且这些例外的实施,不得构成对贸易的隐蔽性限制。

2. 最惠国待遇原则。任何一成员就知识产权保护提供给任何其他一国国民的利益、优惠、特权或豁免,应当立即、无条件地给予所有其他成员的国民;但如果由一成员提供的优惠、利益、特权或豁免为下列情况之一的,则为最惠国待遇的例外:

（1）基于司法协助或基于非专限于知识产权保护方面,而在一般性质的法律实施方面缔结的国际协定;

（2）依据《伯尔尼公约》或《罗马公约》规定的非属国民待遇但适用于另一目的一项职责;

（3）本协定中未加规定的表演者、录音制品制作者及广播组织的权利;

（4）基于在《世界贸易组织协定》生效前业已生效的有关保护知识产权的国际协定,只要该国际协定已通知与贸易有关的知识产权理事会,并且对其他成员的国民不构成武断的或不公正的歧视。

另外,关税同盟和自由贸易区也是提供知识产权最惠国待遇义务的一种例外。

3. 灵活性原则。承认原不发达国家成员为建立一个良好与可行的技术基础,在国内实施法律与规章时有最大限度的灵活性的特殊需要。

4. 保护公共利益原则。各成员在制定或修改其法律和法规时,可以采取必要的与本协定相一致的措施,保护公众健康和营养,以促进对社会经济和技术发展至关重要的部门的公共利益;采取合适的符合本协定的措施,用于防止知识产

权持有人滥用知识产权,或凭借不正当竞争手段限制贸易,或对国际技术转让产生不利影响。

(三)关于版权及邻接权的规定

1. 版权:

(1)各成员必须遵守《伯尔尼公约》的实体条款和附件;

(2)版权保护应延伸到表达方式,但不包括思想、程序、操作方法或数学概念之类;

(3)各成员必须把计算机程序作为《伯尔尼公约》中所指的"文字作品"给予保护;数据库或其他资料,无论是机器可读或其他形式的,由于其对内容的选取或编制构成了智力创作,因此必须加以保护,但这种保护不应延伸至对数据和资料本身的保护,不应对存在于数据或资料本身的已有的版权构成损害;

(4)在有关计算机程序和电影作品方面,各成员应准予作者或作者的合法继承人对其原作或者其版权作品的副本对公众进行出租,并禁止他人进行商业性出租;

(5)在著作权的保护期限上,除摄影作品与实用艺术作品外,对一切不以自然人有生之年加死后若干年计算的作品,保护期均不得少于作品经授权而出版之年年底起50年;若作品创作后未曾出版,则不少于作品创作完成之年年底起50年;

(6)各成员对版权做出的任何限制或例外,均不得与作品的正常使用相冲突,也不得无理地损害权利人的合法权益。

2. 邻接权:

(1)对将表演固定于录音制品之上的,表演者可以禁止下列未经其授权的行为:录制其未曾录制的表演并翻录这些录制品;以无线或有线方式广播,或向公众播出其现场表演;

(2)录音制品制作者有权许可或禁止直接或间接复制其录音制品,有权许可或禁止以商业目的出租其录音制品;

(3)广播组织有权许可和禁止将其广播节目加以固定或复制有关固定制品,有权禁止以无线电或电视转播其广播节目;

(4)表演权与录制权的保护期,不得少于自节目表演或录制当年年底起50年;广播权的保护期不得少于自广播播出之年年底起20年。

(四)关于工业产权的规定

1. 商标:

(1)各成员必须对商品商标、服务商标提供注册保护,不得以商品或服务的性质为理由,拒绝为某一标记注册;

(2)申请注册的商标必须是"视觉可识别"的标记,因而不包括音响商标和气味商标；

(3)权利人对已经注册的商标必须使用；但至少连续 3 年未使用的，才可撤销其注册；

(4)任何成员不得对商标实行强制许可制度；

(5)注册商标的有效期以及以后每次续展的有效期不得少于 7 年，并可无限次续展；

(6)所有成员应对驰名商标给予特别保护，不仅包括使用在商品上的，也包括使用在服务项目上的驰名商标。

2. 地理标志(原产地标志)：

(1)协定所称地理标志，是指标明用做识别货物来源于某一成员的领土或该领土的某一区域、某一地方，而且该货物的待定质量、声誉或其他特性本质上可以归于这一地理来源的标志；

(2)各成员应为有关利益方提供法律手段，防止在货物的标示或说明中，使用非货物真实来源的地理标志而导致公众对原产地的误解，禁止在表示一货物的真实产地的同时，欺骗性地表明该货物原产于另一领土；

(3)如果有某一发生上述地理标志的假冒或欺骗行为，该成员方应在其法律许可的情况下，或应有关利益方的请求，拒绝或撤销有关的商标注册；

(4)对葡萄酒和烈性酒的地理标志给予专门保护。

3. 工业品外观设计：

(1)各成员应对新的或原始的独创工业品外观设计提供保护，但这类保护可以不延伸至主要基于技术或功能考虑而进行的设计；

(2)各成员应确保纺织品外观设计保护的有关规定，特别是在费用、审查或公开方面，不得无理地损害权利人寻求和获得保护的机会；

(3)受保护的外观设计所有人应有权阻止他人未经许可为商业目的进行生产、销售或进口"使用或体现了该外观设计"的产品或该外观设计本身的复制品；

(4)允许各成员对工业品外观设计的保护规定一定限度的例外，只要这些例外不无理地限制受保护的工业品外观设计的正当实施，不无理地损害受保护的工业品外观设计所有权人及第三人的合法权益；

(5)工业品外观设计的保护期至少为 10 年。

4. 专利：

(1)关于专利的保护范围。①专利可授予所有技术领域的任何发明，不论是产品还是方法，只要是新颖的、涉及创造步骤且具有工业实用性；专利的授予和专利权的享受应是非歧视性的，不依发明的地点、所属技术的领域、产品是进

口还是当地生产等原因而受到歧视。②各成员可以依据其国内法的规定,排除对某些发明给予专利保护,包括对公共秩序、社会公德、人类或动植物的生命与健康、环境等的发明。③各成员也可以不授予下列发明以专利权:对人或动物的诊断、治疗和外科手术方法;除微生物外的植物和动物。但各成员应对植物品种提供保护,无论是以专利形式或一种特殊有效的体系,还是以综合形式。

(2)关于专利的申请。①各成员应要求专利申请人以清晰完整的(书面)方式公开其发明,以使本专业领域的技术人员能够了解其发明,并可以要求专利申请人在申请日或申请的优先权日指明运用此项发明最好的模式。②各成员可以要求专利申请人提供有关该发明的相应的国外申请和授权的文件。

(3)专利权人享有的独占权。①当一项专利是一种产品时,专利权人有权禁止他人未经许可而从事制造、使用、供应、销售或进口该产品。②当一项专利是一种方法时,专利权人有权禁止他人未经许可而使用该方法,以及从事使用、供应、销售或为这些目的而进口至少是由该专利方法获得的产品。③专利权人有权转让或通过继承方式转移其专利权,以及签订许可合同。

(4)各成员可以出于对第三方的合法利益的考虑,而对专利权规定有限的例外,只要这些例外没有无理地损害专利的正常利用和专利权人的合法权益;各成员的法律还可以允许未经权利人授权而对专利进行其他使用,即给予实施专利的强制许可,包括政府的使用和经政府授权的第三方使用,但这种使用应符合下列规定:①该项使用的授权只应基于该使用本身的法律意义。②在该项使用之前,有关使用者已按合理的商业条件努力获取权利人的授权,但在合理长的时间内未能到得授权;或在全国处于紧急状态或其他极端紧急的状态下时,或为了公共的非商业性目的而使用时,该成员可给予使用的强制许可。但发生这种使用时,使用人应尽快通知专利权人。③该项使用的范围和期限应限于授权使用的目的。④该项使用应当是非独占性的。⑤该项使用应当是不可转让的,除非与有权享用这种使用的那部分企业与信誉一同被转让。⑥任何这类使用的许可应主要是为了满足授权方国内市场的需要。⑦在被许可使用人的合法权益受到充分保护的前提下,如果导致该授权使用的情况已不复存在并且不会再发生时,该项授权使用即应被终止;应权利人的要求,主管机关应有权对上述授权情形是否存在予以复查。⑧在每一种情况下,考虑到该授权的经济价值,专利权人应得到合理的补偿。⑨各成员的司法机关或授权机关的上一级机构,有权对任何一项这类授权使用决定的合法性以及有关为这类使用支付补偿金的决定进行独立审查。⑩当该项授权使用是为了在司法或行政程序下对反竞争行为的补救时,可不受上述条件②和⑥的限制。

另外,如果这种授权使用的专利(称"第二专利")在不侵害另一项专利(称

"第一专利")的情况下便不能被利用时,则应符合下列条件:①第二专利的发明应比第一专利的发明在经济意义上更具有先进性和重要性。②第一专利的所有人应以合理条件取得使用第二专利发明的交叉许可证。③第一专利的使用授权应是不可转让的,除非连同第二专利一起转让。

(5)专利的保护期限应不少于自提交申请之日起的第 20 年年终。

(6)在专利侵权民事诉讼中,如果该项专利是获取某种产品的制造方法,则司法机关有权要求被告负责举证,证明其获得相同产品的方法与该专利方法不同。为此,各成员应规定,凡属以下情形之一,如果没有相反的证据,都将被视为通过专利方法获得的产品:①如果通过专利方法获得的产品是新型的。②如果通过这种方法生产的相同产品存在实质性相似,而专利权人经过必要的努力又不能确定事实上使用了该专利方法。各成员可以自行规定举证责任仅由被告承担或由诉讼双方承担,但在引用被告的相反证据时,应顾及被告在保护其制造和商业秘密方面的合法权益。

(五)集成电路的布图设计

1. 各成员应同意按照《集成电路知识产权公约》的有关规定,对集成电路的布图设计提供保护。

2. 各成员应将以下未经权利人授权的行为视为非法:为商业目的而进口、销售或装配受保护的布图设计,或有由受保护的布图设计构成的集成电路,或含有该集成电路的产品;但行为人或指示此行为的人在获得该受保护的集成电路或含有该集成电路的物品时并不知道,且没有合理的理由应当知道其含有非法复制的布图设计的,不应将此行为视为非法。各成员应当规定,当该行为人接到有关该布图设计系非法复制的有效通知后,可以就现有的存货或此前已经发出的订单继续实施其行为,但有责任向权利人支付合理的(即相当于按照自愿订立的布图设计使用许可合同而支付的)提成费。

3. 前面专利部分第 4 项专利实施强制许可的①至⑩项规定,经必要修正后,应适用于布图设计的强制许可。

4. 关于布图设计的保护期限,在以注册为保护条件的成员内,应当自提交注册申请之日起,或在世界上任何地方首次投入商业使用之日起不少于 10 年;在不以注册为保护条件的成员,应当自在世界任何地方首次投入商业使用之日起,不少于 10 年;此外,各成员也可以规定,对布图设计的保护,自该布图设计创作之日起满 15 年而终止。

(六)未披露信息

1. 各成员应按照《巴黎公约》的有关规定,对未公开信息和对呈送政府或政府机构的数据提供保护。

2. 自然人和法人应当有权防止属于其合法控制的信息未经其同意而被他人以违反诚实信用商业原则的方式泄露、取得或使用;但被保护的信息应该是:(1)秘密的,即从其作为一个整体或其内容的组合和精确排列的意义上讲,不为同业范围内的人所知或其不易获得;(2)因其秘密性而具有商业价值;(3)已经由其合法控制人采取了合理的保密措施。

3. 各成员如果规定在批准利用新型化学物质制造的药品或农用化学产品进入市场时,需要以提交经其付出巨大努力而取得的未公开的实验数据或其他数据为条件,则应保护此类数据,以防止不正当的商业使用;除非为保护公共利益所必须,该成员应采取措施保护此类数据不被泄露。

（七）反竞争行为

各成员认为,一些限制竞争的有关知识产权的许可行为或条件可能会妨碍贸易,并阻碍技术转让与传播,因此:

1. 本协定不应阻止各成员在其立法中具体规定哪些许可行为或条件构成知识产权的滥用,而对相关市场产生消极影响;各成员可以根据本国有关法律规章,按本协定的其他有关规定,采取适当措施,防止或控制此类行为,诸如专属回授条件、强制性一揽子许可等;

2. 如果某一成员有理由认为另一成员的国民或有住所的人正在从事反竞争性许可证的实施,该成员可请求该另一成员就此事项进行协商,后者对前者的协商请求应给予充分周到和同情的考虑,为协商提供适当的机会,并应通过提供有关的非机密性信息进行;上述协商和合作应依照被请求成员的国内法和双方达成的协议进行;这一规定也适用于一成员对另一成员的国民或有住所者实施反竞争许可的指控。

（八）知识产权的实施

1. 各成员应保证其国内法中提供关于协定所规定的各种执行程序,以便对侵犯协定所涉及的知识产权的行为采取有效的行动,包括防止侵害知识产权的救济措施和遏制进一步侵权的救济措施;这些执行程序的适用应对合法贸易构成障碍并应防止滥用。

2. 有关知识产权的实施程序应当公平合理,力求简单、迅速,而不应烦琐和耗费,也不应规定不合理的时限,导致无理的延误。

（九）过渡性安排

即针对发展中国家的成员特别是最不发达的成员将来全面实施 TRIPs 留出一段准备时间,最长为 10 年。这段时间内,成员必须努力缩小各国国内立法与 TRIPs 之间的不一致性,发达国家也应向他们提供必要的技术和经济帮助。

从上述内容看，相对于现行其他有关公约而言，该协定不失为一个高标准的知识产权国际保护规范性文件，是对知识产权的国际保护的重大发展，主要表现在：

1. 协议将包括商业秘密在内的几乎所有知识产权的内容都纳入了保护范围，并且在保护期限、权利范围和有关使用的规定方面，均超过了其他所有现行的有关公约；

2. 协议规定的实施程序颇为详细相系统，包括行政、民事、刑事以及边境和临时程序，具有较强的可操作性；

3. 协议将有关知识产权争端的解决纳入世界贸易组织的争端解决机制，交叉报复措施将成为迫使成员国遵守协议义务的有力手段，这是其他有关公约所不具备的。

二、巴黎公约

《保护工业产权巴黎公约》(Paris Convention for the Protection of Industrial Property)是世界上签订最早、影响最广的关于工业产权的国际公约。

《巴黎公约》的签订缘于1873年在奥匈帝国首都维也纳举办的国际发明博览会，应邀参展的各国政府和厂商要求对展出品给予跨国保护。由奥匈帝国政府建议发起的关于保护工业产权的维也纳会议虽然未能达成一致，但各国政府均同意"尽早就跨国专利保护达成谅解"。五年后的1878年，当法国巴黎再次举办国际发明博览会时，由法国政府组织召开的保护工业产权的巴黎会议形成了保护工业产权的公约草案，并最终于1883年3月20日在再次召开的巴黎国际会议上获得通过。最初的签约国为11个，包括比利时、巴西、西班牙、法国、危地马拉、意大利、荷兰、葡萄牙、萨尔瓦多、塞尔维亚和瑞士。

1884年7月7日该公约生效后，许多国家陆续加入，目前该公约的缔约国已达162个，是世界上缔约国最多的工业产权国际协定，现由世界知识产权组织管理。我国于1984年11月14日加入《巴黎公约》，1985年3月19日该公约对我国生效。

该公约的主要宗旨是在国际范围内协调各国的工业产权法律制度，按照协商一致的原则，对工业产权实行有效的国际保护，以便充分维护发明人和其他工业产权所有人的权益，促进世界经济合作与科学技术交流。

《巴黎公约》曾于1886年在罗马、1890年和1891年在马德里、1897年和1900年在布鲁塞尔、1911年在华盛顿、1925年在海牙、1934年在伦敦、1958年在里斯本、1967年在斯德哥尔摩、1980年在日内瓦、1981年在内罗毕、1982年在日内瓦举行的国际会议上多次修改并形成多个文本，TRIPs引用的是该协定的

工商事务中违反诚实的习惯做法的竞争行为,构成不正当竞争行为。下列行为应特别予以禁止:具有不择手段地对竞争者的营业场所、商品或工商业活动造成混乱性质的一切行为;在经营商业中,具有损害竞争者的营业场所、商品或工商业活动的商誉性质的虚伪言论;在经营商业中使用会使公众对商品的性质、制造方法、特点、用途或数量易于产生误解的表示或说法。

(4)各成员国应按本国法律,对在任何成员国领土内举办的官方或经官方承认的国际展览会展出的商品中,对可以取得专利的发明、实用新型、外观设计和商标给予临时保护;如以后要求优先权,任何国家的主管机关可以规定其期间应自该商品在展览会展出之日算起。

(5)关于规定的工业产权维持费的缴纳,应给予不少于 6 个月的宽限期,但是如果本国法律有规定,应缴纳附加费;各国对因缴费而终止的专利有权规定予以恢复。

三、伯尔尼公约

《保护文学艺术作品伯尔尼公约》(Berne Convention for the Protection of Literary and Artistic Works)于 1886 年 9 月 9 日在瑞士伯尔尼签订,是世界上签订最早、影响最广的关于著作权跨国保护的国际协定,现由世界知识产权组织管理。

伯尔尼公约起初为了防止他国出版商未经权利人允许,大量翻印、出版本国作者的作品并廉价返销本国的现象,以保护本国作者、出版商的利益,鼓励文学创作。当时,各个国家普遍感到需要签订一个多边协定,来协调各国著作权法,使著作权得到跨国保护。1884 年至 1886 年,欧洲、亚洲、非洲及美洲的国家代表在瑞士伯尔尼举行了三次会议,寻求缔结一个著作权保护国际公约,并最终于 1886 年 9 月 9 日达成共识,这就是《保护文学艺术作品伯尔尼公约》。该公约最初的缔约国为由英国、法国、德国、意大利、海地、比利时、西班牙、瑞士、利比亚和突尼斯 10 国。该公约生效后,一些国家陆续加入,截至 1999 年 5 月,已有 140 个成员。我国于 1992 年 7 月 1 日加入该公约,1992 年 10 月 15 日成为"伯尔尼联盟"的正式成员。

《伯尔尼公约》曾于 1896 年在巴黎、1908 年在柏林、1914 年在伯尔尼、1928 年在罗马、1948 年在布鲁塞尔、1967 年在斯德哥尔摩、1971 年和 1979 年在巴黎经历过多次修订和增补,TRIPs 采用的是 1971 年的版本。

该公约由正文和附件两部分组成,正文部分共计 38 条,附件计 6 条。

1. 基本原则:

(1)国民待遇原则:①作者如为某一成员国国民,则其作品无论是否已经出版,在其他成员国应当受到各成员国给予本国国民的同等的保护;该国民待遇及于其作品首次在任何一个成员国出版,或者在某一成员国和某一非成员国同时出版的非成员国国民,也及于在某一成员国有惯常居所的非成员国国民。②作品在某成员国首次出版,则该国为来源国,作品在来源国受到的保护适用该国国内法,但如果作者为非作品来源国国民而该作品又受本公约保护的,则该作者仍在该国享有同其国民作者的同等待遇。③电影作品的制片人的总部或惯常居所在某成员国的,艺术作品为建于某成员国内的建筑或其构成位于某成员国内的建筑物中的一部分的,该成员国即为来源国,该作品的作者仍然适用公约而享受国民待遇。

(2)自动保护原则。公约规定,作者享有和行使按照国民待遇所提供的有关权利以及本公约特别授予的权利时,无须履行任何手续,也就是说,享有国民待遇的作者在其作品创作完成时即自动享有著作权,而不需注册或登记,不需送交样本和交纳手续费,也不需在其作品上加注任何保留著作权的标记。

(3)独立保护原则。公约规定,享有国民待遇的作者在任何成员国所取得的著作权保护,均不依赖于该作品在来源国受到的保护。因此,除本公约的规定外,作品在各成员国受保护的程度以及为保护作者权利而提供的救济方式,完全适用于提供保护的国家的法律,具体情况有三种:①各成员国可自行以立法规定,文学艺术作品或其中一类或数类作品必须以某种物质形式加以固定,否则不受保护;但其他成员国在对该作品给予保护时,不应受该规定的限制。②如果某种使用作品的方式在来源国不构成侵犯著作权,而在某一成员国则构成侵权,另一成员国则应根据本国著作权法的规定,受理对该侵权行为提起的诉讼,而不得以该作品在来源国不视为侵权为由,拒绝受理有关诉讼请求。③任何成员国不得因作品的来源国对作品的保护程度低,而比照来源国给予该作品以低于本公约规定程度的保护,即应以符合公约要求为最低限度的保护。

2. 适用范围:

(1)文学艺术作品,包括文学、科学和艺术领域内的一切成果,而不问其表现形式和表现方式如何,诸如:书籍、小册子和其他文字作品;讲课、演讲、布道和其他同类性质的作品;戏剧或音乐戏剧作品;舞蹈艺术作品和哑剧作品;配词或未配词的乐曲;电影作品及使用与拍摄电影相类似的方法表现的作品;图画、绘画、建筑、雕塑、雕刻和版画作品;摄影作品及使用与摄影相类似的方法表现的作品;实用艺术作品;文字或插图说明;与地理、地形、建筑和科学有关的示意图、地图、设计图、草图和立体作品。

(2)演绎作品,包括文学艺术作品的翻译、改编,乐曲的整理,以及在不损害原作版权的情况下,用其他方式改变原作而形成的作品;文学或艺术作品的汇

编,如百科全书、选集等由于其内容的选择与编排而构成知识创作,其本身又不损害构成它的各个作品的版权的作品;各成员国可自行以立法决定对实用艺术品、工业设计和模型的保护程度与条件,可以仅按工业产权法予以专门保护,并在其他成员国取得同样保护而不视为给予著作权保护的作品;但如果某成员国未给予这种专门保护,则对该类成果必须作为艺术作品而给予保护;各成员国可自行以立法决定对立法条文、行政及司法性质的官方文件以及这些文件的正式译本所提供的保护;各成员国可以自行以立法全部或部分排除政治演说、法律诉讼中的演说享有本公约规定的保护;本公约的保护不适用日常新闻或纯属报道性质的社会新闻。

3. 作者权利及其限制:

(1)经济权利:①翻译权,作者在其原作的整个权利保护期内,享有翻译其作品以及授权他人翻译其作品的权利。②复制权,作者享有授权以包括录音、录像在内的任何方式以及采取任何形式复制其作品的权利。③公演权,戏剧、音乐戏剧和乐曲作品的作者,有权授权公开表演和演奏其作品,并有权授权用各种手段公开播送其作品的表演和演奏。④广播权,作者有权授权通过无线广播、有线传播和转播的方式向公众传播其作品。⑤朗诵权,文学作品的作者有权授权公开朗诵其作品,以及授权用各种手段公开播送其作品的朗诵。⑥改编权,作者有权授权将其作品改编、改写或作其他改动。⑦制片权,作者有权授权将其作品改编为电影作品,并复制、发行该电影作品,有权授权将经过改编或复制的电影作品公开演出或以有线传播方式向公众传播。⑧延续权,对于作品的原作与原稿,有关作者,或其死后由国家法律授权的人或机构,有权在作品由作者手中第一次转让后的任何一次转售中收取利益,且该项权利不可让渡。

(2)精神权利:①署名权,作者有权以任何方式在自己的作品上署名,并有权排除他人署名以及对作者署名的妨害;无论作者署名为真名或假名,只要无相反证据证明其不实,且可确定作者的身份,其署名权即受保护;未具名及署假名而未表明作者身份的出版作品,视出版者为作者代表,由其保护和行使作者的权利;作品未曾出版且作者身份未详,但有充分理由推定作者是某成员国国民的,由该成员国通过法律指定主管当局代表作者,在各成员国中保护及行使作者的权利。②保护作品完整权,作者有权反对任何有损作品声誉的歪曲、篡改或其他更改或贬抑;作者的精神权利独立于经济权利而存在,即使经济权利已全部转让,精神权利仍归作者享有;精神权利也不因作者死亡而消灭,至少至其经济权利保护期满为止。

(3)权利限制:①各成员国可自行以立法决定,可以为提供信息之目的,将讲课、演讲及其他类似性质的公开发表的作品,以报刊及无线电广播、有线广播等方式复制及向公众传播。②各成员国可自行以立法,准许在某些情况下复制有关作品,只要这种复制与作品的正常利用不相冲突,也不致不合理的损害作者的合法权益。③本公约准许从公众已经合法获得的作品中摘录原文,只要这种摘录行为符合公平原则,摘录范围未超过摘录目的所允许的程度。④各成员国可自行立法,或依据各成员国之间现有的或行将签订的专门协定,准许在合理目的下和为教学之需要,以讲解的方式将文学艺术作品用于出版物、广播、录音或录像,只要这种利用符合公平惯例;但在使用某作品时,须标明该作品的出处,如原作品上有作者署名,则须标明作者姓名。⑤各成员国可自行立法,准许通过报刊及无线电广播或者有线广播,复制报纸杂志上关于经济、政治、宗教等时事性文章以及同类性质的广播作品,只要该文章、作品中未明确保留复制权与广播权。但在任何情况下,均须明确指出作品的出处。

4. 保护期限:一般作品的著作权的保护期限为作者有生之年加其死后50年,但下列作品例外:

(1)电影作品的保护期是自作品公映后的50年;如果摄制完成后50年内未公映的,则保护期为作品摄制完成后50年;

(2)匿名或署假名的作品的保护期为公众合法获得(如出版、发表)后50年;

(3)摄影作品及实用艺术作品的最低保护期为作品完成后25年;

(4)共同作品或被视为共同作品的其他作品的保护期为共同作者中最后去世者的有生之年加其死后50年;

(5)在任何情况下,具体作品保护期限的确定,均适用提供保护的国家的法律,但各成员国给予的保护期不得短于本公约规定的保护期。

5. 强制许可:

(1)强制许可的对象。强制许可的对象通常是外国作品中的印刷出版物以及仅为教学用的视听制品,计算机程序、雕塑、雕刻等艺术作品均不在强制许可使用的范围之内。

(2)翻译和复制的强制许可。公约规定,他国作品在出版后3年内仍未以本国文字译出,本国任何人只要遵循公约的有关规定,便可申请强制许可予以翻译,而无须征得作者的同意;复制自然科学、物理、数学和科技类书籍,须在该书籍首次发表3年之后;复制小说、诗歌、戏剧、音乐和美术作品,须在作品首次发表7年之后;其他作品须在首次发表5年之后。

四、罗马公约

《保护表演者、录音制品制作者和广播组织的国际公约》(International Convention for the Protection of Performers, Producers of Phonograms and Broadcasting Organizations,简称《罗马公约》),于 1961 年 10 月 26 日在意大利罗马签订,旨在对表演者、录音制品制作者和广播组织的邻接权施以国际保护,又称《邻接权公约》,现由世界知识产权组织管理。公约规定,其缔约国必须是《伯尔尼公约》的缔约国。

《罗马公约》共 34 条,其中前 22 条为实体条款,后 12 条为行政条款。该公约遵循国民待遇原则和非自动保护原则(对于一般作品邻接权的保护,实行自动保护;但对于唱片,则实行非自动保护,如果某缔约国依其国内法要求,履行特定手续,作为保护唱片制作者或表演者或二者的权利的条件,那么,只要已经发行的唱片的所有供销售的复制品上或其包装物上载有℗符号、首次发行年份和主要表演者及权利人的姓名,就应当认为符合手续)。

公约保护的权利为著作权的邻接权,其内容包括:

第一,表演者权利:①授权或禁止他人广播或转播其表演实况;②授权或禁止他人录制其表演实况;③授权或禁止他人复制其表演实况的录制品。

第二,唱片制作者有权授权或禁止他人直接或间接复制其录制的唱片。

第三,广播组织权利:①授权或禁止他人转播该组织的广播节目;②授权或禁止他人录制该组织的广播节目;③授权或禁止复制该组织的节目录制品;④授权或禁止他人在收取门票的公共场所向公众播放该组织的电视或广播节目。其保护期限应当至少为 20 年。

对享有邻接权的作品被他人作私人使用,或在时事报道中少量引用,或仅仅用于教学和科学研究领域时限制保护。该协定允许强制许可。

五、关于集成电路的知识产权条约

《保护集成电路知识产权的华盛顿公约》(Treaty on Intellectual Property in Respect of Integrated Circuits)于 1989 年 5 月 26 日在美国华盛顿签订,所以也称《华盛顿公约》。顾名思义,该协议旨在对与集成电路布图设计有关的权利加以国际保护,现由世界知识产权组织管理。但截至目前,该公约尚未生效,仍在交由各国政府审议批准,我国已正式签署该公约。

该条约共 20 条,前 8 条为实体条款,后 12 条为行政条款。该条约遵循国民待遇原则和非自动保护原则。保护范围针对投入市场的任何"原创性"集成电路布图设计,而不论该集成电路是否被结合在一件产品中。

公约规定,未经权利持有人许可而进行的下列行为是非法的:

第一,复制受保护的布图设计的全部或其任何部分,无论是否将其结合到集成电路中。

第二,为商业目的进口、销售或者以其他方式供销受保护的布图设计,或者其中含有受保护的布图设计的集成电路。

第三，在以下情况下，第三者可以不需要权利持有人许可而进行上述复制行为：①为了私人的目的或者单纯为了评价、分析、研究或者教学的目的；②第三者在评价或分析受保护的布图设计的基础上，创作符合原创性条件的布图设计，则他对后者可以进行复制以及商业性的进口和销售。

各缔约方可自行通过布图设计的专门法律或者通过其关于版权、专利、实用新型、工业品外观设计、不正当竞争的法律，或者通过任何其他法律或者任何上述法律的结合来履行其按照该条约规定的义务。该公约允许强制许可。

公约规定权利保护期限至少为8年，但未规定该保护期限从何时起算，对本条约在缔约方生效时已经存在的布图设计可以不适用本条约，即条约不具有追溯力。当发生争议时，可通过协商、仲裁调解方式，或者要求世界知识产权组织召集专门的小组提出解决意见。

六、无形资产的其他国际协定

无形资产的国际协定一般可以分为关于保护知识产权的综合性国际协定、关于保护专利权的国际协定、关于保护商标权的国际协定、关于保护著作权及版权的国际协定、关于保护知识产权的区域性国际协定及其他。

关于保护知识产权的综合性国际协定主要包括《巴黎公约》、《建立世界知识产权组织公约》和TRIPs。

关于保护专利权的国际协定主要包括《专利合作条约》、《国际承认用于专利程序的微生物保藏布达佩斯条约》、《国际专利分类斯特拉斯堡协定》、《工业品外观设计国际保护海牙协定》、《建立外观设计国际分类洛迦诺协定》和《保护植物新品种国际条约》。

关于保护商标权的国际协定主要包括《商标国际注册马德里协定》、《商标注册条约》、《为商标注册目的而使用的商品与服务国际分类的尼斯协定》、《保护原产地名称及其国际注册里斯本协定》和《建立商标图形要素国际分类维也纳协定》。

关于保护著作权及版权的国际协定主要包括《伯尔尼公约》、《世界版权公约》、《罗马公约》、《保护录音制品制作者、防止未经许可复制其录音制品日内瓦公约》(简称《录音制品公约》或《唱片公约》)、《播送由人造卫星船舶在有节目信号布鲁塞尔公约》(简称《布鲁塞尔公约》或《卫星公约》)和《避免对版权提成非重复征税马德里多边公约》。

关于保护知识产权的区域性国际协定，包括《中美洲工业产权协定》、南美洲的《卡塔赫纳协定》、《欧洲专利公约》、《欧洲共同体专利公约》、《欧洲经济共

同体统一商标条例》、比利时—荷兰—卢森堡的《统一商标法》以及《关于修订〈建立非洲—马尔加什工业产权局协定〉计建立非洲知识产权组织的协定》(简称《班吉协定》)。

除上述分类,还包括《制裁在商品上标示虚假或欺骗来源的马德里协定》、《关于集成电路的知识产权条约》、《保护奥林匹克会徽内罗毕条约》、《科学发现国际登记日内瓦条约》、《国际技术转让行动守则》等。

复习思考题

1. 民法中有关知识产权的规定有哪些?
2. 请说出在税收优惠方面,与企业无形资产相关的内容。
3. 无形资产如何确认?
4. 请说出无形资产的摊销原则。
5. 《与贸易相关的知识产权协定》关于版权及邻接权的规定是什么?

计算题

1. 乙企业自行研发某项无形资产,所花费的新产品设计费,原材料和半成品的试验费,研究机构人员的工资,以及其他与新产品的试制费,技术研究有关的经费共计34万元,高于去年同期的研究经费支出达30%。请问当年因增加研发支出而抵扣的企业所得税应纳税所得额共为多少?

2. 投入34万元后,若该项无形资产的研究开发取得成功,并依法获取了专利。在申请专利的过程中,支付登记费3.4万元,聘请律师花费了5.6万元,请问取得专利时,该企业账面的无形资产余额共增加了多少?

3. 如果该项无形资产预计的有效使用年限为6年,相应的专利的受保护期限为10年。请问第一年的摊销额应为多少?

4. 第二年,乙企业将该项专利权以30万元出售,应交营业税1.5万元,累计计提的减值准备也为1.5万元,请问:如何编制会计分录,将该项无形资产从账面上注销?(提示:借贷抵减后的余额记入"营业外收入"或"营业外支出"科目)。

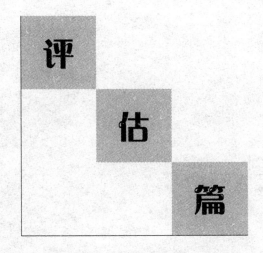

评估篇

第十章 知识产权型 无形资产评估

学习要点

●了解知识产权型无形资产的评估特点与价值确定,掌握知识产权型无形资产评估的基本程序和基本方法。

●熟悉商标权的价值构成,学会使用现值收益法。

●了解专利权价值评估中实物期权法的应用,注意著作权价值评估中社会收益的作用。

随着世界经济的发展及经济一体化进程的加快,知识产权的经济作用日益凸显。因此,对有关知识产权的经济本质进行进一步研究,有利于深刻理解知识产权的本质,从而充分发挥知识产权的经济效应。本章从价值的评估与确定这一角度,阐述知识产权型无形资产的经济意义。

第一节 概述

知识产权型无形资产评估,简单来说,就是对知识产权的相应价值进行估价,知识产权型无形资产是评估的对象和出发点。为此,首先应对该类无形资产的特性(尤其是价值特性)有一个基本的认识。在对相应的特性有了充分的了解之后,结合相应的评估方法,就可以使评估价值尽量与实际价值相符。

一、知识产权型无形资产评估及其特点

资产的价值往往取决于其效用即使用价值,所以,要对无形资产做出准确的评估,就需要了解该无形资产的效用特性。

（一）知识产权型无形资产的效用特性

1. 间接性。知识产权型无形资产对于企业或者个人而言,效用都是间接的。因为知识产权型无形资产通常都是以知识形态出现,或者表现为信息状态。所以,它只有与其他要素（如资本、劳动等）有效结合,才能发挥作用。知识产权型无形资产的使用过程,就是知识的应用和对象化过程,它的效用的充分发挥,建立在相应要素的充分使用或者效用增加的基础上。比如,专利技术,其效用价值的体现,是建立在运用该技术的人力资源效用的提高或者企业生产效能的提高上。

2. 扩散性。由于知识产权型无形资产效用的具有间接性,是依靠相应要素或者资产的效用发挥而体现的,这就决定了该无形资产的效用具有扩散性。也就是说,一项专利或者发明的相应效用能够扩散到,或者更准确地说是嵌入到相应的企业或者个人的其他要素与资产中。一般要素或者资产的效用往往仅及于自身且相对固定,而知识产权型无形资产的效用无法自我体现,它必须依靠对应要素或者资产来体现。同时,这种效用的体现还具有衍生性,可以从一个领域向其他多个领域扩散。最简单的例子就是商标权,虽然现在有很多企业采用商标细分的做法,但是在企业横向或者纵向发展时,往往会共用一个商标,这一知识产权的效用就会随着商标权使用范围的推广而扩散到其他产业领域中。随着知识经济的进一步发展,知识和技术的扩散性更加明显。这种扩散不仅扩大了效用的范围和领域,还进一步推动了知识与技术的积累和增长。在这一过程中,就会产生更多的间接经济效用。

3. 增值性。知识产权型无形资产的效用增值性体现在两个方面:一是引起其他要素或者资产的效用增值,这是该类无形资产效用的间接性决定的;二是自身效用的增值。由于知识产权型无形资产更多地体现的是知识的力量,这种人类复杂劳动所创造的智慧结晶本身,就具有很大的潜在价值。它会随着效用的发挥,逐步释放其潜在价值,同时不断创造新的效用领域。这种扩散性的积累会使资产的效用进一步扩张,从而为企业和个人创造持续的经济效益。一部书籍或者一份软件,随着不断的使用和推广,其价值会不断累计与增值。微软的成功就是最好的例证。

（二）知识产权型无形资产的评估特点

在了解了知识产权型无形资产的效用或者说使用价值的特性之后,我们就可以着手对该类无形资产进行评估了。知识产权型无形资产是一种价值变化大、不易定价的无实物形态的无形资产,它除了具有其他资产所共有的属性外,还有间接性、扩散性和增值性等特性。所以,对该类无形资产进行评估时,就要充分考虑其特有的效用属性。相应的,在对该类无形资产进行评估前,也要了解其评估特点。

1. 知识产权型无形资产评估具有复杂性。知识产权型无形资产评估中的复杂性直接来源于该类无形资产效用的间接性。由于它的效用是间接体现在其他要素和资产的效用上,所以我们很难有效地区分出知识产权型无形资产所对应的效用。此外,在各资产和要素之间,彼此价值形成的机理虽然是一致的,但实际形成的过程则差异极大,这就造成实际评估的可比性差,增加了对相应效用评估的难度。最后,由于知识产权型无形资产效用的扩散性,增加了受影响的领域和范围,这就加大了确定效用范围的难度。

2. 知识产权型无形资产评估具有不确定性。应该说,资产评估都具有不确定性,对应于难以确定的收益与不断变化的成本和市场进行估价,都会将风险纳入估价模型中,从而造成很大的不确定性。但是,知识产权型无形资产评估的不确定性更为突出,原因就在于其效用特性上。在大多数无形资产评估项目中,都需要预测该项无形资产效用发挥的时间和未来的收益。但是知识产权型无形资产的效用具有增值性,知识的累积与增值不仅影响了效用发挥的时间,而且增加了未来收益的预测难度,再加上效用的扩散性,使得预测的准确程度更加难以把握。所以,知识产权型无形资产的评估具有极大的不确定性。

3. 知识产权型无形资产评估具有动态性。多数知识产权型无形资产时间更替较快,准确计算其有效使用年限,确定其损耗、使用风险等都较为困难。所以,知识产权型无形资产评估要从动态的角度去考察评估对象。一方面,无形资产所处的环境是不断发展变化的,比如,一项专利技术成果、一种商标、一部作品的著作权等,由于其所处的技术环境、社会政治经济环境都在变化,这些变化必然影响该项知识型无形资产的价值,所以,评估工作需要综合考虑这些变化,从动态的角度来完成评估。另一方面,有些知识产权型无形资产自身也有发生变化的可能,最明显的是著作权,其价值可能会被再发掘,从而需要重新评估。所以,只有正确把握相关资产的发展进程,适当预计资产更新过程,才能准确核定无形资产的有效使用期限和未来预期收益;只有准确把握外部环境的发展变化,才能更有效地提高该类资产评估的准确性。

二、知识产权型无形资产的价值

(一)知识产权型无形资产的价值与评估价值

1. 知识产权型无形资产的价值。知识产权型无形资产同其他资产一样具

有价值。知识产权型无形资产是脑力劳动者经过复杂劳动创造生产的一种具有特定价值的知识化产品。知识产权型无形资产的价值就凝结在同资产和要素相结合的知识劳动中。由于该类无形资产的效用具有特殊性,知识产权型无形资产的价值包括以下几个方面:

(1)形成成本,主要是知识产权型无形资产开发形成期间所发生的成本费用,包括知识累积过程的机会成本;

(2)衍生成本,包括知识产权的维护和继续开发费用;

(3)预期收益,知识产权型无形资产的价值主要体现在它对个人或者企业未来的收益的上,所以这是知识产权型无形资产的价值主体。

由于知识产权型无形资产的未来收益具有很大的不确定性,加上其资产价值与研究开发成本之间并不存在必然的正比关系,这使得知识产权型无形资产的价值评估困难重重。为了尽量准确地评估知识产权型无形资产的价值和使用价值,我们需要进一步确定评估价值。

2. 知识产权型无形资产的评估价值。知识产权型无形资产评估价值的类型一般有四种,即所有者价值、市场价值、投资者价值和清算价值。由于资产的使用价值决定资产评估价值,资产的效用是确定资产评估价值的重要依据。其中,资产评估价值是指在某一时期内为获得该资产以取得未来收益或好处所支付的货币总额。

评估价值是价值的表现形式,是资产作为商品在特定条件下的价值表现。有人则认为,评估价值更类似于价格。实际上,资产评估价值是资产在作为要素使用或出售、投资时所表现出的价值,与一般的为交换而生产的商品价值有区别。评估价值说明了资产即使在相同的评估目的下,根据不同的评估条件,其价值也会有不同的价格表现。对于不同的经济行为下的同一资产,其评估价值是不一样的。

3. 资产评估价值就外在形式看,表现出来的是价格信号,它有别于真实的价格,是一种价格的模拟值。实际价格是具体的条件如市场条件、供求关系等的结果,资产评估价值是模拟市场过程的结果,不是实际发生的结果。所以,资产评估价值应该是模拟价格。同样,知识产权型无形资产的评估价值,也就是知识产权型无形资产在评估条件下的资产模拟价格。

4. 知识产权型无形资产评估的目的主要有两大类:一是按照税法和财务法规的有关规定,以无形资产的摊销为目的的资产评估;二是以无形资产转让、投资为目的的资产评估。根据不同的目的,知识产权型无形资产评估价值的应用也主要体现在两个方面。

虽然知识产权型无形资产的评估目的还可细化为许多子项,但总的来看,这些不同的目的提供了符合评估假设的基本市场环境。依照不同目的而获得的知识产权型无形资产的评估价值,就是在不同市场环境下该项资产的模拟价格。当然,为了尽量准确地体现知识产权型无形资产的实际价值,还要充分考虑其他一些影响因素。

(二)知识产权型无形资产价格的确定

根据知识产权型无形资产价值所具有的特点,其资产价格受以下几方面的影响:

1. 经济环境。经济环境是影响知识产权型无形资产价格的重要因素。知识产权型无形资产的市场表现是所有者的技术垄断,这种垄断性既可以表现在法律保护下特定时限内的独占性,也可表现为需求方的垄断。这种技术上的垄断性,首先造成了该类无形资产的高额垄断利润的出现;同时,由于知识产权型无形资产的效用要体现在其他要素资产的效用上,相关市场环境状况会间接影响这类无形资产的效用,最终影响其价值的实现。当然,知识产权的价值更多地体现在预期收益上,未来市场环境的变化同样会对当前价值的评估产生影响。

2. 自身性能。知识产权型无形资产的自身性能包括两个方面:

(1)技术性能(或知识含量),主要是:①技术的先进性、通用性和适用性,这些性能在某些情况下又可能是矛盾的。先进的技术不一定适用所有的对象,实用的技术也不一定就是先进的,这实际上反映了资产需求者在自身其他条件约束下,对资产要素需求的差异,这是影响知识产权型无形资产价格的重要因素。②技术的成熟程度,一般来说,知识产权型无形资产的形成过程可以分为若干阶段,在不同的阶段,资产所表现出的性能不同。不同阶段的知识产权型无形资产受到开发周期、投资、风险等不同因素的影响,这些影响,直接关系到资产收益的变化,从而影响该知识产权型无形资产的价格。

(2)资产收益,技术性能决定下的知识产权型无形资产给企业带来的效益,是资产收益的基础;其创造未来收益的能力是资产价格的决定性因素。

3. 社会环境。决定知识产权型无形资产价格的因素还有许多,最集中的就是法律政策的保护环境和相应的政策措施。对于知识产权而言,无论是专利技术还是著作权,都有一定的法律保护年限和相应的收益规定,这些都对其价值评估具有重要影响。

(三)知识产权型无形资产的评估方法

根据知识产权型无形资产评估的特点,在资产评估实践中,根据评估需要,可以选择相应的评估方法。不同的评估方法依据不同的评估标准,决定具体的评估操作形式。尽管就知识产权型无形资产评估的目的而言,收益现值法能够最能体现评估者的要求,但知识产权型无形资产作为企业资产的一部分,总是或

多或少地受到其他相关因素的影响。所以,在方法的选择上,既要体现资产自身的要求,又要具有实际操作的可能。这里我们介绍以下三种基本的评估方法。

1. 收益现值法。收益现值法是将评估对象在剩余寿命期内每年或每月的预期收益用适当的折现率折现,再通过累加,得出评估基准日的现值,以此估算资产价值的方法。收益现值法一般不考虑取得一项新的无形资产的成本,而是注重于考察该资产所能够产生的收益能力。而且,这种收益能力一般是一种对未来的预测,是一种资产预期获利能力。需要用一定的折现率折现,才能将未来的收益转化为评估基准日的收益,并以此来估算资产的价值。

2. 成本法。成本法的产生,是基于经济替代原则,即一个投资者在购置一项资产时,在投资后获得效益的情况下,愿意支付能够获得这一收益的最小支出。这一支出不会超过购置一个与该项资产具有相同用途的替代品所需要的成本。成本法的使用涉及该项知识产权的投入与相关的机会成本。在实践中,可以通过核算购置相同资产的现时成本来估计原有的投入,通过对其他耗费或者知识产权的使用成本来核算相应的机会成本。当然,在具体进行计算时,还要减去各项损耗或者贬值,以确定被评估资产的评估值。

确定企业开发或者使用知识产权时所耗费的成本,主要有以下两种方式:

(1)历史成本法。历史成本是企业无形资产开发中实际支出的成本。有些企业对开发某一项知识产权的费用有比较详细的记录,这就可以把这些历史成本折算成现值,然后得出当前开发这项知识产权的总成本。当然,这种换算也要考虑通货膨胀及资金的时间价值等因素。

(2)重置成本法。重置成本法是用在现时条件下被评估资产全新状态的重置成本减去该项资产的实体性贬值(自然损耗)、功能性贬值(新技术出现造成的无形损耗)和经济性贬值(由于外部环境变化造成的贬值)估算价值的方法。重置成本法通常采用两种计算方法评估资产价格:一是重置成本减去贬值;二是根据资产的使用年限,考虑资产功能变化因素,确定资产的成新率,最后用重置成本乘以成新率,求得资产的当前价格。

3. 现行市价法。现行市价法是参照相同或者类似资产的市场价格,经过相应的因素调整,来评估知识产权价值的方法。应用现行市价法,要通过市场调查,选择一个或几个与评估对象相同或类似的资产作为比较对象,分析比较对象的成交价格和交易条件,进行对比并作适当的调整,以此来估算知识产权的价格。采用现行市价法的前提条件,是要有一个活跃、公平、公开的资产市场,同时,资产交易要具有可比性,包括资产的功能及市场条件都要具有可比性。

第二节　商标权评估

一、商标权的价值构成与商标权评估

(一) 商标权的价值构成

知识产权型无形资产效用的间接性,使得我们无法从表面上感受商标权对企业的经济效益的直接影响。但是,当企业的商标权注入商品或者服务,在市场上进行交换时,它就会给企业带来丰厚的回报,形成一种较特殊的商标权效益,这就使得商标权本身成为一种特殊的商品。与普通商品相比,作为无形资产的商标权价值有它的特殊性。

1. 商标权的基础价值。商标权的基础价值存在于创造商标或者商标权的最初劳动之中。一件商标在注册前首先要投入成本。成本包括设计费用和注册费用,设计指商标名称的确定、商标图形的绘制或其组合。如果商标申请人自行设计,那么耗用的就是他自己的智力和劳动时间;如果是请他人设计,就要支付相关的设计费。一件商标的设计,可能只需几元钱,也有可能成千上万元。这方面的最典型的例子要数"EXXON"商标。美国埃克森石油公司(现在的埃克森美孚)为设计一个好的商标,专门成立了一个委员会,收集和查阅了几乎所有的字典,耗时3年,最后选定了在世界各地的语言中都无任何令人误解和不良含义、无懈可击的"EXXON"作为自己的商标。在这个过程之中,耗费的人力与资金十分巨大。此外,商标权的基础价值还包括为取得商标专用权而产生的相关法律费用,包括代理费、审查费、注册费、变更费、转让手续费、保护注册费等。

2. 商标权的追加价值。商标权的追加价值是注册商标所有人或使用人为了建立商标美誉度、知名度而产生的支出,如广告费用、促销费用、产品咨询服务费用、公益事业资助费用等。这些费用的支出,有助于提高消费者对商标的认识程度,并直接作用于产品的市场销售;通过诱使消费者对该商标发生兴趣,产生好感,促使其依据品牌购买的行为。一般来说,商标权追加价值的支出,与使用该商标产品的销售收入呈正相关关系。如美国可口可乐公司的商标虽然已经驰名世界,但每年的广告费用仍占全部利润的30%以上。前面所说的美国埃克森石油公司在确定商标后,又投入巨资,更换了全国数以万计的广告牌、文件、图章、工作服等,前后共花去近1亿美元。

3. 商标权的衍生价值。商标权的价值要通过市场上的商品来体现。人们在购买商品时认识该商品的商标,当这种商品能较好地满足购买者的消费心理

和消费利益时,该商品的商标就会在购买者的心目中留下深刻的印象;下一次购买时,人们便会按照品牌来选购商品。久而久之,商标权就会转化为企业或者商品的美誉度和知名度,从而实现商标权的价值。当然,这种价值会不断增长,因为商标权的效用具有扩散性和增值性,这种效用会在市场上转变为商标权的衍生价值。它主要是由于产品质量、市场营销活动、广告策划和企业经营战略等综合因素及其营销组合效应而产生的。如果企业经营得好,品牌的知名度和美誉度不断上升,普通品牌就会成为名牌,这时商标权的价值就会大大高出一般商标的价值。从某种程度上来说,商标权的衍生价值正是企业致力于打造品牌的动力之源。

(二)商标权评估的特点

影响商标权评估价值的因素很多,进行商标权价值评估时,要着重考虑以下几个方面:

1. 商标权的效力属性。只有获得了经过注册的商标并授权使用,使用人才能享有专有权,才有权排斥他人在同类商品上使用相同或相似的商标。一旦这种排他性成立,就能够保障商标权所产生的相应的经济效益,同时确认相应的经济价值。此外,还要考虑商标权的使用有效期,在注册和授权使用后,要了解相应的有效期限,只有在有效期内使用的商标权才有价值,同时也才可以进行评估。商标权一旦失效,原商标所有人就不再享有商标专有权,商标权也就不再具有相应的经济价值,或者其所产生的经济效用也就不再具有专属性。

2. 商标权的范围属性。商标权的地域范围对商标权的价值有很大影响。商标权具有严格的地域性,只有在法律认可的一定地域范围内才会受到保护。由于不同国家存在着不同的商标权保护原则,商标权并不是在任何地方都受到保护。商标所有者所享有的商标权只能在授予该项权利的相应领域受到保护,在其他领域则不发生法律效力。如果需要得到其他国家的法律保护,必须按照该国的法律规定,在该国申请注册,或向世界知识产权组织国际局申请商标国际注册。同时,商标权也只在特定的商品范围内有效。商标注册的商品种类及范围会影响商标权的价值。评估商标权价值时,要注意商标注册的商品种类及范围,要考虑商品使用范围是否与注册范围一致。商标权只有在核定的商品上使用,才受法律保护;对超出注册范围部分所带来的收益,不应计入商标权的预期收益中。

3. 商标权的经济属性。商标权的经济属性主要包括:

(1)商标的知名度。商标权更多地属于名誉类的无形资产,商标的知名度越大,其价值就越大。名牌就是企业发展的最大资产,品牌才是企业成功的原动力。当然,越是驰名商标,越容易被侵权。为此,《保护工业产权巴黎公约》明确规定了对驰名商标的特殊保护。

（2）商标权的发展潜力。商标权的价值更多的是体现在其衍生价值上，而衍生价值的评估更多地要靠商标的知名度、广告宣传的力度、使用该商标产品的预期寿命、市场占有率和利润情况来体现。

（3）主要竞争对象的市场占有率及其盈利情况等。

（三）商标权的评估程序

1. 明确评估目的。与商标权有关的经济行为一般包括转让、许可使用、投资入股等。在商标权转让时，需要评估商标权的价值；在许可使用商标权时，需要评估商标权的许可使用费；在以商标权投资入股时，需要对商标权价值进行评估。

2. 收集有关资料。收集的资料包括商标注册情况及使用情况；使用该商标权的企业经营状况（企业的历史资料，包括有关财务报表及其他相关资料）；市场环境与发展前景，同行业情况；有关法律性文件、鉴定资料等。

3. 进行市场分析。分析的内容包括：使用该商标权的产品的市场现状、前景和竞争能力，该商标权的现状和前景，市场环境变化可能带来的风险，其他相关信息资料。

4. 确定评估方法。商标权的评估一般采用收益现值法。使用商标所产生的超额收益数额、折现率、收益期限等三项指标的确定，是评估商标权的关键。

5. 完成评估报告。

二、商标权的评估方法

我国开展商标权价值评估的历史不是很长。从理论上说，我国商标权评估方法的研究缺乏系统性，至今还没有形成较权威和完整的商标权评估方法体系。虽然前面我们介绍了三种知识产权型无形资产的常用评估方法，但是在商标权评估实践中，目前比较常用的是收益现值法。当然，由于商标权的评估特点以及收益现值法本身的缺陷，在实践中还有其他一些比较有效的方法，本书也将一并列出。

（一）收益现值法

收益现值法是根据资产未来预期获利能力的大小，按照"将本求利"的逆向思维，以适当的折现率或资本化率，将未来收益折算成现值的方法。决定收益现值的基本因素，是资产未来的收益及其折现率（或资本化率）。对应于商标权，就是通过商标权的未来预期收益（或者说获利能力）和折现率来评估商标权的价值。

基本评估公式为：

$$p = \sum_{i=1}^{n} R_i (1 + r)^{-i}$$

式中，p 为商标权的评估值（即商标权的未来收益现值），R_i 是第 i 期的预期收益，r 是折现率，n 为预期收益期限。

从上述公式中可以看出，用收益现值法评估商标权的价值，关键是要确定以下几个参数：①未来的预期收益；②预期收益期限；③折现率[①]。

当预期收益期为无限期时，一般会用年金收益法进行计算。

年金收益法一般适用于未来预期收益为等额年金的情况，这是一种特殊情况，评估公式可以简化为：

$$p = \frac{R}{r}$$

式中，p 为商标权的评估值，R 是收益年金，r 是折现率。

采用该方法评估商标权价值时，关键在于确定合适的折现率。一般会采用资金的最低机会成本。在我国，一般使用基准国债利率；考虑到企业的经营风险，也可以采用行业平均利润率作为折现率。

在未来预期收益不等，且没有明显稳定增长趋势的情况下，可使用分段收益法，其公式为：

$$p = \sum_{i=1}^{n} R_i (1 + r)^{-i} + \frac{D}{J} (1 + r)^{-(n+1)}$$

式中，P 为商标权的评估值，R_i 是前期第 i 期的预期收益，r 是折现率，D 是 n 期后各年年金收益，J 是相应的资产折现率。

该方法以若干年为界，一般取 3 至 5 年，划分前期和后期。对前期，将各年预期收益额折现加总。对后期，先设定各年收益为适当额度的年金并进行本金化处理，得出以后期第 1 年为基础的本金，再把后期本金进行折现处理，最后将前后两段的收益现值加总。

运用该方法时要注意：对后期年金的确定，可采用前期最后一年的收益作为后期各年的永续年金收益，也可将后期第一年的预期收益作为年金，这里面更为关键的仍然是折现率的确定。

未来预期收益是一个比较难以衡量的参数，所以，在实际操作中，往往会采用其他收益来近似替代。由于商标权所产生的收益常常表现为使用该商标的产

---

① 折现率是根据货币的时间价值这一特性，将未来一定时期的预期收益折合成现值的比率，即投资于该商标技术相应的投资报酬率。折现率一般包括无风险利率、风险报酬率和通货膨胀率。无风险利率通常以政府发行的国债的利率或银行存款的基准利率作为参考。

品或者服务的超额垄断利润,所以,可以用超额利润作为未来收益的替代值。这样,R_i 就可以改写为:R_i = 垄断价格 × 销售数量。在运用该方法进行评估时,超额垄断利润通常通过估计商标权使用期间的垄断价格和销售数量来测定,这种方法一般用于商标权使用形成垄断利润的场合,转让方可以根据形成的垄断利润确定转让价格(但同时要注意,购买商标权的企业所愿支付的商标权价格,是商标权使用所带来的超额利润扣除企业购买商标权投资的期望利润之后的余额)。在商标权的使用不能形成垄断的场合,只能根据使用该商标权后所带来的利润增值,按照利润分享的原则确定商标权的转让费用。这时,就会采用比例收费的评估方法。

（二）比例收费评估法

采用比例收费的评估方法,商标权的价格(特别是对于商标权的许可使用而言)的表现形式有两种:

$$商标权价格 = 销售收入 × 商标权收入分成率 \tag{1}$$
$$商标权价格 = 最低收费额 + 销售收入 × 商标收入分成率 \tag{2}$$

上述两个公式的不同处在于,公式(2)多一项最低收费额,但在计算分成率时,是按已扣除最低收费额的余额计算的。因此,两个公式在本质上是一样的。最低收费额是由重置成本和机会成本两个因素决定的。其中,机会成本包括:①可能因商标权转让而停止由该商标权所支撑的生产、销售或服务而减少的收益;②可能因为商标权许可转让而为自己制造了竞争对手,从而减少的利润或者增加的支出。比例收费的评估,其关键有两点:一是收益额,二是分成率。对收益额的评估已不是新问题,需要确定的是利润分成率。

既然分成是以销售收入或销售利润为基数的,那么就会有两个不同的分成率。但由于收入与利润之间的内在联系,可以根据销售收入分成率推算出利润分成率,反之亦然。

$$转让价格 = 销售收入 × 销售收入分成率 = 销售利润 × 销售利润分成率$$
$$销售收入分成率 = 销售利润分成率 × 销售利润率$$
$$销售利润分成率 = 销售收入分成率 / 销售利润率$$

在资产转让实务中,一般是确定一定的销售收入分成率;而在评估时,则应以利润分成率为基础。若换算成销售收入分成率,只需掌握销售利润率和各年度利润变化情况即可。利润分成率的确定,是以商标权的使用所带来的超额利润在利润总额中的比重为基础。评估利润分成率的主要方法有边际分析法和约当投资分成法。

1. 边际分析法。边际分析法是通过边际分析,求出投资于商标权的超额利润,并进而求出商标权价格(分成额)占利润总额比重的一种方法。通过对购买商标权的前后进行比较,或者对已使用和未使用商标的两个同类企业进行比较,

可求出利润增加额;然后,分析对利润增加额做出贡献的各种因素,估算出商标的边际贡献额,此即投资于商标的超额利润。求出了超额利润和利润总额,就可以求出利润分成率。其公式是:

利润分成率＝超额利润的现值总额/利润总额的现值总和

该方法是根据各种生产要素对提高生产率的贡献来计算,易于被人接受。但由于商标与有形资产的作用往往互为条件,因而,在许多场合,很难确定商标的贡献率,从而影响了利润分成率计算结果的准确性。

2. 约当投资分析法。约当投资分析法是在成本的基础上附加相应的成本利润率,折合成约当投资的办法,它是按照商标权的折合约当投资与购买方投入的资产的约当投资比例确定利润分成率。其公式是:

商标权的利润分成率＝出让商标权的约当投资量/(出让商标的约当投资量＋购买方的约当投资量)

出让商标的约当投资量＝出让商标权的费用×(1＋出让方的适用成本利润率)

购买方的约当投资量＝购买方投入的资产价值×(1＋购买方的适用成本利润率)

运用该方法确定的利润分成率的准确与否,主要取决于参数的选取。出让商标的费用包括:创立商标的直接费用的一部分,因出让商标而产生的有关费用,因出让商标给自身带来的机会成本。出让方的适用成本利润率按转让方商标的总成本占企业超额利润总额的比例计算。若无企业实际数,可按社会平均水平确定。购买方投入的资产的价值要扣除企业的重置成本。购买方的适用成本利润率按购买方的现有水平测算。

三、案例分析

商标权价值评估的主要目的是确定商标权的转让价格和许可使用费。在这一部分,我们将给出具体的案例,进行计算和分析。

(一)商标权转让价值评估

【案例一】 某著名皮鞋生产商要将自己已使用30年的注册商标转让。资料显示,近几年该企业这一商标的皮鞋比市场上同类皮鞋的价格高出100元,并且,市场供需状况良好。据估计,该品牌还可以至少保持10年的竞争优势,但是,仅仅只有前5年可以维持现有的利润水平,后5年每双鞋的价格会下降50元。假定10年中每年的销量均为200万双,试评估这一商标权的转让价值(设定折现率为10%)。

分析:按照收益现值法,首先确定预期收益期限是10年。然后,计算未来的预期收益,按照本案例的内容,我们可以用超额利润作为商标权的未来预期收益,这里要注意的是,10年中的预期收益是不等的。

前5年每年的预期收益是:100×200＝20 000(万元)

后 5 年每年的预期收益是:$50 \times 200 = 10\,000$(万元)

再根据案例所给出的折现率,就可以确定商标权的转让价值:

$$p = \sum_{i=1}^{5} 20\,000 \times (1 + 0.1)^{-i} + (1 + 0.5)^{-5} \times \sum_{i=1}^{5} 10\,000 \times (1 + 0.1)^{-i}$$
$$= 99353.54(万元)$$

由此,商标权转让的评估值为 99 353.54 万元。

【案例二】 某企业欲购买一著名商标,预计使用该商标的商品的生产期限为 10 年,使用该商标后,商品的单价可以提高 50 元。现在估计产品的年销售量为 10 万件,企业购买该商标权时的期望利润率为 25%,折现率为 10%。试评估该企业的商标权。

分析:如上题,首先确定使用收益现值法。商标权的预期收益期限为 10 年,预期超额收益为:

$$50 \times 10 = 500(万元)$$

按照折现率 10%,可以计算商标权的收益现值为:

$$p = \sum_{i=1}^{10} 500 \times (1 + 0.1)^{-i} = 3\,072.28(万元)$$

这时候要注意,上式所计算出来的收益现值不是商标权的评估价值,这里面还要扣除企业购买商标权时的期望利润。即:

$$商标权的评估价值 = \frac{商标权的收益现值}{1 + 期望利润率} = \frac{3\,072.28}{1 + 25\%} = 2\,457.83(万元)$$

这样,就可以得出商标权的评估价值:2457.83 万元。

(二)商标权许可价格评估

【案例一】 有甲、乙两家企业生产某同类产品,甲企业经营时间较久,商标的知名度较高。乙企业刚开办不久,为了尽快提高企业商品的知名度,以打开市场,乙企业决定向甲企业购买商标权的使用许可证。经过分析,乙企业在获得商标使用许可后,可以在未来 4 年中增加收益,扣除少量投资后,与购买商标前相比,未来 4 年预计分别会增加利润额 8 万元、10 万元、15 万元、18 万元。乙企业现在的年利润为 25 万元。如果不购买商标许可,靠企业自身的努力,未来 4 年每年的利润增长率平均为 6%。给定折现率为 10%,试评估该商标权的许可价格。

分析:现在我们要确定商标权的许可价格,所以一般采用比例收费的评估方法。运用比例收费法,关键是要求出利润分成率。

若企业不购买商标权许可,乙企业未来 4 年每年增加的利润为:

第一年　$25 \times 6\% = 1.5$(万元)

第二年　$25 \times (1 + 6\%)^2 - 25 = 3.09$(万元)

第三年　4.78（万元）

第四年　6.56（万元）

在购买商标权许可后,增加的净利润为:

第一年　8 - 1.5 = 6.5（万元）

第二年　10 - 3.09 = 6.91（万元）

第三年　15 - 4.78 = 10.22（万元）

第四年　18 - 6.56 = 11.44（万元）

可以根据商标权使用期内每年净增的利润额来确定商标权的许可价格。

$$p = \sum_{i=1}^{4} R_i \times (1 + 0.1)^{-i} = 27.08（万元）$$

即该商标权许可的价格为 27.08 万元。

【案例二】　企业 A 准备向企业 B 出让商标许可,企业 A 在出让过程中,因为会附带技术支持和质量监督等许可支持,这样会产生的成本费用大约为 50 万元。转让后,将使企业 A 的市场受到影响,预计利润损失现值为 80 万元。企业 B 对该商标权的使用会投入的资产估值为 500 万元。根据历史分析和相关企业的资料,企业 A 无形资产的投资成本利润率为 25%,企业 B 的投资成本利润率为 15%。试确定商标权的利润分成率。

分析:本案例中,商标权价值评估的关键在于确定利润分成率,由案例内容可知,应该采用约当投资分析法。

企业 A 的约当投资为:(50 + 80) × (1 + 25%) = 162.5（万元）

企业 B 的约当投资为:500 × (1 + 15%) = 575（万元）

所以,商标权的利润分成率为:162.5/(162.5 + 575) = 22%

根据利润分成率,就可以计算相应的转让价格或者许可使用费用。

第三节　专利权评估

专利权评估是指依据国家的规定和有关资料,根据特定的目的,遵循适用的原则和标准,由专门的机构和人员运用科学的方法,对拟转让或投资的专利技术的所有权或使用权进行评定和估价的一种经济活动。

一、专利权价值与专利权评估

(一)专利权价值的构成

技术资产价值化是市场与资源配置的需要。对于专利权的评估,需要同时考虑两大市场:一是技术产权市场,这是专利技术和相应的产权交易流通的媒介;另一个是要素资产市场,包括资本、产权、劳动力等组成的市场体系。对于商品化、资本化的专利权而言,需要同时考虑这两大市场,这是专利权评估的价值尺度。

专利权价值的评估是一个比较复杂的问题,难点在于分离和定价,即如何将专利权同其他要素资产进行分离,从而单独确定专利权的贡献,再通过市场分析的方法进行定量评估。

专利权的价值分为三个部分:

1. 专利权的成本价值。专利权的成本价值主要是企业或者其他主体自主研发的费用,以及该专利技术形成专利权期间所发生的费用和耗费的资产成本。

2. 专利权的替代价值。专利权的替代价值是指一项专利权的使用对其他要素资产的影响,即在多大程度上减少了原有资产或者要素的耗费,或者改进了原有要素资产的收益。

3. 专利权的收益价值。专利权的使用对于企业经营的最终影响以及对于推进企业技术创新的贡献,主要体现在预期收益上。这也是专利权评估的一项重要前提。

（二）影响专利权价值的因素

1. 经济因素。包括:

（1）专利技术的开发成本。包括直接成本和间接成本,此外,还要考虑其历史收益情况以及后续因为持有或者转让授权所衍生的成本和费用。

（2）相应行业的经营和市场状况也会影响专利权的价值。不同的使用领域,其平均利润不同,这对专利技术的价值也会造成影响。市场前景的差异,会对专利权的评估结果造成影响。

2. 技术因素。包括:

（1）技术本身。如果一项专利技术所涉及的是高新技术中的尖端领域,那它无疑是极为复杂的,而且具有很大的难度。假使这项专利技术不仅处在高新技术中的尖端领域,而且与同类已有技术相比,该技术本身还具有突出的创造性、显著的新颖性,那么其评估价值会进一步得到提升;如果一项专利技术,涉及的是极为普通的技术领域,那它肯定不会十分复杂,而且难度也不会太大,那么,与高端技术相比,其评估价值会明显偏低。当然,如果该技术因其创造性与新颖性而使得其应用前景巨大,那么,即使该技术是相对低端领域的专利权,也会有一个较高的评估值。

（2）专利技术的成熟度,也就是专利技术的更新周期。技术更新周期越长,

替代技术的出现也就相应较晚,对于许可方而言,可以有较长的时间使用该项专利技术,同时也可以进行多次转让,容易获得长期的经济回报,投资收益期也会相应延长。

3. 环境因素。专利权的评估是在一定的政治、法律和社会环境中进行的。宏观的社会环境包括国家法律和政策环境(包括产业政策,进出口关税,知识产权保护法律法规等),这些都会对专利权的评估价值造成影响。一般说来,国家在经济、技术、税收方面的法律对专利权价值或价格的影响较大,在评估实践中必须予以高度重视。这是因为,国家制定的法律法规中,有些是鼓励技术进步以促进经济增长的,有些是鼓励开发与合理利用资源的,有的则是保护资源、保护环境,限制某些行为的。显然,与前两类法律有关的技术由于符合国家法律且属于被鼓励的范畴,其评估价值有可能较高;而与后一类法律有关的技术,则要具体问题具体分析。合法的且属于资源与环境保护方面的技术,价格就可能较高,反之则可能较低,甚至会受到法律制裁。税法对技术价格的影响也很大,因为它涉及所得税、财产税、关税、流通税等税负由谁承担的问题。

(三)专利权的评估程序

1. 明确评估目的。专利权评估,是按照专利权发生的经济行为的特定目的来确定其评估价值的类型和方法。在不同的情形下,专利权的评估方法也不相同。专利权评估的目的一般是:

(1)专利权转让评估,包括刚刚研究开发的新专利技术的转让和已经使用过一段时间的成熟专利技术的转让;

(2)自主研发专利技术的评估,主要是为了对研发的成本和收益进行经济核算。

专利权转让的形式很多,但总体来说,可以分为全权转让和使用权转让。使用权转让往往通过技术许可贸易的方式进行,这种使用权的权限、时间期限、地域范围和处理纠纷的仲裁程序,都是在许可证合同中加以确认。

2. 收集有关资料。收集的资料包括:专利权自身的状况及使用情况;使用该专利技术的企业经营状况(企业的历史资料,包括有关财务报表及其他相关资料);市场环境情况与发展前景,同行业情况;能够证明专利权存在的专利说明书、权利要求书、专利证书以及有关法律性文件等资料,并请有关专家鉴定该专利的有效性和可用性;其他有关法律性文件、鉴定资料等。

3. 确定评估方法。在实际工作中,专利权的评估一般采用收益现值法,这也是国际上比较通用的一种评估方法。但是,随着近年来专利技术评估的进一步深入,国际上开始将实物期权这种价值评估方法运用到专利技术上来。在具体的评估实践中,评估方法的选取还是要依据其使用的前提条件及评估的具体情况来确定。

4. 完成评估报告。评估报告是专利权评估结果的最终反映,但这种结果是建立在各种分析、假设基础之上的。为了说明评估结果的有效性和适用性,评估报告应详尽说明评估过程中的各有关内容。

二、专利权评估方法

专利权的评估方法主要有两种:一种是基于收益现值法而衍生的超额收益法;另一种就是参照实物期权法的专利权评估方法。

(一)超额收益法

专利技术之所以有价值,关键在于它能够帮助企业提高产品质量,增加销售收入和降低生产成本,使企业在原有的基础上获得超额收益。因此,对专利技术的价值评估,经常采取超额收益法。超额收益法就是以专利技术未来的超额收益现值作为计价基础,按照将本求利的原则进行逆运算,通过以利索本的评估思路,对专利技术进行评估。它类似于商标权评估中的收益现值法,是目前专利技术评估中最常用的一种方法。其基本计算公式为:

$$p = K \times \sum_{i=1}^{n} R_i \times (1 + r)^{-i}$$

式中,p 为专利权评估值,R_i 是第 i 期的预期超额收益,r 是折现率,n 是预期收益期限,K 是专利权分享的超额收益分成率。

1. 预期超额收益的确定。评估结果对预期超额收益变动的敏感程度最大,必须在实际评估中予以特别重视。在对预期超额收益进行测算时,首先要对专利技术的特性做出评价;其次,要尽量选择专利技术使用过程中的净现金流量作为反映超额收益的指标,这是因为净现金流量指标比较客观、规范,综合反映能力强;最后,还要根据评估基准日所处的阶段,充分考虑资金、市场与管理等方面的综合因素。预期超额收益的来源在于收入的增加和成本费用的节约,在实际评估中,超额收益往往是收入变动与成本变动共同形成的结果。因此,在具体评估时,应加以综合考虑与测算。

2. 超额收益分成率的确定。超额收益分成率是指同专利权相结合的要素或者资产共同形成的利润的分成比率。这一参数也类似于上一节中商标权的利润或者收入分成率。超额收益分成率与企业规模、产品质量、销售额、提成年限、专利技术复杂程度、双方对技术转让承担的责任等因素有关。在具体测算时,可依照边际分析法、约当投资分成法等方法来计算。此外,也可以按照专利技术交易、转让实务中的经验资料来确定。联合国工业发展组织对印度等发展中国家引进技术的价格进行分析后,得出的结论是:收益提成率在 16% ~27% 之间比较合适。还有一些统计分析资料说明,包括发达国家在内,在世界范围内,15% ~30% 的提成率是一个基本的界限。

3. 预期收益期限的确定。专利权的预期收益期限是指专利技术发挥作用带来超额收益的时限。预期收益期限的确定应当考虑以下几个方面:法律规定的有效期限,合同或协议规定的有效期限,与市场上同类专利技术进行比较研究确定的有效期限,专利技术本身的技术使用期限。在实际评估中,收益期限的取值应为各种方法所确定的期限值中的最小值。

4. 折现率的确定。同样类似于商标权评估中的折现率,要根据专利技术的功能、投资条件及可能性条件等因素来测算。另外,折现率的测算口径应与专利技术的预期超额收益的测算口径相一致。

（二）实物期权方法

实物期权方法是近年来发展起来的一种新的专利权价值的评估方法。由于传统的评估方法都存在着一定的缺陷,比如收益现值法没有充分考虑专利权所具有的选择价值,不适用于计算当前不产生现金流,近期也不产生现金流,但却具有潜在的在将来为企业创造价值的资产。这时,就有必要寻求一种能够更为全面、准确地对专利权的未来价值做出评估的方法。于是,实物期权法应运而生。

实物期权法是将专利权看作一项期权,对未来的收益进行评估的方法。企业获得并实施专利权,其实是企业对自身发展的投资。与其他类型的投资相比,这种投资同样具有风险和回报的随机性。因此,专利权本身也包含有隐性的期权,可以将其看作是一种项目投资的经营性期权。专利权的价值就是给投资者带来的投资机会的价值,可以运用期权定价的方法对其进行评估。

目前使用的专利权实物期权评估方法,都是根据金融数学中最典型的期权定价公式——Black-Scholes 公式展开的。由于本书篇幅限,下面仅列出具体的计算公式,而不作具体推导。

计算专利权价值的公式为:

$$V = S \times [N(d_1) - 1] - h \times e^{-rt}[N(d_2) - 1]$$

$$d_1 = \frac{\ln(S/h) + (r + \delta^2/2) \times t}{\delta\sqrt{t}}$$

$$d_2 = d_1 - \delta\sqrt{t}$$

式中,V 是专利权价值,S 是专利权经济收益期末企业收益的现值,h 是专利权未使用时的企业价值状况,r 是折现率,t 是收益期限,δ 是专利权预期收益的对数

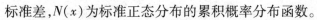

标准差,$N(x)$为标准正态分布的累积概率分布函数。

在具体的评估中,最为关键的是对相关参数和变量的评估与测算。

1. 企业收益现值的测算。如果专利权已经投入使用,我们可以根据企业的收益情况进行估算;如果没有先例参考,我们可以采用概率分析进行模拟计算。预期收益现值一般要受到专利期限内的实际生产状况、企业经营状况和市场情况等因素的影响。在计算预期收益的同时,可以计算出相应的收益标准差。

2. 确定专利权未使用时的企业收益状况,这可以通过企业资料计算出来。

3. 预期收益期限,可以按照专利权的预期使用期限来估算。

三、案例分析

【案例一】 某人发明一项产品专利,该项专利若投入生产并达到每年20万件的生产能力,需要配套投资 1 000 万元。某公司愿意出资与专利权持有人进行合作,专利权持有人则以专利权入股的方式进行投资。现在要求评估专利权价值,以确定双方的股权比例。根据调查分析,预计产品年销售量可以达到 20 万件,价格估计为 50 元/件,每年的生产成本费用 200 万元,产品生命周期为 8 年,同时,确定资本的年平均预期利润率为 10%,折现率为 10%。

分析:该案例要求评估以专利权投资入股的价值,按照内容要求,应选用超额收益法进行评估。首先可以确定,超额收益期限为 8 年,每年的超额收益为:

$$每年的超额收益 = 20 \times 50 - 200 - 1\ 000 \times 10\% = 700(万元)$$

以 10% 的折现率,按照收益现值法的计算公式,可以得出该项专利所引起的超额收益的现值为:

$$p = \sum_{i=1}^{8} 700 \times (1 + 10)^{-i} = 3\ 734.45(万元)$$

即该专利权的价值为 3 734.45 万元。

【案例二】 A 公司于 2005 年研发出一项新技术,并取得了相应的专利权,2 年的使用情况表明,该专利技术具有良好的经济效益。2007 年,该公司准备将该专利技术的所有权出售给 B 公司。买卖双方经过共同协商,认为该专利技术的剩余使用年限为 4 年,专利技术的价格按实际年销售收益的一定比率计算,并确定专利权的收益分成率为 25%。预计今后 4 年的销售收益分别为 500 万元、600 万元、600 万元、500 万元。折现率为 10%。求该专利技术的转让价格。

分析:按照案例内容,专利权的转让价格适合采用超额收益法评估。并且,已知预期的收益期限为 4 年,折现率 10%,按照超额收益法的公式可以计算

如下：

$$\text{专利权转让价格} = 25\% \times \sum_{i=1}^{4} R_i (1 + 10\%)^{-i} = 435.68(\text{万元})$$

即专利权的价格为 435.68 万元。

【案例三】 某公司拥有某项专利权,法定专利期限为 20 年,该专利技术要投产,要求配套的初始投资为 15 亿元。根据分析,预计未来收益现金流的现值为 10 亿元。假设该专利技术投产后,在一定的技术和市场环境下,收益现值的方差为 0.03。假定折现率为 10%。试评估其价值。

分析:本案例最初给人的印象,好像可以用超额收益法来计算,但是要注意到,未来具体的超额收益状况是不确定的。为了比较准确地估计专利权的价值,这里应该采用实物期权法。可以确定,专利权经济收益期末企业收益的现值是 10 亿元,专利权未使用时的企业价值为 15 亿元,折现率为 10%,专利权预期收益的对数方差为 0.03,收益期限为 20 年。

所以,按照实物期权法的计算公式,我们可以算出:

$$d_1 = \frac{\ln(10/15) + (10\% + 0.03/2) \times 20}{\sqrt{0.03} \times \sqrt{20}} = 2.4458$$

$$d_2 = d_1 - \sqrt{0.03} \times \sqrt{20} = 1.6712$$

$$V = 10 \times [N(d_1) - 1] - 15 \times e^{-10\% \times 20} [N(d_2) - 1] = 0.023837(\text{亿元})$$

即该专利技术的评估价值为 238.37 万元。

第四节　著作权评估

著作权评估是指按一定的程序和方法,对著作权人依法享有的文学、艺术、科学作品的专有权的价值进行评价和估算的一种经济活动。要对著作权这种无形资产进行科学、准确的评估,必须首先确定评估对象,然后根据其价值特性,找出最恰当的分析和评估的方法。

一、著作权的价值构成及其影响因素

(一)著作权的价值构成

客观地评估著作权的价值十分重要,这不仅是源于对其稀缺性的补偿,也是因为知识的创造和生产有高昂的成本,著作权人必须付出一定的代价,才能创造出作品并从中获得收益。不同于自然资源,著作权作为一种无形资产,其产生的条件更为特殊。所以,著作权的价值取向应该是鼓励积极创造与合法利用。由于无数作者的创造，人类才会有今天的文明；反过来说，如果没有古今中外成千上万作者的创造，人类就不会拥有今天这样灿烂的文明。著作权的评估，就是要体现著作权的社会意义，即保护作者权益和促进科学文化发展。保护作者权益的目的，就是鼓励作者去创作；保护合法利用，其目的就是促进科学和文化的发展。

著作权价值的实现，并不仅仅是通过作者对作品的支配，而是通过一个创作—传播—使用的过程。所以，著作权的价值体现在以下两个方面：

1. 创作价值。创作价值包含两个层次的内涵：

（1）在著作权产生的创作过程中，作者的劳动及投入的创作条件所形成的成本费用。著作权法对作品保护，从实质上看，就是保护作者的劳动及其投入的创作条件。因此，著作权的创作成本是影响著作权价值的一个重要因素，影视作品，计算机软件作品，工程设计、产品设计图纸等图形作品尤为如此。著作权的创作过程是一个复杂而艰辛的脑力劳动过程，一部优秀作品的产生不仅是作者思想的具体反映，而且凝聚了作者的心血和劳动。如果作者没有一定的科学素养、文化素养及深厚的专业功底，没有一定的创作环境和创作条件，没有对社会的深刻观察和理解，没有对科学技术发展水平及本专业领域发展现状的深入了解，没有付出艰辛的劳动，是难以完成优秀的、受社会欢迎的作品的。因此，作品的创作过程对其价值有很大的影响。

（2）创作价值还要体现作者的创造力，因为著作权是最能体现作者独创性的一种无形资产，这也是著作权成立的一个主因。没有独创性的著作权无法赢得他人的认同，也就无法实现任何价值。

2. 传播价值。从某种意义上讲，著作权是一种他用权，具有派生性，也就是说，作者的作品只有通过他人使用才能实现其价值。与其他几类知识产权型无形资产一样，著作权的价值也是更多地体现在其未来的收益上，这种收益来自于他人的欣赏和使用。所以说，如果没有著作权的传播和使用，就不能实现著作权的价值。而且，著作权的传播使用范围越广，其价值也就越高。由此可见，对著作权价值的评估，必定要涉及著作权的传播和许可使用的问题。也就是说，只有将著作权的传播过程与使用过程统一到著作权的整体价值评估中，才能比较全面地对著作权的价值进行评估。著作权人正是通过传播和使用其作品而实现其经济权利。因此，传播使用活动就成为著作权价值构成中非常重要的环节。

（二）影响著作权评估价值的因素

在具体的评估实践中，著作权价值评估还要受到以下几个方面的影响：

1. 著作权自身因素的影响。包括：

（1）著作权的发展周期。任何事物都有一个发展变化的过程，像其他一般

商品或者资产一样，著作权也要经历成长—发展—成熟—衰退这四个阶段，在不同的阶段，其价值显然有所不同。对于成长期的作品，由于了解的人不多，公开程度很小，市场价值无法体现，需要对作品的潜在价值有一个清楚的认识，才有可能做出准确的评估；对于发展期的作品，由于其受关注程度增大，著作权的市场价值开始提升；进入成熟期后，作品的价值逐渐被挖掘和重视，社会影响力扩大，市场价值达到顶峰，这时，著作权的价值一般都会趋于稳定。

（2）著作权本身的特性。著作权价值的核心是其自身的特性。著作权的独创性和新颖性，在专业领域的开拓性和前沿性以及对于市场的适应性，是评价其价值高低的关键所在。与之相关的，是著作权人的知名度和权威性，因为著作权的价值与著作权人本身有着相当高的相关度。如果著作权人本身非常具有市场号召力，那么，相应的，著作权的价值就会较高。比如，在专业学术出版方面，学术著作的价值与作者在专业领域的权威性是紧密相关的，张五常、梁小民、汪丁丁、张维迎等，已经成为国内经济学领域出版物具有极强市场号召力的品牌。

2. 著作权市场因素的影响。只有在一定的市场环境中，著作权的价值才能够体现，所以，市场对著作权具有很大的影响力。对于一定的著作权而言，市场的容量、受众的广泛性以及购买能力和购买欲是决定著作权价值的重要因素。另外，市场格局和细分市场的特点也很重要，不同的著作权具有不同的市场结构，而一定的市场结构又会反过来对著作权构成影响。还有就是替代品市场的影响，一项著作权，比如一件音像制品的评估价值，除了本身的受欢迎程度外，还要考虑其相应的替代品的竞争力，如果替代品数量众多，而且竞争性很强，就会削弱该著作权的评估价值。

3. 著作权法律和社会环境因素的影响。在法律环境方面，作为一项法定权利，著作权的评估要考虑法律法规的影响。除了本国的法律法规，还要考虑相关国际公约和国际惯例。比如，在对出版物的著作权进行评估时，需要考虑版税。国际上通行的支付方式是版税制，即基于固定的版税率和销售（或印刷）数量计算版税额。一般而言，版税率会实行阶段浮动制，即销售量（或印刷量）越高，相应的版税率也就越高。同时，不同的版权、邻接权和附属权类型，各国的版税率又有不同的规定。此外，一国政府出于对国家利益、政治利益等多方面的考虑，对待不同种类的著作权的态度也不一样，政府的态度也会直接影响著作权的价值。

在社会环境方面，在对某项著作权进行评估时，也往往会较多地考虑该项著作权所引起的社会效益。社会效益是指著作权公开发表或使用后对社会产生的积极影响，这种社会影响依据著作权性质的不同而不同。社会经济效益较高的著作权，其评估价值也会相应提高。

二、著作权的评估

（一）著作权评估的意义

随着科学技术发展和知识社会的到来，人们在日常的社会、经济和文化活动中，日益认识到著作权保护和开发利用的重要性。著作权评估正是著作权保护和利用实践过程的产物。对一项著作权进行准确、客观的评估，首先有利于完善知识产权保护，有利于促进著作权人保护自己的合法权益，从而体现知识和创造的价值；其次，通过著作权评估，可以进一步促进著作权市场及其他相关知识文化市场的发育和成熟，促进相关文化产业的发展和壮大；最后，著作权评估还有助于著作权纠纷的处理，并推动国际文化、教育、科学技术交流。

（二）著作权评估的程序

1. 明确评估对象和评估目的。这是评估工作的前提和基础，也是首要的环节。只有明确了评估对象，才能根据评估对象的特点，确定其价值构成和相关影响因素。同时，只有明确评估目的，才能开展后续工作。

著作权的评估分为两类。第一类是基于合同约定而产生的评估，主要有：①转让，②授权使用，③设定质权，④设定信托。第二类是因法律规定而产生的评估，主要有：①法定许可使用，②继承，③强制许可使用，④合理使用，⑤因执法而转移。

2. 收集评估资料。在明确了评估对象后，要根据其评估特点，全面收集与该著作权相关的著作权人、著作权市场与技术等资料。收集的资料越全面具体，评估就会越准确。

3. 确定评估方法。确定评估方法，就是根据所要评估的对象及评估的目的和要求，确定评估方法。一般来讲，评估方法的确定应根据著作权的内容、特性以及价值构成等因素来确定。当然，还要参考所收集的相关资料。

4. 进行评估工作。运用所选定的评估方法，对评估对象进行评估。

5. 编写评估报告。著作权评估的根本目的是为了保护版权人的合法权益，使转让权、许可使用权得到充分实现，并在资产的经营管理中实现资产的增值保值。因此，有必要撰写一份详细的评估报告，作为相关工作的参考。

（三）著作权评估方法

1. 现行市价法。前面已经介绍过，现行市价法是参照相同或者类似资产的市场价格，评估知识产权价格的方法。采用现行市价法时应注意的是：①要有足够多的可以对比的市场参照物；②要能够确认参照物与被评估对象之间有较强的相似性，包括在资产的功能及市场条件方面具有可比性。否则，市场对比就会失去意义。

应用现行市价法要进行市场调查,选择一个或几个与评估对象相同或类似的资产作为比较对象,分析比较对象的成交价格和交易条件,进行对比并作适当的调整,最终估算出著作权的价格。采用现行市价法的前提条件是要有一个活跃、公平、公开的资产市场。

由于著作权自身具有的独特性,大多数著作权都不易找到可类比的市场价格。此外,许多著作权的交易价格具有保密性,使得查询、选择比较对象较为困难。因此,在著作权的评估中,应用现行市价法的情况较少。但是,诸如电影、出版物、音像制品等市场化程度已经较高、竞争也较为激烈的著作权产品,运用现行市价方法则是可行的。

在使用现行市价法对著作权进行评估时,首先要以已经发生交易的类似资产的价格为基础,所以,选择相似资产是最重要的一个环节。具体来说,选择相同或相近的(指效用水平相同或相近)近期已成交的类似资产作为参照物,并以其市场交易价格为基础价格,同时充分考虑到被评估资产与参照物资产的交易时间、交易价格上的差异、效用水平(品质)的差异以及交易的公允性的差异等因素,测算被评估著作权的价值。其公式为:

著作权价值 = 比较案例价格 × 交易情况修正系数 × 交易日期修正系数 × 个别因素修正系数

现行市价法的优点在于,得出的评估值易于被双方接受,而且可操作性较强。但是,由于应用条件比较苛刻,加上有些著作权又难以找到相应的参照物,这就限制了该方法的广泛应用。

2. 收益现值法。由于现行市价法的应用具有局限性,著作权的评估更多的是采用收益现值法。这是因为,从著作权的价值构成上看,著作权的价值主要来自于它可以带来的收益,从收益方面评估其价值,可以更为全面地反映著作权的价值。

用收益现值法评估著作权时,同样要考虑以下几个方面:

(1)著作权的预期未来收益。分析著作权的收益,首先要明确哪部分收益真正来自著作权。在著作权的评估中,确定收益的一个重要参数是版税。对于音像制品和书籍等的著作权而言,版税是核定著作权收益的关键。在大多数情况下,著作权的收益就等于总收入乘以相应的版税率。

(2)折现率。确定折现率时,要系统考虑无风险利率、预期通货膨胀率和风险报酬率等三个因素。具体到某一行业,还应当考虑行业平均的利润率。

(3)预期收益期限。著作权的预期收益期限主要取决于著作权的法律和经济期限,以及对著作权所有人带来经济收益的时间。在大多数情况下,著作权收益的维持时间与其法律保护期限是不同的。不同行业、不同的著作权和不同的使用领域,著作权的预期收益期限都会不同。因此,确定著作权的预期收益期限要综合考虑各方面因素。

(4)社会效益。著作权的一个重要价值的体现是其所引致的社会效益,在评估著作权价值时,一定要考虑其社会效益。考虑社会效益的收益现值法,是指把著作权使用的某一时期的社会效益,按照一定的方式进行量化处理,并以货币价值的形式表现出来。著作权的社会效益在量化时往往会比较困难,这是因为著作权的社会效益在很多场合是以一种非物质的状态呈现的。比如,文学作品发表后对社会的影响,音乐或者书法绘画作品使人产生的对美的感受,等等。这在经济学上就是一种正的外部性的体现,对这种外部性的价值进行量化处理,需要对被评估对象进行深入分析。由于这部分内容过于复杂,而且目前也没有一个比较公允的计量方法,本书略去对这部分内容的介绍。

三、案例分析

【案例一】 某娱乐公司欲制作发行一新的专辑,估计第一年的发行量为 10 万张,每张专辑的价格为 18 元;第二年该专辑发行量将达到 20 万张。之后,娱乐公司准备提供网上收费下载服务,每次下载收费 5 元,授权年限为 2 年。这两年过后,可以免费下载。专辑的版税定为 10%,折现率取 5%。求该专辑的著作权价值。

分析:按照案例内容,采用收益现值法评估该著作权的价值。首先,需要确定该专辑著作权未来的收益情况,从案例中可知:

第一年收益:$10 \times 18 \times 10\% = 18$(万元)

第二年收益:$20 \times 18 \times 10\% = 36$(万元)

现在要确定两年后,即允许网络下载后的收益情况。由于公司在提供网络下载两年后开始提供免费下载服务,这将直接影响专辑的销售。考虑到新专辑的有效推广期限,可以确定第 5 年的收益为 0,即未来预期收益的期限为四年。

现在的关键是要确定第三年和第四年的收益。由一般的市场调查可以知道,该娱乐公司网站提供的专辑下载,第一年可以达到 20 万次,第二年为 15 万次。这样就可以确定第三年和第四年的收益:

第三年收益:$20 \times 5 \times 10\% = 10$(万元)

第四年收益:$15 \times 5 \times 10\% = 7.5$(万元)

根据收益现值法,按照 5% 的折现率,可以得出该专辑的著作权价值为:

$$p = \sum_{i=1}^{4} R_i (1 + 5\%)^{-i} = 64.6 \text{(万元)}$$

即该著作权的价值为 64.6 万元。

【案例二】 某出版社推出一科技应用类书籍,该书由于内容的独创性和高度的可应用性,出版后广受读者好评。第 1 版发行了 2 万册,估计可以在 2 年内售完,发行价格为每册 25 元,确定版税率为 5%。该书出版后,除了其自身的经济价值,书中对有关科技和技术应用的介绍估计可以产生相应的社会效益,假设这些社会效益的量化值为每年 20 万元,同时,估计该社会效益可以在本书发行后持续五年,设折现率为 5%,试评估该书的著作权价值。

分析:从案例内容看,本例仍然是采用收益现值法进行评估。首先,分析该书的收益情况。该书的收益来自于两个方面:出版发行收入和社会经济效益。同时可以确定,该书的未来收益期限为 5 年。这 5 年的具体收益如下:

第一年:$1 \times 25 \times 5\% + 20 = 21.25$(万元)

第二年:$1 \times 25 \times 5\% + 20 = 21.25$(万元)

第三年:20(万元)

第四年:20(万元)

第五年:20(万元)

根据收益现值法,按照 5% 的折现率,可以得出该书的著作权价值为:

$$p = \sum_{i=1}^{5} R_i (1 + 5\%)^{-i} = 88.91 (万元)$$

即该著作权的价值为 88.91 万元。

【案例三】 国内某出版社欲从某国外知名出版社购买一部书籍的国内出版权。根据市场调查分析,该书在国内出版后可以发行 50 万册,收益期为 5 年,前两年每年可以产生 30 万元的收益,后三年每年的收益为 20 万元。国内出版社购买该书出版权时的预期利润率为 20%,求该书著作权的转让价值(折现率 5%)。

分析:按照本案例的已知内容,该项著作权转让价值的评估同样需要使用收益现值法。首先可以明确,该著作权收益期限为 5 年,该著作权的收益情况是:前 2 年每年 30 万元,后 3 年每年 20 万元。题中给出的折现率为 5%,这就可以很快计算出收益的现值。但是,这里要注意的一个问题是,出版社在购买该书的国内出版权时,要考虑盈利,所以,在估计著作权本身的转让价值时,要去除预期盈利的部分。

所以,该书的著作权价值为:

$$p = \sum_{i=1}^{5} R_i (1 + 5\%)^{-i} = 105.18 (万元)$$

著作权转让价值为

$$p/(1 + 20\%) = 87.65 (万元)$$

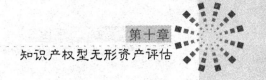

即该著作权的转让价值为 87.65 万元。

复习思考题

1. 简述你对知识产权型无形资产评估的认识,知识产权型无形资产的评估有哪些特点?

2. 结合本章内容,谈谈你对商标权评估的理解,你认为对于企业而言,什么是商标权的价值?

3. 简述你对专利权价值的认识。

4. 著作权评估中应该注意哪些因素的影响?

计算题

1. 某著名手机生产商要将自己已使用 10 年的注册商标转让。根据市场调查,该企业近几年使用这一商标的手机比市场上同类型的产品销量高 10%,据估计,该品牌还可以保持 8 年的竞争优势,估计 3 年内平均价格为 1 500 元,后 5 年每部手机的价格会下降 500 元,假设市场上手机的平均销量为 500 万部,试评估该商标权的转让价值(假定折现率为 10%)。

2. 某企业刚刚注册了一项商标,预计使用该商标的产品的生产期限为 20 年。在使用该商标后的前 5 年,企业产品的单价可以提高 50 元,之后的 15 年内,产品价格将再提高 50 元,现在估计该产品的年销售量为 50 万件,企业期望的利润率为 20%,试估计该企业所注册的商标权的价值(折现率为 10%)。

3. A 企业是一家新成立的家用电器制造企业,由于企业知名度不高,企业产品的市场表现不佳。B 企业是一家成熟的家电制造商,商标的知名度比较高。为了迅速打开市场,扩大销量,A 企业准备向 B 企业购买商标许可。经过市场调查和分析,A 企业在获得商标权后,可以在未来 5 年中增加收益,扣除少量投资后,与购买商标前相比,预计未来 5 年增加的利润额分别为:60 万元,60 万元,65 万元,65 万元,60 万元。乙企业现在的年利润为 300 万元。设折现率为 10%,试评估该商标权的价值。

4. 甲公司准备退出原有市场,与此同时,乙公司准备进一步扩大市场份额。经过协商,甲公司准备将一项自主商标出让给乙公司。在出让过程中,因为会附带技术监管等许可支持措施而引起的费用成本大约为 100 万元,预计转让后甲公司所受的负面影响会造成大约 200 万元的损失。对应该商标权的使用,乙公司会投入的资产估值为 800 万元。根据历史分析和相关企业的资料,甲公司的无形资产投资成本利润率为 25%,乙公司的投资成本利润率为 20%。试估算该商标权的利润分成率。

5. 某大学研究所申请一项专利,该项专利若投入生产并且达到每年 50 万件的生产能力,需要配套投资 2 500 万元。某公司愿意出资与该研究所进行合作开发。根据调查分析,预计产品年销售量可以达到 50 万件,价格估计为每件 80 元。每年生产成本为 850 万元,产品生产周期为 8 年。同时,资本年平均预期利润率为 15%,折现率为 10%。试评估该项专利权的价值。

6. 甲公司于 2001 年研发出一项新技术并取得了相应的专利权,5 年的使用表明,该专利技术具有良好的经济效益。由于公司市场转型,2006 年该公司准备将该专利技术的所有权对外出售。预计该专利技术的剩余使用年限为 5 年,专利技术的价格按实际年销售收益的一定比率计算,甲公司确定专利权的收益分成率为 30%。预计今后 5 年的销售收益分别为 800 万元、750 万元、750 万元、700 万元和 650 万元。预期利润率为 15%,折现率为 10%。求该专利技术的转让价格。

7. 某公司拥有某项专利权,法定权利期限为 20 年,预计实际收益年限为 15 年。该专利技术投产要求配套的初始投资为 2 500 万元。根据分析,预计该专利技术所能产生的未来收益的现值为 3 500 万元。假设该专利技术投产后,在一定的技术和市场环境下,其收益现值的方差为 0.05。假定折现率为 10%,试评估该专利技术的价值。

8. 某网络音乐人为某娱乐网站撰写了一首流行歌曲提供下载。第一年为收费下载,每次 5 元,预计网站点击率为 50 万次;第二年以后为免费下载。从第二年起,该歌曲允许 KTV 下载使用,现规定每月收费 10 元,估计有 10 万家 KTV 使用该歌曲,收费期限为 3 年,3 年后免费使用。该歌曲的版税定为 15%,折现率取 10%。求该歌曲著作权的价值。

9. 某出版社推出一经济学读本,该书由于内容贴近现实,应用性也较强,推出后广受学生和教师好评。第一版发行 50 万册,估计可以在 2 年内售完,发行价为每册 35 元,版税确定为 10%。该书出版后,除了其自身的经济效益,还由于其教育意义和社会价值,估计可以产生的社会效益的量化值为每年 25 万元,同时,估计这些社会效益可以在该书发行后 5 年内持续。设折现率为 10%,试评估该书的著作权价值。

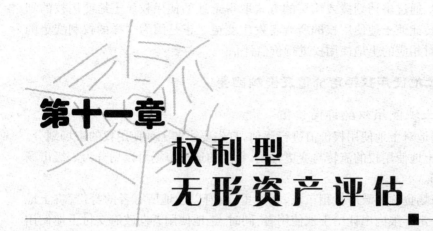

第十一章
权利型
无形资产评估

学习要点

- 了解土地使用权的价格体系和相关影响因素,掌握土地使用权评估的不同方法的适用条件。
- 区分租赁权价值、租金和租赁资产收益三者间的关系。
- 了解特许权价值的形成与评估特点。
- 注意市场比较法在权利型无形资产评估中的运用。

权利型无形资产是由于书面或非书面契约条款产生的对于契约方具有经济利益约束的一种无形资产,主要包括土地使用权、租赁权和特许经营权。权利型无形资产是一种特殊的资产,它比知识产权拥有更强的法律约束力,同时又具有更强的直接经济效应。这类无形资产价值的评估,较多地涉及法律意义上的确认问题。在具体的评估实践中,权利型无形资产评估要注意评估对象的确认和评估方法的选择。

第一节　土地使用权评估

在我国,土地使用权是指土地使用者依法对土地进行使用或依法对其使用权进行出让、出租、转让、抵押、投资等的权利,亦即对土地具有的处分权。土地使用权是土地所有权的权利之一,可以与土地所有权相分离。法人和自然人可

以依据法律,通过申请划拨或购买的方式取得土地的使用权。土地使用权的划拨、出让和转让使土地使用权的所有者发生变更。正是因为这样的权利变更的发生,要求对相应的土地使用权进行价值评估。

一、土地使用权评估价值及影响因素

(一)土地使用权的评估价值

要准确地对土地使用权价值进行评估,首先要了解土地使用权的市场划分。目前,按照土地使用权的流转与变更方式,我国的地产市场可以划分为一级市场和二级市场。

一级市场也称为政府批租市场,在这里,政府以土地所有者的身份,将土地使用权在一定年限内出让给土地使用者,同时,土地使用者向政府支付土地使用权的出让金。由于土地供应受到政府控制,一级市场就成为政府垄断市场,其所对应的土地使用权价格包括基准地价、标定地价、土地使用权出让价等,其价格亦由政府决定。

二级市场是指土地使用权的所有者因为转让、征税、抵押等经济行为而对其所有的土地使用权进行处置的竞争性市场。虽然不同用途的土地使用者必须严格服从城市规划和政府关于特定土地用途的规定,但相关土地市场上的使用者可以在国家法律规定的范围内进行充分的竞争。

对土地使用权进行评估前,要了解土地使用权的市场价格和评估价格。

1. 市场价格简称市价,是指土地使用权交易双方的实际成交价格,即将土地使用权作为一般商品看待,随交易时间和市场供求关系而变化的价格。市价有公平市价、非公平市价之分。公平市价是指交易双方在正常情况下的交易价格,它不受一些不良因素如不了解市场行情、垄断及强迫交易等的影响,相反即为非公平市价。

2. 评估价格,是指运用专门评估方法,对土地使用权价格所做的一种估算。不像一般的商品或者要素市场,土地使用权市场需要由专门的评估机构为土地使用权交易的双方提供服务。在这种情况下,土地使用权估价一般是交易双方讨论交易市价的基础。但评估价格不等于市价,不同的评估者评估出来的价格也会有一定的差异。评估价格与市价的接近程度,取决于评估者的经验与知识,而市场价格则取决于交易双方的供求关系、谈判技巧等。

土地使用权价格还会因为评估时所采用的不同方法而衍生出不同的称谓。例如,用市场比较法评估所求得的价格称为比准价格,用成本法评估求得的价格称为计算价格,用收益还原法评估求得的价格称为收益价格,等等。

（二）土地使用权的价格体系

根据我国宪法，我国的地产市场实际上是一个土地使用权的交易市场，土地资产的价格实际上是土地使用权的交易价格。所以，土地资产价格体系实际上是土地使用权的价格体系。

按照市场划分，有一级市场上的土地使用权价格和二级市场上的土地使用权价格。

1.一级市场价格。一级市场价格包括基准地价、标定地价及土地使用权出让底价。

（1）基准地价。基准地价是在某一区域范围内，根据用途相似、地段相连、条件相近的原则划分地价区段，然后估测出各地价区段在某一时期的平均水平。从这一定义可以看出，基准地价是一种以土地用途、级别和区段、用地条件相同或相近为依据，计算出的一定时期的区域性土地使用权的平均单价。

（2）标定地价。标定地价是以基准地价为依据，按土地使用年限、地块大小、形状、容积率、微观区位、市场状况等因素，对具体地块在某一时期的价格进行修订评估后的价格。在一般情况下，标定地价不进行大面积的评估，只是在进行土地使用权的转让、抵押、出租等市场交易活动或对股份制改造企业进行资产评估时才进行评估。此外，标定地价也是确定土地使用权出让底价的参考和依据。

（3）土地使用权出让底价。从政府的角度来看，土地使用权出让底价是政府根据土地的出让年限、用途、地产市场行情等因素确定的待出让宗地或成片土地的价格，这是政府在出让土地使用权时（尤其是拍卖地产时）所确定的最低价格，是确定交易价格的基础。

基准地价、标定地价和土地使用权出让底价之间既有联系又有区别。它们的联系是：三者都不是地产市场的成交价格，但又都起着调控市场交易价格的作用；基准地价是标定地价评估的基础，标定地价又是土地使用权出让底价评估的参考和依据。它们的区别是：基准地价是大面积评估的区域平均地价，是考虑宏观区域因素为主的地价；标定地价和土地使用权出让底价是具体到宗地或地块的地价，是考虑微观区位因素的地价，同时也是更为接近市场交易价格的地价。此外，标定地价是政府认定并公开的地价；土地使用权出让底价则是不公开的地价。

2.二级市场价格。二级市场价格包括转让价格、出租价格、抵押价格和课税价格。

（1）转让价格。土地使用权的转让价格是土地使用者将已取得的土地使用权转让给其他人的交易价格，该价格因为交易达成而实现，反映了以市场买卖方式让渡土地使用权所形成的价格。

(2)出租价格。土地使用权出租价格,亦称土地使用权租金价格,这是土地使用者之间所形成的价格形式。土地使用权的所有者将自己获得的土地使用权出租给承租人,由承租人向出租人支付租金的价格就是出租价格。这种价格一般以年租金或月租金为单位。

(3)抵押价格。土地使用权的抵押价格,是为抵押贷款而评估的土地使用权价格。抵押价格由于要考虑抵押贷款清偿的安全性,一般要比市场价格低一些。贷款额的多少则根据抵押价格的某一百分比计算。

(4)课税价格。土地使用权的课税价格,是政府为保证房地产税收而由估价人员估定的作为房地产课税基础的价格。课税价格的确定,要视税目和课税政策而定,前面讲到的基准地价、标定地价均可作为课税基础价格。

(三)土地使用权价格的影响因素

土地使用权作为一种比较特殊的无形资产,其价格受到很多因素的影响。而且,这些因素由于各自的特点,对价格的影响程度不尽相同。要对土地使用权价值做出准确的评估,就需要对这些因素有一个清晰的了解。

从实践中我们知道,虽然对土地使用权价格产生影响的因素很多,但总体来说,这些因素可以分为自身因素和环境因素两大方面。

1. 土地使用权的自身因素,包括:

(1)地理位置。人们的社会经济活动对土地产生了重大影响,同时也产生了土地相对地理位置的差异。土地位置的这些差异,直接影响到了土地使用者的经济效益。相对于郊区的土地而言,位于商业繁华地段的土地可以带给土地使用者更多、更快的投资回报,因而两者的价格迥异。地块位置不同,也就产生了土地价格的差异。尤其是在城市,地价高低几乎全部取决于地理位置的差异。但同时也要注意到,这种地理位置的差异并非一成不变。随着社会经济的发展,同一地块位置的优劣会发生变化,以前偏僻的郊区可能现在就是城市发展的重心,所以,评估时要充分考虑到土地位置的差异及这种差异的变化。

(2)地形面积。土地的地形面积是决定一块土地经济利用价值和开发潜力的重要因素。一般而言,土地的面积越大,价格也越高,但这一定要有一个前提,那就是土地开发一定要与土地的经济适用性相结合。一个综合性的商业写字楼的需要绝不可能从一个较小的地块中得到满足,而小型商铺也不需要较大面积的地块。如果不能各得其所,其地产价格水平就无法得以充分展现。此外,地块形状也是影响土地价格的因素。在面积相同的情况下,地块形状的差异会影响到土地使用权的价格。尤其是在城市,适当的面积与形状不仅会提升土地利用水平,而且可以节约开发成本。

(3)土地性能。对于土地使用权而言,土地性能主要分为土地的经济性能

和地质性能两个方面。

土地的经济性能主要是指土地的容积率和用途。土地的容积率越高,意味着在地块面积与地形一定的条件下,建筑面积会相应增加。这对地产商而言,就意味着收益的相应增加,其结果必然导致土地价格的上升。此外,由于土地用途不同,同一地块上表现出的单位面积的土地收益也不同,其实际支付地价的能力也存在较大的差异。一般说来,在同一土地级别内,商业用地的地价要高于住宅用地和工业用地的地价,而工业用地的价格要高于农业用地的价格。

土地的地质性能主要是指土地的地质条件。良好的土地的地质条件会节约土地的开发成本,同时也会提高土地的利用率。地势平坦、地质条件良好的地块对于开发商而言就是风水宝地,可以提供高效的土地承载力。

2. 土地使用权的环境因素,包括:

(1)经济环境。供求关系是决定市场价格的重要的决定因素,土地使用权市场也不例外。在土地使用权市场上,土地的供给弹性一般较小,这是因为土地使用权的供给主要来自于政府的控制和原有用地的调整。政府的垄断行为与土地调整的相对稳定,导致了一定时间和空间范围内的土地供给也呈现出相对稳定的态势。

土地使用权的需求则主要体现了社会经济发展的程度。当一个地区社会经济发展速度较快时,对于土地的社会需求就会比较强烈,换句话说,对土地使用权的需求可以展现一个地区、一定时期的投资结构及投资强度。由于土地的需求弹性较大,需求对于土地使用权价格的影响就较大,而且变化较大。随着经济发展水平的上升、人口数量的增加和人们生活水平的提高,社会对土地的需求量会越来越大,对土地的质量要求也越来越高,这时,土地的价格就会相应的升高。

除了供给和需求,一定地区经济发展的状况,居民收入与消费结构,以及物价水平都会对土地使用权市场产生影响,造成土地价格不同程度的波动。

此外,城市化水平和基础设施也是影响土地价格的因素。城市化进程的直接后果是城市人口的增加和地区用地需求的变化。城市化的加速发展必然导致原有中心区域的土地价格的大幅提升和周边地价的提高。同时,城市与区域基础设施建设也会相应地加速推进,这又进一步导致区域土地价格的变化,其直接表现就是交通便捷地区土地价格的迅速提高。

(2)制度环境。制度环境对土地使用权市场的影响主要表现在国家政策法规上。前面已提到,土地使用权市场分为一级市场和二级市场,政府对土地有很强的垄断性;同时,土地使用权市场又表现为供给的刚性。所以,政府的政策法规会直接影响土地供给的变化,市场也会对政府的政策做出相应的反应。

制度环境因素主要包括以下几个方面:

第一,土地制度。土地制度是对土地使用权市场价格影响最大的因素。我国在实行土地有偿出让制度以前,土地是无偿使用的,不允许买卖、出租和转让,土地只是一种资源而不是资产,因而不需要确定其价格。实行土地有偿使用制度以后,土地使用权允许在规定的期限内出售、出租或转让,土地使用权已经成为可以用价格表示的资产。

第二,税收制度。政府对房地产直接或间接课征各种税收,不同种类的税收和税率对土地使用权市场价格的影响不同。政府可以通过增加税目、调整税率,影响地产市场的供求和价格,从而达到宏观调控的目的。目前,我国对于用于商品房开发的土地使用权相关税收的政策调整,对土地使用权的价格影响很大。所以,评估时一定要注意相关税收政策的变化。

第三,城市土地规划等。城市土地利用方面的法规主要有城市发展规划、城市规划、建筑法规、土地出让转让条例等。土地利用法规限制土地的用途和使用程度,城市发展规划对城市郊区土地的价格影响很大,这主要体现在城市化发展对土地价格的影响上;城市规划将城市土地划分为各种类型的用途及空间布局,特别是其中的规定用途、容积率、覆盖率等指标,对土地价格影响很大;建筑法规明确建筑物的高度、构造等,使城市建设统一协调,并使土地有效利用,对土地使用权市场价格也有很大影响。

第四,住房政策。政府采取何种住房政策,金融机构对住房贷款采取何种方针等,都关系到住房供求,进而对土地使用权价格产生影响。

二、土地使用权评估的原则和程序

(一)土地使用权评估的原则

土地使用权作为一种特殊的无形资产,受到多种因素的作用和影响。在对土地使用权价格进行评估时,要充分考虑这些因素,进行详细分析,并做出正确判断。为了做好评估工作,在具体实践中,应遵循以下几项原则:

1. 科学测算原则。基准地价和土地使用权价格的确定,首先依靠的是科学的测算结果,它们建立在科学的估价方法和客观的估价资料基础之上,是对土地价值或价格客观真实的反映。所以,在进行评估前,一定要对相关参数和因素进行科学的测算,这是科学评估土地使用权价值的前提。

2. 替代原则。根据经济学中的替代原则,同一市场上可以相互替代的物品有相似的价格。如果存在两个以上互有替代性的商品或服务,商品或服务的价格就可以通过相互比较之后确定。土地使用权也拥有类似的性质,效用相近的土地地块,其价格也会比较相近。因此,在对土地使用权进行评估时,可以使用相关替代的方法评估土地价格。土地使用权评估中替代原则的要点,就是待评估土地的价格水平可以参考替代地块的土地使用权价格来确定。

比如,在同一市场区域内,可以通过对近期土地交易案例的调查,寻找与待评估地块有相似条件和状况的土地,然后,通过与待评估地块进行比较来确定土地价格。在我国目前的实际工作中,基准地价评估就是先评定土地的使用价值,进行土地定级,把条件基本一致的地块归为同一等级;在此基础上,再分别给出出各级别地块的平均价格;然后,再根据土地使用年限和地块条件进行比较、修正,得出具体地块的价格。这实际上就是替代原则在估价实践中的具体应用。

3. 连续性原则。随着经济的发展和市场的完善,我国开展的土地使用权评估,已经形成了被各方接受的相对稳定的土地使用权价格体系和基准水平。因此,土地使用权价格的评估可以在原有的基础上进行,以保持地价的连续性。此外,连续性原则还包括横向平衡的原则。从理论上讲,一个区域的地价是由该区域社会经济的发展水平决定的,所以,同等区域地价也存在一定的连续性,也就是说,可以参照同区域地价水平对土地使用权进行评估。

4. 最佳使用原则。由于同一地块可以有不同的用途,并且能给使用人带来多种收益的方式,对土地使用权进行评估时,一般都会采用最佳使用原则。也就是说,对待评估土地进行评估时,是以使用人在该地块获得的经济效用达到最佳为前提的。这样,评估时就不能仅局限于现实的使用状况,而应对在何种情况下才能最有效地使用做出正确的判断。当然,所谓的最佳使用同样是有前提的,即在相关法律政策许可的范围内,在土地使用人的使用下可以达到的最佳状态。

5. 多种方法比较原则。土地使用权价格是各种因素相互作用的结果,而这些因素经常处于变动之中,土地价格正是在这些因素相互作用以及这些因素相互组合的变动过程形成的。因此,必须分析土地的效用、稀缺性、个别条件、有效需求以及区域因素等。分析时,还要把握各因素之间的因果关系及其变化规律,运用多种方法的结合和比较,评估出准确的土地价格。

评估方法不适当,可能会使评估结果产生较大的误差,因此,在进行土地使用权评估时,要采取多种方法比较的原则,这样就可以得出公正、合理、令人信服的价格。

(二)土地使用权评估程序

1. 明晰产权界定。土地使用权界定清楚,产权证明合法、有效,是进行土地使用权评估的前提条件。只有明确了土地使用权的权属关系,才能开展正常的评估工作。在实践中,有些评估人员对此重视不够,对存在权属纠纷甚至非法使用的地块也进行评估,这就会使土地评估的结果没有合法性。

2. 明确评估目的。土地使用权评估是针对特定的目的而进行的,目前我国进行的土地使用权评估的目的主要有:土地使用权出让底价评估,土地使用权作价入股评估,土地使用权转让、租赁、抵押、典当评估,等等。

3. 收集核实资料。在正式评估前,应尽可能广泛地收集有关基础性数据的相关材料,并严格审查、筛选,这是保证土地使用权评估顺利进行和评估结果科学性的前提。在实际评估中,有些评估人员不注意收集资料,对资料、数据的准确性也不进行严肃认真的核实,这是造成评估结果缺乏科学性的原因之一。

4. 选择评估方法。不同的评估方法有各自的适用范围,评估结果可能相差很大。因此,选择最适宜的评估方法,对保证评估结果的科学性有很大影响。此外,运用每一具体的评估方法时,有关参数的确定也很重要。比如,运用收益法进行评估时,折现率(或土地还原利率)的确定对评估结果的影响就很大。

5. 进行评估计算。根据所选择的评估方法,结合评估案例进行评估测算。

6. 完成评估报告。

三、土地使用权价值的评估方法

目前,我国土地使用权价值的主要评估方法包括市场比较法、收益还原法、成本法等。

(一)市场比较法

1. 基本概念。市场比较法是指在同一市场条件下,以邻近时期条件类似的土地交易实例作为参照,同待评估土地进行比较,参照这些已经成交的土地使用权价格,通过多项因素的修正,最终求得土地使用权价格的方法。市场比较法是地产估价方法中最常用的基本方法之一,也是目前国内外广泛应用的经典估价方法。采用市场比较法时,首先应通过市场调查,并选择3个以上正常交易的实例作为参照物,参照物与评估对象应属同一市场区域,地块条件基本一致,交易时间应尽量接近评估基准日。然后,针对交易条件、成交时间、区域及个别因素、容积率、使用期限等进行比较调整,最后确定评估值。

市场比较法依据的评估原则是替代原则。按照土地使用权评估的替代原则,通过比较,我们可以参照条件类似的已知土地交易价格,求得待评估土地使用权的价格。为了比较准确地进行评估,我们一般要选择三个以上的参照实例,所以,要求相应的区域土地使用权市场相对发达,交易相对活跃,这样更有利于市场比较法的应用。

2. 计算公式。市场比较法是将已知类似土地交易案例的资料经过交易情况修正、交易日期修正、区域因素修正、个别因素修正等因素修正,最终计算出土地使用权评估价格的方法。

具体计算公式如下:

土地使用权价格 = 比较案例价格 × 交易情况修正系数 × 交易日期修正系数 × 区域因素修正系数 × 个别因素修正系数

运用市场比较法对土地使用权进行评估时,较为关键的方面是确定比较的案例和修正系数。能否进行准确的修正计算,直接影响评估结果的准确性。所以,这一步可以说是市场比较法的核心。在实际操作中,一定要谨慎合理地确定修正系数,尽可能使评估价格接近真实价格。限于本书篇幅,本书对如何进一步确定具体的修正系数不作详细介绍,有兴趣的读者请参考相关专业书籍。

(二)收益还原法

1. 基本概念。土地使用权评估的收益还原法,是指在评估土地使用权价格时,运用某种适当的折现率,将预期的土地使用权未来各期的正常纯收益折算为评估时点上的现值。收益还原法其实是把土地作为一种投资,把土地使用权价格视为获取未来若干年土地收益而投入的资本。这一方法类似于上一章中多次提到的收益现值法。

2. 计算公式:

$$p = \sum_{i=1}^{n} R_i (1 + r)^{-i}$$

式中,p 为土地使用权的评估价格,R_i 为第 i 期的土地预期收益,r 为折现率,n 为预期收益的期限。

3. 参数与变量的确定。

(1)确定土地预期收益。在确定土地正常纯收益时,首先要计算总收益。注意,这里所指的总收益不是实际收益,而是土地的客观收益,即排除实际收益中属于特殊偶然因素后的一般正常收益。其次是计算总费用,即在土地经营中发生的一切费用和正常支出。以土地出租为例,总费用是指出租方承担的各项费用,一般包括管理费、维修费、保险费、税金、折旧费等。最后,用总收益减去总费用,所得到的纯收益就是土地带来的正常纯收益。

(2)确定折现率。折现率实质是一种资本投资的收益率,其高低应与投资土地所能产生的纯收益具有同等风险的其他资本的收益率相等。因此,采用安全利率(无风险报酬利率)加上风险调整值(依据当时影响地价的各种社会经济因素来确定)比较合适。

(3)确定预期收益期限。土地收益期限是指从评估时点开始计量的待评估土地收益能力可以延续的时间长度,通常以年为单位。

收益还原法比较适宜于可以产生收益或者有潜在收益的土地使用权的评估,如对租赁土地、商业用地等土地使用权价格的评估;对于学校、机关等公益用地则不适用。

（三）成本法

1. 基本概念。成本法是以购买及开发土地所消耗的各项费用之和为主要依据,再加上适当的利润、利息和应缴税金及土地所有权收益,确定土地价格的方法。成本法的基本原理是:把对土地的所有投资,包括土地取得费用和基础设施开发费用两大部分作为基础成本,然后按照等量资本获得等量收益的经济学原理,加上基础成本所应产生的利润和利息,以及土地所有者的所有权收益和投资过程中的应纳税金,最终求得土地使用权的价格。

2. 计算公式。成本法的计算公式为:

土地使用权价格＝土地取得费＋土地开发费＋税费＋利润＋利息＋土地所有权收益

3. 使用成本法评估土地使用权应注意的问题:

（1）成本法一般适用于新开发土地的估价,建成区和已开发土地不宜采用;

（2）成本法适用于工业用地的估价,对商业企业用地的估价一般不适用;

（3）成本法适用于地产市场不发达、交易案例难以取得并且无法采用其他方法进行估价的土地;

（4）成本法是以成本累加为途径,但成本价格高并不等于土地利用价值和价格高。因此,在采用成本法时,应注意分析土地市场需求方的情况,以避免评估结果偏差过大。

（四）假设开发法

1. 基本概念。假设开发法,又称剩余法,是指将待评估土地的预期开发价值扣除正常开发费用、正常税金、利息及合理利润后,确定土地价格的一种评估方法。假设开发法的适用性很强,运用范围也比较宽,但一般主要运用于待开发土地和拆迁改造土地的评估。

假设开发法的基本思路是:当我们要获取一块土地进行开发或者拆迁改造时,首先要调查研究,确定大致的开发方向（即设计开发目标）,然后计算开发建设费用和正常利润,最后预计整个土地项目的总价值。将总价值减去开发费用和正常利润,就可以得到土地使用权的价值。

2. 基本公式。利用假设开发法评估土地使用权的基本公式是:

土地使用权价格＝待评估土地的预期开发价值－建筑费－专业费用－利息－税费－利润

预期开发完成后的总体价值,是开发建设后土地与地面建筑的混合价值,建筑费为开发建设待评估土地所支出的建筑安装费用;专业费用为开发建设待评估土地所需要的测量、设计、工程预算编制等专业技术费用;利息是指全部预付资本的资金成本;利润为开发商预期全部投资的正常利润;税费包括土地开发产品的租售费用以及开发建设过程中及完成后应缴纳的各种税费,如土地使用税、土地增值税、营业税、城市维护建设税、教育费附加等。

（五）基准地价系数修正法

1. 基本概念。基准地价系数修正法是指通过利用区域基准地价,对使用年限、个别因素、市场等因素进行系数修正,从而求取土地使用权价格的一种评估方法。基准地价系数修正法其实是市场比较法中的一个特例,只是基准地价系数修正法中的参照物不是土地使用权二级市场上的交易价格,也不是相同条件的土地交易案例价格。这里的基准地价是区域内政府确定的土地交易基准价格,所以,在进行评估时,除了要调整地块价格和区域价格的个别差异,还要考虑土地使用权一级市场与二级市场交易价格之间的差别。

2. 计算公式:

土地使用权价格 = 基准地价 × 修正系数

在具体实践中,首先要根据基准地价,进行相关要素的分解,然后确定修正系数,进行土地价格评估。在我国,由于政府对土地使用权市场的相对垄断,土地一级市场上的基准地价具有相当的标杆作用。因此,在对土地使用权尤其是政府出让土地的使用权价格进行评估时,比较适合采用基准地价系数修正法。

运用基准地价系数修正法的关键步骤是确定修正系数。首先要从土地用途、评估土地的区域和个别因素中选择影响土地使用权价格的各主要因素,然后确定具体的修正系数。在计算影响地价的各因素的修正系数时,要利用样点地价与基准地价的关系,确定修正系数的大小。

（六）路线价法

1. 基本概念。路线价法是指利用路线价格评估土地使用权价格的评估方法,即在已知路线价格的基础上,根据土地的自身条件进行深度、形状、宽度、宽深比率、容积率等因素的修正,求取土地使用权的价格。

路线价法认为,区域内各宗土地使用权的价格与其距离某一市场定点的远近相关。一般而言,土地价值随距离的增加而递减,待评估土地越接近定点,价值也就越高。虽然同一深度的土地价值基本相等,但由于形状、面积、位置等仍有差异,因此,在评估土地价格时,还要对上述差异进行修正。

2. 基本公式。路线价法的基本数学表达式为:

土地使用权价格 = 路线价格 × 深度指数 × 宗地面积 × 修正系数

路线价格、深度指数及各种修正系数的合理与否,是采用路线价法进行土地使用权评估的关键。路线价法对于城市土地价格评估具有普遍的适用性,它特别适用于土地课税、征地拆迁、土地重划或其他需要对大宗土地进行的估价。实际上,路线价法也正是为了适应这种短期内处理评估城市大批土地的需求而产生的。前面介绍的市场比较法、收益还原法、成本法、假设开发法、基准地价系数修正法等方法的共同特点是以特定的单个地块作为评估对象。由于经济的发展和城市化的加速推进,一般会有大量的土地要求评估;同时,城市内的土地通常是由许多面积狭小、用途各异的地块组成,这时如果进行逐项评估,不仅耗费巨大,而且也难以在短期内完成大量的土地评估任务。路线价法正是基于这种批量评估的需求而产生的。

四、案例分析

【案例一】 待评估地块为一用于商业开发的空地,面积500m²,要求评估其2006年5月的公开市场交易价格。经过调查分析,评估人员找出了3个参照交易案例,基本情况如表11-1所示。

表11-1 土地使用权成交案例资料

	待评估地块	案例A	案例B	案例C
交易情况	正常商业开发	类似	类似	类似
交易日期	2006年5月	2005年7月	2005年8月	2005年11月
区域状况	100	84	93	100
剩余使用期限	40	20	25	30
交易价格	?	2 400元/m²	2 560元/m²	2 620元/m²

根据交易案例,求待评估土地的价格(折现率8%)。

分析:首先我们可以确定,本案例宜使用市场比较法进行评估,同时需要确定相关修正系数:

1. 交易情况修正。3个案例交易情况类似,无须修正。

2. 交易日期修正。根据调查,2005年7月至2006年5月,土地的价格平均每月上涨1%。

所以,案例A的交易日期修正系数 $= \dfrac{评估日期交易价格指数}{案例交易日期价格指数} = \dfrac{110\%}{100\%} = 1.1$

类似地,案例B和案例C的交易日期修正系数分别为:1.09和1.06。

3. 区域因素修正。根据调查所得的区域状况指数,可以计算出:

案例A的区域修正系数 $= \dfrac{100}{84} = 1.19$

类似地,案例 B 和案例 C 的区域修正系数分别为 1.08 和 1。

4. 个别因素修正。这里主要是指剩余使用期限的修正。

案例 A 的剩余使用期限修正系数 $= \dfrac{1 - 1/(1 + 折现率)^{待评估地块剩余使用年限}}{1 - 1/(1 + 折现率)^{案例剩余使用年限}} =$

$$\dfrac{1 - 1/(1 + 8\%)^{40}}{1 - 1/(1 + 8\%)^{20}} = 1.214\ 5$$

类似地,案例 B 和案例 C 的剩余使用期限修正系数分别为 1.117 1 和1.059 2。

5. 计算土地价格。

根据案例 A 计算的调整价格为:2 400 × 1 × 1.1 × 1.19 × 1.214 5 = 3 815.48 元/平方米

根据案例 B 计算的调整价格为:2 560 × 1 × 1.09 × 1.08 × 1.117 1 = 3 366.53元/平方米

根据案例 C 计算的调整价格为:2 620 × 1 × 1.06 × 1 × 1.0592 = 294 1.61 元/平方米

所以,待评估土地的价格为:(3 815.48 + 3 366.53 + 2 941.61)/3 = 3 374.54 元/平方米

总地价为 1 687 270 元。

【案例二】 某地区有一地块,面积 140 平方米,上有地面建筑一栋,建筑面积 300 平方米,用于商业出租,月租金 100 元/平方米,已经使用了 10 年,估计剩余使用年限为 20 年。目前建筑物的重置价格为每平方米 3 000 元,房产税为租金收入的 12%,土地使用税为每年每平方米 2 元。试估算该房屋基地的土地使用权价格。假设建筑物的还原利率为 8%,管理费率为 3%,残值率为 3% ,折现率为 10%。

分析:由案例可知,可以用收益还原法来估算土地使用权的价格。首先要计算土地的收益,然后,将收益还原折现确定评估价格。

1. 计算土地年总收益:
$$300 × 100 × 12 = 360\ 000(元)$$

2. 计算年总费用:

(1)房产税:360 000 × 12% = 43 200(元)

(2)土地使用税:300 × 2 = 600(元)

(3)管理费:360 000 × 3% = 10 800(元)

(4)建筑物折旧:

建筑物重置价格 = 3 000 × 300 = 90 0000(元)

折旧额 = 900 000 × (1 - 3%)/30 = 29 100(元)

(5)建筑物年收益:(900 000 - 29 100 × 10) × 8% = 48 720(元)

3. 土地纯收益:

360 000 - 43 200 - 600 - 10 800 - 29 100 - 48 720 = 227 580(元)

4. 土地收益现值:

$$p = \sum_{i=1}^{20} 227\,580 \times (1 + r)^{-i} = 1\,937\,517(元)$$

即土地使用权的价格为 1 931 517 元。

【案例三】 某区域内有一待开发地块,面积为 30 万平方米,该地块征地费用(含安置、拆迁、青苗补偿费和耕地占用税)为每平方米 150 元,土地开发费为每平方米 200 元,土地开发周期为 2 年,第一年投入资金占总开发费用的 40%。开发商要求的投资回报率为 10%,当地土地出让增值收益率为 15%,银行贷款年利率为 12%。试评估该土地使用权的价格。

分析:从案例来看,比较适合采用成本法。由成本法的计算公式得:

1. 土地取得费:150 元/平方米

2. 土地开发费:200 元/平方米

3. 投资利息:

(1)征地费用利息:$150 \times (1 + 12\%)^2 - 150 = 38.16$(元/平方米)

(2)土地开发利息:$200 \times 40\% \times [(1 + 12\%)^{1.5} - 1] + 200 \times 60\% \times [(1 + 12\%)^{0.5} - 1] = 50.88$(元/平方米)

4. 投资利润:$(150 + 200) \times 10\% = 35$(元/平方米)

5. 土地使用权的价格:$(150 + 200 + 38.16 + 50.88 + 35) \times (1 + 15\%) \times 30 = 16\,354.38$(万元)

即该地块土地使用权的价格为 16354.38 万元。

【案例四】 某城市开发区内现有一待开发用地,土地面积为 5 000 平方米,建筑容积率为 2。现有一开发商欲购买该地块,并计划建设商务写字楼。建设期为 2 年,建筑费为每平方米 2 500 元,专业费为建筑费的 15%,建筑费和专业费在建设期内均匀投入。该写字楼建成后即出售,预计售价为 10 000 元/平方米,销售费用为售价的 2%,销售税费为售价的 6.5%,当地银行年贷款利率为 10%,开发商要求的投资利润率为 20%。试计算该土地使用权的价格。

分析:本案例为一待开发土地的价格评估,可以采用假设开发法。由假设开发法的计算公式得:

1. 待评估土地的预期开发价值:$10\,000 \times 5\,000 \times 2 = 10\,000$(万元)

2. 建筑费:$5\,000 \times 2\,500 \times 2 = 2\,500$(万元)

3. 专业费用:$2\,500 \times 15\% = 375$(万元)

4. 销售费用:$5\,000 \times 2 \times 10\,000 \times 2\% = 200$(万元)

5. 销售税费:$10\,000 \times 6.5\% = 650$(万元)

6. 利息:$(2\,500 + 375) \times 10\% = 287.5$(万元)

7. 投资利润:$(2\,500 + 375) \times 20\% = 575$(万元)

8. 土地使用权价格:$10\,000 - 2\,500 - 375 - 200 - 650 - 287.5 - 575 = 5\,412.5$(万元)

【案例五】 某市一国有企业改制,有一幢建筑面积为 2 500 平方米的厂房连同土地使用权一并出让。根据该市出让国有土地使用权的基准地价表,该厂房所在地区工业用地的出让金为 100 元/平方米(土地面积),修正系数为 1;市政及配套费用 600 元/平方米(建筑面积),修正系数为 1.1;土地开发费用为 2 000元/平方米(土地面积),修正系数为 0.9,容积率为 0.8。试运用基准地价系数修正法,确定该建筑物所在土地使用权的价格。

分析:根据基准地价系数修正法可知:

厂房的土地面积为:$2\,500/0.8 = 3\,125$(平方米)

土地使用权价格:$100 \times 1 + 600 \times 0.8 \times 1.1 + 2\,000 \times 0.9 \times 0.8 = 2\,068$(元/平方米)

土地使用权总价格:$2\,068 \times 3\,125 = 6\,462\,500$ 元

【案例六】 某区域内土地使用权市场价格的标准深度为 7~10 米,路线价格为 2 000 元/平方米,待评估地块为一矩形地块,临街宽度为 10 米,临街深度为 15 米。地价深度指数为:0~7 米,115%;7~10 米,100%;10~15 米,95%。根据调查分析,待评估地块个别修正系数为 1.05。试评估该地块土地使用权的价格。

分析:根据路线价法计算公式得:

土地使用权价格 $= 2\,000 \times (7 \times 115\% + 3 \times 100\% + 5 \times 95\%) \times 10 \times 1.05 = 331\,800$(元)

第二节 租赁权评估

租赁权是一种物权,它源于合同双方所签订的具有法律效力的租赁合同。租赁权的价值体现在租赁合同所约定事项的结果所产生的经济收益上。所以,对租赁权价值进行评估,并非只是对租金进行评估,而是要对租赁资产所产生的所有预期收益与其租赁成本之间的差额进行评估。

一、租赁权评估价值的形成

(一)租赁权的评估价值

租赁权是指承租人按合同规定支付一定的租金,在租赁合同期限内对租赁财产所享有的使用权。租赁期间,所有权不发生转移。租赁关系一般以租赁合同的形式确定。承租人之所以要取得租赁权,目的是要在租赁期内对租赁财产享有占有、使用和获取收益的权利,归根结底,就是要获得租赁成本之外的超额收益。

一般情况下,租赁权给承租人带来的收益要高于租赁期间所产生的各项费用,否则租赁活动就会失去意义。在租赁期内,承租方凭借租赁权所享有的占有、使用租赁财产产生的高于租金及各项租赁费用的收益就是因租赁权而产生的超额收益,这就是租赁权的价值所在。计量这一部分价值,并以货币化的形式表现,就是我们所说的租赁权的评估价值。由此可见,在确定租赁权的评估价值时,应以承租人在使用租赁权过程中可能产生的全部超额经济收益为基础。

租赁权是一种物权,它的发生和实现都基于租赁合同。在实践中,对租赁权的评估要基于租赁合同可能带来的超额经济利益,也就是说,在剩余租赁期限内,租赁权所能带来的超过租金成本的经济收益才是租赁权评估的依据。这种收益应以承租人获取租赁权后在使用中可能获得的利益为基础。

(二)租赁权价值与租金、租赁资产收益的关系

在租赁权的评估实践中,为了更准确地进行评估,还有必要弄清租赁权价值、租金和租赁资产收益这三者间的关系。实践中,很多人会把这三个概念混为一谈,实际上,这三者是不同的概念,它们之间有联系也有区别。尤其应该注意的是,不能将租金当作租赁权的价值。

租金是承租人取得租赁权的一项成本,是承租人获取租赁权期间向出租人支付的费用,一般在租赁合同签订时就相互约定。租金实质上是出租人对租赁权的转移价格,它由出租人与租赁人协商确定。租金并不是租赁权的价格,而是承租人取得租赁权的价格,或者说是取得租赁权的成本。

租赁权价值是承租人在使用租赁权的过程中可能产生的全部超额经济收益的总和。一般而言,租赁权价值会高于租金收入,这也是租赁行为可以成立的前提之一。若在取得租赁财产后不能得到高于租金价格的超额利润,承租人也不可能进行租赁活动。所以,在对租赁权进行评估时,将租金作为租赁权的评估价值是错误的。虽然在租赁权的评估中往往离不开租金的确定和评估,但实际上,租金和租赁权价值在质的规定性上是截然不同的。此外,在无形资产评估中,租

金的计算是租赁权评估的一项前提条件。

租赁资产收益是指将租赁资产视同自有资产所获得的收益,其中含有应支付的租赁费,但不包括资产运营的成本费用。在确定租赁资产的收益时,要注意计算口径的一致性。这种收益应当而且必须是由租赁资产带来的,因此,要分析收益的构成,剔除非相关性因素的影响。如果能相对独立地核算出租赁资产的收益、成本和费用,就可以依据财务资料和市场需求,测算出具体的收益情况;如果租赁资产无法单独核算收支,则往往要对企业实现的利润按各种生产要素进行分配,进而确定租赁资产的收益。

至于租金,作为租赁权益的扣除项,虽然其构成因素可能很复杂,支付方式也多种多样,但通常都在租赁合同中有明确规定,对其评估相对来说也会容易一些。要进一步说明的是,由于租金的支付通常不受利润变动的影响,租赁资产收益与租金的风险报酬率和取得的时间可能会不相同,在计算租赁权的收益现值时,可以分别对收益和租金进行折现汇总,然后再进行计算。

由于租赁权的评估价值是由租赁权的使用而带来的额外经济收益与支付的租金的差额所决定的,租赁权评估的基本思路是先计算出各期租赁资产可实现的收益,并扣除合同约定的租金和相应的成本费用,再将合同期内的租赁权益折现汇总,从而得到租赁权的收益现值。

二、租赁权评估的方法

租赁权的评估方法主要有以下两种。

(一)收益现值法

1. 基本概念。收益现值法是无形资产评估中的基本方法,由于租赁权的价值更多地体现在未来收益上,所以在对租赁权进行评估时,运用较多的也是收益现值法。租赁权评估的收益现值法,是指将租赁权在有效期内的预期超额收益作为租赁权的价值予以折现。在使用收益现值法时,最关键的就是计算租赁权的预期超额收益。

2. 基本计算公式:

$$p = \sum_{i=1}^{n} R_i (1+r)^{-i}$$

式中,p 为租赁权的评估价值,R_i 为第 i 期的租赁权的预期超额收益,r 为折现率,n 为预期收益期限。

收益现值法应用于租赁权评估时,还要根据租赁权的种类以及具体的使用情况来进行调整。比较常用的是收益提成的方法,这种方法可以兼顾租赁权受

让双方的利益。受让双方可以通过协商,根据租赁权的实际使用效果分享利益,即:

$$p = K \cdot \sum_{i=1}^{n} R_i (1 + r)^{-i}$$

式中,K 为租赁权收益的提成比例。

3. 参数与变量的确定:

(1)确定租赁权的预期超额收益。在确定租赁权预期超额收益时,最重要的是如何从经营收益中剥离因租赁权而产生的收益。租赁权的价值是承租人在租赁合同约定的期间可能产生的全部超额经济收益的总和,因此,在具体计算时,要注意尽量全面地评估租赁权的超额收益。至于收益提成比例,一般由合同双方约定,或者经过一定的估算得出。

(2)确定折现率。任何资产都有一定的影子成本,折现率就是这种成本。确定折现率的目的是为了将未来的收益折现。折现率的计算要体现资金的时间价值。此外,折现率的高低,应考虑租赁权产生超额收益时的风险状况。所以,对租赁权的折现率除了要考虑资金的时间价值和一般资本的回报率外,还应包括风险利率。

(3)确定预期收益期限。租赁权的收益期限一般取决于租赁权合同的规定。

(二)市场比较法

1. 基本概念。类似于土地使用权的评估,租赁权的市场比较法是用市场上相同或者类似条件的交易价格,通过比较分析,对租赁权的价值进行测算。这一方法的原理比较简单,人们在进行市场交易时,一般都会参考类似交易,确定相关交易的价格。市场比较法就是运用已经被市场检验的结论,对租赁权进行评估。因此,这样的评估结果一般也比较易于被委托方或者交易双方接受。

虽然市场比较法也是租赁权评估中一种比较常用的方法,但由于该方法要求一定的市场条件,在评估实践中,一定要注意该方法的使用前提。一般而言,这一方法要求租赁市场相对发达,有较多的相似案例。在运用市场比较法时,首先要进行市场调查,选择 3 个以上正常交易的案例作为参照;其次,参照案例与评估对象应属同一市场区域,交易条件基本一致,交易时间也应尽量接近评估基准日;最后,要对一些个别因素进行调整,以便最终确定其评估值。

2. 计算公式。市场比较法是将已知类似租赁权交易的案例资料经过交易情况修正、交易日期修正、个别因素修正等因素修正,最终计算出租赁权的评估价格。

具体计算公式如下:

租赁权价格 = 比较案例价格 × 交易情况修正系数 × 交易日期修正系数 × 个别因素修正系数

运用市场比较法对租赁权进行评估时,一个比较关键的方面是确定比较的案例和修正系数。能否进行准确的修正计算,直接影响评估结果的准确性,所以,这一步可以说是市场比较法的核心。在实际操作中,一定要谨慎合理地确定修正系数,尽可能使评估价格接近真实价格。

三、案例分析

【案例一】 设某企业向甲公司租赁一套程控机床,每年租金为 100 万元,租期为 5 年。假定 5 年租赁期中,该设备年平均产值为 1 000 万元,生产和销售成本为 500 万元,该设备在产值中的贡献率与其他生产要素贡献率的比例为 50%,求该设备租赁权的价格(假定折现率为 10%)。

分析:根据案例内容,可以将租赁权的收益折现,以确定租赁权的价值,所以用收益现值法计算。

由租赁权的期限为 5 年可知,每年该设备租赁权的收益为:

$$(1\ 000 - 500 - 100) \times 50\% = 200(万元)$$

根据收益现值法的计算公式:

$$p = \sum_{i=1}^{5} 200 \times (1 + 10\%)^{-i} = 758.15(万元)$$

即该设备租赁权的价值为 758.15 万元。

【案例二】 甲公司为一家著名企业,为了进一步扩大产能,该企业准备进一步增加设备,提高产量。由于原有厂房无法满足现在的生产需求,该企业准备另外租赁一座厂房使用。经过调查,该企业决定租赁乙企业的一座闲置厂房,租期确定为 5 年。为了准确地评估该厂房的租赁受益,通过调查,获得了邻近区域厂房的租赁案例,基本情况如表 11 - 2 所示。

根据交易案例,求待评估厂房的租赁权价格(折现率 10%)。

表 11 - 2　租赁权成交案例资料

	待评估案例	案例 A	案例 B	案例 C
交易情况	厂房租赁	类似	类似	类似
交易日期	2006 年 5 月	2005 年 8 月	2005 年 12 月	2006 年 2 月
区域状况	100	98	100	95
市场状况	100	100	98	95
租赁收益	?	200 万元/年	250 万元/年	180 万元/年

分析:首先我们可以确定,该案例使用市场比较法进行评估,现根据市场比较法做出以下修正和计算:

1. 交易情况修正。3个案例交易情况相同,无须修正。

2. 交易日期修正。根据调查,2005年8月至2006年5月,生产资料价格水平平均每月上涨1%。所以

$$案例A的交易日期修正系数 = \frac{评估日生产资料指数}{案例交易日生产资料价格指数} = \frac{109\%}{100\%} = 1.09$$

类似地,案例B和案例C的交易日期修正系数分别为1.05和1.03。

3. 区域因素修正。根据调查所得的区域状况指数,可以计算出:

$$案例A的区域修正系数 = \frac{100}{98} = 1.02$$

类似地,案例B和案例C的区域修正系数分别为1和1.053。

4. 市场因素修正。根据调查所得的市场状况指数,可以计算出:

$$案例A的市场修正系数 = \frac{100}{100} = 1$$

类似地,案例B和案例C的市场修正系数分别为1.02和1.053。

5. 计算租赁权价格。

案例A的调整价格为:$200 \times 1 \times 1.09 \times 1.02 \times 1 = 222.36$(万元)

案例B的调整价格为:$250 \times 1 \times 1.05 \times 1 \times 1.02 = 267.75$(万元)

案例C的调整价格为:$180 \times 1 \times 1.03 \times 1.053 \times 1.053 = 205.57$(万元)

所以,待评估厂房的租赁权价格为:

$$(222.36 + 267.75 + 205.57)/3 = 231.89(万元)$$

第三节　特许经营权评估

一、特许经营权价值的形成与评估的特点

(一)特许经营权价值的形成

作为特殊的权利型无形资产,特许经营权的价值来自特许经营权利的产生,下面我们将从三个方面考察特许经营权价值的形成机理。

1. 行业优势。特许经营权一般分为两类:行政性特许经营权和纯商业性特许经营权。行政性特许权的产生来自不同时期国民经济发展对不同行业(产业)的不同要求。为了适应国家经济社会发展的需要,同时也为了促进国

民经济的稳定持续发展,需要政府对某些行业给予适当的政策保障和扶持,以保证它们保持比较明显的发展优势。当政府的保障转化为特许经营权时,就保障了该行业(产业)的竞争优势和良好的发展格局。同时,政府为避免这类行业无序扩张,争夺市场及资源,扰乱国民经济的正常秩序,必然采取准入制度,选择符合经营条件的有实力的企业进入,并特许它们实现该行业的各项经营职能。因而,这类企业继承了该行业的优势,能够创造出比其他企业更为优秀的经营业绩。这一优秀的业绩就是行业优势的价值转化,因为别的企业进入该行业也同样能实现。这一点在外贸进出口、资源开采与专卖等方面尤其突出。

关于纯商业性的特许经营权,某些国际性的企业集团如麦当劳、星巴克等,其特许权来自原有品牌服务以及行业竞争优势的延续。当进入一个新的市场时,这种特许权可以马上转化为行业竞争优势,迅速给经营者带来收益。正是基于类似的考虑,在一些准入门槛较低、又充满竞争的行业,采取特许经营方式开拓新兴市场,能够使授权企业迅速获取行业(产业)内的竞争优势。

从上述两个方面看,特许权权利的产生首先来自于行业的竞争优势,换句话说,特许经营权可以巩固并转化为行业的竞争优势,而这样的竞争优势又可以马上转化为超额收益,这是特许经营权价值的第一个来源。

2. 垄断收益。无论是行政性的特许权还是纯商业性的特许权,基于其权利的特殊性所产生的行业竞争优势,都会促使拥有特许权的经营者在自身所处的行业内处于相对垄断的地位。最突出的例子就是烟草专卖。由于地区烟草专卖制度,使得拥有烟草专卖权的经营者拥有超额垄断收益。这种收益直接得益于特许经营权,构成了特许经营权价值的第二个来源。

当然,某些特许权的垄断性直接来自于行业自身的自然垄断性,如一些公共事业经营项目和资源开采业。这些实施特许经营的行业,自身具有一定程度的垄断要求,尤其是关系国计民生的一些重要基础性产业和经济领域,在相当长的时期内都有实施国家垄断经营的必要。如果政府对这类行业采取特许经营政策,业内垄断企业便很容易获取高额垄断利润。

3. 风险回报。对于特许经营权的经营者而言,拥有特许经营权虽然可以带来竞争优势和垄断收益,但是都存在较大的经营风险。对于纯商业特许权而言,由于需要开辟新的市场,不可避免地会遇上各种各样的风险,如果原有授权企业发生问题,经营风险还会进一步扩大;对于行政性特许权而言,政府对某些可能存在较大风险的新生行业往往会采取偏保守的政策,以防止大量企业盲目进入,产生巨额风险损失,拥有特许权的企业一般具有较雄厚的经济实力、较丰富的从业经验和较强的抗风险能力。作为高风险的回报,这类企业在经营中往往能够

较多地得到国家的政策优惠和扶持,只要经营得当,风险控制得力,这些企业的收益可能会远远高于其他行业的一般企业。显然,这些企业更能凸显特许经营权的价值。我国在通信产品制造、信息等高科技产业实施开发权、特许经营许可证等政策措施,正是从维护新兴产业健康成长的目的出发,力求给业内企业带来更多的发展机遇。无论是纯商业特许权还是政策性特许经营权,相应的风险回报就成为特许经营权价值的另一个重要来源。

综上所述,特许经营权资产价值的形成和存在是客观事实,企业不仅要适时将其列入资产管理范围,而且在涉及该类资产权属或经营方式变动等多种经济事项时,确有必要明确了解相应的特许经营权的价值。

（二）特许经营权评估的特点

只要授权主体依法享有许可,并为受权人带来额外经济效益,我们就可以评估特许经营权的价值。但是,由于特许权价值的基础是特许权所能带来的经济收益,分辨特许权的收益就是特许经营权价值评估的关键所在。在实践中,进行特许经营权评估要注意以下几个问题:

1. 明确政府特许权与商业特许经营权的区别。特许权有广义和狭义之分。广义的特许权包括政府特许权和商业特许经营权,而狭义的特许权只包括商业特许经营权。二者的授权主体存在的差别,会导致其经营性质有所不同。

因此,在评估时一定要首先分清特许权的性质。政府授予的特许权的授权主体是政府,带有行政垄断的性质,这种特许权往往不能随意转让。获得这种特许权的企业可以依靠这种垄断权获取超额收益,因而这种特许权也是企业的一项资产。同时,由于这是政府授予的特许权,因而受到政策的影响相对较大,市场完善程度的影响相对较小,收益也相对固定。在实际评估中,对这种特许权的评估一般较少使用市场法。

商业特许权是包括授权主体的商标、专利权及专有技术在内的一整套经营模式,授权主体是为了取得分成收益而将特许权授予其他人。这类特许权受到法律保护,在公开市场中进行交易,受市场因素影响较大,所以也较容易进行价值评估。

2. 辨别特许权与商标、专利及其他技术许可的关系。企业在获取特许经营权尤其是商业特许权时,往往会牵涉到商标和专利技术等的共同使用授权,这就涉及特许权的价值范围问题。由于商标、专利权及专有技术也常常采用特许的方式进行转让,所以人们容易把特许权同这些交易相混淆。在评估时,必须对二者加以区分:商标、专利及专有技术授权的是单项无形资产的许可使用,分析的是单项无形资产未来所能产生的收益,进而以此为基础,评估价值;特许经营权则不同,它不是一种单一的无形资产,企业授予的经营特许权往往包含商标、专利权及专有技术在内,是一个整体经营模式的特许。在对特许经营权进行评估时,一定要把特许经营的整体作为评估的对象。

3. 注意不同的特许方式对特许收益的影响。特许经营的授权方式很多,在不同的授权方式下,受权人享有的权利范围不一样,所获得的特许权的收益差异也会很大。受权人享有的权利范围按从大到小排列的顺序依次为特许经营、独占许可和普通许可,相应的,它们的价值从大到小依次为特许经营、独占许可和普通许可。在评估时应注意这一原则。

二、特许经营权的评估方法

特许经营权的评估方法主要有以下两种。

（一）收益现值法

1. 基本概念。收益现值法是无形资产评估的基本方法,由于特许经营权的价值更多地体现在其未来收益上,在对特许经营权进行评估时,运用较多的也是收益现值法。特许经营权评估的收益现值法,是指将特许经营期间的收益作为特许经营权的价值予以折现。收益现值法是将特许经营权同其他资产要素一起视为经营者的一项投入,并把因该项投入而产生的未来收益作为该项投入的价值。在具体评估时,要注意分离特许经营权与其他要素资产对企业收益的贡献。在评估实践中,最关键的是计算与特许经营权对应的预期超额收益。

2. 基本计算公式：

$$p = \sum_{i=1}^{n} R_i (1 + r)^{-i}$$

式中,p 为特许经营权的评估价值,R_i 为第 i 期的特许经营权的预期超额收益,r 为折现率,n 为预期收益期限。

将收益现值法应用于特许经营权评估时,还要根据特许经营权的种类以及特许经营权授权使用的实际情况进行调整。一般比较常用的是收益提成的方法,这种方法可以兼顾特许权受让双方的利益。受让双方可以通过协商,根据特许权的实际使用效果分享利益,即：

$$p = K \times \sum_{i=1}^{n} R_i (1 + r)^{-i}$$

式中,K 为特许经营权收益提成比例。

3. 参数与变量的确定：

（1）确定特许经营权的预期超额收益。在确定特许经营权预期超额收益时,最重要的是如何从经营收益中分离出因特许权而产生的收益。一般而言,特

许经营权的超额收益可以从特许经营企业同行业一般利润水平进行对比而得到。但在具体计算时,要注意不同行业、不同企业的差别。

(2)确定折现率。确定折现率的目的是为了将未来的收益折现,折现率的计算要体现资金的时间价值。此外,折现率的高低,应考虑特许经营权产生超额收益时的风险状况,同时要兼顾一般资本回报率。

(3)确定预期收益期限。特许经营权的收益期限一般取决于特许经营权的特许时间,通常以年为单位。

当然,确定这些参数时,还要考虑行政性特许权和纯商业性特许经营权的区别,无论是收益还是折现率,两种特许权都有很大的不同。

(二)市场比较法

1. 基本概念。类似于土地使用权的评估,特许经营权的市场比较法是用市场上相同或者类似条件的交易价格,通过比较分析,对特许经营权的价格进行估价的一种方法。这一方法的原理比较简单,人们在进行市场交易时,一般都会参考类似交易,确定相关交易的价格。市场比较法就是运用已经被市场检验的结论对特许经营权进行评估。

虽然市场比较法也是特许经营权评估中一种比较常用的方法,但由于该方法要求一定的市场条件,因而较常用于纯商业性特许经营权的评估。因为这种特许经营权的市场相对较为发达,市场化程度比较高,同时也有比较多的案例可供参考比较。相对于纯商业性的特许经营权而言,行政性特许权市场化程度一般较低,没有较为充足的类似案例进行比较,也较少采用市场比较法进行价格评估。

同土地使用权的市场比较法相似,在运用市场比较法时,首先要进行市场调查,选择 3 个以上正常交易的案例作为参照;其次,参照案例与评估对象应属同一市场区域,交易条件应基本一致,交易时间也应尽量接近评估基准日;最后,要对一些个别因素进行调整,以便最终确定评估值。

2. 计算公式。市场比较法是将已知的类似特许权交易案例资料经过交易情况修正、交易日期修正以及个别因素修正等因素修正,最终计算出特许经营权的评估值。

具体计算公式如下:

特许权价格 = 比较案例价格 × 交易情况修正系数 × 交易日期修正系数 × 个别因素修正系数

三、案例分析

【案例一】 甲公司拥有某煤矿的特许开采权,现由于经营问题,甲公司欲将特许开采权转让。按规定,该公司获得的许可开采期限为 20 年,现在还剩余

5 年。预计未来 5 年每年的煤炭产量为 50 万吨,每吨的净收益为 100 元,企业预期利润是每年净收益的 50%。试计算该特许经营权的转让价格(折现率为 10%)。

分析:从案例内容来看,可以用收益现值法来评估特许经营权的转让价格。按照收益现值法的计算公式和要求,可知:

该特许权的预期收益期限为 5 年,每年的预期收益相同,由于要求的是因特许经营权而产生的超额收益,所以每年的预期超额收益为:

$$50 \times 100 \times (1 - 50\%) = 2\,500(万元)$$

$$p = \sum_{i=1}^{5} 2\,500 \times (1 + 10\%)^{-i} = 9\,476.7(万元)$$

即该特许经营权的转让价格为 9 476.7 万元。

【案例二】 某烟草公司成立以来,经营效益年年递增,为扩大企业规模,该公司决定增资扩股。为了清晰地核算企业资产,要求评估其烟草专卖权的价值。经过分析得知,该公司未来 5 年的预期税后利润分别为 2 500 万元、2 800 万元、3 000 万元、3 500 万元和 4 000 万元,5 年后的税后利润与第 5 年相同。该公司的收益折现率为 15%,特许权提成率为 40%,求该公司的特许经营权价值。

分析:按照案例内容和评估要求,特许经营权的价值可以用收益现值法进行评估。从案例中可知,预期收益期限为无限期,各期的特许经营超额收益为:

第一年:2 500 × 40% = 1 000(万元)

第二年:2 800 × 40% = 1 120(万元)

第三年:3 000 × 40% = 1 200(万元)

第四年:3 500 × 40% = 1 400(万元)

第五年:4 000 × 40% = 1 600(万元)

五年后每年:1 600(万元)

特许经营权的价格为:

$$p = \sum_{i=1}^{5} R_i (1 + 15\%)^{-i} + 1\,600 \times \frac{(1 + 15\%)^{-5}}{15\%} = 9\,404.62(万元)$$

该公司特许经营权的价值为 9 404.62 万元。

【案例三】 甲公司是一家著名企业,其市场开拓采取特许加盟的方式。现在准备在城市乙建一个特许加盟企业,要求评估特许加盟费用。为了进行准确的评估,经过调查,找到了邻近城市近期的特许加盟案例,基本情况如表 11 - 3 所示(折现率 8%)。试评估其特许经营权价值。

表 11 - 3　特许加盟成交案例资料

	待评估案例	案例 A	案例 B	案例 C
交易情况	特许经营	类似	类似	类似
交易日期	2006 年 6 月	2005 年 6 月	2005 年 10 月	2006 年 1 月
区域状况	100	95	93	100
市场状况	100	98	95	96
特许经营费用	?	5 万元/年	4.5 万元/年	8 万元/年

分析:首先我们可以确定,该案例使用市场比较法进行评估,现根据市场比较法做出以下修正和计算:

1. 交易情况修正。3 个案例交易情况相同,无须修正。

2. 交易日期修正。根据调查,2005 年 6 月至 2006 年 6 月,消费物价水平平均每月上涨 0.5%。

所以,案例 A 的交易日期修正系数 = $\dfrac{\text{评估日消费价格指数}}{\text{案例交易日消费价格指数}}$ =

$$\frac{106\%}{100\%} = 1.06$$

类似地,案例 B 和案例 C 的交易日期修正系数分别为 1.04 和 1.025。

3. 区域因素修正。根据调查所得的区域状况指数,可以计算出:

$$\text{案例 A 的区域修正系数} = \frac{100}{95} = 1.053$$

类似地,案例 B 和案例 C 的区域修正系数分别为 1.075 和 1。

4. 市场因素修正。根据调查所得的市场状况指数,可以计算出:

$$\text{案例 A 的市场修正系数} = \frac{100}{98} = 1.02$$

类似地,案例 B 和案例 C 的市场修正系数分别为 1.053 和 1.042。

5. 计算特许经营费用:

案例 A 的调整价格为:50 000 × 1 × 1.06 × 1.053 × 1.02 = 56 925.18(元)

案例 B 的调整价格为:45 000 × 1 × 1.04 × 1.075 × 1.053 = 52 976.43(元)

案例 C 的调整价格为:80 000 × 1 × 1.025 × 1 × 1.042 = 85 444(元)

所以特许经营费用为:(56 925.18 + 52 976.43 + 85 444)/3 =

65 115.20(元)

复习思考题

1. 简述土地使用权的价格体系。
2. 你认为土地使用权的价值会受到哪些因素的影响？
3. 简述土地使用权的评估原则。
4. 简述租赁权价值与租金、租赁资产收益的关系。
5. 简述特许经营权价值的形成和评估的特点。

计算题

1. 有一块面积为 10 000 平方米的经营性工业用地，土地使用费为 1 500 元/平方米，使用期限为 25 年；拆迁和平整土地的投资为 200 万元；假设折现率为 20%，资金利润率为 18%。试求该块土地的使用权价值。

2. 某房地产公司于 2000 年 12 月通过拍卖取得一块土地 60 年的使用权，并于 2002 年在该地块上建成一座写字楼。当时造价为每平方米 2 500 元，经济耐用年限为 55 年，残值率为 2%。目前，该类建筑重置价格为每平方米 3 000 元。该建筑物占地面积为 1 000 平方米，建筑面积为 10 000 平方米。另据调查，当地同类写字楼租金一般为每月每平方米 1 000 元，空置率为 10%，每年需支付的管理费为年租金的 3%，维修费为重置价格的 2%，土地使用各项税费及房产税为每平方米 50 元，保险费为重置价格的 0.2%，土地还原利率为 7%，建筑物还原利率为 8%。试根据以上资料评估该地块的土地使用权价值。

3. 某一待评估地块为一用于商业开发的空地，面积为 1 000 m²，为了评估其 2006 年 8 月的公开市场交易价值，经过调查分析，评估人员找出 3 个参照交易案例，基本情况见表 11 - 4。根据交易案例，求待评估土地的价格（折现率 8%）。

表 11 - 4　土地使用权交易案例

	待评估地块	案例 A	案例 B	案例 C
交易情况	正常商业开发	类似	类似	类似
交易日期	2006 年 8 月	2005 年 8 月	2005 年 10 月	2006 年 4 月
区域状况	100	90	95	100
剩余使用期限	40	25	30	35
交易价格	?	2 500 元/ m²	2 800 元/ m²	3 000 元/ m²

4. 某市一国有企业需要进行股份制改造,有一幢建筑面积为 3 000 平方米的厂房连同土地使用权一并出让。根据该市出让国有土地使用权基准地价表,该厂房所在地区工业用地的出让金为 150 元/平方米(土地面积),修正系数为 1;市政及配套费用为 650 元/平方米(建筑面积),修正系数为 1.2;土地开发费用为 2 500 元/平方米(土地面积),修正系数为 0.95;容积率为 0.8。试运用基准地价系数修正法,确定该建筑物所在土地使用权的价格。

5. 某区域内土地使用权市场价格的标准深度为 8 ~ 12 米,路线价格为 2 500 元/平方米,待评估地块为一矩形地块,临街宽度为 15 米,临街深度为 20 米。地价深度指数为:0 ~ 8 米为 116%,8 ~ 12 米为 100%,12 ~ 16 米为 95%,16 ~ 20 米为 90%。根据调查分析,待评估地块个别修正系数为 0.95。试评估该地块土地使用权的价值。

6. 某企业向租赁公司租赁一成套设备,该设备原价 500 万元,剩余租期为 5 年,预计净残值为 50 万元,利息率为 7%,手续费为设备原价的 1.5%。剩余租期内该设备所产生的年收益为 1 000 万元,销售成本为 700 万元,其中设备收益贡献为 50%。租金为每年 50 万元,折现率为 10%,试评估该设备租赁权的价值。

7. 甲公司拥有某工业原材料的特许进口许可证,按规定,该公司获得的进口许可权期限为 5 年,每年进口原材料 20 万吨,预计未来 5 年该原材料的进口收益分别为 5 000 万元、5 200 万元、4 800 万元、4 500 万元和 5 000 万元。企业预期利润是每年净收益的 50%。试计算该特许经营权的价格(折现率为 10%)。

8. 甲公司是一家著名企业,市场销售采取特许经销的方式。现在准备在城市 A 新增一家特许经销商,通过调查,找到了邻近城市的近期成交的 3 个特许经销案例,基本情况见表 11 -5(折现率 8%)。请评估该公司特许经销权的价值。

表 11 - 5　特许经销权交易案例

	待评估案例	案例 A	案例 B	案例 C
交易情况	特许经销	类似	类似	类似
交易日期	2006 年 5 月	2005 年 5 月	2005 年 11 月	2006 年 4 月
区域状况	100	98	95	90
市场状况	100	95	98	100
特许经销权价值	?	100 万元	135 万元	125 万元

第十二章 综合型 无形资产评估

- 了解企业商誉评估的特点和假设前提。
- 了解企业商誉的价值及其形成因素,分析企业商誉价值与企业整体价值间的关系。
- 掌握企业商誉评估方法的运用,注意商誉评估中相关参数的确定。

综合型无形资产主要是指商誉。企业的商誉是一个综合概念,它包含了企业整体各要素的综合优势。当我们提到苏宁电器时,我们想到的是家电、价格、良好的服务和购买的便捷,这就是企业的商誉。商誉与其他无形资产相比有较大的不同:首先,无论是知识产权型无形资产还是权利型无形资产,都可以作为单项资产,进行转让或出售;而商誉则不能,它是企业整体的象征,无法脱离企业整体而独立存在。其次,商誉是依托于企业其他要素而存在的,它内嵌于企业生产经营的大系统中。最后,企业的商誉还是一项不可确指的无形资产,对它的评估要建立在对企业各项可确指要素评估的基础之上。

第一节 概述

一、商誉评估及其特点

商誉作为一项比较特殊的无形资产,伴随着企业生存与发展的始终,在日趋

激烈的市场竞争中显现出愈来愈重要的价值。随着企业兼并收购浪潮的兴起，商誉在企业发展中的地位也变得越来越重要，商誉的确认和评估也已成为资产管理理论和实务中的一个重要问题。

（一）基本概念

商誉评估是指评估人员根据特定目的，遵循公允的原则和标准，按照法定的程序，运用科学的方法，以企业整体资产在某一时点的状况为基础，对企业的超额收益能力进行评定和估算的过程。商誉是企业资产中的一项不可确指的无形资产，具体表现为企业所获得的超过同行业企业一般获利水平的能力。因此，商誉的评估是离不开企业整体资产的评估。商誉与企业整体相关，不能单独存在，也不能与企业可辨认的各种资产相分离。因为形成商誉的个别因素千差万别，这些个别因素既不能相对合理地单独计量，也难以进行差异的定量调整。这一切，就造成了商誉评估的困难。

（二）商誉评估的特点

与其他无形资产评估相比较，商誉的评估具有自身的特性。主要有以下几点：

1. 整体性。商誉评估的整体性是依据商誉的非独立性。由于商誉是一种不可确指的无形资产，不能单独存在，因而，商誉的评估是以企业整体的资产为基础，是所有企业资产和要素共同作用的结果。离开了企业，商誉就会失去载体，也就不存在对商誉的评估。因此，商誉是企业整体价值中一个无形的构成要素，对商誉的评估要从企业的整体获利能力入手，并且只有在企业的整体价值中，商誉才有意义。

2. 综合性。商誉评估的综合性是依据商誉构成要素的多元性。企业要生存、竞争与发展，需要相应的组织架构、文化观念以及具体要素和资产的投入，这一切，都在某些方面或多或少地影响和改变着企业的商誉。形成商誉的因素很多，我们很难用任何方法或公式，对各项个别因素单独加以确认和评估。因此，要对商誉进行准确有效的评估，只有将构成商誉的各项因素综合起来，作为依附于企业整体的一项综合资产来看待。

3. 持续性。对于一个企业而言，商誉的形成具有时间上的连续性和累积性，商誉的形成与发展贯穿于企业生存与发展的全过程。企业的发展是一个连续不断的过程，相应的，企业商誉的发展也是一个连续不断的过程。企业的各个方面都在不断地发展和变化，根植于企业整体价值之中的商誉也自然会随着企业的发展而不断变化。随着时间的增长，商誉的价值累积会一直持续下去。因此，对商誉的评估要保持连续性，尤其是在企业进行并购和资产重组等产权交易时，对企业商誉的评估更要注重持续性。

4. 单一性。单一性这一特性是由商誉的实质决定的。由于商誉是一项比较特殊的无形资产,它的存在具有不可确指性。所以,要对商誉进行评估,就要求尽量简化和确认商誉的具体表现。目前,商誉存在的判断标准以及商誉的评估都是以企业整体资产未来的超额收益这一具体指标来反映的。换句话说,商誉评估的基础是单一的,这样可以保证评估工作的顺利进行。

5. 双重性。商誉的价值是由企业整体收益水平体现的,其价值量的大小取决于企业整体收益水平和行业平均收益水平的比较,当企业的收益水平高于行业平均水平时,商誉的价值为正值,反之则为负值。由于商誉具有正负性,因此,它的评估对企业获利能力也具有积极或消极影响。商誉的评估值,既可能使企业资产出现增值,也可能使其出现贬值,这一点在具体实践中尤其需要注意。

二、商誉评估的假设、原则和程序

(一)商誉评估的假设前提

商誉由于自身的特殊性,在不同的经营环境和条件下,会呈现不同的特点,是一种特殊的无形资产。要对商誉做出准确而又有效的评估,就一定要以一定的企业经营状况为前提。因此,要进行企业商誉评估实践,首先需要明确商誉评估应该遵循的基本假设前提:

1. 持续经营假设。持续经营假设是指在对企业商誉进行评估时,不论是在过去,还是在可以预见的将来,企业都将保持当前的经营实体并持续有效地进行经营活动,这种有效的经营状况不会因为评估而改变。当企业自身作为一个经营实体发生变化时,就意味着商誉所依附的载体发生了变化,相应的,企业的商誉也将发生变化。如果企业的盈利能力因经营状况的变化而减弱,则会导致商誉价值的降低。

长期以来,对商誉的评估一般总是在企业发生产权变动或者经营主体发生改变时进行,评估时点一般也局限于企业产权变更的时刻,这给评估工作造成了相当大的困难。因为商誉的评估除了要体现企业过去的价值,还要能够反映未来的状况,这就要求在评估时,可以假设企业是持续经营的,这样就可以保持评估结果的一致性,同时也便于具体操作和计量。通常情况下,企业不会确认、反映或者揭示自身的商誉信息。商誉本身与企业整体是不可分离的,这是商誉与其他无形资产最显著的区别。一旦企业被并购或重组,形成原有企业商誉的某些有利因素会因产权变更而失去其价值,而原来不被认为是企业优势的一些因素会发生转化,有可能成为对企业商誉有利的因素。为了尽量将这些因素的变动简化,保证对商誉进行合理评估,需要进行主观假设。也就是说,当企业被并购或者重组时,我们所评估的商誉,只能是商誉主体并购时点上的商誉,是保持

持续经营状态下的商誉,同时也是企业整体性不被破坏下的商誉。基于以上理由,对商誉的评估要遵循持续经营假设。

2. 超额收益假设。超额收益是企业拥有商誉的先决条件,企业只有存在超越同行业平均水平的超额收益,才能显现自身的商誉,对其进行评估也才具有相应的现实意义。换句话说,在持续经营的假设前提下,企业的商誉最终表现在企业的预期超额收益上。由于企业商誉与其所花费的成本没有直接关系,商誉价值量的大小,完全取决于它所能够带来的预期超额收益。预期超额收益越大,商誉的评估值就会越高。因此,在对商誉进行评估时,人们会预先假设企业具有获取超额收益的能力。在具体的评估实践中,人们也是以企业整体的收益水平为依据,对企业的预期收益能力进行评估。

（二）商誉评估的原则

1. 预期原则。预期原则是商誉评估过程中首先要把握的原则。由于企业的商誉更多地体现在未来的预期超额收益上,所以不能忽视对企业未来超额收益的估计。商誉是企业持续经营过程中未来预期超额收益的资本化价值。因此,企业预期超额收益的高低,对商誉的价值将产生直接影响。

具体来说,坚持预期原则就是要在对企业商誉进行评估的过程中,注意以下几个问题:充分考虑企业的外部环境,如国家的税收优惠政策、信贷政策等,这些都会给企业带来影响;充分重视企业未来的整体收益,尤其是一些重要的营业收入和成本费用的变化趋势,在评估中要充分估计未来收益的整体性;充分考虑影响企业整体收益的一些风险因素,例如,如果企业有一部分收益来自证券或不动产,这些资产的价格就会受到许多因素的影响,在评估中需要剔除这些干扰因素。此外,对于一些非正常的损失,如自然灾害和不可抗力等,都应该在评估时予以调整。

2. 动态原则。动态原则要求我们在进行评估时,要充分考虑企业整体经营状况的变动,也就是说,要以动态的视角对企业商誉进行评估。具体来说,动态原则包含以下三个方面:①从商誉评估的整体性来说,由于构成和影响商誉的因素很多,这些因素在企业内的地位和作用会随着企业的发展而不断发生各种各样的变化,与此同时,企业整体的变化也会对企业商誉构成很大影响。为了尽量将企业商誉的动态变化纳入评估体系,需要遵循动态评估原则。②对于企业而言,持续经营就意味着动态的发展,为了贯彻持续经营假设,我们也需要遵循动态原则。③由于商誉评估的主体是未来预期收益,从这个角度说,我们更需要动态地观察和预测企业预期超额收益的发展和变化。

3. 客观原则。客观原则主要是针对企业商誉评估中的未来预期收益的评估。企业的未来预期收益,并不等于企业实际可能发生的超额收益,它不是会计核算或者企业经营中的超额收益的资本化价值,而是针对企业而发生的在持续经营假设下,企业整体的全部可行的预期超额收益的资本化价值。我们在对资产进行评估时,一般都会按照客观原则预测或者估计资产的收益。由于企业的商誉是一种特殊的无形资产,它不可确指又确实存在,为了尽量接近企业商誉的实际价值,我们对其进行评估时,就需要遵循客观原则。

4. 市场原则。商誉评估的大环境和背景是市场经济,企业商誉价值的体现也是基于激烈的市场竞争的需要。因此,企业商誉的评估必然要遵循市场原则。遵循市场原则就是要求我们坚持:①市场定价原则。企业商誉的价值基础是市场,市场是企业商誉得以实现价值的场所。因此,以市场供求来确定企业商誉的定价是企业商誉价值评估的必然要求。②效用原则。我们知道,商品具有两个基本属性,价值是使用价值的基础。所以,商誉的效用价值是决定商誉价值的关键因素,对企业的商誉价值起决定作用。

(三) 商誉评估的程序

在实践中,企业商誉评估一般采取以下步骤:

1. 收集相关资料。要对企业所拥有的各项资产进行清点核查,了解企业资产的实际情况。企业的资产一般由流动资产、固定资产以及有形投资和无形资产等组成,各类资产及其对企业收益的贡献一般会有差异,特别是由于受到企业内部管理方法、外部经营环境变化的影响,各类资产在评估时的价值体现都会有所不同。因此,要详细分析各类资产的现实情况、使用程度以及对企业收益的贡献,这对于客观、准确地对各类资产做出估价以及对企业资产整体做出评估都十分重要。

2. 确定有关参数,即整理并确定商誉评估的有关参数,包括:

(1)收集企业近年来的年收益额和净资产利润率,并在此基础上,预测企业未来各年利润;

(2)收集社会和行业的基准收益率、债券利率、银行定期存款利率以及行业风险补偿率等各种报酬率;

(3)合理预测企业超额收益持续的期限。

3. 评估企业整体价值。在日常工作中,要在积累各行业发展相关资料的基础上,进行适当的市场调查以及对同行业资料的收集分析,通过企业的市场地位、新产品开发能力以及新增的开发投资等,对企业的未来收益做出预测和分析,然后,确定企业资产的整体评估价值。

4. 确定企业各单项资产(商誉除外)的价值。对企业的各项有形资产和可辨认的无形资产的价值分别进行评估。对企业的各项有形资产,可以运用成本法或市场法进行评估;对可辨认无形资产,可以运用市场法或收益现值法等进行

评估。

5. 评估企业商誉价值。选用适当方法,确定合适的参数,最终确定企业商誉的价值。

6. 完成评估报告。

第二节 商誉的价值构成

一、商誉的价值及其体现

商誉作为企业整体获利能力的表现,是企业整体要素与资产持续投入的产物。商誉的价值就是企业获取超额收益的能力,而商誉之所以能够为企业带来超额收益,是因为凝结在企业中的要素和资产,其效率远远高于造就同等收益所需要素的资产效率的社会平均水平。当然,还有负商誉的存在,但这仅仅是效率低于社会平均水平时的状况。企业商誉的价值是企业自身资产的增值,而不是企业特殊资产的增值。企业商誉作为一般资产的增值,凝结在企业的各个运营环节及有机整体的运作中。在构成企业商誉的诸多因素中,有许多因素的投入是非物质化的,或者说是无形化的。这些无形化的因素同那些有形的要素相结合,共同转化为企业商誉这一特殊的无形资产。虽然从账面上,我们还无法看到企业资产的增加,但是企业已经凝结了更多的商誉价值,而且这种价值会不断累积并转化为企业的收益。

按照经济学的观点,企业商誉的价值也可以说是对一种相对稀缺资源的垄断。市场中的许多要素(如优秀的人才、知识产权以及自然资源)都是稀缺、独特的。这种稀缺性的生产要素一旦为企业所掌握,就有可能形成垄断。相应的,企业的超额收益能力也可以说是一种垄断能力的体现,这就像企业对知识产权的垄断可以提升企业的竞争力,对销售市场的垄断可以使企业制定有利于自己的垄断价格一样。企业商誉体现了企业对于所处市场的垄断能力,只是这种能力是一种多因素的集成,不可确指也无法准确地衡量。但是,企业商誉带给企业的是整体效率的提升、企业整体市场竞争能力的加强与提高。尤其是企业商誉中的品牌、企业文化以及企业的口碑、整体的形象等,都与企业有着不可分割的联系,不能脱离企业而独立存在。正是这些要素,带来了企业的超额收益能力。

人们购买一种商品,是因为商品具有满足人们需要的属性。商誉产生价值,则是因为市场发展的需要。企业商誉承载着企业整体的收益能力,企业商誉的价值就直接体现在对这种收益能力的获取上。从这个意义上说,企业商誉的效用或者说使用价值就是促进企业发展。商誉的价值必须通过企业的发展来实现和界定。企业的品牌、团队、文化以及各种资产和要素,则是企业商誉价值的构成载体,它们是评估企业商誉的基础。

具体来说,企业商誉价值的体现包含以下两种方式:

第一,企业自创商誉价值的体现形式。企业自创商誉的价值,通过企业的经营业绩或运营能力来体现。在同等条件下,商誉价值高的企业会有更高的投资收益水平,而企业超过行业平均投资收益的差额部分,就是该企业商誉的价值。

第二,外购商誉价值的体现形式。企业外购商誉的价值是并购企业支付给被并购企业的价格减去被兼并企业有形资产净值和可辨认无形资产价值的余额,它是对被并购企业超额获利能力的一种补偿。

二、商誉价值的构成和特点

(一) 商誉价值的构成因素

企业商誉价值的构成因素是指形成企业商誉的主要缘由及影响因素,具体包括以下几个方面:

1. 企业所处的地理位置优势。企业的地理位置优势也称企业的地缘优势,它与企业的经济效益有很大关系。良好的地理位置能方便沟通,促进市场交易,减少开支,降低企业经营成本。如果企业所处的地理位置和所占据的活动范围与企业经营目标所规定的位置和范围一致,该企业获得更多收益的机会就会比其他不一致的企业大。例如,如果企业所处的位置恰好在交通、通信便利的地方,并靠近产品销售市场或原材料产地,那么必将降低企业的生产成本,提高企业产品的市场占有率,进而提高企业的销售额和利润额,企业效益自然也就相应的得到了提升。

2. 优秀的企业历史传统和企业文化。企业有良好的商誉并非一蹴而就,而是在企业长期的发展过程中积淀形成的。通过企业员工的集体努力,才形成了企业的技术秘诀、经营之道、公众形象及其社会知名度,也才构建了企业独特的文化和历史传统。例如,日本的松下幸之助创立的松下企业文化,就是凭借先进的管理、独特的理念,才得以引导松下在世界经济战场上驰骋多年而立于不败之地,并使松下的事业发扬光大。松下的发展史,实际上就是松下文化的发展史。悠久的企业历史,优秀的企业文化,是形成企业独特魅力的主要原因。不仅仅是松下,无论是百年老店同仁堂还是网络门户新浪,一个个企业商誉的形成,都离不开企业特有的文化。

3. 良好的社会形象。企业良好的社会形象能增强消费者对企业产品(服务)的信任,提高企业产品(服务)的销路,增加企业的超额收益。例如,每天我们在报纸、电台、电视台和网络等媒体的报道中,都会多多少少地感受到企业为了自身形象所做的努力。企业之所以这样做,一方面是为了提高企业及其产品的知名度,另一方面也是为了让消费者认识到,企业并非唯利是图,企业也会关注社会。这种社会形象的树立,有利于使人们对企业产生好感,从内心认同该企业的产品和服务。这种行为的结果就是企业商誉的提升,最终会改善企业的收益。此外,企业的行为也会得到社会各界特别是政府的认同,并由此形成较为融洽的公共关系,使企业在今后的生产经营过程中获得更多的方便,最终也会降低企业的运营成本。

4. 优秀的资信级别。优秀的资信级别是指企业具有良好的银行信用以及跟银行建立的良好的合作关系,当企业筹集资金时,可以优先获得金融界的支持。对于同行业的企业来说,谁拥有优秀的资信级别,谁就会获得克敌制胜的先机。无论是处于高速发展阶段还是处于升级换代阶段,每个企业都需要大量资金,或者是为了进行业务拓展,或者是为了进行技术改造。当外部环境恶化,银行收紧银根时,哪个企业拥有优秀的资信级别,哪个企业就能最快地获得银行资金的支持,最快地对市场做出反应,从而扩大企业的市场占有率,取得其他企业无法得到的回报。

5. 技术创新优势。企业技术创新包括技术开发创新、技术工艺创新、技术改造创新、技术引进创新等几个方面,企业创新的标志是对先进技术、工艺和装备的采用和对落后技术、工艺和装备的淘汰。有的企业善于依靠对技术的创新、选择以及在生产经营中的运用和推广不断发展壮大自己。企业技术创新是当今企业改善质量、扩大规模、增加效益的基础和主要手段,也是当今企业商誉价值构成的重要内容和有机组成部分。

6. 科学的管理体制。科学的管理体制包括科学合理的组织机构、全面管理制度、现代公司财务制度、人力资源管理制度、激励机制等,它是为了有效地实现生产经营目标而进行的一种计划、组织、指挥、协调、控制和激励的综合性活动,既是对企业综合要素资产的组织与计划,又是对机构和人才的激励、领导和控制。科学的管理体制能够协调企业的内部关系,规范企业的运作程序,提高工作效率,节约成本,增加企业效益。

7. 人才优势。科技创新、管理创新、制度创新都离不开相应的人才。企业要在行业内长期处于领先地位,就必须占领"人才"这一制高点。只有通过招聘一流的人才,加上科学的管理制度,使企业在市场调研、产品开发、生产、质量控制、市场营销等环节都快人一步、高人一等,才能最终赢得市场份额的扩大和投资回报率的提高。

8. 员工的团队精神。企业内部员工关系融洽,配合默契,可以使工作协调、企业运转顺利。一个好的组织,关键在于员工之间和谐共处、协调一致。共同的企业文化与传统,使员工抱有一种积极向上的团队精神。员工的团队精神是企业不可多得的精神财富,拥有团队精神的企业,往往内部关系顺畅,员工目标一致,办事效率高,同时减少了不必要的内耗成本,给企业带来了更高的收益。

9. 企业的经营状态。企业的经营状态直接关系到企业商誉价值的大小。产品的市场占有率,目标市场的潜在增长率,企业在竞争者中的地位,企业与供货商的关系,销售渠道的畅通程度以及企业的财务状况等都会对企业获得额外收益产生影响,这些都是影响企业商誉价值的主要因素。

10. 其他。企业商誉还有其他一些构成要素,如产品的专营权,企业的商标、品牌的知名度等。

以上因素归纳起来不外乎两类:第一类是能够单独发挥作用,属于要素的范畴,如地理位置、特有技术等;第二类是经营管理状况,也就是以管理者为主体,通过第一类因素发挥作用,属于非要素的范畴。在商誉的构成要素中,构成企业商誉价值最基础的要素应该是企业杰出的员工队伍即人力资源。只有将杰出的企业人才作为商誉价值最基础的构成要素,人们才能理解为什么具有同样的地理位置和同样的先进技术的企业,有的企业具有优良的业绩并取得很高的商誉,而有的企业却没有;为什么拥有杰出人力资源的企业会取得良好的业绩,并获得较高的商誉价值;为什么人们会认为企业竞争是人才的竞争。企业所有的科学管理制度、融洽的公共关系、优秀的资信级别和良好的社会形象等,无不是企业员工充分发挥其特长,进行科学有效的生产和管理而创造的。因此,企业商誉的基础要素归根结底还是企业的人力资源这一基本要素。

(二)商誉价值的特点

商誉的价值与一般商品的价值不同,有如下几点特性:

1. 商誉是附着于企业各项资产之上的结合体,离开了企业,商誉的价值就不会存在。商誉的价值只有把企业作为一个整体看待时才能加以确定。商誉的不可独立存在的特性,决定了商誉没有单独的市场交易,从而也决定了商誉无市价可言。即使假定商誉有市价,商誉的市价也不具有可比性,因为形成商誉的个别因素千差万别,这些个别因素不能相对合理地单独计量,而且,各项因素的定量差异也难以进行调整。

2. 商誉是一个动态概念。一般情况下,企业商誉的价值不是一成不变的,而是随着企业整体价值的变化而变化的。如果曾经是企业获取超额利润的独占性的优越条件已成为维持企业生存所不可缺少的要素,并且已为其他企业所拥有,成为一般的获利条件时,那么,商誉存在的基础也就消失了。因此,《美国会计准则》规定,超过一定时间的商誉将被注销。

3. 商誉的价值和任何发生的与其有关的成本没有可靠或预期的关系。商誉之所以能成为商誉,依靠的其是优越性和独占性,而不会与其形成过程中所耗费的成本费用有价值上的因果关系。优越性和独占性的形成不一定都会有成本的发生,即使有成本发生,商誉价值的大小也并不取决于投入成本的大小。也就是说,商誉价值的形成与企业为形成商誉的花费没有直接关系,并不是企业为商誉花费得越多,其评估值就定越高。尽管所发生的费用或劳务会影响商誉的评估价值,但这只是通过影响未来预期收益的方式得以体现的。

三、商誉与企业整体价值

企业是由构成企业的各种要素和资产组合而成的整体,作为各种要素和资产集合体的企业,有其特有的价值表现。企业获得高于同行业平均水平的收益能力不会凭空产生,而是因为有一种特殊的资产在起作用,这个特殊的资产就是企业商誉。如果相同数量的资本,只获得了低于市场平均利润率的利润,就说明企业存在着一种不可确指的起消极作用的资产,这种资产可以称为负商誉。企业整体资产价值将随着企业收益水平的提高而提高,当企业经营效益很差(见图 12 - 1),不能持续经营时,企业的投资者只能获得有形资产残值,即只获得有形资产变现残值的加总金额;当企业处于清理条件下,其全部有形资产可以清产折卖,这时其折卖的价格加总会高于残值,但企业整体资产的价值仍低于资产正常的重置价格;当企业经营收益达到一定水平时,这种收益就可以维持企业持续

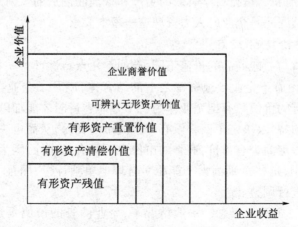

图 12 - 1 资产价值与企业收益

经营,此时,企业总获利能力仅保持在行业平均收益水平上,这时,企业有形资产已充分体现企业整体的价值;当企业收益超过行业平均收益水平,即企业出现超额收益时,企业无形资产(包括可辨认和不可辨认无形资产)的价值才会凸显;超额收益越大,企业商誉的价值就越大,相应的,企业的价值也就越大。

第三节　商誉的评估方法

一、超额收益法

(一)基本概念

超额收益法也称为直接法,其理论基础是将商誉视为企业整体超额收益的资本化价值。企业商誉同其他无形资产一样,不是作为一般商品或生产资料转让,而是作为一种特殊的市场能力来转让的。因此,它的价值不能以其自身成本为基础,而应以其所能够带来的新增收益来衡量。正是基于这一原因,企业商誉比较适合采用超额收益法来评估。

类似于收益现值法,商誉评估中的超额收益法的基本计算公式如下:

$$p = \sum_{i=1}^{n} R_i (1 + r)^{-i}$$

式中,p 为企业商誉的价值,R_i 为第 i 期的预期未来超额收益,r 为折现率,n 为预期收益期限。

根据对企业未来超额收益预测的不同,在具体实践中,我们还可以采取超额收益本金化法对企业商誉进行评估。

这里所说的超额收益,是指企业获得的超过企业所在行业平均水平的收益。从数量上看,企业商誉是企业整体资产收益与按市场平均资产收益率计算的收益之间的差额。运用超额收益本金化法的前提之一是,企业未来的收益水平足以代表企业的存续收益能力。如果企业的经营一直比较好,超额收益也比较稳定,就可以用超额收益本金化法确定企业商誉的价值。一般说来,这种方法比较适用于那些已进入成熟期,并且在可预计的若干年内生产和经营都比较稳定的企业。

超额收益本金化法的计算公式是:

$$商誉评估价值 = \frac{企业各项单项资产价值总额 \times (企业预期收益率 - 行业平均收益水平)}{适用本金化率}$$

$$= \frac{企业年预期收益总额 - 行业平均收益率 \times 企业各项单项资产总额}{适用本金化率}$$

在实际操作时,超额收益本金化法不需要估计收益期限,但是需要选择合适

的本金化率。而且,需要注意的是,该方法的运用,是以超额收益可以在今后存续作为假设前提,这是一种比较理想化的状况,实际情况可能会有所出入。

（二）基本参数的确定

使用超额收益法评估商誉的价值,要受到 3 个基本参数的影响,它们分别是:未来超额收益,折现率(适用本金化率),预期收益期限。

1. 未来超额收益。企业未来超额收益是指企业的收益能力与同行业的平均收益能力的差额。要确定超额收益,首先要明确企业的未来预期收益。在计算企业未来收益时,必须注意以下几个问题:

（1）必须充分考虑对企业未来发展起重要作用的外部环境。行业发展的前景,政府的规划和相应的法规等都会对企业的未来发展产生深远的影响。

（2）要充分重视企业的相关收益以及其他一些重要收入和费用的变化趋势。在处理这些变动时,不能简单地使用历史平均,而要通过历史分析,综合考虑未来的因素。只有这样,才能比较准确地预测企业未来的收益。选取未来收益的预测值评估企业的商誉,是因为商誉本身的特性即反映企业未来的获利能力,这也符合商誉评估的目的。

（3）在预测收益时,应将偶然性因素剔除。我们所要取得的,是正常市场条件下的企业收益值,但同时也应该包括对未来收益与风险的合理预期。在预测时,要对非正常损失(如自然灾害等)进行相应的调整,剔除一些合理预期以外的偶然因素。

在明确了企业的收益状况后,就要了解同行业的平均收益水平。行业平均收益水平这一概念说明了这样一个事实,即处于同一行业的不同企业,其收益是有差别的。对于这种差别的合理解释,就是因为行业内部企业间存在着差别,这种差别体现在多个方面,集中起来就是企业商誉的差别。商誉好的企业往往可以获得高于行业平均水平的超额收益,行业平均收益率体现了商誉的本质。商誉是因超额收益的存在而存在,超额收益是企业超过行业平均收益率的差额,以超额收益为基础评估的商誉价值才是真实的。

2. 折现率(适用本金化率)。由于资金具有时间价值,等量的货币在未来并不具有与现在同样的价值,所以,必须将未来的超额收益进行折现。折现率是商誉评估中一个十分重要的参数,它的确定,直接决定了企业商誉评估的结果。在具体的实践中,折现率的确定首先应该体现以下几个方面的影响:资金的时间价值、通货膨胀、将要承担的风险(如财务风险、破产风险、投资风险等);其次,折现率的确定要参考同行业平均资产收益水平和企业实际的整体收益水平,因为这些构成了企业的正常收益状况;最后,折现率的确定要结合企业整体资产的状况,同时要充分考虑买卖双方期望的收益水平。至于企业的适用本金化率,则可以类似于确定折现率的方法进行确定。在确定企业适用的本金化率时,一定要充分考虑企业的发展实际。

3. 预期收益期限。在运用超额收益法对企业商誉进行评估时,要结合企业的实际,对未来收益期限做出预测。如果企业经营状况稳定,可以假设企业持续经营无限期,这时,就可以采用本金化的方法,简化评估程序;如果企业的经营状况(尤其是未来的状况)并不十分确定,就要结合各种因素,对企业收益期限进行预测。这时,首先要分析企业本身的生命周期以及相应产品和服务的生产周期,因为处于不同阶段的企业,其收益状况不尽相同,如果该企业的主要产品正处于成长期,那么收益期限可考虑长一些;如果该企业的主要产品已进入成熟期,那么企业的收益期限不宜过长。其次,要根据市场竞争状况、行业发展趋势以及技术进步状况等做出综合判断,直接分析企业的剩余经济寿命。

二、残值法

(一)基本概念

残值法又称割差法,是企业商誉价值评估的另一个主要方法。它的理论前提是,企业商誉来自于企业各项资产的增值,即企业整体价值大于各项资产价值的总和。残值法评估理论的基础是商誉价值评估的"总计价账户论"。作为"总计价账户",商誉不是一种单独可以获得收益的资产,不能独立存在。商誉必须依附于企业这一价值主体,必须与企业的其他资产结合才能发挥作用。同时,由于商誉的这样一种特性,会使企业整体价值大于各部分资产价值的总和。

在具体实践中,残值法的运用还要利用收益现值法的原理。

其基本计算公式如下:

$$p_{商誉} = p_0 - p_1 - p_2$$

式中,$p_{商誉}$为企业的商誉价值,p_0为企业的整体价值,p_1为各有形资产的价值,p_2为可辨认无形资产的价值。

(二)基本参数的确定

1. 企业整体价值的确定。在实践中,对企业整体价值评估的方法通常有两种:一种是收益现值法,即通过对企业未来收益折现的方法,估算出企业的整体价值;另一种是市场法,即通过将待评估企业与市场上同类型企业进行比较,估算企业的整体价值。后者较多用于上市企业的评估。目前,我国证券市场还不完善,企业的市场价值还难于运用市场法进行评估。因此,下面主要介绍收益现值法。

用收益现值法评估企业整体价值,可以参照前面提到的超额收益法。首先,根据企业以往的生产经营情况和企业所处的环境,分析预测企业的未来收益状况。

其次,将企业的未来收益通过一定的折现率进行资本化处理,从而得到企业的整体价值。需要注意的是,企业的整体价值不等同于企业的利润,企业全部资产所形成的收益也不仅仅体现为利润,同时,企业的利润总额也并非全部归企业所有。在具体的评估中,要准确地把握企业的整体价值,这是商誉评估的第一步。

2. 各项资产价值的确定。各项资产价值包括所有的有形资产和全部可辨认无形资产的价值。有形资产的价值评估不属于本书内容,在此不作介绍。在具体实践中,可以按照各项有形资产的实际状况,选用合适的方法进行评估。可辨认的无形资产主要包括知识产权型无形资产和权利型无形资产,在评估实践中,可以参考本书其他章节的方法,评估各项无形资产的价值。评估时,要注意相关参数的协调与一致,尤其是折现率等关键参数。

(三)残值法运用中的问题

1. 企业商誉评估价值的正负值问题。当商誉评估值为负时,原因很可能就是企业的收益水平低于行业或社会平均收益水平。此外,还有一种可能,就是在运用残值法对企业商誉进行评估时,企业整体价值小于各项资产的价值总额,也就是说,企业的各项资产总额要比企业的市场价值大。这种情况的出现,很有可能是因为进行资产评估时,出现了溢价或者重复评估的情况。

2. 可辨认无形资产的价值评估问题。由于企业发展和价值评估的需要,无形资产的确认和合并工作越来越精细和复杂,给商誉评估工作带来了一定的难度,而且,类似于商标权等的特殊无形资产还未进入企业的资产账户,由于其本身难以计量,容易造成企业商誉评估的失真。

3. 企业间产权交易的影响。企业商誉评估较多地发生在企业进行产权交易的过程中。在企业间发生并购或者重组时,企业价值的确定在很多时候都依赖于交易双方不同的利益关系人对企业价值的判断。所以,企业的商誉不仅受企业自身的影响,更会受到交易双方谈判条件和谈判技巧的影响。如果双方在不对等的条件下进行谈判,商誉中必然含有一些其他因素。这时,所评估的商誉是不可信的,只有经过分析并排除了其他因素后,所得到的评估值才是可信的。

4. 评估标准的一致性问题。在运用残值法进行评估时,各部分资产的价值是通过不同的评估方法得到的。一般来说,企业整体价值的评估采用收益现值法,有形资产的评估采用成本法或者收益现值法,可辨认无形资产大多使用收益现值法和市场法。这些不同的资产评估方法,不同的评估标准,不同的假设前提使得所得出的企业商誉价值必然互不协调。所以,在对企业商誉进行评估时,一定要尽量使用统一的评估标准。

5. 或有支出问题。或有支出是发生在企业并购中的一项单独条款,它允许企业在购买协议中约定将来某一或若干事项出现时,对相应的交易价格进行调整。如果条款中规定的事项发生了,企业就需要另外增发股份或支付另外的现金或资产;如果规定的事项未发生,则该或有支出也不发生。在某些情况下,或有支出是以未来的预期收益为依据的。由于或有支出的存在,企业的购买成本将会增加,这就会对企业商誉的价值造成影响。

三、模糊综合评估法

(一)基本概念

上面介绍的两种评估方法都只是进行单纯的价值评估,无法解释企业商誉中的各个因素的价值。此外,企业商誉中各个因素的影响程度不尽相同,而两种方法在评估时都抹杀了这种差异。为了更好地在企业间进行商誉的比较和价值的确认,需要引进企业商誉的模糊综合评估法。这一方法首先对构成商誉的各项因素进行分解,然后通过模糊比较,确定相应的修正系数,最后还要对通过收益价值法评估得到的商誉值进行修正,得出企业商誉的评估价值。

(二)确定评估指标体系

企业商誉受诸多因素的影响,为评估方便,我们将这些因素用一系列指标表示,通过对各种评估指标的研究,定量地确定企业商誉的价值。通常的做法是,从企业成长度、内部置信度和外部置信度三个方面确定具体的指标体系和因素项目;同时,为了准确反映各因素的价值,需要将复杂的评估对象用显而易见的指标表示出来。在评估实践中,可以引进商誉度这样一个无量纲的指标值,设定其大小介于 0 和 1 之间。企业商誉度的数值越大,表明企业的商誉度越高。

(三)建立数学模型

商誉价值的模糊综合评估,就是利用数学中的模糊变换原理和最大隶属度原则,通过对各指标因素的处理,确定对原评估值的修正值,最终确定企业商誉的价值。

设各评估系统 A_i(第一层因素)的评估结果为 $P(A_i)g$,综合评估结果为 $P(Q)$,则:

$$P(Q) = \sum_{i}^{m} K_i P(A_i)$$

$$P(A_i) = \sum_{j=1}^{n} K_{ij} P(B_{ij})$$

$$P(B_{ij}) = \sum_{k=1}^{l} K_{ijk} P(C_{ijk})$$

$$P(C_{ijk}) = (a_{ijk1}, a_{ijk2}, \cdots, a_{ijkl})$$

式中,A 为评估系统(第一层因素),B 为评估类别(第二层因素),C 为评估详细因素项目(第三层因素),K 为权重,a 为评估的商誉度,$i = 1, 2, \cdots, m, t = 1, 2, \cdots, h$。

根据模糊数学方法,这里的 $P(*)$ 均为评估集合。

我们将构成商誉价值评估因素的系统分成 M 个子系统(第一层因素),N 个类别(第二层因素)及 L 项详细因素项目(第三层因素),并对每一层因素都赋予权重(权重可通过选择合适的方法计算出来)。因此,这里所建立的模糊综合评估模型也称为三级模型。在实际计算过程中,一般是由上文所列公式组从下往上求解,这样最终就可以求得 $P(Q)$,即商誉的修正系数。

然后,将所得的商誉修正系数乘以用前两种方法所求得的商誉评估值,就得到了最终的商誉价值。

$$P = P(Q) \times P_{商誉}$$

四、商誉评估参数的确定

影响商誉评估的基本参数主要有两个:收益额和收益率。除此之外,还要考虑商誉评估中资产价值确定的问题和要素的重叠性问题。

(一) 收益额

在企业商誉的评估工作中,收益额是指企业在正常生产经营活动条件下,因销售商品、提供服务等所获得的报酬额,代表性的指标是净利润和现金净流量。一般来说,收益额应选择企业净现金流量。这是因为:

1. 净现金流量比净利润更具有客观性。企业的净利润是按照权责发生制原则,根据会计准则计算出来的,其中的成本费用包括了当期计提的折旧费用、各种摊销费用等非付现成本。由于这种非付现成本的计算受到人的主观因素的影响,因而据此评估的价值就会存在失真;而企业净现金流量对折旧费用、摊销费用等非付现成本的处理相对较为客观。

2. 净现金流量比净利润更能体现现代财务理念。按照现代财务理念,对于企业未来获取的收益,不仅要考虑其数量,而且要考虑获得收益的时间,即在进行财务决策分析时,必须考虑货币的时间价值,净现金流量指标就具备这样的条件。

确定企业未来的收益额时,应着重考虑以下因素:

第一,商誉评估中预期收益的特殊性。预期收益受企业行为主体影响,因而,应当排除现行影响收益的主观不利因素,因为它不是因企业而产生的。而且,企业效益中的新增收益因素也不能计算在内。但是,企业拥有的构成商誉的有利因素,如职工素质、工作秩序、公共关系、卓有成效的管理,只要已经形成且足以对未来产生影响,就应予以考虑。

第二,影响预期收益的物质因素。企业物质因素是制约长期收益的因素,因而需要根据现实物质条件来确定预期收益,但若资产转用及局部修复、改进可以大大提高效益,并且不是改组行为,而是经营行为的结果,则应考虑将这些增收的预期收益包括在内。

第三,影响预期收益的环境因素。未来环境的变化虽然确实与当前资产状况无关,但是若因资产不能适应这种环境变化,从而会影响到收益,则应考虑这些影响。

(二)收益率

收益率的代表形式如下:

1. 一般银行利率。它代表了最一般的资产收益率,是除银行储蓄外的任何一项投资的最低机会成本。但由于我国的资本市场还没有完全市场化,一般银行利率通常不能作为确定资产收益率的依据。

2. 无风险利率。它是指政府发行的债券的利率,常常又被称为安全利率。由于我国债券市场不发达,债券利率也不能反映资金的市场利率。

3. 风险收益率。投资者因承担风险,需要有较高的投资回报。高于安全收益率的额外报酬率即为风险报酬率,其高低取决于承担风险的大小。

4. 组合收益率。它是由几个收益率指标进行组合所形成的收益率。在资产评估中,收益率指标一般是组合收益率。商誉评估中的组合收益率是指折现率及本金化率。理论上,其数值一般为安全收益率、风险收益率、通货膨胀率三者之和。实际评估中,是依评估对象和目的的不同而进行选择。在企业改组时评估商誉,应选择行业平均收益率,其理由为:

(1)行业平均收益率是一种组合收益率,它是反映一个行业或同类企业投资平均获利水平的指标,包括了进行一项投资的安全收益率、进入该行业承担投资风险的报酬率,以及为使投资保值而抵补通货膨胀影响的报酬率。

(2)行业平均收益率体现了商誉的本质。商誉是依赖于超额收益而存在的,超额收益是企业超过行业平均收益率的差额,以此来评估商誉的价值才是真实的。

(3)体现了企业改组的特点。改组企业虽然行为主体、经营机制等要发生变化,但不会损害企业的创利源泉,改组企业的创利源泉是原行业领域。因而,以行业平均收益率来评估商誉才是合理的。在商誉评估过程中,应保持资产收益率与收益额具有统一口径。在企业商誉评估过程中,收益额及资产收益率有若干种,但不论选择何种企业收益额及资产收益率,必须保持二者计算口径及统计口径的一致。另外,在评估过程中,应注意现有会计报表财务指标的计算口径是否符合企业评估的要求,一般情况下,不能照抄现行会计报表中的有关指标并将其直接作为评

估中要确定的收益额及资产收益率的数值,而需要进行相应的调整。

（三）资产价值的确定

在具体的评估实践中,企业的整体价值和单项可辨认资产的价值往往很难确定,这就会给残值法的运用造成困难。具体表现在:

1. 未来环境尤其是经济环境、需求状况、行业竞争、企业经营策略等的变化都会对企业的经营状况造成影响,在多种因素影响的情况下,要做出准确的预测会有相当的难度。

2. 收益时间的问题。商誉是企业在长期生产经营过程中形成的,可以在一定时期甚至是长期存在,但其在不同的时间的收益分布难以确定。如果若干年后企业的某些优势如人才、管理、客户关系等丧失了,企业的整个经营情况就会发生逆转,企业的商誉也会变化。

3. 企业各项净资产公允价值难以确定。由于企业各项资产的未来预期现金流量难以准确得知,甚至无法确知,也使得企业整体价值和单项可辨认资产的价值在实际评估中难以确定。

（四）要素的重叠性

形成商誉的因素较多,可以辨认的构成要素有对应的可辨认的无形资产。这些因素在商誉价值的形成中发挥了作用,在评估可辨认无形资产时又再一次被使用,这样就会出现评估的重叠性问题。但是,在企业进行商誉评估时,却要在一定程度上忽略商誉资产评估的重叠性问题,其原因是:

1. 构成商誉的某个因素形成了一项可辨认的无形资产,但它却不是商誉形成的唯一因素,商誉是企业构成各因素共同作用的结果。这里,需要弄清单项资产的价值和整体资产的价值之间的区别,评估商誉价值是对整体资产价值的确认,在评估过程中,虽然存在因素重叠问题,却并不存在价值的重复确认。

2. 商誉是依据企业整体的超额收益确定价值,而可辨认单项无形资产一般是按其单独对企业收益的影响确定价值。

3. 在评估商誉时要扣除重叠因素,在操作上存在着困难。构成商誉的个别因素对商誉价值的影响不能用任何方法和公式单独计量,即使商誉价值中包括了重叠因素的影响,也无法准确地予以消除。

第四节　商誉评估的几个案例

学习了企业商誉评估的基本内容和方法,还需要了解企业商誉评估方法的具体运用。由于技术原因,本书对模糊综合评估法只作简要介绍,不再列举案例。

一、超额收益法评估案例

【案例一】 某企业预期年收益额为 50 万元,该企业的各单项资产重估价值总额为 200 万元,企业所处行业的平均利润率为 15%。根据测算,该企业目前经营状况比较稳定,收益情况良好,企业适用本金化率为 10%。试计算该企业的商誉价值。

分析:由案例内容可知,本案例企业商誉的评估可以采用超额收益法。根据计算公式可知:

$$企业商誉价值 = \frac{50 - 200 \times 15\%}{10\%} = 200(万元)$$

即该企业的商誉价值为 200 万元。

【案例二】 某电子企业要同 A 公司洽谈并购事宜,为了明确界定企业资产,现委托评估公司对企业商誉进行评估。评估公司经过调查和分析,了解到该企业近几年的收益都高于行业平均水平,并且这一趋势将在未来若干年内得以保持。具体地说,该企业的收益如表 12 - 1 所示。另外,已知企业净资产评估价值为 250 万元,行业平均收益率为 12%,适用本金化率为 15%。试计算该企业商誉的价值。

表 12 - 1 A 公司收益情况一览

项目	金额(万元)
预期年平均收益	200
销售费用和营业费用	80
工资及其他支出	40
存货价值	30
折旧	15
可辨认无形资产摊销	15
适用税率	33%

分析:根据案例内容,可知本案例适用超额收益法。根据有关计算公式,可得:

$$企业的税后净收益 = (200 - 80 - 40 + 30 - 15 - 15) \times (1 - 33\%) = 53.6(万元)$$

$$企业商誉价值 = \frac{53.6 - 250 \times 12\%}{15\%} = 157.33(万元)$$

即该企业商誉的价值为 157.33 万元。

二、残值法评估案例

【案例一】 某企业按照收益现值法评估出来的整体资产净值为 17 500 万元,同时,评估人员用成本法和市场法评估出来的有形资产净值为 14 000 万元,其中,流动资产 5 000 万元,固定资产 9 000 万元。经过分析,该企业可辨认无形资产的价值为 1 500 万元(其中包括土地使用权价值 1 000 万元),试计算该企业商誉的价值。

分析:根据案例内容,我们可以使用残值法对企业的商誉进行评估。根据残值法的计算公式:

企业商誉价值 = 17 500 – 14 000 – 1 500 = 2 000(万元)

即该企业商誉的价值为 2 000 万元。

【案例二】 某机械设备制造企业 A 公司是一家国有大型企业,生产经营状况良好。1996 年改制成立股份公司后,想通过引进其他资本,进一步扩大规模。为便于谈判,需要明确企业资产的价值。因此,该公司要对企业的资产进行评估。经过调查发现,该企业所处的市场环境比较好,没有特殊的经营风险。通过对企业前 3 年的财务报表进行详细分析,并对其中的主要项目及其变化的原因进行认真、详细的探讨,该企业对 5 年后总的发展趋势进行了预测:未来 5 年的净现金流量分别为 15 400 万元、15 800 万元、16 000 万元、16 200 万元和 16 000 万元。企业流动资产评估值为 35 000 万元,固定资产评估值为 45 000 万元,企业可辨认无形资产评估值为 20 000 万元,企业适用折现率为 15%。求该企业商誉的价值。

分析:根据案例内容可知,本案例适用残值法进行评估。

首先,评估企业整体价值。根据案例内容,可以用收益现值法对企业整体价值进行评估:

$$企业整体价值 p = \sum_{i=1}^{5} R_i (1 + 15\%)^{-i} + 16\ 000 \times \frac{(1 + 15\%)^{-5}}{15\%}$$

$$= 53\ 075.86 + 53\ 032.19 = 106\ 108.05(万元)$$

企业有形资产总值为:

$$35\ 000 + 45\ 000 = 80\ 000(万元)$$

$$可辨认无形资产:20\ 000(万元)$$

所以,该企业商誉的价值为:

$$106\ 108.05 – 80\ 000 – 20\ 000 = 6\ 108.05(万元)$$

即该企业商誉价值为 6 108.05 万元。

复习思考题

1. 简述企业商誉评估的特点。
2. 你认为在对企业商誉进行评估前,首先要注意哪些问题?
3. 简述商誉评估的原则和意义。
4. 商誉价值构成的因素有哪些?
5. 简述商誉价值与企业整体价值的关系。

计算题

1. 某企业的年预期收益额为 40 万元,该企业各单项资产价格之和为 20 万元,企业所在行业的平均收益率为 15%,企业以行业平均收益率为适用本金化率。试估算该企业商誉的价值。

2. 甲企业要进行股份制改造,根据企业过去的经营情况和对未来的预测,估计企业未来 5 年的净利润分别是 300 万元、350 万元、400 万元、450 万元和 500 万元。假定从第 6 年开始,以后各年净利润分别为 500 万元。根据银行基准利率及企业经营风险情况的不确定性,确定折现率为 10%。经过评估,确定该企业各单项资产评估价值之和(包括有形资产和可确指的无形资产)为 1 500 万元,试确定该企业商誉的评估值。

3. 某企业将在今后 5 年内保持具有超额收益的态势,预计 5 年内的年收益额为 200 万元。该企业的各单项资产(包括有形资产和可辨认无形资产)评估总价值为 900 万元,企业所在行业的平均投资报酬率为 20%,折现率为 10%。试评估该企业商誉的价值。

4. A 企业购买 B 企业的整体资产,B 企业固定资产净值为 1 700 万元,流动资产价值为 600 万元,企业各项可辨认无形资产为 1 000 万元,负债为 80 万元。B 企业近几年内利润率均高于同行业的平均水平,社会信誉度也比较好,企业预计在未来可以每年获得 300 万元的净收益。试计算 B 企业的商誉价值(折现率为 10%)。

5. 某企业经过评估,其各项资产总和为 1 800 万元,企业所处行业的平均收益水平为 15%。经过调查分析,该企业的预期收益水平为 25%,企业适用的本金化率为 15%,试计算该企业商誉的价值。

第十三章
其他类型无形资产评估

• 了解技术秘密的价值构成与评估原则。

• 分析客户关系的购买价值与非购买价值间的关系,注意客户关系价值与企业价值间的相互作用。

• 了解人力资本的价值构成和影响因素。

在前面第五章介绍的内容中,我们提到过两种比较重要的无形资产:技术秘密和域名。技术秘密的一个最大的特点就是动态性,它随着企业经营状况的变化而变化;从开发初期到技术成熟度的不断提高,不同的时期,其价值自然而然会有所差别。除了技术秘密和域名,企业客户关系和人力资本也是典型的无形资产。本章将对这几类无形资产的评估进行具体介绍。

第一节 技术秘密评估

一、技术秘密的价值与评估

(一)技术秘密的价值构成

技术秘密的价值主要包含以下两个方面:

1. 技术秘密的开发成本。技术秘密的实际开发成本是影响技术秘密价值的一个十分重要的因素,它存在于企业生产经营过程从开始研发到不断发展成熟全过程的各个阶段,是一系列相关费用和资产成本的总和。虽然这一系列的开发成本构成了技术秘密价值的重要一环,但是我们必须认识到,技术秘密的价值不单单只是开发成本。不同于一般的资产或者要素,技术秘密的实际开发成本仅仅是其价值的一部分。一般的资产价格中,生产成本所占的比重往往较大;而技术秘密的价值主要体现在它对企业收益的贡献上。虽然开发成本对技术秘密的价值的大小也起一定的作用,但影响相对较小,并不与技术秘密的价值成正比。因此,在技术秘密的评估中应当考虑其实际开发成本,但却不能简单地用开发成本来估算技术秘密的价值。

2.技术秘密的收益能力。在实践中,我们会发现,技术秘密的价值主要取决于它对企业收益能力的贡献,因为技术秘密的使用对企业资产的节约和效率的改进,最终都会反映到企业的收益水平上来。同时,对于企业而言,技术秘密的产生和发展,也正是因为它对企业收益的贡献。所以,技术秘密的价值就在于其使用价值,即它所能够产生的收益能力。因此,在对技术秘密进行评估时,应重点分析该项技术对企业直接或者间接的贡献,这同时也是技术秘密评估的难点所在,是其价值构成中的关键要素。

(二)技术秘密价值的影响因素

1.技术秘密的自身性能。技术秘密作为一项无形资产,其价值首先受到本身技术状况的影响。技术秘密的先进性、成熟度和实用性,是决定其价值的首要前提。在科学技术高度发展的今天,技术的更新换代速度日益加快,一种技术秘密如果不及时加以改进,其优势就会很快失去,技术的价值也会随之下降。因此,在日益激烈的市场竞争中,技术秘密的价值量首先决定于该技术在同类技术中的领先程度。因此,在评估时,首先就要对该技术的先进性水平进行分析和评价。此外,技术秘密的成熟程度和可靠程度在其价值量中也占有相当大的比重。如果一项技术秘密在同行业的相关技术中相对更先进、更成熟,并且实用性更强,那么它对企业收益能力的贡献就更大,对于企业的价值也就更高。在技术的应用上,成熟度越高的技术,相应的使用风险越低,其运用也就越为广泛,评估价值也会相应更高。总之,技术秘密的自身性能(即技术水平)是企业技术运用程度的决定因素,同时也是决定其自身价值大小的关键因素。

2.技术秘密的使用期限。一般而言,一项技术的使用寿命越是长久,其价值就越高。但是,不同于一般的技术,技术秘密的产生源自企业的发展需求,它依靠保密措施进行自我保护,因此,没有明确的法定保护期限。技术秘密作为一种知识和技术,会因科学技术的进步、企业的发展以及市场变化等诸多因素而不断发展和变化,最终会被更为先进、更为适用的技术所取代。技术秘密本身一旦被

取代或者被公开,成为公认的一项使用技术,也就不存在其特有的价值。因此,技术秘密的有效使用期限是决定其评估价值的重要影响因素。技术秘密的使用期限取决于企业自身的技术发展状况和市场需求情况,同时也取决于企业的技术保密状况。

3.技术秘密的经济环境。技术秘密的经济环境主要是指该技术所处的企业状况和市场环境。企业的收益能力具有相对性,它总是与特定的企业生产规模和市场环境相联系,而且,技术秘密的价值与企业的收益能力直接相关。因此,在评估实践中,技术秘密的价值往往会因企业状况和市场环境的不同而不同,同一技术秘密,也可能出现不同的评估结果。一般来说,如果企业规模较大,市场环境较好,技术秘密的价值也就会更高。在对技术秘密的进行评估时,一定要结合其所处的经济环境,这样才有助于更加全面地了解技术秘密的价值。

4.技术秘密的社会环境。技术秘密的社会环境主要是指与技术秘密有关的国家政策法规和法律保护状况。对于技术秘密而言,社会环境的状况会影响企业对技术秘密的保护和企业间技术秘密的转让。技术秘密一般受到法律的保护较少,但其价值又决定于相应的保密程度。同时,企业最为关心的是技术秘密的扩散,因为技术的扩散会削弱自身的市场竞争能力,影响企业自身的收益状况。因此,对于企业而言,技术秘密的保护成本就成为衡量其价值的一个重要因素,而这一因素又受到国家相关法律政策的影响。企业间在转让技术秘密时,一般也都要考虑相应的政策和法规的限制。对于企业而言,有效的法律保护可以降低转让的成本,从而更加有效地发挥技术秘密的价值。

(三)技术秘密的评估原则和意义

1.技术秘密的评估原则。技术秘密作为一项特殊的无形资产,有其自身的特点。在评估过程中,应遵循以下几项原则:

(1)动态评估原则。由于企业技术秘密存在于企业的生产经营过程中,从开始研发到不断发展成熟,展现的是不同的技术水平。在对企业技术秘密进行评估时,要充分考虑企业整体经营状况的变动和技术秘密水平的变化,这就是技术秘密评估中所要遵循的动态原则。

(2)预期收益原则。技术秘密的价值主要体现在企业的收益能力上,因此,对技术秘密的评估一般采取预期收益的原则,即技术秘密的价值按照该技术所能产生的预期收益能力进行评估。

(3)行业对比原则。由于企业技术秘密的价值受到市场的影响,在确定其价值时,可以参考同行业企业的经营状况、市场份额以及相应的技术情况。通过行业对比,有助于更加准确地把握企业技术秘密的市场价值。

2.技术秘密评估的意义。技术秘密评估是指对某项技术秘密的价值进行确认和计算。技术秘密的评估为企业找到了一个确认和研究的平台,同时也为企业提供一个公平、合理的价格参照。这样,无论是进行技术转让,还是投资入股,都可以为技术秘密提供一个可供参考的依据。技术秘密产权的变化包括产权主体的变更和产权内容的变更,无论哪种变更,都会涉及技术秘密的价格。对技术秘密进行科学、公正的评估,有助于实现相关技术产权的公平交易,维护交易双方当事人的合法权益,最终加速技术秘密的流通、转化和资本化。

另外,技术秘密的评估,还有助于企业更好地对自身的技术状况进行保护和管理。了解了技术秘密的实际价值,就知道了它对于企业的经济意义,企业就可以针对不同的情况,对该技术秘密进行相应的处理。此外,正确评价技术秘密,有助于技术秘密迅速安全地实现商品化、产业化和国际化,有助于推动技术秘密的发展与成果的转化,从而最终促进社会经济的发展和科学技术水平的提高。技术秘密作为无形资产的重要组成部分,它的评估工作的开展还可以进一步丰富和发展无形资产的理论和实践。

二、技术秘密的评估方法

(一)技术秘密评估的前提

由于技术秘密自身价值的特点,在对技术秘密进行评估时,要注意一些技术秘密特有的评估前提:

1. 在进行技术秘密评估前,首先要分析技术秘密的存在性和客观性。如果其他地方已经公开存在着同样的技术,那么该技术秘密就不具备其应有的垄断性和保密性特征,也就不能作为技术秘密进行评估。因此,对技术秘密是否成立的界定非常重要,这是评估技术秘密的首要和必经环节。

2. 要考虑和分析技术秘密的技术情况和运用状况。技术秘密的具体内容,包括适用产品和领域、先进性、有效性、垄断性、成熟度以及应用程度等,都需要得到有效的验证和分析。此外,还要考虑技术秘密预期的有效使用期限以及使用技术秘密所需具备的经济、技术、设备、工艺、原料等方面的前提或基础条件。

3. 需要掌握技术秘密的成本费用和收益情况。在对技术秘密进行评估时,要了解包括技术秘密研发或购买、保护和改进等成本费用,同时,也要了解技术秘密使用和转让所带来的历史收益状况,和技术秘密的收益有关的企业经营管理状况、技术更新和新产品开发能力,技术秘密产品的技术寿命和经济寿命等。

(二)技术秘密的评估程序

1. 明确评估目的。技术秘密的评估要按照特定的目的确定其评估的价值类型和方法。技术秘密的评估服务于企业发展的目标和战略规划,服务于企业自身发展的需要。

2.收集有关资料。收集的资料包括技术秘密自身的状况及使用情况,使用该技术的企业经营状况(企业的历史资料,包括有关财务报表及其他相关资料),市场环境状况与发展前景,同行业状况以及相关的政策法律法规等。

3.确定评估方法。由于技术秘密的特殊性,技术秘密价值评估一般采用收益法进行评估,但目前也出现了一些新的方法。在针对具体案例时,要具体确定合适的评估方法。

4.完成评估报告。评估报告是技术秘密评估结果的最终反映,但这种结果是建立在各种分析、假设的基础之上的。为了说明评估结果的有效性和适用性,评估报告中应详尽说明评估过程中的各有关内容。

(三)技术秘密的评估方法

技术秘密的价值主要体现在企业收益能力的改善上。因此,在对技术秘密进行评估时,基本上都是采用收益法。但是,由于技术秘密价值构成的独特性,在具体的评估工作中,在选择具体方法时,要依据评估的目的和委托评估单位提供的资料,同时,还要参考该技术秘密的收益情况。在实践中,一般采用以下几种方法:

1.收益法。收益法是评估技术秘密价值经常采用的一种评估方法,其理论依据是技术秘密能给使用者带来相应的实际收益。用收益法评估技术秘密的价值,就是通过估算评估对象的未来收益来评估其价值。在技术秘密的评估中,按照技术秘密产生收益的表现形式的不同,收益法又可以具体划分为超额收益法和收益提成法。

(1)超额收益法。技术秘密之所以有价值,关键在于它能够帮助企业改善产品质量,提高工作效率,降低经营成本,使企业在原有的基础上获得更多的超额收益。超额收益法就是以技术秘密未来的超额收益现值作为计价基础的评估方法,类似于专利权评估中的收益现值法。这是目前技术秘密评估中最常用的一种方法。其基本计算公式为:

$$P = \sum_{i=1}^{n} \Delta R_i (1 + r)^{-i}$$

式中,P 为技术秘密评估值,ΔR_i 为第 i 期的预期超额收益,r 为折现率,n 为预期收益期限。

(2)收益提成法。收益提成法是指通过确定技术秘密在企业超额收益中的利润分成率或销售收入分成率来确定其价值的评估方法。该方法主要是针对超额收益法的简化,更多地应用于某项技术秘密推广运用前的评估工作。

具体计算公式如下:

$$P = k \times \sum_{i=1}^{n} R_i (1 + r)^{-i}$$

式中，P 为技术秘密评估值，R_i 为第 i 期的企业预期利润或者营业收入总额，r 为折现率，n 为预期收益期限，k 为企业技术秘密利润（或者营业收入）的分成比率。

在运用收益法进行评估的具体过程中，要注意以下几个问题：

第一，预期超额收益的确定。技术秘密的预期超额收益主要体现在企业收益能力的改善上，而这种收益能力的改善往往是通过与同行业的经营状况进行对比的结果。因此，在确定技术秘密的预期超额收益时，可以使用行业比较原则，通过与行业平均的收益水平进行对比，得到技术秘密的超额收益。具体计算公式如下：

$$\Delta R = (A - a) \times M$$

式中，ΔR 为预期超额收益，A 为使用技术秘密的企业的净资产收益率，a 为同行业平均的净资产收益率，M 为企业的净资产额。

第二，利润（收入）分成率的确定。技术秘密的利润（收入）分成率是指企业确定的技术秘密在企业利润（收入）中的分成比率。技术秘密的利润（收入）分成率与企业规模、产品质量、销售额、提成年限、技术秘密的技术水平等因素有关，可依照边际分析法和约当投资分成法等方法来计算。此外，也可以按照技术秘密交易、转让实务中的经验资料来确定。按国际惯例，分成率通常取 0.5% ~ 3%。

第三，预期收益期限的确定。由于技术秘密不是一种法定的权利，它的收益的有效期没有法定时间限定。在具体实践中，技术秘密的收益期限主要取决于它的技术水平、保密程度、该领域的技术发展情况以及市场需求情况等。此外，在进行技术秘密交易时，交易双方签订的合同和相关协议对收益期限也会有相应的规定，通常是由当事人之间通过合同约定的保密义务来确定技术秘密的使用期限。

第四，折现率的确定。与一般的无形资产的收益折现率类似，技术秘密的折现率一般也取决于收益状况和技术风险等因素，同时，它的大小还要受到技术秘密的技术功能、市场状况、企业规模等因素的影响。

2. 成本收益法。由于技术秘密的价值主要由开发成本和收益能力两部分构成，在评估时，可以考虑结合开发成本和收益能力，对技术秘密进行价值评估。这种方法一般运用于技术秘密处于发展初期尚未成熟之时，其收益还不很显著，收益能力也比较一般（或者难以估计），而开发成本又比较大时。其基本计算公式为：

$$P = C + k \times \sum_{i=1}^{n} R_i (1 + r)^{-i}$$

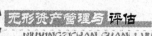

式中，P 为技术秘密的价值，C 为技术秘密的开发成本，R_i 为第 i 期的企业预期利润或者营业收入总额，r 为折现率，n 为预期收益的期限，k 为企业技术秘密利润（或者营业收入）的分成比率。其中，重要参数的确定与收益法类似。

三、案例分析

【案例一】 某公司在生产经营过程中，自行研发出一项技术秘密。该技术是有关企业生产流程的一个关键改进。因为该项技术的改进，企业可以在原有的资产投入水平上，获得比同行业更高的收益。经过调查分析，在该企业严格的保护措施下，同行业自行开发该技术秘密至少需要 5 年时间。在未来的 5 年中，该项技术秘密可以带给企业的超额收益分别为 20 万元、25 万元、28 万元、30 万元、25 万元。由于该技术秘密是生产流程的改进，其开发成本可以忽略。试计算该技术秘密的价值（假定折现率为 10%）。

分析：根据案例内容，我们知道了技术秘密对企业收益的贡献，而且可以忽略技术秘密的开发成本。因此，可以通过超额收益法进行评估。此外，我们从案例中可以了解到，该技术秘密的使用寿命为 5 年。因此，根据超额收益法的计算公式：

$$p = \sum_{i=1}^{5} \Delta R_i (1 + 10\%)^{-i} = 99.96(万元)$$

即该技术秘密的价值为 99.96 万元。

【案例二】 A 企业拟将一项技术秘密转让给 B 企业。双方商定技术转让后，A 企业每年从 B 企业预计的销售收入中提取 3% 作为技术转让费。合同约定，技术秘密的收益提成年限为 4 年。经过分析预测，B 企业在提成期限内各年的销售收入分别为 80 万元、90 万元、95 万元、100 万元。求该企业技术秘密的转让价格（折现率为 10%）。

分析：根据案例内容，这是一起技术秘密的转让交易，在交易中，技术秘密的价值用收益提成的方法确定。因此，该案例应采用收益提成法进行评估。从案例中我们得知，技术秘密的收益提成年限为 4 年，折现率为 10%。根据收益提成法的计算公式，可知：

$$P = k \times \sum_{i=1}^{n} R_i (1 + r)^{-i} = 3\% \times \sum_{i=1}^{4} R_i (1 + 10)^{-i} = 8.6(万元)$$

因此，该项技术秘密的转让价格为 8.6 万元。

【案例三】 甲企业准备将一项技术秘密转让给乙企业。据估算，该项技术的重置成本为 80 万元，预计成本利润率为 65%；乙企业拟投入的资产成本为

2 400万元,预计成本利润率为20%。据测算,该技术的有效使用寿命为5年,折现率为10%,求该技术秘密的价值。

分析:根据案例内容,我们已知技术的成本,并且可以通过成本利润率测算企业的收益,因此,可以使用成本收益法对技术秘密进行评估。

技术重置成本:80万元

技术超额收益状况:

甲企业的约当投资为:$80 \times (1 + 65\%) = 132(万元)$

乙企业的约当投资为:$2\,400 \times (1 + 20\%) = 2\,880(万元)$

技术秘密的利润分成率为:$132/(132 + 2\,880) = 4.38\%$

乙企业使用技术秘密后的预期利润为:$2\,400 \times 20\% = 480(万元)$

技术秘密的超额收益为:$480 \times 4.38\% = 21.024(万元)$

因此,根据收益成本法的计算公式:

$$P = 80 + \sum_{i=1}^{5} R_i (1 + 10\%)^{-i} = 159.698(万元)$$

即该技术秘密的价值为159.698万元。

第二节　客户关系评估

企业所面对的日益激烈的竞争,从根本上看,是对客户资源的竞争。客户关系已经成为企业生产经营的活动中心,被视为企业生产和运营中一项十分重要的资产,尤其是竞争日趋激烈的今天。企业通过对这一无形资产的运营实现客户关系的价值,进而促进企业价值的实现。对于企业而言,客户关系的运营,是企业获取持久竞争优势的根本所在。

一、客户关系价值的形成与评估的特点

正如管理大师彼得·德鲁克所指出的,企业的目的是创造顾客。因而,客户关系管理的根本任务也正是实现企业价值的目标,即创造价值和获取价值,据以获取持久的竞争优势。

(一)客户关系的价值

在激烈的市场竞争中,企业价值的实现在于市场对企业的接纳,而这种经济行为的实现,得益于客户关系的形成与保持。随着客户关系的形成,企业无形资产中相当重要的一部分资产也开始形成。对于企业而言,未来收益的实现依赖于企业的客户关系,因此,客户关系的价值就在于这种收益的资本化。从财务角

度来看,客户关系的价值又可以被称为"客户权益",可以表现为因客户关系所得到的现金流量与获取、发展和保有客户关系的成本间的差值。只有当这一差值大于零时,客户关系才是有价值的。这就类似于其他的无形资产,客户资产的价值表现为长期的净现金流量。概括地说,客户关系的价值就是企业客户终生价值的现值的总和。换句话说,客户价值不仅仅是当前的盈利能力,也包括企业将从客户生命周期中获得的贡献率的折现净值。尽管客户资产的价值不是企业价值的全部,但企业现有的客户是企业未来收益的可靠来源。客户对企业利润的贡献,不仅反映了企业当前的盈利能力,而且还反映出企业未来的盈利能力。

总体来说,客户关系体现在企业的盈利能力上。具体来看,企业客户关系的价值还可以进一步细分。我们知道,对于企业来说,客户首先是购买和消费企业的产品或者服务。但是,对于很多企业而言,客户的价值不仅在于购买。某轮胎制造商是通用汽车公司的供应商,每年按供货合同要求向通用汽车公司提供轮胎配件。由于通用汽车公司在产品质量、交货期等方面对供应商的要求非常严格,因此,对轮胎企业而言,他的利润空间相对不是很大。但是,该企业一直坚持为通用汽车公司提供轮胎配件,因为对于轮胎企业来说,吸引他的不仅仅是通用汽车超强的购买力,还有其标准化的严格要求和信誉卓著的品牌号召力。这不仅给这家轮胎企业带来了其他的购买者,还推动了企业组织经营的改造和升级。这些,都直接或间接地对企业的盈利能力产生了影响。

可见,客户关系的价值不仅仅是客户给企业带来的现金流量,更是客户在整个生命周期内给企业带来的综合利益,这种利益体现在两个方面:一是客户通过直接购买给企业带来的收益,称为购买价值;二是客户对企业的间接贡献,称为非购买价值。两种价值对于企业都很重要,企业只有从这两个方面全面地认识客户关系,才能客观、公正地评价客户关系对企业的价值。

(二)客户关系价值的构成

1. 客户的购买价值。对于企业收益而言,最直接的就是客户的直接购买行为,这种行为的结果就构成了客户关系中的基础价值——客户的购买价值。具体来看,客户的购买价值主要体现在客户的基础购买和客户的额外购买给企业带来的收益中。客户的基础购买收益是指客户保持目前的购买频率所消费的产品和服务的数量给企业创造的收益部分,在一般情况下,它保持不变;客户的额外购买收益是指客户通过增值购买(Up-Selling)和交叉购买(Cross-Selling)给企业带来的超出基础购买收益的那部分价值。

其中,增值购买指的是客户增加已购产品的交易额,或者购买某一特定产品的升级品、附加品以及其他用以加强其原有功能或用途的产品。增值购买的可能性与购买额决定于客户份额、客户关系以及客户对产品的依赖程度。客户份额是指客户业务量占其总的业务量的比例。显然,客户份额越小,增值购买的可能性越大。增值购买的可能性还取决于客户关系的水平,客户关系水平越高,说明客户对公司的产品和服务越满意,对公司越信任,因而客户加大交易量的可能性也就会越大。客户对产品的依赖水平越高,越容易形成一种使用习惯,这种消费惯性的保持,有助于提高其购买原来产品的升级品、附加品的可能性。在平时的生活中,如果我们要打羽毛球,我们就要买球拍,当然还要买羽毛球,而这两者一般是在同一个地方购买的。如果买球的地方服务好、质量也好,我们就可能会保持在这个地方买球的习惯。这一切,就构成了增值购买。

交叉购买指的是客户购买以前从未购买过的产品或者服务的行为。客户交叉购买的可能性取决于两个因素:一是本公司能够提供给客户满足其他需求的产品或者服务(这些产品或者服务是以前从来没有购买过的),这种满足客户需求的能力越大,客户交叉购买的可能性也越大;二是客户关系的水平,客户关系水平越高,客户交叉购买的可能性越大。通过对客户购买行为的分析,客户交叉购买行为主要发生在客户关系比较成熟的时期,在此之前,客户对公司尚没有形成足够的信任,一般不会采取交叉购买行为。这就好像我们刚才买了羽毛球,当我们又想买篮球的时候,有可能还到买羽毛球的地方去买篮球。这种交叉行为的发生,是因为我们对原有服务的认同和满意。

2. 客户的非购买价值。相对于客户的购买价值,现在研究较多的是客户对企业的非购买价值。这种价值的实现,不是通过客户的直接购买行为发生,而是通过对企业的间接影响,促进企业收益的提高。这种影响有时候不直接针对企业,但能够影响企业的其他客户或者企业的其他资产。具体来看,这种非购买价值主要表现在以下几方面:

(1)客户关系中的口碑效应。客户关系中的口碑效应是指客户对企业其他潜在客户的影响,它延伸了企业的客户范围,扩大了企业产品和服务的受众。当客户能为企业带来新的客户时,新客户的购买就会为企业带来可观的新增收益。当然,这种企业的新增收益也体现在两个方面:一是新的客户关系的购买价值,二是企业营销费用的节约。客户的口碑所带来的新客户越多,其非购买价值就越大,而新客户的口碑在一定程度上节约了企业获取新的客户的营销费用,这就大大节约了企业拓展客户关系的成本,从而增加了企业的价值。口碑是人们对信息的分享与交流,它不会直接与任何货币收益相联系,但是却对任何购买行为都有很大的影响。因为口碑的发出者是客观的第三方,他们有实际的使用经验和体会,而且往往不带有任何功利性,所以在客观上就提供了一个可信度相当高的产品或服务的推广活动。潜在客户收到有关的口碑宣传时,会在潜移默化中对自身的购买决策产生巨大的影响。在很多情况下,口碑已经成为潜在客户作

出购买决策的主要信息来源。

推荐新客户是客户关系非常成熟时客户忠诚的行为表现，是一种客户关系的自然延伸。感到十分满意甚至是惊喜的忠诚客户，往往乐于向亲朋好友们诉说他满意的购物经历，并推荐他们购买。这不仅会提升企业的公众形象，也会使企业获得新用户。此外，这些新客户的获取成本很低，而且往往更加忠诚，因此他们的维护成本也会很低。客户口碑效应的大小取决于两个因素，一个是客户的推荐意愿，另一个是客户社会关系的广度。显然，客户的推荐意愿越高，社会关系越广，其口碑效应就会越大。

（2）客户关系中的战略效应。客户关系中的战略效应是指企业客户对企业战略意义上的影响。我们知道，有时候，有些客户对于企业而言，并不只是购买这一简单的行为，企业对这些客户的需求，更多的是从战略的角度考量的。有一些零部件的供应商往往会承受几乎无利可图的价格，向一些战略性的大客户（比如通用电气）提供产品或者服务。对于这些企业而言，类似通用电气这样的客户，可以提升企业的市场号召力，体现企业的产品或者服务的质量，它有利于企业获得更多的客户。

当某一客户正好可以帮助企业迅速进入市场时，尽管该客户的购买价值不高，但它对于企业而言就是有价值的。因为它不仅可以提供重要的市场信息，而且可以帮助企业详细地了解市场，为之制定行之有效的市场战略。在全球化的浪潮下，企业与客户结成战略同盟给企业带来的好处，也是客户非购买价值中战略效应的一种表现。战略同盟中的企业和客户形成了价值共同体，给企业的发展和壮大带来了新的机遇，这在价值链环境中的企业与客户之间表现得尤为明显。

在社会交易活动日趋增多的背景下，企业的客户之间也会产生多种类型的关系，如买卖关系、战略联盟关系。企业为其中一位客户提供产品和服务，会对其他客户的购买行为产生重要的影响，即使它盈利的可能很小，却可以成为企业保持其他客户的壁垒，也成为竞争对手获取企业客户的屏障。对于企业而言，这样的客户就具有战略效应。这些客户将企业的战略价值延伸，通过这种延伸，为企业带来丰厚的回报，这种回报有时要比从客户身上获得的直接经济价值还要高。

（3）客户关系中的创新效应。有时，客户对于企业而言不仅仅是消费，更多的是创造。客户的购买，使企业的产品或者服务得到延伸。企业从客户关系中，除了收获直接的经济价值，还会获得企业发展的途径和产品创新的方向。对于企业而言，不断满足客户的需求是企业发展的动力。因此，有些客户对于企业来说，就是企业创新的延伸，因为客户是企业创新思路的重要来源和动力。很多新产品的创意都是从客户那里得到灵感的。客户的特殊需求对企业开发产品具有很大的启发作用,它帮助企业延伸了产品的边界。由于这种产品的创新直接来自客户的需求,企业会更容易在市场上获得巨大的成功。同时,企业也会大大缩短产品的研发周期,节约相应的开发成本。迈克尔·波特在他的《国家竞争优势》一书中指出,企业是通过不断创新来获得竞争优势的,而高标准的客户需求是推动企业提高创新能力和动力的重要因素。这种在客户购买行为之外的创新效应,使得企业获得了额外的发展动力,这些动力最终都将转化为企业的收益。

以上两方面的价值形态,构成了客户关系价值的总体。购买价值给企业带来了基础性的现金收益,这是企业生存的前提条件;而非购买价值则满足了企业发展的需要,是企业提高持久竞争优势的动力。这两种价值对于企业来说都是至关重要的,它们共同提升了企业的价值。

(三)客户关系价值的特点

从前面企业客户价值的形成和构成来看,企业的客户关系作为一种新型的无形资产,具有如下的一些特点:

1. 广泛性。客户关系的价值包括两个方面:购买价值和非购买价值。这不仅包含了客户对企业收益的直接贡献,而且还包括了客户对企业发展、市场范围的扩大和进一步成长的推动。后一种作用虽然是间接的,但它能够给企业带来更多的收益。所以,就客户关系价值的内涵来看,它具有广泛性的特征。在进行企业客户关系评估时要特别注意这一点,以求在评估时,尽量准确而全面地体现企业的客户关系价值。

2. 周期性。客户关系价值的实现是一个过程,它是在客户的生命周期内逐步实现的,这导致企业在获取客户关系价值的过程中伴随着较长的周期。客户关系生命周期曲线是指客户关系价值水平随时间变化的图形化展示,它以直观的形式揭示了客户关系发展的阶段性特征。企业与客户作为两个经济实体,两者之间的关系最终要反映在双方交易的经济结果即客户关系的价值上。因此,这里选择单位时间的交易额作为表现客户关系发展水平的变量,具体情况见图13-1。

3. 动态性。动态性来源于客户关系的周期性。客户资产价值的实现过程具有非均衡的特点,在客户关系刚建立时,企业的收益很小,甚至没有收益;而在客户关系较为稳固、强度较大时,企业获得的收益会更多。

4. 不确定性。客户关系的价值在很大程度上是企业对客户的一种预期,预期的不确定性使企业在与客户建立关系并实现其价值的过程中面临着风险。对客户关系价值实现过程中的风险的认识,有助于企业更加可靠地获取客户关系价值。一般情况下,造成客户关系价值不确定性的因素主要有客户流失,客户信

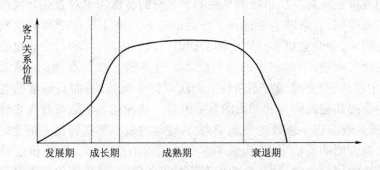

图 13 – 1　客户关系生命周期曲线

用、客户购买行为的不稳定性,负面口碑,等等。

（四）企业价值与客户关系价值

从系统的角度看,企业和客户是同处于一个系统中的两个方面,他们互相影响。企业和客户这两个子系统之间的相互作用表现为:客户给企业创造价值,即客户关系价值;企业向客户提供效用,即客户感知价值。两种价值之间是互动的关系,是一对运动的矛盾统一体,即相互依赖又相互制约,如图 13 – 2 所示。

图 13 – 2

1. 创造价值。创造价值是指企业应不断为客户创造价值,将其传递给客户,这是企业自身价值实现的前提和基础。以客户为中心的新型市场观念成为指导现代企业生产经营的出发点,是市场环境变化对企业提出的客观要求,是企业管理重心的转变。成功企业的实践已经证明了这一点,著名的 Intel 公司的贝瑞特提出,企业应不断通过技术创新,向市场提供更好的产品和服务,从而为客户带来更多的价值。

2. 获取价值。从根本上说,企业是一个以盈利为目的的组织,其最终目的是为了实现自身价值的最大化。因此,以为客户创造价值为基础,为自身获取价值,是客户关系管理的根本任务。在客户关系管理中,企业还必须考虑其所能获取的客户关系价值,即建立和维持与特定客户的长期关系所能够为企业带来的价值。成功的客户关系管理为企业带来的价值是多方面的,既有购买价值,又有非购买价值。企业可以从稳定的长期客户关系中获得包括满意客户的推荐效应和信息传播效应在内的非购买价值。可以说,企业客户关系价值的实现是客户关系管理的核心。

3. 协同效应。表面上看,上述价值二者之间创造和获取价值的方向相反,但实际上,二者存在着互动的关系,是一对运动的矛盾统一体。二种价值的最大化反映了这一矛盾的运动和平衡,二者是既互相依赖又互相制约的。其中,客户价值的创造是企业价值获取的前提和基础。企业只有提供包括优质产品和服务等在内的全方位的经营手段,不断为客户创造并传递价值,满足其日益增长的消费需求,实现客户价值的最大化,才能促进其重复购买,提高其满意度和忠诚度。随着客户价值的感知,这些客户就可以转化为企业源源不断的收益流,进而实现企业自身价值的长期最大化。当然,从根本上来讲,企业创造价值的目的同样也就是创造客户价值。

二、客户关系评估的方法

(一)客户关系评估的原则

在对客户关系价值进行评估时,应遵循以下原则:

1. 动态性原则。客户关系的价值不是一成不变的,它具有动态发展的特征,所以,其评价指标体系要在一定程度上反映客户资产价值未来的变化,要从发展变化的角度来考察客户资产的价值。

2. 相对独立性原则。由于企业客户关系的价值构成和影响因素比较多,为了准确地分离各因素对企业价值的影响,从而凸显客户关系的价值,在评估时,要将各因素的相关性减到最低限度,使得评估的客户关系价值保持相对的独立性。

3. 可比性和可测性原则。在具体评估中,要求评价指标简单明了,可操作性强,具有普遍适用性。评估对象所包括的经济含义、时空范围、评估口径和方法等要尽量一致,做到容易测量,同时也易于进行比较分析。

4. 定性与定量相结合的原则。客户关系价值评价中,很多变量难以量化,因此,必须对其进行定性的分析。在评估分析时,可以将定性变量进行量化处理,以近似地反映企业的客户关系价值。

(二)客户关系的评估方法

了解了企业客户关系价值的构成和特点以及相应的评估原则后,我们就可以着手对企业的客户关系进行价值评估了。目前,客户关系价值评估有以下几种具体的评估方法:

1. 直接计算法。直接计算法是通过企业客户关系的收益与成本间的比较,直接得出企业客户关系价值的一种评估方法。直接计算法的应用必须满足以下

几个基本假设：①客户生命周期即客户与公司保持交易的时间能够确定，②客户在其生命周期内对企业的贡献是已知的，③资金成本率（利率）是固定的。计算模型如下：

$$P = \sum_{i=0}^{t} \left[(Q_i - C_i) \times (1 + r)^{-i} \right]$$

式中，P 为企业的客户关系价值，Q 为企业的客户关系收益，C 为企业客户关系运营的成本，t 为客户关系的生命周期，r 为折现率。

直接计算法最突出的问题在于，其前提假设在企业的实际运作中难以实现。企业客户关系的收益和成本是变化的，而且具有一定的周期性，这样，笼统的计算方法在一定程度上增加了准确评估的难度。由于存在这样的问题，基于直接计算法得出的结果与企业实际的客户关系状况可能大相径庭。

2. 二分法。针对企业客户关系是周期性变化的，客户对企业的贡献也是变化的这一客观前提，我们可以将客户关系的收益一分为二：获取收益和维系受益。获取收益是指企业在与客户建立关系的初期获得的收益，而维系收益指的是在企业与客户关系发展的中后期客户对企业的贡献。这种方法把企业的客户分成新客户和老客户，构建了从两个阶段评估企业客户关系资产的计算模型，其公式如下：

$$P = am - A + a\left(m - \frac{R}{r} \right) \times \frac{r}{1-r}$$

式中，a 为获取率，m 为每年每位客户的边际交易利润，A 为客户关系的获取成本，R 为每位客户的维系成本，r 为资金成本率。

公式中的 $am - A$ 表示的是获取收益，即第一年的客户收益；加号后面的部分则表示维系受益，即从第二年开始的客户关系资产。从表面上看，该模型不涉及资金成本和客户生命周期，但实际上，该方法在计算维系收益时，同样采用了贴现的办法，而且假定客户的生命周期趋于无穷大。

与直接计算法相比，这种计算模型已经有很大的改善，其最大的特点是考虑了已有客户的流失问题，并将流失率设定为一个固定的比例。但是，这与企业的实际情况仍然存在一定的偏差。此外，这一模型还假定客户与企业交易的时间无限长，即客户的生命周期趋于无穷大，这也与实际不符。还有，在客户关系形成的初期和中后期，客户的获取率应该也不一样。随着与客户交易次数的增加，企业掌握了更多的客户信息，可以为客户提供更为周到的服务，从而提高客户获取的效率。显然，维系收益的获取率要比获取收益的获取率大，在对模型进行改进时，应该对此有所反映。

通过对上述两种客户关系价值评估方法的分析，我们不难发现，客户关系价值的计算与通常的成本效益计算类似，而且，对预期的客户关系的价值均采用折现方法。由于客户关系是一个较新的概念,在计算过程中涉及的许多指标在现行财务报表中并未反映出来,这是实际操作中的一大难点。

3. 三层次计算法。上面所讲的两种方法在应用上都具有较大的局限性,准确性也较低。为了提高对企业客户关系评估的准确度和可信度,下面采用三层次计算法。三层次计算法首先将客户关系的价值分成三个层次:客户从过去到现在为企业创造的收益的现值叫作历史价值(HV),这是客户关系价值的第一个层次;第二个层次的价值是客户在当前行为状态下,可以为企业贡献的收益的现值,称为当前价值(CV);第三个层次的价值是指客户将来可能为企业带来的收益的现值,即潜在价值(PV)。综合上述三个方面,客户关系价值的计算公式为:

$$P = HV + CV + PV$$

对此公式的进一步说明如下:

(1)历史价值。历史价值体现了原有客户对企业的认同感。它的具体价值可以比较简单地用企业的超额收益来表示:

$$HV = \sum_{t=0}^{t_0} \frac{R_0}{(1+r)^t}$$

式中,R_0 为企业客户关系在过去给企业带来的超额收益;t_0 为当前的时间点;r 为收益的折现率。

(2)当前价值。客户关系的当前价值是根据客户关系的当前行为状态做出的对收益的一种估计,实际上是客户在原来交易额水平上的重复购买行为带来的利润现值。客户的重复购买行为由以下几个因素决定:①客户满意度,即客户对企业总的售后评价,它是导致客户重复购买的最重要的因素;②客户感知价值,即相对于最好的可替代的供应商,客户对收益成本的相对评价。客户感知价值通过两种途径影响重复购买的意图:一是直接影响;二是通过客户满意度所产生的间接影响。其中,客户感知价值与客户满意度呈正相关关系。③主观转移成本,即客户对结束与企业的关系和建立新的替代关系的相关成本(包括经济的和非经济的成本)的认知。转移成本包括过去投入的、在转移时将损失的关系投资,以及建立一个新的替代关系涉及的潜在的调整成本。转移成本与重复购买意向呈正相关关系。④客户与企业的交易时间,即从现在到客户关系结束时的时间长度,它的主要影响因素是客户满意度。根据所掌握的客户信息,可以建立客户当前价值的计算模型:

$$CV = \sum_{t=t_0}^{T} \frac{R_i}{(1+r)^t} = \sum_{t=t_0}^{T} \frac{f(C_s, C_p, C_q)}{(1+r)^t}$$

式中,C_s,C_p,C_q 分别为客户的满意度、感知价值、转移成本,T 为从 t_0 起到客户关系结束时的时长。

（3）潜在价值。客户关系的潜在价值是分析客户对于企业未来收益的影响。对于企业而言，当前的客户不仅是当前收益的来源，更是未来收益的重要来源。企业当前的客户关系可以为企业挖掘未来的客户关系，以使企业收益连续并稳定。因此，在对潜在价值进行评估时，首先要考虑企业当前的客户关系能否延续，或者说对未来收益是否有影响；其次要考虑未来收益的状况。具体计算公式如下：

$$PV = f[P(y_{ij} = 1), R_{pi}, T] = \sum_{t=t_0}^{T} \Big[\sum_{j=1}^{J} \frac{P(y_{ij} = 1) \times R_{pi}}{(1+r)^t} \Big]$$

式中，PV 为客户关系的潜在价值，y_{ij} 为客户关系未来延续的概率函数，R_{pi} 为企业的未来收益，T 为客户关系的生命周期，J 为企业产品类别总数。

虽然应用三层次计算法会使评估的准确度和可靠性得以提高，但评估、计算的复杂性也增加了。对于评估实践而言，这就增加了相当大的难度。因此，本书对这一方法只作介绍，不再进一步展开阐述。

三、案例分析

【案例一】 假设甲企业可以保持良好的客户关系的时间为 5 年。这 5 年中，企业从客户那里获得的收益分别为 300 万元、400 万元、500 万元、420 万元、280 万元，企业用于开发和保持客户关系的成本分别是 250 万元、220 万元、180 万元、190 万元、200 万元，适用折现率为 5%。试求企业客户关系的价值。

分析：根据案例内容，我们可以使用直接计算法对企业的客户关系价值进行计算。

$$P = \sum_{i=1}^{5} \big[(Q_i - C_i) \times (1 + 2\%)^{-i} \big] =$$

$$\frac{300 - 250}{1 + 2\%} + \frac{400 - 200}{(1 + 2\%)^2} + \frac{500 - 180}{(1 + 2\%)^3} + \frac{420 - 190}{(1 + 2\%)^4} + \frac{280 - 200}{(1 + 2\%)^5} =$$

808.51（万元）

即企业的客户关系价值为 808.51 万元。

【案例二】 假设某企业为获取客户所投入的成本是 200 万元，获取率是 40%，每年与该客户的边际交易利润为 400 万元，以后每年为维系该客户所付出的成本是 120 万元，维系率是 60%，资金成本率是 2%，试求该企业客户关系的价值。

分析：根据案例内容，我们可以采用二分法对企业客户关系价值进行评估。根据二分法的计算公式：

$$P = 40\% \times 400 - 200 + 40\% \times \left(400 - \frac{120}{60\%}\right) \times \frac{60\%/(1+2\%)}{1-60\%/(1+2\%)} = 40(万元)$$

即企业的客户关系价值为40万元。

第三节　人力资本评估

企业人力资本价值评估是对企业所拥有的人力资本价值形态的量化,严格来说,它是对企业人力资本价值的货币表现的度量,是评估主体按照特定目的,遵循法定的标准和程序,运用科学的方法,对被评估对象即人力资本的现时价值进行的评定和估算。企业人力资本价值评估的目的主要在于对人力资本进行合理、有效的管理,实现人力资本的优化配置,满足企业发展及改组、改造的需要。

一、人力资本价值及其影响因素

(一)人力资本价值的构成

从人力资本的内涵可以看出,人力资本的价值包括两个方面:一是形成人力资本的各种投资所构成的价值,也称为人力资本的成本价值,这是人力资本的基础价值;二是人力资本使用过程中形成的超额价值,也称为人力资本的剩余价值,它表现了人力资本在企业收益中的贡献。

1. 人力资本的成本价值。人力资本的形成是一个长期的动态的过程,是通过一系列人力资本投资活动实现的。人力资本投资成本包括人力资本进入企业前的原始价值投资成本和企业人力资本投资。前者包括进入企业前由个人、家庭、政府和社会进行教育培训及医疗卫生等投资而形成的人力资本价值,后者一般包括企业人力资本的获取引进、教育培训、维持使用和健康保障等四个方面的投资成本。

企业人力资本获取引进即直接从社会上获取引进人力资本,其成本包括招募、选拔、聘用及安置等费用支出。人力资本教育培训方面的投资,是企业为提高人力资本水平、增加企业人力资本的价值而在教育培训方面支付的费用,包括岗前教育培训、在职教育培训和脱产培训等环节的费用支出。人力资本维持使用方面的投资,是指维持人力资产正常发挥作用、维持其正常简单再生产的费用支出。人力资本健康保障方面的投资,是企业为保障员工在人力资本使用过程中的健康状况以及暂时或长期丧失使用价值时必须支付的相关费用。在人力资本的产权界定过程中,需要遵循"谁投资、谁拥有产权、谁受益"的原则。因此,

人力资本投资成本价值是确认公司资本结构中人力资本股权,决定人力资本权益的基础和依据。

2. 人力资本的超额价值。人力资本的超额价值,又称剩余价值,体现了人力资本要素在企业价值创造中的贡献份额,可以表现为人力资本要素在生产经营过程中能够创造的现金流量的折现值。人力资本的超额价值包括三个部分:

(1)当前的超额价值。它主要是指由人力资本与企业其他要素资产共同创造的收益中,人力资本的贡献份额。

(2)人力资本的未来价值。它是指企业员工进入企业后为企业的发展创造的未来收益,体现了企业人力资本对企业的创造性贡献。由于人力资本的取得与开发是以历史成本来计量的,不能反映人力资本真实的经济价值,因此,常用人力资本为企业未来收益的贡献来表示企业人力资本的价值。

(3)人力资本的群体价值。它是指企业人力资本作为一个整体所能提供的效益的当前值。其理论依据是,企业所拥有的人力资本价值是每一个个体共同作用的结果,而不是个人价值的简单相加。因此,人力资本的价值应以群体价值作为衡量基础,这有利于企业人力资本的整体优化,使人力资本的总价值达到最大。

(二)影响人力资本价值的因素

由于企业人力资本价值形成的特点,人力资本价值的决定还要受到以下几方面因素的影响:

1. 自身因素。自身因素是影响企业人力资本价值评估结果的首要影响因素。人力资本的自身因素包括以下几个方面:

(1)知识要素,具体指人力资源的学历、培训经历、知识结构和专业知识;

(2)资历和经验要素,指相关的工作经历及其积累的工作经验;

(3)品质要素,包括廉洁、自律、敬业、公正、影响力等;

(4)职责要素,指相应的职责和所承担的风险;

(5)绩效要素,指工作业绩、工作效率以及员工和客户的满意度;

(6)能力要素,指胜任现有职务所需要的能力,包括决策能力、计划能力、授权能力、学习能力、协调能力、创新能力、适应能力和沟通能力等;

(7)基本素质要素,指经营者必需的身体健康及心理素质要求。

2. 企业因素。企业是决定人力资本价值的另一个重要影响因素,人力资本价值体现的环境是企业。因此,在进行人力资本价值评估时,需要特别注意企业因素的影响:

(1)企业的治理结构。当前国内外都面临的企业问题是公司治理问题,这就涉及如何协调人力资本与货币资本的关系。良好的企业治理结构可以协调人力资本与货币资本的关系,充分发挥人力资本所有者的主观能动性。这样,企业发展也就充满了活力,也能够比较容易、比较准确地根据实际情况得出评估结果。相反,如果企业的治理结构不好,我们就要首先分析、过滤收集到的信息,这会使评估的难度增加,评估结果的准确性就会下降。

(2)企业的管理状况。这主要涉及企业的人力资源管理问题,即人力资本的激励机制与约束机制,这两种机制对人力资本价值评估的影响很大。从实践来看,激励机制的问题由来已久。激励机制"缺位",导致企业中的人力资本所有者没有动力,企业发展也没有活力,甚至会导致企业的发展背离正常的轨道。这无疑会增加评估的难度。对人力资本的约束包括内部约束和外部约束(社会约束)。平衡人力资本所有者的激励与约束,是市场经济中普遍存在的难题,解决这一难题,目前在我国显得尤为重要。当前,我国企业人力资源管理"缺位",导致人力资本价值严重偏离其真正的市场价值,给人力资源评估工作带来了不少困难。

(3)企业的组织结构。良好的企业组织结构可以为人力资本提供良好的发展环境。

(4)企业的经营发展状况。正常经营的企业,其人力资本能够得到正常使用,价值可以得到正常发挥;而经营不正常的企业,人力资本无法得到正常使用,其价值就会贬值。

3. 环境因素。环境因素是指对人力资本有着重要影响,但企业本身无法控制的因素。这里主要指的是外部环境因素,这些因素包括:

(1)地区经济发展状况。一个地区经济发展的程度越高,该地区人力资本的价值就越高。这是因为,劳动生产率与社会经济发展程度成正比,经济越发展,劳动生产率就越高。这也就是为什么美国等发达国家劳动力使用成本较高的原因。

(2)社会环境。尊重知识、尊重人才的良好的社会氛围,能给人力资本价值的实现提供良好的激励机制。

(3)文化差异。文化的差异也会影响人们工作与生活的价值观和生产方式。在相同的条件下,处于不同文化背景的人,其价值也可能有极大的差异。

(4)其他因素。社会的文化传统、道德约束、价值判断、社会供求关系等多种外部因素,都会在不同程度上对人力资本价值的实现产生影响。

(三)人力资本价值评估的特点与原则

1. 人力资本价值评估的特点。人力资本价值评估的特点主要是现实性、市场性、预测性、公正性和咨询性。

(1)人力资本价值评估的现实性,是指人力资本价值评估是以评估基准日为时间参照,对该时点的人力资本实际状况进行评估。评估的基准日确定的是

人力资本评估价值的基准时间。一般选择人力资本使用时期作为人力资本评估的基准日。

（2）人力资本价值评估的市场性，是指人力资本评估结果应该既能够反映其外部交易即劳务市场或人才市场交易的结果，又能够反映内部交易即企业内部人力资本变换的结果。由于企业内部的资源变换在时空上是和市场相分离的，因此，人力资本价值的评估应该是在模拟市场的条件下，对人力资本价值的确认和评估。而且，在许多情况下，还需要接受外部人才市场的直接检验。

（3）人力资本价值评估的预测性，是指需要对人力资本在未来可能实现的潜在价值进行适度的预测。实践中，在对企业人力资本进行评估时，首先要对其预期使用年限进行适度的预测，此外，还要对相关的成本和收益进行预测和确认，这是对人力资本进行科学评估的基础。

（4）人力资本价值评估的公正性，是指在评估实践中，评估者要具有相对的独立性，评估的结果要客观。评估的公正性可以从两个方面来保障：①价值评估按照公允、法定的准则和程序进行。只有公允的行为和规范的评估，才能为评估的公正性奠定技术基础。②评估人员应当是与价值评估没有利害冲突关系的第三方，这是保证评估公正性的组织基础。

（5）人力资本价值评估的咨询性是指价值的评估结果只为人力资本价值提供评估意见，这个意见本身并没有强制执行的效力。评估者只对评估结果本身合乎评估规范这一要求负责，不对人力资本聘用和报酬确定的决策负责。价值评估的咨询性含义还体现在，价值评估是职业化的专家活动，这种专家活动的专业评估，在大量人力资本信息的支持下，能够更好地为人力资本的优化配置服务。

2. 人力资本评估的原则。人力资本价值评估的原则，应该是调节人力资本使用单位和人力资本自身权益在价值评估中的相互关系、规范评估行为的准则，主要有体现在独立性、客观性、科学性、综合性和替代性几个方面。

（1）独立性原则。它是指人力资本价值评估应该坚持独立的第三者立场，不能偏于价值评估双方任何一方，评估工作不能受外界干扰和委托者意愿的影响。

（2）客观性原则。它是指在人力资本价值评估中，应该排除人为因素的干扰，以充分的事实为依据，以公正、客观的态度和方法进行，评估的指标要具有客观性，评估过程中的预测、推算和逻辑判断只能建立在市场和现实的基础之上。

（3）科学性原则。它是指在人力资本价值的评估过程中，必须依据特定的目的，选择适用的标准和科学的方法，制定科学的评估方案，使人力资本价值的评估结果更加准确、合理。人力资本价值评估方法的科学性不仅在于方法本身，更重要的是必须和评估标准相匹配。而评估标准的选择是以评估的特定目的为依据的,评估目的对评估方法具有约束性。在实际工作中,不能以方法取代标准,以技术方法的多样性和可替代性影响评估标准的唯一性。人力资本价值评估中的科学性还要求评估程序科学、合理,应根据评估对象的规律和评估的目的,确定科学的评估程序,使人力资本价值的评估工作能够科学、有序地进行。

(4)综合性原则。它是指企业人力资本价值应该在企业的生产经营成果——企业整体价值中体现出来。对企业人力资本真实价值的评估,不仅取决于企业人力资本本身所具有的实际价值,而且还取决于其他相关因素对企业整体价值的贡献。对企业人力资本价值的评估,必须综合考虑其在企业整体经营活动中的重要性,不解简单、孤立地确定人力资本的价值。

(5)替代性原则。它是指在对人力资本价值进行评估时,需要考虑人力资本的替代性。因为如果存在效用相同的人力资本,企业绝不会支付高于能在劳务市场找到的具有相同效用的替代资源的费用。因此,人力资本的选择性或可替代性是评估中必须考虑的一个重要因素。

二、人力资本价值的评估方法

1. 收益法。尽管现代企业的具体经营目标呈现出多元化的趋势,但其基本、最终的目标是不变的,仍然是追求企业利润的最大化。任何资产之所以有价值,其根本原因就是能够给企业带来未来收益,人力资本也是如此。因此,人力资本的价值可以用其对企业未来的收益来衡量。

企业购买人力资本是一项投资,而投资既要承担风险,又要取得收益,收益是投资的主要动机。收益法认为,人力资本的价值在于其能够提供未来收益,因此,可以将企业未来各期的收益折现,然后按照人力资本投资占全部投资的比例,将企业未来收益中人力资本获得的收益现值部分作为人力资本的价值。用收益法对资产进行评估,必须具备两个前提条件:一是被评估资产必须是能用货币衡量的未来期望收益的单项或整体资产;二是资产所有者所承担的风险必须是能用货币衡量。人力资本作为企业资产的一部分,也必须满足上述两个条件,才能用收益法进行评估。其基本公式为:

$$p = \sum_{i=1}^{n} R_i (1 + r)^{-i}$$

式中,p 为企业人力资本的评估值,R_i 为第 i 期的预期人力资本收益,r 为折现率,n 为预期收益期限。

我们知道,人力资本本身不能直接创造价值,它必须与企业的其他要素资源相结合,尤其是要在一定的组织环境下,才能实现其价值。因此,人力资本价值往往是与企业的其他要素资产价值混合在一起的。要对人力资本价值进行单独评估,首先应当确定人力资本在企业整体创造的价值中所占的比例,也就是要确定收益分成率。确定了收益分成率后,就可以按照收益法进行评估。计算公式为:

$$p = \sum_{i=1}^{n} k \times R_i (1 + r)^{-i}$$

式中,p 为企业人力资本的评估值,R_i 为第 i 期的预期收益,k 为人力资本的收益分成率,r 为折现率,n 为预期收益期限。

(1)预期收益的确定。企业的预期收益以企业的净利润或净现金流量为计算口径。通过对前几年销售收入的增长曲线,采用线性回归法,或根据企业未来发展规划,预测企业未来人力资本服务期内销售收入的增长,然后分析产品成本、费用、税金、利润及净利润等指标,计算出企业的预期收益。

(2)收益年限的确定。收益年限也就是企业员工的有效工作年限。在评估假设成立的前下,确定企业员工的有效工作周期应考虑以下几个方面:①员工实际已工作年限和尚可工作年限。②企业的生命周期。员工的有效工作周期受企业生命周期的限制。③企业经营状况。企业经营状况、管理水平都是企业当前和未来收益水平的决定因素,它们共同影响和决定了企业成长的状况,相应的,也决定了企业人力资本的收益状况。

(3)人力资本收益分成率的确定。考虑到企业效益是各种要素和资产共同创造的结果,人力资本也不能单独产生企业的收益。因此,我们需要引入人力资本收益分成率,这样才可以比较明确地了解企业资产中人力资本所占的份额。

(4)折现率的确定。折现率即人力资本的投资报酬率,包括无风险利率、风险报酬率和通货膨胀率。无风险利率是指资产在一般条件下的获利水平,风险报酬率是指在一定的风险水平下,取得的报酬对应于资产的比例。值得注意的是,折现率的口径应与人力资本评估中采用的收益额的口径一致。

用上述公式对人力资本价值进行评估时,应注重人力资本在整个企业投资中所占的比重,并且,还可以比较人力资本和非人力资本对企业收益贡献的大小,以使企业做出最佳决策。这一方法的缺点是,未来净收益是一个估计值,具有主观性和不确定性;而且,人力资本价值受多种因素影响,并不一定与投资比例呈线性关系;此外,这一模型主要用于人力资本群体价值评估,可能会忽略一些随机性的因素。为了更为准确地评估企业的人力资本价值,还要对基本模型进行修正,把不确定性用随机的形式表现出来。具体公式如下:

$$p = \sum_{i=1}^{n} \frac{\sum_{i=1}^{m} R_i P(R_i)}{(1 + r)^i}$$

式中,p 为企业人力资本的评估值,R_i 为第 i 期的预期收益,$P(R_i)$ 为人力资本处于 R_i 的概率,r 为折现率,n 为预期收益期限,m 为企业人力资本收益的区间。

2. 实物期权评估法。从金融期权向实物期权转化,需要一种新的思维方式,即把金融市场的规则引入企业决策,并构造出实物性的期权。鉴于企业拥有的人力资本与金融期权的相似性,我们可以构造一个相应的实物期权。一项金融期权给予投资者的是一定的权利:在某段特定时间内,因支付一个事先确定的执行价而得到一种特定的资产。一个拥有人力资本的企业同样有这样一种权利:在现在或将来支付一定的费用,就可以得到人力资本的使用权。人力资本相当于金融期权的标的物,人力资本的支出成本相当于期权的行使价格,人力资本的使用时间相当于期权距到期日的时间,人力资本的价值的不确定性相当于期权相应风险的大小。

人力资本相对于企业的价值可以认为是一种期权价值,它赋予企业资本所有者以权利,在期权合约到期日当天,按履约价格卖出某一特定数量的相关资产。这是一个虚拟的过程。这样,人力资本的价值评估就是这种期权的定价问题。根据 Black-Scholes 期权定价模型,所评估的人力资本资产对企业的价值为:

$$V = \{ S[N(d_1) - 1] - h \times e^{-rt}[N(d_2) - 1] \} \times n$$

$$d_1 = \frac{\ln(S/h) + (r + \delta^2/2) \times t}{\delta \sqrt{t}}$$

$$d_2 = d_1 - \delta \sqrt{t}$$

式中,V 为人力资本价值,S 为人力资本经济收益期末企业收益的现值,h 为人力资本未使用时的企业价值状况,r 为折现率,t 为收益期限,δ 为人力资本预期收益的对数标准差,$N(x)$ 为标准正态分布的累积概率分布函数,n 为企业期权的数量。

三、案例分析

【案例一】 甲企业近年来经营状况良好,每年与同行业相比可以获得的超额收益为 500 万元,估计企业可以在未来 10 年内维持该经营状态。经过估算,企业人力资本在企业整体价值中所占的比重为 30%,假定企业的收益折现率为 10%,试评估该企业的人力资本价值。

分析:根据案例内容,我们可以知道,该企业的人力资本价值可以采用收益法进行评估。按照收益法的计算公式:

$$p = \sum_{i=1}^{10} 30\% \times 500(1 + 10\%)^{-i} = 921.69(万元)$$

即该企业的人力资本价值为 921.69 万元。

【案例二】 某公司高级管理层拥有的总股票数为 10 000 万股,经过分析确

定,人力资本经济收益期末企业收益的现值为 8 元/股,人力资本未使用时的企业价值状况为 8.5 元/股,折现率为 8%,收益期限为 9 年,人力资本预期收益的对数标准差为 0.1,试评估该企业高层人力资本的价值。

分析:根据案例内容,本案例适用用实物期权定价法进行评估,按照计算公式:

$$d_1 = \frac{\ln(8/8.5) + (8\% + 0.01/2) \times 9}{0.1 \times \sqrt{9}} = 2.347$$

$$d_2 = d_1 - 0.1 \times \sqrt{9} = 2.074$$

$$N(d_1) = 0.990\,6$$

$$N(d_2) = 0.980\,8$$

$$V = \{8 \times [0.990\,6 - 1] - 8.5 \times e^{-8\% \times 9}[0.980\,8 - 1]\} \times 10\,000 = 108.6(万元)$$

即该企业的人力资本价值为 108.6 万元。

第四节　域名评估

目前,域名的评估其实是对网络企业品牌价值的评估。这种价值不仅是企业价值的体现,而且更多地结合了企业商标和商誉的价值。所以,在实际经济生活中,一般少有单纯的域名评估。网络企业的发展,使得无形资产的评估进一步深入。但是,新型企业的诞生并没有改变原有的一些评估规则。而且,随着人们对于网络的了解和认识,网络企业所具有的无形资产的价值将进一步被挖掘出来。由于国内外对于域名这类无形资产评估的认识还不统一,本书略去对相应评估方法的介绍,仅简单介绍一下单纯的网络域名的价值构成。

一般而言,域名价值构成的要素包括三个方面。

第一,域名的结构。域名的结构包含三个方面:①网络域名所包含的通用顶级域名的类型。一般而言,在美国,".com"的域名被认为是最好的,而同样是顶级域名,".net"域名的价值只有".com"域名价值的 20% ~ 25%,".org"则只有 10%。②网络域名的长度。一般来讲,越短的域名越有价值,超过 15 个字符的域名一般不太可取。此外,连字符(即"-")和数字也会削弱域名的易理解性,从而降低域名的价值。③域名的字符构成。一般来说,域名的字符组合要简洁易懂,而且容易记忆,并能使人产生正面的回忆,以"i-"、"e-"、"v-"为词首的域名会比没有这些词首的域名价值低。此外,名称中包括"the"、"and"、"-est"或者"-ing"的域名比没有包括这些单词的域名价值要低。

第二,域名的影响力。总体来说,域名的影响力体现在以下几方面:①易被理解的域名具有更高的价值。域名是网络企业连接市场的钥匙,域名的价值首先来自市场。像"Business. com","ForSaleByOwner. com"或"taobao. com"这样的域名,就更易于被人们所理解,相应的价值会高一些。而"163. com"和"411Cars4U. com"等就显得比较复杂,其价值也会受到影响。②业务关联性强的域名更有价值。假如一个域名能让人一眼就看出它能提供哪些产品或服务,那么这个域名的价值就会上升。比如,从电信业务的关联性来看,"Monster. com"不具有在该业务领域的相关性,聪明的厂商早就选定了一些易被理解的单词来有效地表示电信网站,如"Phone. com","mobil. com"等。③发音的清晰。当一个域名在人群中传播时,读音不易被混淆、便于口头相传的域名具有更高的价值。④冲击力和记忆性,即域名是否给人留下深刻的印象,是否容易记忆。相对而言,域名的冲击力主观性强一些,但它确实是确定域名价值很重要的一个方面。

第三,域名的商业性。域名的商业性包含以下几个方面:①域名发展潜力。该域名能否应用于一个在短期内获得认可的站点,是否描述了一种因特网上的商业活动的内容?假如答案是肯定的,这个域名的价值就会更为可观。如果该域名还可成为商标,这个域名的商业价值将会大大增加。②域名的点击率和收入情况。假如该域名指向一个真实存在的站点,那么该网站访问量越高,该域名的价值越高;假如该网站已经有了稳定的现金流,该域名的价值就会更加稳定。③商标权冲突。域名与网络企业一旦形成牢固的关联,就会演化为商标权,这时要尽量避免与其他相应的商标、字号的冲突。如果域名可能会侵犯他人的商标权,或者被卷入到复杂的商业冲突中去,其价值就会受到巨大影响。

复习思考题

1. 简述技术秘密的价值构成及其影响因素。
2. 客户关系的价值中,购买价值和非购买价值有何区别?
3. 简述客户关系价值与企业价值的关系。
4. 你认为影响人力资本价值的因素中,最重要的因素是哪一项? 为什么?
5. 域名价值构成的要素有哪些?

计算题

1. 某公司在对某项目进行工业设计的过程中,自行进行了一项技术改进。因为该项技术秘密改进,企业该项目将获得比其他同等项目更高的收益。经过分析,该技术秘密至少可以保持 5 年的技术优势。在未来的 5 年中,该项技术秘密可以带给企业的超额收益分别为:50 万元,65 万元,60 万元,55 万元和 50 万元。由于该技术秘密是项目设计中的一个附属技术改进,其开发成本可以忽略不计。试计算该技术秘密的价值(假定折现率为 10%)。

2. 甲企业拟将一项技术秘密转让。经过分析,甲企业决定每年从预计的销售收入中提取 5% 作为技术转让费,同时确定收益提成年限为 5 年。经过预测,受让该技术的企业在未来 5 年期限内每年的销售收入分别为:90 万元,100 万元,105 万元,100 万元和 95 万元,受让方的期望利润率为 15%。求该企业技术秘密的转让价格(折现率为 10%)。

3. A 企业准备将一项技术秘密转让给 B 企业,据估算,该项技术的重置成本为 60 万元,预计成本利润率为 60%;乙企业拟投入的资产成本为 3 000 万元,预计成本利润率为 25%。据测算,该技术的有效使用寿命为 8 年。设折现率为 10%,求该技术秘密的价值。

4. 假设企业可以保持良好的客户关系的时间为 4 年,这 4 年中,企业通过客户关系的维持,可以获得的收益分别为 500 万元、550 万元、600 万元和 550 万元,企业用于开发和保持客户关系的成本分别是 300 万元、250 万元、250 万元、300 万元,适用折现率为 10%。试求该企业客户关系的价值。

5. 假设某企业为建立与某客户的关系所投入的成本是 1 500 万元,获取率是 45%,每年与该客户的边际交易利润为 3 500 万元,以后每年为维系该客户所付出的成本是 1 000 万元。设维系率为 65%,资金成本率 3%。试求该企业客户关系的价值。

6. A 企业近年来企业价值不断上升,与同行业相比,企业每年可以获得的超额收益平均为 700 万元,估计企业可以在未来 10 年内维持该经营状态。经过估算,企业人力资本在企业整体价值中所占的比重为 45%。设企业的收益折现率是 10%,试评估该企业人力资本的价值。

7. 甲公司是一家上市企业,其高级管理层共同拥有企业股票的总数为 15 000 万股,人力资本经济收益期末企业收益的现值为 10 元/股,人力资本未使用时的企业价值状况为 12 元/股,折现率是 10%,收益期限为 8 年,人力资本预期收益的对数标准差为 0.2,试评估该企业高层人力资本的价值。

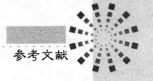
参考文献

[1]Robert L, Ostergard Jr. The Measurement of Intellectual Property Rights Protection[J]. Journal of International Business Studier. 2000,31(2): 349 –360.

[2]Paul Romer. When Should We Use International Property Rights[J]. The American Economic Review. 2002,92(2):213 –216.

[3]Samuelson P. Privacy: As Intellectual Property[J] Stanford Law Review. 2000, 52(5):1125 –1173.

[4]Dinwoodie G B. International Intellectual Property Litigation: A Vehicle for Resurgent Comparativist Thought[J]. The American Journal of Comparative Law. 2001, 49(3):429 –453.

[5]Haemmerli A. Insecurity Interests: Where Intellectual Property and Commercial Law Collide[J]. Columbia Law Review. 1996, 96(7):1645 –1752.

12 Brynjolfsson E, Hitt L Morin, Shinkyu Yang. Intangible Assets: Computers and Organizational Capital[J]. Brookings Paper on Economic Activity. 2002, 2002 (1):137 –181.

[6]Easton PD. Discussion of Revalued Financial, Tangible, and Intangible Assets: Association with Share Prices and Non – Market – Based Value Estimates[J]. Journal of Accounting Research. 1998, 36:235 –247.

[7]Fulton,M. The Economics of Intellectual Property Rights: Discussion, American Journal of Agricultural Economics[J]. 1997,79(5):1592 –1594.

[8]Langfod,J. Intellectual Property Rights: Technology Transfer and Resource Implications. American Journal of Agricultural Economics [J]. 1997, 79 (5): 1576 –1583

[9]Coase R H. The Nature of Firm[J]. Economica. 1937, 4(16): 386

[10]Barzel Y. Economic Analysis of Property Rights[M]. Cambridge: The Syndicate of the Press of the University of Cambridge. 1997.

[11] Iansiti M. Technology Integration: Making Critical Choices in a Dynamic World. [J] Research Policy,1995,24(4).

[12]Grant R M. Toward a Knowledge – Based Theory of the Firm[J]. Strategic

Management Journal. 1996, 17：109 – 122.

[13] Garicano L. Hierarchies and the Organization of Knowledge in Production[J]. The Journal of Political Economy. 2000, 5：874 – 904.

[14] 田昆儒. 无形资产国际化战略初探[J]. 现代财经. 2001(2)：39.

[15] 王景, 朱利. 知识产权经济性质的探讨[J]. 昆明理工大学学报(社会科学版). 2004, 4(2)：33.

[16] 王清丽. 知识产权的评估和变现[J]. 知识产权. 2003(4)：47.

[17] 张凤霞. 论知识产权的资本化和价值评估[J]. 经济论坛. 2004(14)：143.

[18] 姜秋, 王宁. 基于模糊综合评价的知识产权价值评估[J]. 知识产权保护. 2005(6)：73.

[19] 来小鹏. 著作权转让比较研究. 比较法研究[J]. 2005(5)：27 – 39.

[20] 吴汉东. 论商誉权[J]. 中国法学. 2001(3)：91.

[21] 税兵. 商誉权探微[J]. 甘肃政法学院学报. 2004(12)：25.

[22] 朱谢群, 郑成思. 也论知识产权[J]. 科技与法律. 2003(2)：23.

[23] 王莲峰. 商标权评估若干问题研究[J]. 中国工商管理研究. 2004(2)：52.

[24] 张晓明. 商标价值浅论[J]. 山西财经大学学报. 2002(11)：40.

[25] 郭子育. 浅谈商标评估[J]. 山西财经大学学报. 2002(11)：17.

[26] 徐小兵. 商标价值的形成机理及评估[J]. 湖北财税. 2002(5)：26.

[27] 苏勇, 周颖, 郭岩. 商标、商誉价值的评估方法新探[J]. 商业研究. 2002(11)：12.

[28] 邵一明. 商标无形资产评估方法新探[J]. 技术经济. 2003(10)：49.

[29] 童利忠, 马继征. 技术转让中技术定价问题的研究[J]. 四川大学学报(哲学社会科学版). 2002(6)：46 – 52.

[30] 闫玖石. 技术整合与技术整合战略[J]. 天津科技. 2003(4)：51.

[31] 余志良, 张平, 区毅勇. 技术整合的概念、作用与过程管理[J]. 科技进步与对策. 2003(8)：84 – 86.

[32] 张平, 蓝海林, 黄文彦. 技术整合中知识库的构建研究[J]. 科学学与科学技术管理. 2004(1)：31 – 34.

[33] 路宏达. 基于竞争战略的企业价值链管理[J]. 工业技术经济. 2005(7)：8 – 10.

[34] 杨慧, 周晶, 林耀山. 高技术企业的价值链分析和管理[J]. 科学学与科学技术管理. 2004(10)：134 – 136.

[35] 吴良平. 企业价值链的无边界研究[J]. 当代财经. 2006(5)：63 – 66.

[36] 刘峰, 孙先锦, 李晓峰. 基于集成化供应链的 ERP、CRM 与 SCM 的整合

[J]. 价值工程. 2004(5): 44 - 46.

[37]王天梅, 孙宝文, 杨斌斌. 电子商务环境下 SCM 怎样整合 ERP 与 CRM [J]. 物流与供应链管理. 2002(1): 72 - 73.

[38]葛亚力. 技术标准战略的构建策略研究[J]. 中国工业经济. 2003(6): 91 - 96.

[39]韩汉君等. 现代产业标准战略:技术基础与市场优势[J]. 社会科学. 2005 (1): 15 - 21.

[40]唐敬年等. 技术资产评估的收益分成、价值构成及影响因素[J]. 中国资产 评估. 2001(3): 28.

[41]施娜. 技术类无形资产评估的基本方法[J]. 经济论坛. 2003(2): 51.

[42]马忠明, 易江. 专利价值评估的实物期权方法[J]. 价值工程. 2004 (1): 36.

[43]胡川. 专利技术经济效益的动态评估[J]. 商业时代. 2005(3): 17.

[44]张晓满. 专利技术的特点、评估原理与方法探讨[J]. 经济体制改革. 2002 (2): 85.

[45]王关义, 汪洋. 无形资产中专利权评估方法初探[J]. 商业研究. 2004(8): 59.

[46]李惟庄. 试论专利权评估的收益现值法[J]. 上海会计. 2003(5): 48.

[47]沈永清, 王冬梅. 期权定价模型在专利技术中的应用[J]. 数量经济技术 研究. 2003(4): 154.

[48]冯辉等. 论专利技术的评估方法——收益现值法[J]. 黑龙江财会. 2002 (8): 4.

[49]刘军, 龙韬. 基于实物期权的专利权价值评估[J]. 企业技术开发. 2005 (4): 31.

[50]王敬, 李舒. 知识型企业专利估值方法研究[J]. 管理学报. 2004, 1 (3): 341.

[51]朱礼龙. 土地使用权权属价格评估初探[J]. 安徽农业技术师范学院学报. 2001(2): 67.

[52]徐一萍. 土地权益价及其评估[J]. 经济师. 2002(4): 71.

[53]叶青. 土地抵押价格与地役权价格评估[J]. 福建建筑. 2001(4): 75.

[54]朱道林, 季勇. 土地抵押价格内涵及产权经济特征[J]. 中国土地. 2002 (4): 31.

[55]杨淑娥. 是无形资产还是有形资产——土地使用权价值评估中的困惑及其 解析[J]. 中国资产评估. 2005(2): 38.

[56]单胜道, 尤建新. 市场比较法及其在农地价格评估中的应用[J]. 同济大

学学报. 2002(11):1397.

[57]殷琳. 企业改制过程中土地使用权价格探析[J]. 价格月刊. 2002(9):15.

[58]潘世炳. 承租土地使用权评估的五种方法[J]. 中国土地. 2005(6):44.

[59]毕旭齐. 论划拨土地使用权的转让[J]. 探讨与争鸣. 2004(4):33-34.

[60]张震宇. 特许经营权资产价值的形成及评估方法探讨[J]. 中国资产评估. 2001(5):33.

[61]陈颜,沈明梅. 特许经营权价值评估初探[J]. 国有资产管理. 2002(8):57.

[62]何艳民. 商誉的价值与无形资产的管理[J]. 辽宁经济. 2002(1):58.

[63]鲍盛祥. 商誉的构成要素:即与清算企业无形资本损耗的研究[J]. 财会通讯. 2005(5):96.

[64]陈晓红,陈月萍. 商标与商誉评估辨析[J]. 中国资产评估. 2002(3):24.

[65]苏勇,周颖,郭岩. 商标、商誉价值的评估方法新探[J]. 商业研究. 2002(11):12.

[66]薛良,杨林芳. 浅议企业价值及企业商誉的评估[J]. 中国资产评估. 2004(6):30.

[67]金明华,叶蜀君. 企业商誉评估体系的重构探析[J]. 经济论坛. 2004(22):44.

[68]宋莉萍. 企业商誉的评估与维护[J]. 统计与决策. 2003(7):95.

[69]阮渝生. 企业商誉的多层次模糊综合评估[J]. 生产力研究. 2003(3):267.

[70]傅代国. 企业改组中的商誉评估[J]. 财经科学. 2001(1):106.

[71]叶晓红. 企业并购中商誉评估问题探讨[J]. 价格理论与实践. 2004(3):58.

[72]王青华,王少豪. 美国企业财产征用过程中的商誉损失及其评估[J]. 中国资产评估. 2001(6):28.

[73]程娟,卫爱凤. 关于商誉评估的思考[J]. 国有资产管理. 2004(6):58.

[74]潘学模. 对商誉评估的几点认识[J]. 中国资产评估. 2001(5):36.

[75]于敏. 试论企业商誉价值的评估[J]. 商业研究. 2002(2):25.

[76]张燕,黄伯平. 商誉评估问题研究[J]. 北方经贸. 2003(11):15.

[77]沈永清,王冬梅. 专有技术转让价值的模糊评估模型[J]. 数量经济技术经济研究. 2002(12):56.

[78]杨云,侯莉颖. 专有技术评估方法及案例分析[J]. 工业技术经济. 2000(1):52.

[79] 孙惠玲. 专有技术评估方法的探讨[J]. 哈尔滨商业大学学报(社会科学版). 2004(4): 45.

[80] 高建来. 专有技术价值的决定因素与评估方法[J]. 石家庄经济学院学报. 2003(1): 17.

[81] 王虎. 传统方法对技术类无形资产评估的适用性分析[J]. 工业技术经济. 2001(3): 64.

[82] 施娜. 技术类无形资产评估的基本方法[J]. 经济论坛. 2003(2): 51.

[83] 刘满凤, 黎志成. 网络营销绩效评价指标体系研究[J]. 科技进步与决策. 2001(8): 1-20.

[84] 曾晓洋. 论网络营销平台的设计与管理[J]. 商业经济与管理. 2001(6): 19-22.

[85] 韩睿, 田志龙. 客户价值的评估方法[J]. 价值工程. 2003(6): 36.

[86] 郑玉香. 企业客户资本的价值管理模式与评估方法[J]. 经济与管理研究. 2003(5): 58.

[87] 李重概, 徐明生. 企业人力资本的性质及其评估方法探讨[J]. 福建论坛. 2001(3): 18.

[88] 袁煌. 企业人力资本价值及其评估方法初探[J]. 中国资产评估. 2005(9): 29.

[89] 刘治松. 轮人力资本价值评估方法[J]. 生产力研究. 2002(6): 129.

[90] 刘琪, 黄明勇. 对我国人力资本价值评估的理论探讨[J]. 中南财经政法大学学报. 2005(3): 52.

[91] 张志宏. 人力资本相对价值评估与定价机制设计[J]. 兰州大学学报(社会科学版). 2004(11): 88.

[92] 上官萍. 人力资本评估方法初探[J]. 江苏统计. 2002(3): 19.

[93] 唐海仕, 徐琼. 知识经济下企业人力资本价值的特点及评估方法[J]. 技术经济. 2004(11): 28.

[94] 杨为国. 无形资产评估与实务[M]. 武汉:湖北人民出版社, 2002.

[95] 吴桑谨. 无形资产评估教程[M]. 杭州:浙江大学出版社, 1997.

[96] 蔡吉祥. 无形资产学[M]. 第2版. 深圳:海天出版社, 1999.

[97] 于玉林. 现代无形资产学[M]. 北京:经济科学出版社, 2001.

[98] 于玉林. 无形资产管理全书[M]. 北京:中国时代经济出版社, 2003.

[99] 于玉林. 无形资产战略研究[M]. 北京:中国金融出版社, 2003.

[100] 徐兴恩. 资产评估学[M]. 北京:首都经济贸易大学出版社, 2005.

[101] 巨拴科. 无形资产评估研究[M]. 西安:陕西科学技术出版社, 1999.

[102]刘京城. 无形资产的价格形成及评估方法[M]. 北京:中国审计出版社,1998.

[103]蔡继明. 无形资产评估理论与实践[M]. 北京:中国物价出版社,2002.

[104]金永红. 价值评估[M]. 北京:清华大学出版社,2004.

[105]汪海粟. 无形资产评估[M]. 北京:中国人民大学出版社,2002.

[106]王维平. 企业无形资产管理[M]. 北京:北京大学出版社,2003.

[107]巨拴科. 无形资产评估研究[M]. 西安:山西科学技术出版社,1999.

[108]蔡继明. 无形资产评估理论与实践[M]. 北京:中国物价出版社,2002.

[109]杨为国. 无形资产评估与实务[M]. 武汉:湖北人民出版社,2002.

[110]科普兰. 价值评估:公司价值的衡量与管理[M]. 北京:电子工业出版社,2002.

[111]贾益东. 无形资产经营[M]. 北京:中国财政经济出版社,2002.

[112]卢宏定. 现代企业无形资产研究[M]. 西安:陕西人民出版社,1998.

[113]吴汉东. 西方诸国著作权制度研究[M]. 北京:中国政法大学出版社,1998.

[114]崔立红. 商标权及其私益之扩张[M]. 济南:山东人民出版社,2003.

[115]张占耕. 无形资产管理[M]. 上海:立信会计出版社,1998.

[116]雷炳德. 著作权法[M]. 张恩民,译. 北京:法律出版社,2004.

[117]刘春田. 知识产权法教程[M]. 北京:中国人民大学出版社,1995.

[118]郭庆存. 知识产权法[M]. 上海:上海人民出版社,2002.

[119]富田彻男. 市场竞争中的知识产权[M]. 廖正衡,金路,张明国等,译. 北京:商务印书馆,2000.

[120]郑成思. 知识产权论[M]. 北京:法律出版社,1998.

[121]孟祥娟. 版权侵权认定[M]. 北京:法律出版社,2001.

[122]余恕莲. 无形资产评估[M]. 北京:对外经济贸易大学出版社,2003.

[123]于长春. 无形资产会计[M]. 上海:立信会计出版社,1999.

[124]苑泽明. 现代企业无形资产价值管理研究[M]. 大连:东北财经大学出版社,2001.

[125]姜楠. 无形资产评估理论和管理体制研究[M]. 大连:东北财经大学出版社,2003.

[126]周德明. 知识产权导论[M]. 上海:立信会计出版社,1996.

[127]刘春茂. 知识产权原理[M]. 北京:知识产权出版社,2002.

[128]丁丽瑛. 知识产权法[M]. 厦门:厦门大学出版社,2002.

[129]寿步,应明,邹忭. 计算机知识产权法[M]. 上海:上海大学出版

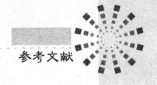

社,1999.

[130]费安玲. 知识产权法教程[M]. 北京:知识产权出版社,2003.

[131]沈国明. 土地使用权研究[M]. 上海:上海远东出版社,1994.

[132]王霖. 特许经营[M]. 北京:中国工人出版社,2001.

[133]赵涛. 特许经营管理[M]. 北京:北京工业大学出版社,2002.

[134]曹静. 特许经营原理与实务[M]. 上海:立信会计出版社,2002.

[135]蒋云凤. 特许经营新世纪[M]. 北京:中国宇航出版社,2004.

[136]阎红玉. 商誉会计[M]. 北京:中国经济出版社,1999.

[137]张玉瑞. 商业秘密法学[M]. 北京:中国法制出版社,1999.

[138]吕鹤云,刘立,徐朝贤,等. 商业秘密法论[M]. 武汉:湖北人民出版社,2000.

[139]许海峰. 企业商业秘密法律保护实物[M]. 北京:机械工业出版社,2004.

[140]苏虎超,王建领. 商业秘密保护案例分析[M]. 西安:陕西经济出版社,1999.

[141]陶鑫良,程永顺,张平. 域名与知识产权保护[M]. 北京:知识产权出版社,2001.

[142]罗宾斯. 管理学[M]. 北京:中国人民大学出版社,2003.

[143]斯坦纳. 战略规划[M]. 北京:华夏出版社,2001.

[144]王茹芹. 现代市场营销战略规划与设计[M]. 北京:中国国际广播出版社,1995.

[145]晁钢令. 市场营销学教程[M]. 上海:上海财经大学出版社,2000.

[146]曹荣,郭向伟,唐晓娟. 财务管理[M]. 北京:中国金融出版社,2005.

[147]中国注册会计师协会. 财务成本管理[M]. 北京:经济科学出版社,2005.

[148]张景安. 技术创新与风险投资[M]. 北京:中国金融出版社,2004.

[149]茅宁,王晨. 软财务:基于价值创造的无形资产投资决策与管理方法研究[M]. 北京:中国经济出版社,2005.

[150]考特,尤伦. 法和经济学[M]. 上海:上海人民出版社,1999.

[151]李少卿. 国际技术转让[M]. 广州:暨南大学出版社,1993.

[152]周宁. CIS企业形象识别与设计[M]. 北京:北京广播学院出版社,1995.